Dieses Symbol fordert dich dazu auf, im **Lernbegleitbogen** (am Ende des Kapitels) einzutragen, wie gut du die bisherigen Aufgaben lösen konntest. Dabei kannst du dich entweder selbst einschätzen oder dir von einem Mitschüler oder deiner Lehrerin/ deinem Lehrer eine Rückmeldung geben lassen. **Du darfst aber nicht ins Buch schreiben**, sondern solltest deine Anmerkungen auf einer **Kopie des Lernbegleitbogens** eintragen.
In der rechten Spalte des Blattes findest du **Hinweise auf zusätzliche Übungsmöglichkeiten** im Buch oder im Arbeitsheft. Diese Übungen helfen dir auch, wenn du die bisherigen Aufgaben noch nicht so gut gelöst hast.

 Texte, bei denen du dieses Symbol siehst, findest du als **Hörtexte im Internet**. Du musst dazu nur folgende Internetadresse eingeben: www.westermann.de/125258-hoerproben

 Du darfst nicht ins Buch schreiben. Wenn du in Aufgaben aufgefordert wirst, etwas zu markieren oder zu unterstreichen, kannst du eine **Klarsichtfolie** oder **Folienhülle** verwenden. Lege sie über die Seite und befestige sie mit einer Büroklammer. Beschreibe die Folie mit einem abwaschbaren Stift. Statt auf einer Folie kannst du die Aufgaben auch in deinem Heft bearbeiten.

Klar|text 8

Sprach-Lesebuch Deutsch
Gymnasium
Nordrhein-Westfalen

Erarbeitet von:
Fabian Dilks
Hiltrud Fox
Christiane Heiber
Christian Kass
Ulrich Niebuhr
Martin Urra
Martina Wolff

westermann

Inhaltsverzeichnis

Mündlicher Aufgabentyp 3a/b):
Sprechakte in Gruppen-/ Streitgesprächen gestalten

Schriftlicher Aufgabentyp 3):
zu einem Sachverhalt begründet Stellung nehmen

Zwei Seiten einer Medaille: Ist das noch Sport? 8–33
AG American Football? – Argumente sammeln, gewichten und die Auswahl begründen. ... 10
Angriff vs. Verteidigung – Aspekte entfalten und einen Einwand entkräften ... 13
Für unseren Standpunkt werben – einen Flyer planen und gestalten ... 15
Ein Boxturnier in der Schule? – Kontrovers diskutieren ... 16
■ Boxen für einen guten Zweck – Diskussionen untersuchen ... 19
Das ist meine Meinung! – Einen argumentierenden Brief planen und schreiben ... 20
■ Einen Text für die Schulhomepage schreiben – Kommasetzung bei Infinitivgruppen ... 23
Eine Kletterwand für die Sporthalle? – Einen argumentierenden Brief überarbeiten ... 24
■ Kompetenz-Check: einen argumentierenden Brief schreiben ... 27
Lernbegleitbogen ... 29
■ Freiraum: So kannst du weiterarbeiten ... 30
■ Tipps ... 33

Schriftlicher Aufgabentyp 2):
auf der Basis von Material berichten

News, News, News – Printmedien und Co. 34–57
Redaktion, Redakteure, Ressorts – Begriffe aus der Zeitungswelt kennenlernen ... 36
Seelöwe auf Wanderschaft – einen Bericht untersuchen ... 38
„Süße Bedrohung" – einen Bericht planen und schreiben ... 40
Spielend lernen – eine Reportage untersuchen und in einen Bericht umformulieren ... 42
■ Nur Spiele spielen – sachlich schreiben ... 46
Das meinen unsere Leser dazu – Leserbriefe und Blogs untersuchen ... 47
Endlich spielend lernen – einen Kommentar untersuchen und schreiben ... 48
Exoten in der Ostsee – einen Bericht planen und schreiben ... 49
■ Delfine in der Kieler Bucht – Kommasetzung bei Appositionen ... 51
„Hobbyhorse Revolution" – einen Bericht schreiben und überarbeiten ... 52
■ Kompetenz-Check: einen Zeitungsbericht schreiben ... 54
Lernbegleitbogen ... 55
■ Freiraum: So kannst du weiterarbeiten ... 56
■ Tipps ... 57

Schriftlicher Aufgabentyp 4a):
einen medialen Text untersuchen

Schaust du nur oder kaufst du schon? 58–87
Radio. Geht ins Ohr. Bleibt... – Radiospots untersuchen ... 60
Versteckte Verführung – die Wirkung von Bildern untersuchen ... 62
Erika Krause-Gebauer, Kennt ihr die Leute? ... 62
Was ich eigentlich kaufen wollte – falsche Versprechen in der Werbung erkennen ... 64
Kristiane Allert-Wybranietz, Mein Einkaufsnetz muss Löcher haben ... 64
Schau genau hin! – Layout und Wirkung einer Werbeanzeige beschreiben ... 66
■ Produktnamen – Wortzusammensetzungen mit Bindestrich richtig schreiben ... 68
Werbesprache – Slogans untersuchen ... 69
■ Cool und trendy – englische Slogans in der deutschen Sprache ... 71

Werbesprache – den Zusammenhang von Sprache und Werbebotschaft erkennen	72
Dein Film – die Untersuchung einer Werbeanzeige planen	74
Das ist die Botschaft! – Die Untersuchung formulieren	76
Die Untersuchung einer Werbeanzeige überarbeiten	78
■ Kompetenz-Check: eine Werbeanzeige untersuchen	81
Lernbegleitbogen	83
■ Freiraum: So kannst du weiterarbeiten	84
Ingeborg Bachmann, Reklame	85
Matthias Kaufmann, Sprechen Sie werbisch?	86
■ Tipps	87

Global denken – lokal handeln   88–113

Die Erde kurz vor ihrer Zerstörung – die Thematik eines Sachtextes erfassen	90
Der Klimawandel – Informationen aus einem Sachtext zusammenfassen	91
Der Treibhauseffekt – Informationen aus einem Schaubild zusammenfassen	94
■ Aktiv und Passiv – unterschiedliche Formulierungsmöglichkeiten	96
Klimaschutz geht alle an – Informationen im Partnerpuzzle vergleichen	97
Der Umwelt zuliebe!? – Zu einer Aussage Stellung nehmen	101
■ Billig oder Bio? – das/dass richtig schreiben	102
Berge von Müll – Informationen vergleichen und Schlussfolgerungen ziehen	103
Einen Textvergleich mit Stellungnahme in einer offenen Schreibkonferenz überarbeiten	106
■ Kompetenz-Check: Informationen aus Texten zusammenfassen, vergleichen und bewerten	108
Lernbegleitbogen	111
■ Freiraum: So kannst du weiterarbeiten	112
■ Tipps	113

Schriftlicher Aufgabentyp 4b):
Informationen ermitteln, vergleichen und bewerten

Bilder von Menschen – Menschen in Bildern   114–135

Wer war Edward Hopper? – Informationen aus Materialien entnehmen	116
Abend in Cape Cod – einen Audioguide-Text untersuchen	120
■ Meeresfacetten – Farbbezeichnungen richtig schreiben	123
Hotel Lobby – einen Audioguide-Text verfassen	124
Bildbeschreibungspalette	126
■ Angepasst – adressatengerecht formulieren	127
Das ist Hopper …! – Einen Audioguide-Text für Jugendliche planen und schreiben	128
Sommerabend – einen Audioguide-Text für Jugendliche überarbeiten	130
■ Kompetenz-Check: einen Audioguide-Text schreiben	132
Lernbegleitbogen	133
■ Freiraum: So kannst du weiterarbeiten	134
■ Tipps	135

Mündlicher Aufgabentyp 1a):
Beobachtungen sachgerecht vortragen
Schriftlicher Aufgabentyp 2:
auf der Basis von Material sachlich beschreiben

Mündlicher Aufgabentyp 2a):
dialogische Texte gestaltend vortragen

Schriftlicher Aufgabentyp 6a):
einen Dialog zwischen literarischen Figuren schreiben

Mein Leben leben!? 136–161

Wer ist A? – Eine literarische Figur kennenlernen und Informationen sammeln 138
  David Levithan, 5994. Tag 138
Das ist... – Informationen zu literarischen Figuren strukturiert darstellen 141
Rhiannon will Meer/mehr – sich in eine literarische Figur hineinversetzen 142
  David Levithan, 5994. Tag 142
Hallo Josie! – Einen Dialog aus der Sicht literarischer Figuren führen 144
- Hallo Rhiannon! – Zusammen- und Getrenntschreibung 146
- A good guy – Original und Übersetzung eines Auszugs vergleichen 147
  David Levithan, 5999. Tag 147
Totale Mattscheibe – einen Dialog planen und schreiben 148
  David Levithan, 6001. Tag 148
Hält die Verbindung? – Einen Dialog zwischen Figuren schreiben und überarbeiten 152
  David Levithan, 6002. Tag 152
- Kompetenz-Check: einen Dialog zwischen literarischen Figuren schreiben 157
Lernbegleitbogen 159
- Freiraum: So kannst du weiterarbeiten 160
- Tipps 161

Schriftlicher Aufgabentyp 4a):
aufgabengeleitet literarische Texte untersuchen

Recht und/oder Gerechtigkeit 162–189

Gerecht ist anders – Thema und Merkmale einer Kalendergeschichte erfassen 164
  Johann Peter Hebel, Der kluge Richter 164
Hilfe! – Aussageabsicht, Inhalt und Merkmale einer Kurzgeschichte erfassen 166
  Herbert Kranz, Vor Gericht 166
„Nur deswegen ist es so gekommen." – Einen erzählenden Text zusammenfassen 168
  Josef Reding, Generalvertreter Ellebracht begeht Fahrerflucht 168
Bis einer weint – die Erzählweise und ihre Wirkung ermitteln 171
  Bertolt Brecht, Der Augsburger Kreidekreis 171
- Wie ein Ringkampf – Textstellen indirekt wiedergeben 175
Vom Schuhputzer zum Diktator – Aufgaben zu einem Text bearbeiten 176
  Thomas Bernhard, Der Diktator 176
- Vom Schuhputzer zum Diktator – Zeichensetzung beim Zitieren 178
„Aus Notwehr" – zu einer Textstelle Stellung nehmen 179
„Drei Jahre sind genug" – Eine Textuntersuchung planen und schreiben 180
  Gertrud Schneller, Das Wiedersehen 180
Wiedersehen macht sprachlos – eine Textuntersuchung überarbeiten 183
- Kompetenz-Check: eine Erzählung untersuchen 185
  Johann Peter Hebel, Eine sonderbare Wirtszeche 185
Lernbegleitbogen 187
- Freiraum: So kannst du weiterarbeiten 188
  Bertolt Brecht, Der hilflose Knabe 188
- Tipps 189

Von Nähe und Ferne   190–211

Ulla Hahn, Fast 190
Frantz Wittkamp, Ohne Titel 191
Fernweh – Inhalte erschließen und zusammenfassen 192
  Johann Wolfgang von Goethe, Mignons Lied 192
Verzögerte Reise – motivgleiche Gedichte erkennen 194
  Frank Schmitter, GEGEN ABEND GERIETEN WIR 194
Aus der Fremde – die Gestaltung eines Gedichts und deren Wirkung
  ermitteln 196
  Johann Rudolf Wyß, Schweizerheimweh 196
- ■ Fachsprache richtig verwenden 198
Meine Welt – Aufgaben zu einem Gedicht bearbeiten 199
  Bettina von Arnim, Auf diesem Hügel überseh ich meine Welt! 199
Angekommen – zu einer Aussage Stellung nehmen 201
  Johannes Oerding, Heimat 201
- ■ Heimat – Rechtschreibung und Zeichensetzung in einer
  Stellungnahme korrigieren 203
Immer bei dir – eine Gedichtuntersuchung planen und schreiben 204
  Johann Wolfgang von Goethe, Nähe des Geliebten 204
Immer bei dir – eine Textuntersuchung überarbeiten 205
- ■ Kompetenz-Check: ein Gedicht untersuchen 207
  Ulla Hahn, Besonderer Tag 207
Lernbegleitbogen 208
- ■ Freiraum: So kannst du weiterarbeiten 209
  Alice Bota, Heimat ist ein sehnsuchtsvolles Ding 210
- ■ Tipps 211

Schriftlicher Aufgabentyp 4a):
aufgabengeleitet literarische Texte untersuchen

(Ein)Blick in die Arbeitswelt   212–235

Speed-Dating mal anders – ein Persönlichkeitsprofil anlegen 214
  *Johannes Ihle, Beim Job-Speed-Dating gibt's den Traumberuf in
  acht Minuten* 214
„Jobmesse" – eine anschauliche Präsentation zu einem Berufsbild
  vorbereiten 216
Jetzt wird's ernst – die Berufsbilder auf der Jobmesse präsentieren und
  bewerten 218
Wer nicht fragt… – Informationen höflich und ergebnisorientiert erfragen . 219
Frisch auf den Tisch – ein Anschreiben für eine Bewerbung untersuchen
  und verfassen 221
- ■ Wann bin ich groß? – Nominalisierung von Verben und Adjektiven 223
Tagein, tagaus – ein Protokoll anfertigen 224
- ■ Jetzt wird es fachlich – Fachsprache erkennen und anwenden 226
Das war mein Tag – einen Tagesbericht verfassen 227
Hier ist Anpacken angesagt… – einen Tagesbericht überprüfen und
  überarbeiten 228
- ■ Kompetenz-Check: einen Tagesbericht überarbeiten 231
Lernbegleitbogen 233
- ■ Freiraum: So kannst du weiterarbeiten 234
- ■ Tipps 235

Mündlicher Aufgabentyp 1b):
Arbeitsergebnisse sachgerecht vortragen

Mündlicher Aufgabentyp 3c)/3d:
Sprechakte gestalten im Interview/Bewerbungsgespräch

Schriftlicher Aufgabentyp 5:
einen vorgegebenen Text überarbeiten

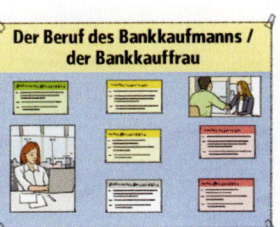

Mündlicher Aufgabentyp 2a):
dialogische Texte gestaltend vortragen

„Denn er kann die roten Haar' nit leiden" 236–253

Die Rotkopfete – sich einlesen 238
   Johann Nestroy, Der Talisman, 1. Akt, 3. Szene 238
Grad wie ich! – Rollenkarten erstellen 239
   Johann Nestroy, Der Talisman, 1. Akt, 8. Szene 239
Als Retter herbeigeflogen – eine Szene pantomimisch darstellen ... 242
   Johann Nestroy, Der Talisman, 1. Akt, 9.-13. Szene 242
Die Stärke der Stimme – Pantomime mit Off-Stimmen darstellen 244
   Johann Nestroy, Der Talisman, 2. Akt, 17. Szene 244
Er ist rot! – Eine Szene sprachlich und inhaltlich modernisieren 248
   Johann Nestroy, Der Talisman, 2. Akt, 27. Szene 248
Der Universalerb' – eine Szene spielen 250
   Johann Nestroy, Der Talisman, 3. Akt, 18. Szene 250
Die beiden Rotkopfeten – eine eigene Szene schreiben und spielen ... 253

Wortarten und ihre Funktion untersuchen

Sprache betrachten 254–281

Nomen – den Kasus richtig verwenden 254
   Johann Peter Hebel, Ein Wort gibt das andere 254
Pronomen – Bezüge herstellen 255
Welcher Kasus folgt auf welche Präposition? 256
Verben – Tätigkeiten/Zustände beschreiben 257
   Zeitformen im Überblick 257
   Vorzeitigkeit in Texten im Präteritum ausdrücken 258
   Aktiv und Passiv 259
   Konjunktiv I – indirekte Rede in der Inhaltszusammenfassung
   verwenden 261
   Konjunktiv II – Wünsche/Vorstellungen äußern 262
Adverbien – Aussagen genauer formulieren 263
Sätze sinnvoll verbinden 264
Prüfe dein Wissen zu den Wortarten (Teil I) 266
Prüfe dein Wissen zu den Wortarten (Teil II) 267
Verschiedene Sprachen vergleichen – Subjekt und Prädikat untersuchen ... 268

Strukturen des Satzes untersuchen

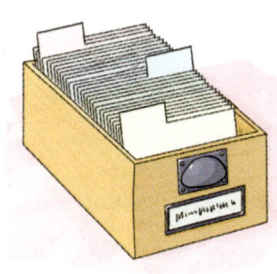

Satzglieder 269
   Objekte – Satzglieder, die vom Prädikat abhängen 269
   Präpositionale Objekte – Prädikate mit Präposition verwenden ... 270
   Adverbiale Bestimmungen – genaue Angaben machen: Zeit, Ort,
   Grund, Art und Weise 271
Attribute – genaue Angaben zu Nomen machen 272
dass-Sätze, Infinitivsätze – abwechslungsreich formulieren 273
Nebensätze als Satzglieder 274
Prüfe dein Wissen zu Satzbau und Satzgliedern! 275
Textfunktionen unterscheiden 276
Sich verständlich ausdrücken 277
Fachsprache verstehen und anwenden 278
Prüfe dein Wissen zum mündlichen und schriftlichen Sprachgebrauch! ... 279
Lernbegleitbogen 280
   ■ Tipps 281

Richtig schreiben — 282–307

Wortbezogene Regeln erkennen und anwenden

- Großschreibung 282
  - Nomen und Nominalisierungen erkennen 282
  - Nomen oder Adjektiv? – Groß- und Kleinschreibung von Farbbezeichnungen 283
- Getrennt oder zusammen? 284
  - Verbindungen aus Nomen und Verb 284
  - Verbindungen aus Adjektiv und Verb 285
  - Verbindungen aus „anderen Wortarten" und Verb 286
- Fachwörter lernen (Rechtschreibkartei) 287
- Die Konjunktion *dass* richtig schreiben 288
- Mit der Rechtschreibprüfung am PC kontrollieren 289
- Prüfe dein Wissen zur Rechtschreibung! 290

Satzbezogene Regeln erkennen und anwenden

- Zeichensetzung 291
  - Das Komma in Satzreihen 291
  - Das Komma in Satzgefügen 292
  - Kommasetzung in Nebensätzen mit *das* und *dass* 294
  - Kommasetzung bei Infinitivgruppen 295
  - Kommasetzung bei Partizipgruppen 296
  - Richtig zitieren 297
- Prüfe dein Wissen zur Zeichensetzung! 298

Rechtschreibprobleme erkennen / Lösungsstrategien für Rechtschreibprobleme anwenden

- Rechtschreibstrategien und -training 299
  - Fachwörter rund um Rechtschreibung und Grammatik richtig schreiben 299
  - Fehlerschwerpunkte ermitteln 300
  - Strategien für Rechtschreibung und Zeichensetzung 302
  - Selbstständig mit Texten üben 303
- Lernbegleitbogen 306
- ■ Tipps 307

Computer in der Freizeit — 308–313

- Fachbegriffe rund ums Internet kennen 308
- Digitale Medien sinnvoll nutzen: E-Learning 309
- Sich über Werbung im Internet informieren 310
- Gefahren im Netz kennen 312

Methoden und Arbeitstechniken — 314–321

- Schaubilder und Diagramme auswerten 314
- Eine Mitschrift zu einem Interview anfertigen 316
- Ein Gruppenpuzzle durchführen 318
- Untersuchungsergebnisse belegen: Zitieren 320
- Texte mit Textlupen überarbeiten 321

Basiswissen — 322–338

Anhang — 339–344

- Stichwortverzeichnis 339
- Textsortenverzeichnis 340
- Textquellen 341
- Bildquellen 343

A Im Sport wird gewalttätiges Verhalten relativ ungestraft ausgeübt.

B Zum Thrill gehört, dass auch die Grenze zur Legalität überschritten wird.

C Bewundert werden tollkühne Leistungen, die den Elementen trotzen, Ehrfurcht gebietende Schindereien, gefährliche Aktionen und die glaubhafte Zurschaustellung von Intensität und Euphorie.

Zwei Seiten einer Medaille: Ist das noch Sport?

1 a) Welche Situationen erkennst du auf den Bildern? Tausche dich mit einem Partner darüber aus.
b) Sprecht darüber, ob ihr von diesen Sportarten schon gehört oder sogar Erfahrungen mit ihnen gemacht habt (z. B. durch Fernsehen, Freizeit, Verein …).
c) Wie deutet ihr die Kapitelüberschrift im Zusammenhang mit den Bildern?

2 a) Was macht eine Sportart für dich gefährlich? Formuliere eine mögliche Erklärung. Beginne so: *Eine Sportart ist für mich dann gefährlich, wenn …*
b) Greife Situationen aus den dargestellten Sportarten auf. Erläutere dann mithilfe deiner Erklärung aus Aufgabe a), worin für dich die Gefahr besteht. Ziehe daraus Schlussfolgerungen für diese Sportart:
Insgesamt ist … / Als Fazit kann man sagen, dass …
c) Nenne weitere Sportarten, in denen deiner Meinung nach Gefahr und Spaß eng beieinanderliegen.

G Natürlich ist Sport zu treiben gesund und gut. [...] Gleichzeitig ist die Hinwendung zu Extremen unübersehbar.

E Das Suchen nach Abwechslung und neuen Erlebnissen, um immer wieder Spannungsreize zu erleben, beschreibt das Persönlichkeitsmerkmal *Sensation Seeking*.

F Sportsoziologen begründen [die Risikosuche] mit der gewollten Inszenierung von Individualität, der Suche nach Heldentaten, die vom langweiligen Alltag abgegrenzt sind.

D Unkontrollierte Gefühle, die man sich privat oder im Beruf oftmals nicht erlauben darf, werden erzeugt.

3 **a)** Was verleitet Menschen wohl dazu, gefährliche Sportarten auszuüben? Stellt Vermutungen dazu an.
b) Lest die Aussagen A–G oben durch: Erläutert, wie die Lust auf gefährliche Sportarten darin begründet wird.
c) Welche Aussage könnte auf welche Sportart besonders gut zutreffen? Ordne sie den Bildern zu und begründe deine Zuweisung.

4 Recherchiert mit einem Partner im Internet weitere gefährliche Sportarten und erstellt mit euren Ergebnissen eine Rangliste. Geht dabei so vor:
a) Sammelt mehrere gefährliche Sportarten und notiert diese auf Karteikarten.
b) Beurteilt die Sportarten nach ihrem Risikofaktor. Beachtet dabei eure Erklärungen aus Aufgabe **2 a)**. Sortiert die Karteikarten dann und erstellt eine Rangliste (Platz 1 = gefährlichste Sportart).
c) Stellt eure Ranglisten in der Klasse vor und diskutiert über eure Beurteilungen.

> Rangliste der gefährlichen Sportarten:
> 1. ...
> 2. ...

AG American Football? – Argumente sammeln, gewichten und die Auswahl begründen

Euer Jahrgang hat von einem örtlichen Sportverein das Angebot bekommen, während der nächsten Projektwoche eine AG „American Football" einzurichten. Die Ausrüstung dazu wird euch zur Verfügung gestellt. Ihr sollt euch im Folgenden in der Klasse eine Meinung dazu bilden und anschließend über dieses Angebot entscheiden.

Seite 30

1 a) Halte deine Eindrücke zu den Bildern in einem Cluster fest.
b) Tauscht euch darüber aus, was ihr bereits über American Football wisst, und ergänzt eure Cluster. Recherchiert dazu auch im Internet.

Folie
Seite 329

2 Informiere dich genauer über American Football, indem du den folgenden Text mit der **Lesemethode für Sachtexte** erschließt. Kläre auch Fachbegriffe, die du nicht kennst, und lege dir dazu eine Wörterliste an.

American Football – ein Sport für jedermann?

American Football – wenn sie das hören, denken viele Menschen in Deutschland an eine Sportart, bei der es ruppig und gewalttätig zugeht. Aber stimmt das überhaupt, oder sind das nur Vorurteile? Wie bei anderen Ballsportarten auch, geht es beim American Football darum, <mark>einen Ball ins Ziel zu bringen</mark>. Die Be-
5 sonderheiten sind hier, dass erstens der Ball eine <mark>ovale Form</mark> hat und dass zweitens das gegnerische Ziel kein Tor oder Korb ist wie beim Hand-, Fuß- oder Basketball, sondern die sogenannte <mark>Zielzone</mark> (auch: Endzone) am Ende des Spielfelds. Bringt eine Mannschaft den Ball in die gegnerische Zielzone, nennt man das einen <mark>„Touchdown"</mark>. Dazu hat jedes Team immer vier Versuche, bei denen es
10 einen bestimmten Raumgewinn erzielen muss, um in Ballbesitz zu bleiben.

Im Unterschied zu anderen Ballsportarten haben die Spieler beim American Football intensiven Körperkontakt, d. h., <mark>sie dürfen einander festhalten, schub-</mark>

Ziel des Spiels (Touchdown): ovaler Ball muss in gegnerische Zielzone

sen und sogar wegrammen. Das nennt man „tacklen". Dafür trainieren die Spieler häufig und regelmäßig, was ihnen Ausdauer und Kraft verleiht, viel Fett verbrennt und die Muskulatur stärkt. Beim Training werden Aufwärmübungen, Kraft- und Ausdauertraining mit Strategie kombiniert.

Fitter werden möchten auch die Schüler des Gymnasiums Iserlohn, die zusammen mit dem Football-Verein *Sauerland Mustangs* ein Projekt ins Leben gerufen haben. „Diese AG ist eine sehr gute Ergänzung zu unserem Lehrangebot, das bisher nur etablierte Sportarten wie Fußball oder Tennis beinhaltet hat. American Football findet immer stärkere Beachtung", erzählt Sportlehrerin Ina Peters. Auch die Schüler haben trotz einiger Blessuren Spaß an der neuen AG. Das kann ein 14-jähriger Schüler bestätigen: „Hier kann man sich richtig gut auspowern, nachdem man den ganzen Tag den trockenen Schulstoff gelernt hat." American Football bietet die Möglichkeit, Leistung zu zeigen und einen Ausgleich zu schaffen. In diesem Sport zählt nicht nur der einzelne Spieler, Teamarbeit steht neben Fitness und sportlicher Fairness im Fokus. Wer kein Teamplayer ist, hat im American Football schlechte Karten.

Als Zuschauer sieht man aber in erster Linie die Brutalität des Spiels – die Härte des „tackles" und das hohe Verletzungsrisiko wirken auf viele Personen abschreckend. Dass die Risiken hoch sind, hat auch die führende Profiliga NFL erkannt und warnt ihre Spieler davor, Anzeichen von Gehirnerschütterungen nicht unbeachtet zu lassen. Wer sich bei einer Kollision am Kopf verletzt und trotzdem weiterspielt, riskiert mögliche Langzeitschäden wie Gedächtnisprobleme, Demenz und sogar eine Veränderung der Persönlichkeit. Ein NFL-Spieler bekommt pro Jahr über 900 Stöße an den Kopf, trotzdem bleiben Verletzungen manchmal unbemerkt oder unbehandelt. Allerdings gibt es auch bei anderen Sportarten Verletzungsgefahren, wie beispielsweise beim Fußball. Forscher der Orthopädischen Klinik der Medizinischen Hochschule Hannover haben in einer Studie die Verletzungen deutscher Football-Bundesligaspieler analysiert. Ihr Ergebnis: American Football ist nicht wesentlich gefährlicher als Fußball – zumindest nicht in Deutschland.

3 **a)** Markiere Textstellen, die die Gefahren und Vorteile von American Football aufzeigen, mit unterschiedlichen Farben.
b) Würdet ihr eine AG für American Football an eurer Schule befürworten? Teilt eure Klasse in zwei Gruppen und führt zu dieser Frage mithilfe eurer Vorarbeit abwechselnd eine **Fishbowl-Diskussion** durch: Während Gruppe 1 diskutiert, fertigt Gruppe 2 eine Mitschrift (s. **LERNBOX**) an. Tauscht dann die Rollen.
c) Formuliere, welchen Standpunkt (pro/contra AG) du nun einnimmst.

! LERNBOX

Eine Mitschrift anfertigen
Mitschriften helfen, das Gehörte während einer Diskussion festzuhalten. Beim Mitschreiben geht es darum, die wichtigsten Argumente zu notieren:
1. Notiere das **Thema** und das **Datum** der Diskussion.
2. Gliedere deine Notizen in zwei Spalten: **Argumente** und **Gegenargumente**.
3. Formuliere deine Notizen in **Stichworten**.
4. Lass zwischen den Notizen Platz für spätere **Ergänzungen**.

Du sollst im Folgenden einen **Brief** schreiben, in dem du andere von deinem Standpunkt überzeugst, die AG American Football an eurer Schule anzubieten oder nicht. Richte dich an euren **Schulleiter**, wenn du **für** die **AG** bist, oder an den **Vorsitzenden des Sportvereins**, wenn du **gegen** die **AG** bist.

4 Gehe zur Vorbereitung deines Briefes so vor:
  a) Lege eine Liste mit verschiedenen Aspekten an. Trage hierzu die Vorteile und Gefahren von American Football ein, die du im Text auf Seite 10/11 markiert hast.

Für American Football spricht (pro):	Gegen American Football spricht (kontra):
– gut für den Muskelaufbau und die Ausdauer OOOO	– Spieler dürfen sich schubsen und wegrammen OOO
– Schülerinnen und Schüler lernen neue Sportart kennen O	– …

Überzeugungspunkte:
1 Punkt
= nicht überzeugend
bis 5 Punkte
= sehr überzeugend

  b) Ergänze weitere Aspekte für oder gegen diese Sportart aus deiner Mitschrift zur Fishbowl-Diskussion (S. 11, **3**). Du kannst eigene Aspekte hinzufügen.
  c) Gewichte die Aspekte, die für deinen Standpunkt sprechen. Verteile dazu Überzeugungspunkte. Wähle anschließend drei Aspekte aus, denen du die meisten Punkte gegeben hast und die deinen Standpunkt gegenüber dem Adressaten (Schulleiter oder Vereinsvorsitzender) am besten stützen.

5 a) Lege eine Tabelle wie im Beispiel unten an und trage deine drei ausgewählten Aspekte ein.
  b) Begründe deine Wahl. Wenn du für die AG bist, kannst du die Beispiele aus der Tabelle unten übernehmen und ergänzen. Wähle die treffendste Begründung (A, B oder C) für den ersten Aspekt aus und setze dann die Satzanfänge zu den anderen beiden Begründungen fort.
  c) Übertrage aus deiner Liste aus Aufgabe **4** einen Aspekt, der gegen deinen Standpunkt spricht (= Einwand), in die Tabelle. Begründe ebenfalls, warum es wichtig ist, gerade diesen Einwand zu entkräften.
  d) Tauscht eure Begründungen gegenseitig aus und überprüft, ob sie nachvollziehbar sind.

Meine Auswahl	Warum halte ich die Aspekte für geeignet, um meinen Adressaten (Schulleiter) von meinem Standpunkt zu überzeugen?
– gut für den Muskelaufbau und die Ausdauer	Diesen Aspekt halte ich für besonders geeignet, weil … A) die Schule die Gesundheit der Schüler fördern würde und sich dies in der Außendarstellung der Schule gut macht. B) der Sportlehrer das bestimmt toll fände. C) wir im Sportunterricht dann mehr Zeit für andere Sportarten hätten.
– …	Meiner Meinung nach ist der Aspekt bedeutend, da …
– …	Ich habe mich für diesen Aspekt entschieden, weil …
Einwand	Warum möchte ich diesen Einwand entkräften?
– …	Ich habe diesen Einwand ausgewählt, weil …

Angriff vs. Verteidigung – Aspekte entfalten und einen Einwand entkräften

Aspekt: American Football fördert die Ausdauer.
Entfaltung: Wie Ihnen sicher bekannt ist, wird durch American Football die Ausdauer deutlich verbessert. Das Training beim American Football ist eine Kombination aus Stretching, Muskelaufbau und Strategie. Dies führt zu einer strafferen Muskulatur und effektiver Fettverbrennung. Das Beispiel amerikanischer Highschools zeigt zudem, dass durch Football auch unsportliche Schüler angesprochen werden, die dadurch ihre Ausdauer trainieren können und selbstbewusster werden. Daher würde eine Football-AG auch unsere Gesundheit positiv beeinflussen.

1 a) Bevor du deinen Brief an den Schulleiter oder den Vereinsvorsitzenden formulierst, musst du deine Aspekte schriftlich entfalten. Lies dazu die **LERNBOX**.
b) Untersuche, wie der Aspekt oben zu einem Argument entwickelt wurde. Markiere dazu die Bausteine des Arguments mit unterschiedlichen Farben, wie in der **LERNBOX**. Folie
c) Unterstreiche die Stelle, an welcher der Adressat direkt angesprochen wird. Folie

2 a) Entfalte die drei Aspekte zu deinem Standpunkt, für die du dich auf Seite 12 (Aufgabe **4 c)**) entschieden hast. Wenn du dich für die AG aussprichst, kannst du dich am oberen Beispiel orientieren.  Seite 33
b) Tauscht eure Entfaltungen mit einem Partner aus. Gebt euch Rückmeldungen, ob sie verständlich/stichhaltig formuliert sind und euren Standpunkt stützen.

3 a) Entkräfte auch den Aspekt, den du als Einwand gegen deinen Standpunkt ausgewählt hast (s. S. 12, Aufgabe **5 c)**). Orientiere dich an der **LERNBOX**.  Seite 33
b) Entkräfte zwei weitere Einwände.

> **! LERNBOX**
>
> **Aspekte entfalten und Einwände entkräften**
> 1. Aspekte müssen **adressatenbezogen** zu überzeugenden und nachvollziehbaren Argumenten entfaltet werden. So baust du dein Argument auf:
>   a) Nenne den **Aspekt**, mit dem du deinen Adressaten überzeugen willst.
>   b) Dieser wird mit einer passenden **Begründung** entfaltet. Dazu kannst du **Erläuterungen** oder **Erklärungen** ergänzen, **Belege** und **Beispiele** heranziehen oder **Vergleiche** herstellen.
>   c) Runde dein Argument ab, indem du eine **Schlussfolgerung** ziehst.
> 2. Zum Überzeugen gehört auch, Gegenargumente zu bedenken. So entkräftest du einen möglichen Einwand:
>   a) Sammle **Einwände**, die gegen deinen Standpunkt sprechen könnten.
>   b) Entkräfte den Einwand, der dem Adressaten sehr wichtig sein könnte.
>   c) Zeige, dass du den Einwand ernst nimmst. Schwäche dazu mögliche Bedenken ab oder nenne Alternativen als Gegenvorschläge.
> 3. **Sprich** deinen **Adressaten** immer **direkt an**, damit er sich einbezogen fühlt.

4 a) Lies den Textanfang: Welche Bausteine gehören in die Einleitung des Briefes?

Sehr geehrter Herr Schulz,   Dortmund, 23.09.20..

von einem Sportverein haben wir das Angebot erhalten, während der Projektwoche eine AG „American Football" durchzuführen. Die Ausrüstung würde uns vom Verein gestellt werden. Wir sind der Meinung, dass ein solches Angebot unsere Schule bereichern würde ...

b) Ergänze die ersten zwei Zeilen eines Schreibplans. Vergegenwärtige dir dazu noch einmal die Ausgangssituation (s. Seite 12 oben). Den Rest des Schreibplans musst du nicht ausfüllen, da du die Argumente schon ausführlich entfaltet hast.

Adressat (An wen schreibe ich?)	
Was will ich mit dem Brief erreichen? (Standpunkt/Anliegen)	
...	

c) Schreibe nun den Brief an den Schulleiter oder den Vorsitzenden des Sportvereins. Orientiere dich dabei an den Hinweisen in der **LERNBOX**.

 5 Tauscht die Briefe in Kleingruppen mit unterschiedlichen Standpunkten untereinander aus und beurteilt, ob die Argumente stichhaltiger formuliert werden müssten. Überprüft die Briefe mithilfe der Kriterien in der **LERNBOX**.

> **[!] LERNBOX**
>
> **So schreibst du einen argumentierenden Brief:**
> **Inhalt**
> 1. Nenne in der **Einleitung** die Situation, die dich zum Schreiben veranlasst hat, und stelle dein Anliegen sowie deinen eigenen Standpunkt dar.
> 2. Im **Hauptteil** überzeugst du den Adressaten von deiner Meinung:
>   – Stelle **drei überzeugende Argumente** für deinen Standpunkt dar (entfaltete Aspekte mit Erklärungen/Erläuterungen, Beispielen/Belegen oder Vergleichen und einer Schlussfolgerung am Ende).
>   – Greife **einen Einwand** auf und entkräfte ihn nachvollziehbar, indem du Alternativen aufzeigst und den Einwand abschwächst.
> 3. Am **Schluss** wiederholst du dein Anliegen und bekräftigst deinen Standpunkt. Du kannst auch einen Appell an den Adressaten richten.
>
> **Darstellung**
> 1. Beachte die **Form eines Briefes**.
> 2. Wende dich direkt an den **Adressaten** und berücksichtige seine Interessen.
> 3. Verwende in Briefen an Erwachsene, die du siezt, die **Höflichkeitsform**.
> 4. Trenne Einleitung, Hauptteil und Schluss durch **Absätze** voneinander. Gliedere auch deine Argumente und Einwände durch Absätze und **verknüpfe sie sprachlich**: *Ein weiteres Beispiel dafür wäre ...*

Für unseren Standpunkt werben – einen Flyer planen und gestalten

Stellt euch vor, die Schulleitung gestattet die Football-AG im Rahmen der Projektwoche. Nun sollt ihr bei euren Klassen für die AG werben und dafür einen einseitigen Flyer (Handzettel) entwerfen.

1 Bildet Vierergruppen und klärt, welche Funktion der Flyer erfüllen soll.

2 a) Überlegt in eurer Gruppe, welche Angaben neben den Informationen zur Sportart noch auf dem Flyer stehen sollten. Orientiert euch an der **LERNBOX**.
b) Besprecht, welche Begriffe ihr aus euren Vorarbeiten zu den argumentierenden Briefen übernehmen wollt. Bedenkt dabei, dass ihr euch auf dem Flyer auf die wichtigsten Informationen beschränken müsst. Eure Formulierungen sollten kurz und präzise sein.
c) Gestaltet den Flyer ansprechend. Ergänzt ihn dazu mit passenden Bildern, Zeichnungen oder Collagen.

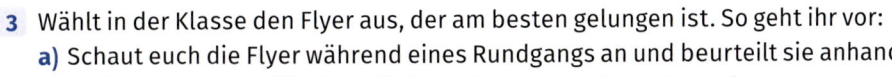

3 Wählt in der Klasse den Flyer aus, der am besten gelungen ist. So geht ihr vor:
a) Schaut euch die Flyer während eines Rundgangs an und beurteilt sie anhand der Kriterien unten. Füllt dazu für jede Gruppe den Bewertungsbogen aus:
+ = Kriterium beachtet, – = nicht beachtet, 0 = nicht eindeutig beachtet.

Bewertungskriterien	Gruppe 1	Gruppe 2	...
Wird das Anliegen deutlich?			
Sind die Formulierungen appellativ?			
Ist das Layout ansprechend gestaltet?			

b) Diskutiert im Anschluss, welcher Flyer am besten gelungen ist. Vergleicht dabei eure Beurteilungen in der Klasse und kürt den Sieger.

⚠ LERNBOX

So kannst du einen Flyer gestalten:
Mit einem Flyer soll für etwas **geworben** werden. Daher kannst du dich an der Gestaltung von Werbeanzeigen orientieren.
1. Überlege, welche **Angaben** auf dem Flyer stehen müssen, damit dieser **informativ** und **interessant** wird (Anliegen? Adressat? Headline? Slogan? Eyecatcher? Appell? ...). Mache dir dazu stichpunktartig Notizen.
2. Verwende **kurze** und **präzise appellative Formulierungen**:
   – **Imperativ:** *Nehmt an unserem Projekt teil!*
   – **Konjunktiv II:** *Es wäre schön, wenn möglichst viele an unserer AG teilnehmen würden.*
3. Gestalte dein **Layout ansprechend**. Überlege, wie die einzelnen Bestandteile des Flyers angeordnet werden sollen. Erstelle eine **Skizze** zur Planung.

 Seite 66/67

Ein Boxturnier in der Schule? – Kontrovers diskutieren

Die Sportart Boxen wird in Diskussionen sehr zwiespältig beurteilt. Kritiker verweisen auf die möglichen Folgen für die Gesundheit, Befürworter auf die strengen Regeln und das harte körperliche Training.

1 a) Besprecht, welche weiteren Risiken und Gefahren, aber auch Vorteile die Sportart Boxen mit sich bringen könnte.
b) Stellt Vermutungen dazu an, was die Menschen am Boxen fasziniert.

Seite 30–31 ⭐

2 Fasse zusammen, worüber der folgende Zeitungsartikel berichtet:

Solche Niederschläge ist man wohl selbst in London nicht gewohnt: In Runde elf hagelte es Fäuste im Wembley-Stadion. 90 000 Zuschauer jubelten, kreischten, sprangen von ihren Sitzen, als der 41-jährige Wladimir Klitschko von seinem Gegner Schlag um Schlag kassierte. Die Stirn, die Nase, das Kinn, die Wange, das Auge – es gab wohl keine Stelle in Klitschkos Gesicht, die nicht Bekanntschaft mit Anthony Joshuas Faust machen durfte. …

Stellt euch vor, es ist an eurer Schule im kommenden Schuljahr geplant, ein Boxturnier auszurichten. Dabei sollen Spenden für die Jugendarbeit gesammelt werden. Der örtliche Boxsportverein ist für die Organisation verantwortlich. Auf der Schulkonferenz soll geklärt werden, ob die Schule sich an der Ausrichtung beteiligen soll.

3 a) Ist eine Boxveranstaltung für die Schule zu gewalttätig? Sprecht in der Klasse darüber. Bezieht euch dabei auf das Bild und den Zeitungsbericht.
b) Die Schulkonferenz ist das oberste Beratungs- und Beschlussgremium der Schule. Mitglieder sind die Schulleitung sowie gewählte Vertreter der Lehrer, Eltern und Schüler. Besprecht, ob und wie solche Medienberichte über das Boxen die Meinung der Beteiligten beeinflussen könnten.

4 In der Schulkonferenz wird diskutiert, ob sich die Schule an der Ausrichtung des Boxwettbewerbs beteiligen soll. Führt diese Diskussion selbst durch. Versetzt euch dazu in die Rollen der Mitglieder einer Schulkonferenz. Plant die Diskussion als **Gruppenpuzzle**. Geht so vor:

Seite 318–319

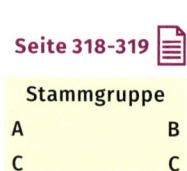

Stammgruppe
A   B
C   C

a) Bildet Vierergruppen und verteilt die Rollen: Schulleiter (A), Schülervertreterin (B), Elternvertreter (C) und Sportlehrerin (D).
b) Lies auf Seite 17 die betreffende Sprechblase zu deiner Rolle und mache dir den Standpunkt klar, den du vertreten sollst.
c) Lege dir eine Rollenkarte zu deiner Person an:
– Notiere deine Rolle und deinen Standpunkt.
– Wähle drei Stichpunkte aus der Sprechblase deiner Rolle aus, die du am überzeugendsten findest. Du kannst auch eigene Stichpunkte ergänzen.
– Notiere auf der Rollenkarte deine drei Aspekte und entfalte sie kurz. Nutze dazu die **LERNBOX** auf Seite 13.

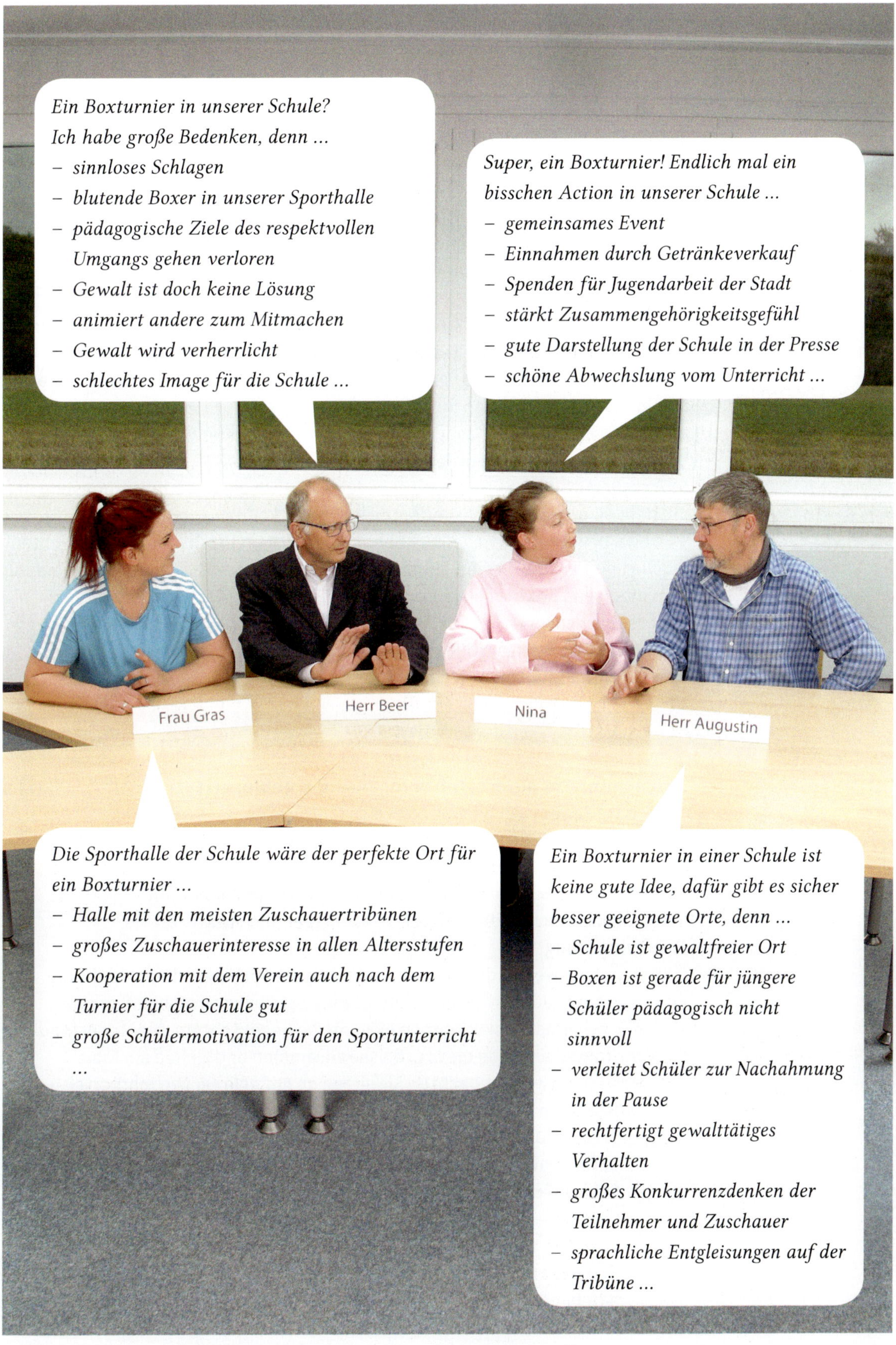

Expertengruppe	
A	A
A	A

5 a) Finde dich mit Mitschülern aus anderen Stammgruppen zusammen, die die gleiche Rolle übernommen haben. Stellt euch eure entfalteten Argumente vor.
b) Gebt euch Rückmeldungen und ergänzt oder verbessert die Art der Entfaltung, um sie besonders stichhaltig zu formulieren.
c) Überlegt gemeinsam, wie ihr mögliche Einwände entkräften könnt. Bezieht dabei die Position der Person, an die ihr euch wenden wollt, mit ein.

Stammgruppe	
A	B
C	D

6 Geht in eure Stammgruppe zurück und diskutiert, ob das Boxturnier an eurer Schule durchgeführt werden soll. Nutzt dazu eure Rollenkarten und berücksichtigt die Gesprächsregeln, indem ihr aktiv zuhört und euch aufeinander bezieht.

7 Ihr sollt nun in der ganzen Klasse eine Schulkonferenz nachstellen. Neben den vorgegebenen Rollen benötigt ihr je zwei Schüler als Moderatoren und als Beobachter. Der Schulleiter eröffnet die Diskussion und hält das Ergebnis fest. Die übrigen Rollen können mehrfach vertreten sein.
a) Lest die **LERNBOX** und macht euch klar, was ihr bei der Vorbereitung und Durchführung der Schulkonferenz beachten müsst.
b) Erstellt mithilfe von Hinweis 2 c) in der **LERNBOX** einen Beobachtungsbogen, mit dem ihr euer Gesprächsverhalten bewerten könnt:
+ = Regel beachtet, − = Regel nicht beachtet, 0 = Regel nicht eindeutig beachtet.

Seite 33

c) Führt nun die Diskussion durch. Achtet darauf, dass ihr zu einer Entscheidung kommt, ob das Boxturnier an der Schule ausgerichtet werden soll oder nicht.
d) Lasst euch in einer Feedbackrunde von den Beobachtern eine Rückmeldung zu eurem Gesprächsverhalten und euren inhaltlichen Beiträgen geben: Zu welchem Standpunkt wurden besonders überzeugende Argumente geäußert?

> **⚠ LERNBOX**
>
> **So diskutiert ihr adressatenbezogen und ergebnisorientiert:**
> 1. **Vorbereitung**
>   a) Notiert das **Gesprächsthema** und die **Ausgangsfrage** für alle sichtbar, damit ihr euer Gesprächsziel nicht aus den Augen verliert.
>   b) Notiert eure **Argumente** und **entfaltet sie** in Stichpunkten.
>   c) Sammelt **Einwände** der Gesprächspartner und **entkräftet** sie.
> 2. **Durchführung**
>   a) Benennt **zwei Moderatoren**, die die Diskussion leiten. Sie erklären zu Beginn, welches Thema diskutiert wird, erteilen das Wort und greifen ein, wenn sich Diskutierende nicht an die Regeln halten. Die Moderatoren fassen am Ende die Ergebnisse zusammen und ziehen ein Fazit.
>   b) Bestimmt zwei **Beobachter**. Sie sitzen im Außenkreis und machen sich Notizen zum Gesprächsverhalten und zu den inhaltlichen Beiträgen.
>   c) Geht in der Diskussion **fair** und **ergebnisorientiert** miteinander um:
>   – Sprecht **höflich** und **respektvoll** miteinander.
>   – Geht auf den Gesprächspartner ein und bezieht euch auf seine Einwände.
>   – Lasst die Teilnehmer immer erst **ausreden** und **knüpft** danach **an den Redebeitrag an**, auch wenn der Teilnehmer etwas vorgebracht hat, mit dem ihr nicht gerechnet habt oder das ihr nicht teilt.

Boxen für einen guten Zweck – Diskussionen untersuchen

Nina (Schülerin): Wir möchten Sie bitten, das Boxturnier an unserer Schule auszurichten zu lassen, damit wir endlich mal ein bisschen Action hier haben.
Herr Beer (Schulleiter): Dafür habe ich durchaus Verständnis. Aber Boxen hat nur mit Gewalt zu tun und nichts mit spaßiger Action, denn es können sich
5 Teilnehmer verletzen. Das konnte man doch wieder in den Medien sehen. Ihr müsst doch zugeben, dass beim Boxen Gewalt verherrlicht wird. Das passt nicht zu unseren pädagogischen Zielen des respektvollen und gewaltfreien Umgangs miteinander.
Frau Gras (Sportlehrerin): Ich muss Nina aber zustimmen. Unsere Sporthalle
10 wäre doch der perfekte Ort für ein Boxturnier, da unsere Halle die meisten Zuschauertribünen hat. Nur so könnten wir genug Besucher unterbringen und unsere Einnahmen dadurch steigern.
Herr Augustin (Elternvertreter): Das mag sein, aber dann müssen wir eben auf die Einnahmen verzichten, denn bei vielen Zuschauern solcher Kämpfe
15 kommt es zu sprachlichen Entgleisungen, und das ist nichts für euch Schüler.
Nina: Aber wir könnten durch den Verkauf von Getränken und Eintrittskarten jede Menge Geld einnehmen und dann deutlich mehr für die Jugendarbeit der Stadt spenden. Dann könnte endlich der Billardtisch im Jugendtreff repariert werden.
20 **Herr Beer:** Ich finde eure Initiative sehr gut, aber vielleicht können wir ja auch einen Teil unserer Einnahmen aus dem Sponsorenlauf für den Jugendtreff nutzen. Ich bleibe immer noch dabei: Blutverschmierte Körper bei einem Boxturnier passen nicht zu einer Schule. Was sollen die Leute von uns denken!
Frau Gras: Ich kann Ihre Bedenken verstehen, allerdings hätte so ein Boxturnier
25 für den Sportunterricht auch positive Auswirkungen. Immerhin müssten sich die Schüler dann mit Boxen auseinandersetzen und es selbst ausprobieren. ...

1 Lies den Auszug aus der Diskussion einer nachgestellten Schulkonferenz:
 a) Beschreibe die Gesprächsatmosphäre.
 b) Markiere die Textstellen, in denen sich ein Gesprächsteilnehmer auf seinen Vorredner bezieht. Sprecht anschließend über die Wirkung dieser Textstellen.
 c) Erkläre, welche weiteren Verhaltensweisen die Diskussion fördern.
 d) Leite aus dem Gespräch Regeln und Tipps für eine gelungene Diskussion ab.

 Folie

Das ist meine Meinung! – Einen argumentierenden Brief planen und schreiben

Die Schulkonferenz hat die Entscheidung vertagt, da der Schulleiter seine Bedenken geäußert hat und weitere Meinungen einholen möchte. In eurer Klasse habt ihr über das Thema noch einmal ausführlich diskutiert. Du sollst nun einen **Brief an den Schulleiter Herrn Beer** schreiben, in dem du ihn von eurem Standpunkt überzeugst.

1 Lege dir zunächst einen Schreibplan wie auf Seite 21 an und mache dir die Ausgangssituation klar, indem du die ersten beiden Zeilen ausfüllst.

Folie
Seite 33

2 **Plane** deine Argumentation, indem du die Liste auswertest. Gehe so vor:
a) Markiere zunächst die Stichpunkte, die für und gegen deinen Standpunkt sprechen, in unterschiedlichen Farben.

1. Brutalität hat in der Schule nichts zu suchen ○○○
2. Einnahmen aus Ticketverkauf ○○
3. Schüler lernen, Veranstaltungen zu organisieren
4. Aufwand ist zu groß
5. Zusammenhalt der Schule/Unterstützung
6. Spenden für einen guten Zweck
7. Chance, einen Einblick in die Sportart zu bekommen
8. anschließendes Training im Sportunterricht gesundheitsfördernd
9. durch Boxen können Regeln und Werte vermittelt werden
10. Beschlüsse der Schulkonferenz akzeptieren
11. Zuschauerinteresse eher gering
12. …

b) Ergänze eigene Aspekte. Orientiere dich an deinem Standpunkt und deinem Adressaten.

Seite 33

c) Prüfe die Aspekte auf ihre Überzeugungskraft, indem du Überzeugungspunkte verteilst. Wähle drei Aspekte aus der Liste aus, die du für deine Argumentation am überzeugendsten findest.
d) Wähle aus der Liste einen Aspekt aus, welcher der wichtigste Einwand deines Adressaten sein könnte.

3 Übernimm die Tabelle und trage die Nummern der von dir gewählten Aspekte ein. Begründe dann, warum du dich jeweils für diesen Aspekt entschieden hast.

Meine Auswahl	Warum halte ich die Aspekte für geeignet, um meinen Adressaten (Schulleiter) von meinem Standpunkt zu überzeugen?
– …	Diesen Aspekt halte ich für besonders geeignet, weil …
– …	Meiner Meinung nach ist der Aspekt bedeutend, da …
– …	Ich habe mich für diesen Aspekt entschieden, weil …
Einwand	Warum möchte ich diesen Einwand entkräften?
– …	Dieser Einwand sollte entkräftet werden, weil …

4 a) Übertrage die Aspekte, mit denen du deinen Adressaten überzeugen willst, in deinen Schreibplan. Entfalte sie hier stichpunktartig zu Argumenten. Orientiere dich dabei an den Hinweisen 1 und 3 in der **LERNBOX** auf Seite 13.
b) Trage ebenfalls deinen ausgewählten Einwand, der für deinen Adressaten besonders wichtig sein könnte, in den Schreibplan ein. Entkräfte ihn in Stichpunkten. Beachte dazu den zweiten und dritten Hinweis in der **LERNBOX** auf Seite 13.
c) Ergänze in der letzten Zeile des Schreibplans, wie du dein Anliegen zusammenfassen und deinen Wunsch/Forderung wiederholen kannst (Appell).

Adressat (An wen schreibe ich?)		
Was will ich mit dem Brief erreichen? (Standpunkt/Anliegen)		
Mit welchen Argumenten kann ich den Adressaten überzeugen?	_Entfaltung_ (Erklärung, Beispiel, Schlussfolgerung)	
1. Einnahmen werden für die Jugendarbeit gespendet	Neue Anschaffungen für den Jugendtreff → Jugendliche haben sinnvolle Freizeitbeschäftigung	
2. ...	...	
3. ...	...	
Welches Gegenargument will ich entkräften? Wie entkräfte ich es?	_Einwand_	_Entkräftung_
Wie kann ich meine Zielsetzung zusammenfassen? (Anliegen/Bitte wiederholen – Appell)		

5 Verfasse nun deinen Brief an den Schulleiter, in dem du ihn von eurem Standpunkt überzeugst. Orientiere dich an deinem Schreibplan. Achte darauf, dass du sprachlich angemessen formulierst und durchgängig deinen Adressaten ansprichst. Die _Argumentationsangriffsundverteidigungskammer_ auf Seite 22 hilft dir dabei. Berücksichtige auch die Hinweise in der **LERNBOX** von Seite 14.

☆ Seite 31

6 Überarbeitet eure Briefe in einer **Schreibkonferenz** mithilfe der **LERNBOX** von Seite 14.

📄 Seite 335

Zwei Seiten einer Medaille | 3.2.4 Argumentativ Stellung nehmen

ARGUMENTATIONSANGRIFFS UND VERTEIDIGUNGS-KAMMER

So kannst du Einleitungen formulieren:

- Vom örtlichen Sportverein haben wir das Angebot erhalten, ... Nach einer ausführlichen Diskussion in der SV haben wir uns dafür entschieden, das Angebot für ... anzunehmen / abzulehnen. Wir sind der Meinung, dass ...
- Die Schulkonferenz kam in der Frage ... zu keinem Ergebnis. Aus diesem Grund möchten wir Ihnen in diesem Brief unseren Standpunkt verdeutlichen. Wir vertreten die Ansicht, dass ...
- Auf der letzten Gesamtkonferenz wurde die Frage diskutiert, ob ... Es gab zwischen den einzelnen Vertretern jedoch kein eindeutiges Ergebnis, deswegen wenden wir uns in diesem Brief an Sie mit der Bitte ...

So kannst du im Hauptteil formulieren und Argumente entfalten:

Für unseren Standpunkt spricht vor allem das Argument, dass ... – Ich bin überzeugt davon, dass ... sinnvoll / nicht sinnvoll ist, da ... – Es dient sicherlich auch dem Interesse unserer Schule, wenn ..., denn ... – Unserer Ansicht nach ist ... sinnvoll / nicht sinnvoll, weil ... – Wir vertreten die Auffassung, dass ..., da ... – Es ist unsere Überzeugung, dass ... eine / keine gute Idee ist, weil ... – Wir würden es sehr begrüßen / nicht begrüßen, wenn Sie ... – Hinzu kommt, dass ... – Dabei muss auch bedacht werden, dass ...

So kannst du einen Einwand entkräften:

Ihr Einwand ist insofern berechtigt, als dass ..., aber dennoch ... – Es ist zugegebenermaßen richtig, dass ..., trotzdem ... – Ihren Standpunkt, dass ..., können wir nachvollziehen, wir halten ihn aber nicht für ... – Es ist nicht von der Hand zu weisen, dass ..., aber ...

So kannst du im Schlussteil formulieren:

In Anbetracht der genannten Argumente sind wir der Meinung, dass ..., und daher bitten wir Sie, ... – Nach Abwägung aller Argumente kommen wir zu dem Schluss, dass ... eine / keine gute Entscheidung wäre, und fordern Sie auf, ... – Mit Nachdruck betonen wir angesichts der genannten Argumente, dass ... eine / keine sinnvolle Veranstaltung wäre, und hoffen, dass Sie ... – Zusammenfassend bleibt festzuhalten, dass ... – Daher wäre es wünschenswert, wenn ... – Aus den genannten Gründen möchte ich noch einmal bekräftigen ...

Einen Text für die Schulhomepage schreiben – Kommasetzung bei Infinitivgruppen

Nachdem die Schulkonferenz das Boxturnier abgelehnt hat, äußert sich die Schülervertreterin Nina auf der SV-Seite zu der Entscheidung:

Entscheidung der Schulkonferenz zum Boxturnier

Unsere Schule beschloss also das Boxturnier in unserer eigenen Halle abzusagen. Diese Entscheidung kann ich nicht nachvollziehen. Ohne mich noch einmal zu fragen oder mich genauer anzuhören wurde die Bitte der Schüler abgelehnt. Dabei hätte ich Ihnen,
5 liebe Eltern und Schulleitung, noch viele gute Gründe für das Turnier nennen können. Anstatt noch einmal das Wort an mich zu richten trafen Sie vorschnell Ihre nicht nachvollziehbare Entscheidung.
Was hätten wir mit diesem Turnier nicht alles erreichen können? Allein die Einnahmen für die Jugendarbeit der Stadt hätten viele Probleme lösen können.
10 Die Chancen für die Jugendlichen in unserer Stadt scheinen hier keinen zu interessieren. Die Schule pflegt sich außerhalb der Unterrichtszeit nicht für ihre Schüler einzusetzen. Einige der Konferenzmitglieder fingen sogar an zu lachen als ich unser Anliegen vortrug! Es war ein großer Wunsch der Schüler das Turnier in unserer Schule auszurichten. Wie kann man uns so enttäuschen und
15 unser Engagement so übergehen? Die Schule wird an dieser Entscheidung noch lange zu knabbern haben.
Nina Becker/Schülervertreterin

1 Nina hat die Regeln der Kommasetzung bei Infinitivgruppen nicht berücksichtigt.
   a) Markiere zunächst alle Infinitivgruppen (siehe 1. Hinweis in der **LERNBOX**).
   b) Entscheide mithilfe der **LERNBOX**, wo ein Komma eingefügt werden muss.

 Folie

 Seite 33

! LERNBOX

Die Kommasetzung bei Infinitivgruppen

1. Die **Grundform eines Verbs** (Infinitiv) mit *zu* bezeichnet man als **Infinitivgruppe**. Du kannst diese durch ein Komma abtrennen, musst es aber nicht: *Plötzlich fing der Schulleiter an(,) zu fragen.*
   Ein Komma erleichtert aber zum Teil das Lesen sowie das Verständnis.

2. Du musst ein **Komma** setzen, wenn eine **Infinitivgruppe mit *um, ohne, als, statt, anstatt, außer*** eingeleitet wird: *Anstatt sich mit der Entscheidung abzufinden, bittet die AG den ortsansässigen Boxverein um Hilfe. Der Vereinsvorsitzende lädt die AG ein, um sich näher zu informieren.*

3. In folgenden Fällen wird kein Komma gesetzt:
   – wenn der Infinitiv mit den Hilfsverben *sein, haben, werden* das Prädikat bildet: *Sie sind nicht kleinzukriegen. Sie werden daran zu knabbern haben.*
   – wenn die Infinitivgruppe von *brauchen, pflegen* oder *scheinen* abhängig ist: *Die Chancen scheinen heute nicht besser zu sein als gestern.*

Eine Kletterwand für die Sporthalle? – Einen argumentierenden Brief überarbeiten

Die Fachkonferenz Sport möchte zum kommenden Schuljahr für die Sporthalle eine Kletterwand anschaffen. Ein Sponsor unterstützt das Vorhaben finanziell. Auf der Fachkonferenzsitzung stellt der Vorsitzende Herr Bräuer die Idee den anwesenden Lehrern, Schülern und Eltern vor. Die Elternvertreterin Frau Steiner äußert nach dem Antrag aber Bedenken. Sie findet die Kletterwand in der Sporthalle zu gefährlich.

Seite 32

1 Was hältst du von einer Kletterwand in deiner Schule? Diskutiere mit einem Partner in einer Murmelphase darüber.

Lena, eure Schülervertreterin, möchte Frau Steiner nach der Sitzung schriftlich von der Idee überzeugen. Dazu hat sie zunächst einige Stichpunkte notiert, die **für** und **gegen** eine Kletterwand sprechen.

1. Anleitung durch geschulte Lehrkräfte — ooooo
2. Ausrüstung ist immer auf dem neuesten Stand — ooooo
3. Schüler können sich verletzen — ooooo
4. Ausrüstung kann Mängel aufweisen — ooo
5. Schüler haben Angst vor der Höhe — o
6. der Sportler wird stets gesichert — ooo
7. Schüler klettern, wenn der Lehrer nicht aufpasst — oooo
8. hohe Wartungskosten — ooo
9. Schüler machen ganz neue Erfahrungen — o
10. stärkt das Selbstvertrauen — ooo
11. Sponsor finanziert die Anschaffung — ooo
12. ...
13. ...

Folie

2 Werte Lenas Liste aus:
a) Beurteile Lenas Auswahl und überlege, ob sie sinnvoll ist. Berücksichtige dazu die verteilten Überzeugungspunkte.
b) Überprüfe, ob du die Aspekte auch so in Pro und Kontra eingeteilt hättest. Unterscheide dann die noch offenen Aspekte nach Pro und Kontra, indem du sie grün und rot markierst.

Seite 33

c) Streiche Aspekte, die du für diesen Brief für ungeeignet hältst.
d) Ergänze weitere Aspekte, die für oder gegen eine Kletterwand in der Sporthalle sprechen könnten.

Adressat (An wen schreibe ich?)	an die Elternvertreterin	
Was will ich mit dem Brief erreichen? (Standpunkt/Anliegen)	Anschaffung einer Kletterwand für die Sporthalle/ Bitte um Unterstützung bei Anschaffung	
Mit welchen Argumenten kann ich den Adressaten überzeugen?	Entfaltung (Erklärung, Beispiel ..., Schlussfolgerung)	
1. stärkt das Selbstvertrauen	– Schüler überwinden Ängste und Grenzen – Schüler trauen sich auch im Alltag mehr zu	
2. Ausrüstung immer auf dem neuesten Stand	– Stiftung Warentest befindet Ausrüstungen für gut – Unfälle so kaum möglich	
3. Anleitung durch geschulte Lehrkräfte	– Lehrer immer anwesend, hilft beim Sichern – Schülern wird alles gut erklärt	
Welches Gegenargument will ich entkräften? Wie entkräfte ich es?	Aspekt: Schüler klettern ohne Aufsicht	Entkräftung: Ausrüstung verschlossen und Wand durch Absperrung gesichert
Wie kann ich meine Zielsetzung zusammenfassen? (Anliegen/Bitte wiederholen)	Wir wollen die Kletterwand unbedingt! Seien Sie bitte keine Spielverderberin, unterstützen Sie uns bei der Anschaffung der Kletterwand	

3 Überprüfe Lenas Schreibplan. Gehe so vor:  Folie
   a) Hat sie die Ausgangssituation in den ersten Zeilen richtig eingetragen?
   b) Hat sie die Aspekte aus ihrer Liste, denen sie die meisten Überzeugungspunkte gegeben hat, in den Plan übertragen?
   c) Hat sie ihre Argumente nachvollziehbar und ausreichend entfaltet?
   d) Hat Lena ein wichtiges Gegenargument ausgewählt, das die Bedenken ihres Adressaten berücksichtigt? Prüfe, ob sie diesen Einwand sinnvoll entkräftet hat.

☑ CHECKLISTE

Einen argumentierenden Brief überarbeiten
Inhalt
1. Werden in der Einleitung das **Anliegen** und der **Standpunkt** deutlich?
2. Wird im Hauptteil der Standpunkt durch **drei entfaltete und überzeugende Argumente** gestützt? Wird ein **Einwand** nachvollziehbar **entkräftet**?
3. Wird am Schluss das **Anliegen wiederholt** und der **Standpunkt bekräftigt**?

Darstellung
1. Wird die **Form des Briefes** beachtet?
2. Wurde **adressatenbezogen**, **höflich** und **nachvollziehbar** formuliert?
3. Wird bei Erwachsenen, die man siezt, die **Höflichkeitsform** verwendet?
4. Ist der Brief sinnvoll aufgebaut, sind die Argumente **sprachlich verknüpft** und durch **Absätze** gegliedert?
5. Sind **Grammatik**, **Rechtschreibung** und **Zeichensetzung** richtig?

4 a) Überprüfe mithilfe der **CHECKLISTE** von Seite 25 Lenas Brief an Frau Steiner. Setze dazu die Notizen am Rand fort und verwende die Korrekturzeichen: ⊢⊣ streichen, ⌈ einfügen, ↳↲ anders ausdrücken, ⌡ Absatz machen, R = Rechtschreibung, Z = Zeichensetzung.
b) Schreibe den Brief überarbeitet in dein Heft.

Datum fehlt
höflichere Anrede

Wer ist „wir"?; Z
Was ist der
genaue Anlass?
⊢⊣

Lüdenscheid

Hallo Frau Steiner,

wir |Schüler| unterstützen den Antrag der Fachkonferenz Sport ⌈eine Kletterwand für die Sporthalle anzuschaffen. Dafür gibt es viele gute Gründe, die wir Ihnen folgend gerne nennen würden. ~~Aufgepasst,~~
5 ~~es geht los~~|

Eine Kletterwand würde das Selbstvertrauen der Schülerinnen und Schüler stärken. Sie hilft dabei ganz neue Erfahrungen zu machen und über den eigenen „Schatten zu springen". Es wird sie dazu ermutigen sich in und auch außerhalb der Schule mehr zuzutrauen, vor allem bei
10 schwierigeren Aufgaben. Die Schule meiner Schwester hat seit einem Jahr eine Kletterwand. Jetzt traut sie sich vor allem im Sportunterricht auch schwierigere Aufgaben zu, die sie vorher noch vermieden hat, weil sie Angst davor hatte. Ihre Note im Sportunterricht konnte sie dadurch verbessern. Ein starkes Selbstvertrauen hilft auch dabei andere
15 schwierige Aufgaben außerhalb des Sports mutig zu bewältigen.

Des Weiteren ist das Equipment immer auf dem neuesten Stand, wie eine Untersuchung der Stiftung Warentest ergeben hat. Außerdem prüft der TÜV das Material regelmäßig, sodass die Schüler damit bestens abgesichert sind.
20 Sicherlich haben Sie recht, wenn Sie sagen, dass manche Schüler die Kletterwand hochsteigen, wenn der Lehrer mal nicht hinschaut. Aber ich denke, das wird nicht passieren. Ehrenwort!

Bitte überlegen sie es sich noch mal. Wir wollen die Kletterwand unbedingt! Seien sie also bitte keine Spielverderberin und unterstützen
25 Sie uns bei der Anschaffung der Kletterwand.

Lieben Gruß

Lena Bülger, Schülervertreterin

Kompetenz-Check:
einen argumentierenden Brief schreiben

Deine Klasse möchte im kommenden Schuljahr einen Ausflug in eine Skihalle unternehmen. Die Teilnahme ist für alle Pflicht. Die Schüler können sich aussuchen, ob sie Ski oder Snowboard fahren. Der Klassenlehrer Herr Weidlich steht der Idee jedoch sehr skeptisch gegenüber.

1. viel Bewegung
2. bei Stürzen schwere Verletzungen
3. Kosten sehr hoch
4. Schüler werden in Kleingruppen angeleitet und betreut
5. Lehrer können Gefahren besser abschätzen
6. Skipisten werden nur nach Leistungsvermögen befahren
7. Schüler überschätzen schnell ihre eigenen Fähigkeiten
8. fördert die Gemeinschaft und das Zusammengehörigkeitsgefühl
9. gut für das Ansehen der Schule
10. gute Leistung kann mit in die Sportnote einfließen
11. schädlich für die Umwelt
12. …
13. …

1 **Plane** als Klassensprecher einen Brief an Herrn Weidlich, in dem du ihn von dem Skiausflug überzeugst. Lege dazu eine Tabelle und einen Schreibplan an wie auf Seite 28. Gehe dann so vor:
 Folie
 a) Mache dir die Ausgangssituation noch einmal klar, indem du die ersten zwei Zeilen des Schreibplans ausfüllst.
 b) Ergänze die Aspekteliste oben. Orientiere dich dabei an deinem Standpunkt und an deinem Adressaten.
 c) Markiere die Aspekte, die für und gegen den Ausflug sprechen, in zwei unterschiedlichen Farben.
 d) Überprüfe die Aspekte auf ihre Überzeugungskraft. Verteile dabei Überzeugungspunkte. Nicht alle Aspekte eignen sich für deinen Brief an Herrn Weidlich.

e) Wähle drei Aspekte aus der Liste aus, die für Herrn Weidlich besonders wichtig sein könnten. Trage die Nummern der von dir gewählten Aspekte in die Tabelle ein und begründe deine Wahl.

Meine Auswahl	Warum halte ich die Aspekte für geeignet, um meinen Adressaten von meinem Standpunkt zu überzeugen?
– ...	
– ...	
– ...	
Einwand	Warum möchte ich diesen Einwand entkräften?
– ...	

f) Trage die von dir ausgewählten Aspekte in den Schreibplan ein und entfalte sie stichpunktartig zu Argumenten, indem du Erklärungen, Beispiele und Schlussfolgerungen ergänzt.

g) Wähle einen Einwand aus, der Herrn Weidlich besonders wichtig sein könnte, und entkräfte ihn.

h) Mache dir in der letzten Zeile des Schreibplans Notizen, wie du deine Zielsetzung zusammenfassen könntest.

Adressat (An wen schreibe ich?)		
Was will ich mit dem Brief erreichen? (Standpunkt/Anliegen)		
Mit welchen Argumenten kann ich den Adressaten überzeugen?	Entfaltung (Erklärung, Beispiel ..., Schlussfolgerung)	
Welches Gegenargument will ich entkräften? Wie entkräfte ich es?	Einwand	Entkräftung
Wie kann ich meine Zielsetzung zusammenfassen? (Anliegen/Bitte wiederholen)		

2 **Verfasse** auf der Grundlage deines Schreibplans einen Entwurf deines Briefes mit dem Ziel, Herrn Weidlich von deiner Meinung zu überzeugen.

Seite 32 **3** **Überarbeite** deinen Brief mithilfe der **CHECKLISTE** von Seite 25.

Lernbegleitbogen *Zwei Seiten einer Medaille*: einen argumentierenden Brief schreiben

Kompetenz / Inhalt Ich kann ...	Selbstein- schätzung ☺ 😐 ☹	Fremdein- schätzung ☺ 😐 ☹	Bemer- kungen	Hier kannst du weiter- üben:
komplexe Aussagen deuten und auf einen Sachverhalt beziehen (S. 9)				
Sachtexte mit der Lesemethode erschließen (S. 10 – 11)				AH, S. 5
sachlich diskutieren (S. 11)				
eine Mitschrift anfertigen (S. 11)				
Aspekte gewichten und meine Auswahl begründen (S. 12)				
Argumente entfalten und Einwände entkräften (S. 13)				
einen argumentierenden Brief verfassen (S. 14)				
einen informativen Flyer ansprechend gestalten (S. 15)				
meinen Standpunkt in einer Pro- und Kontra-Diskussion vortragen und argumentativ vertreten (S. 16 – 18)				
Redebeiträge in Diskussionen untersuchen (S. 19)				SB, S. 277
einen argumentierenden Brief planen und schreiben (S. 20 – 21) und dabei – einen Schreibplan anlegen – einen Standpunkt/ein Anliegen formulieren – Aspekte gewichten und die Auswahl begründen – Argumente vollständig entfalten – einen Einwand entkräften – den Aufbau eines Briefes beachten – adressatenbezogen formulieren				AH, S. 6 – 7
Infinitivgruppen durch Kommas abgrenzen (S. 23)				SB, S. 295
einen argumentierenden Brief überarbeiten (S. 24 – 26)				AH, S. 8
Ich habe diese Aufgabe aus dem Freiraum bearbeitet (S. 30 – 32), z.B.: Leseverstehen ...				

AH = Arbeitsheft, SB = Schülerband

Überprüfe dein Wissen und Können, indem du den Kompetenz-Check auf den Seiten 27–28 bearbeitest. Vergleiche dein Ergebnis anschließend mit dem Mustertext im Lösungsheft.

✦ Freiraum: So kannst du weiterarbeiten

Erstelle mit einem Partner ein Plakat mit den wichtigsten Regeln von American Football. Recherchiere dazu im Internet.

Seite 10

So lief das Box-Spektakel in Wembley
von Focus-Online-Redakteur Albert Linner (30.04.2017)

Der Fight zwischen Anthony Joshua und Wladimir Klitschko ist ein Schlagabtausch der Superlative, selbst die Box-Legenden Lennox Lewis und Evander Holyfield können vor lauter Begeisterung nicht mehr an sich halten. Da muss etwas Besonderes passiert sein. Und: ist es auch. […]
5 Wenn diese beiden Schwergewichts-Legenden also am Ring aufspringen und mit offenem Mund ihre Handys zücken, um ihre private Mediathek zu bereichern, muss Besonderes passiert sein.
Lewis und Holyfield – für den in Deutschland übertragenden TV-Sender RTL am Ring – wissen sofort, dass diese sechste Runde zwischen Weltmeis-
10 ter Anthony Joshua und Herausforderer Wladimir Klitschko eine historische sein könnte. Die eines der größten Comebacks der Box-Geschichte. […]
Wochen, ja Monate, hatte das Aufeinandertreffen des britischen Shootingstars mit dem langjährigen Dominator die Massen auf der Insel elektrisiert. Entsprechend aufgeladen ist die Stimmung an diesem Abend in
15 London. Für die große Mehrheit kann der Sieger nur „AJ" sein.
Die Euphorie um Joshua, zuvor in 18 Profikämpfen immer als K.o.-Sieger aus dem Ring gestiegen, droht in jener sechsten Runde jedoch ein jähes Ende zu nehmen. Noch wenige Minuten zuvor, nämlich in Runde fünf, hatte der Lokalmatador Klitschko auf die Bretter geschickt. K.o.-Sieg
20 Nummer 19 schien nur mehr eine Frage der Zeit.
Doch dem 41 Jahre alten Ukrainer gelingt ein irrwitziger Konter. Gerade noch angezählt und aus einem Cut am linken Auge blutend, verpasst er Joshua direkt einen Wirkungstreffer. In der sechsten Runde schmettert er seine Rechte dann derart brachial an Joshuas Kinn, dass plötzlich dieser
25 auf dem Boden liegt.
Lewis und Holyfield drücken hektisch auf den Aufnahmeknopf ihres Handys. Im weiten Rund des Wembley-Stadions herrscht eine Mischung aus Ungläubigkeit und blankem Entsetzen.
Es ist die Klimax eines grandiosen Boxkampfes, der in der elften Runde
30 schließlich seinen endgültigen Höhepunkt findet. Gegen die unbändige Schlagkraft Joshuas zieht Klitschko am Ende doch den Kürzeren.
Zweimal muss der 41-Jährige auf die Bretter. Der letzte Aufwärtshaken ist fürchterlich. Ringrichter David Fields aus den USA nimmt ihn 37 Sekunden vor dem Gong aus dem Kampf. […]
35 Als Verlierer fühle er sich trotzdem nicht, erklärt er. Anfangs noch erwartungsgemäß ausgebuht, verlässt er den Ring unter großem Beifall.
Über die vertraglich festgelegte Option auf einen Rückkampf will Klitschko nun erst mal nachdenken. Joshua, der sich einmal mehr grundsympa-

thisch präsentiert, erklärt: „Wenn er eine Revanche will, bin ich definitiv
bereit dafür. Wladimir hat gezeigt, dass er es noch drauf hat." [...]

Arnold Schwarzenegger (Hollywood-Star und Ex-US-Gouverneur):
„Einer der aufregendsten Kämpfe, die ich je gesehen habe. Gratulation an
Joshua für den Sieg und an Klitschko für den unglaublichen Kampf."
Boris Becker (Tennis-Legende):
„Was ein Kampf. Klitschko hat wie ein Krieger gekämpft – aber Joshua
wie ein Löwe. Der beste Kampf seit langer Zeit, hoffentlich gibt es ein
Rematch."
Tyson Fury (Schwergewichts-Rivale und Klitschko-Bezwinger):
„Gut gemacht, Joshua. Guter Kampf auf Leben und Tod mit Klitschko. Ich
habe mit dem gespielt – lass uns tanzen."
Lennox Lewis (Ex-Schwergewichtschampion): „Der Kampf hat alles geboten, was sich ein Box-Fan nur wünschen kann. Das war ein großes Drama. Da war alles dabei: Glück, Pech, Ausdauer und Respekt."
Stefan Kretzschmar (Ex-Handball-Star): „Wahnsinn. Ist Klitschko tatsächlich noch zweimal wieder aufgestanden? Unfassbar! Respekt!"

- Wie steht Albert Linner, der Verfasser des Artikels, zum Boxkampf zwischen Wladimir Klitschko und Anthony Joshua? Kreuze die Aussagen an, die seine Meinung treffend wiedergeben (Folie).

A   Linner findet, dass beide Boxer großartig gekämpft haben.   ☐
B   Der Autor ist der Meinung, dass der Kampf zu brutal war.   ☐
C   Linner macht die Zuschauer dafür verantwortlich,
    dass die Boxer ihre Gesundheit aufs Spiel setzen.   ☐

- Wie wirkt der Zeitungsartikel auf dich: kritisch, sachlich, unterhaltsam, euphorisch? Begründe deine Meinung und ziehe Textbelege heran.
- Im Text wird die Haltung des Autors in vielen Formulierungen deutlich. In Zeile 29 nennt Linner die Entwicklung nach Runde sechs die „Klimax eines grandiosen Boxkampfs". Erläutere, was damit gemeint ist. Markiere im Text weitere Formulierungen, durch die die Meinung des Autors hervorgehoben wird.
- Im Internet kommentierten viele Prominente den Boxkampf. Gib ihre Grundstimmung wieder. Kannst du ihre Haltung nachvollziehen? Begründe.
- Schreibe einen eigenen Kommentar zu dem Boxkampf, in dem du dich auf die Internetbeiträge und den Zeitungsartikel beziehst.

Seite 16

Informiere dich im Internet über weitere Boxsportarten, wie Fitnessboxen oder Light-Contact-Boxing. Stelle der Klasse im Sportunterricht deine Ergebnisse vor. Diskutiert dann darüber, ob diese Boxarten etwas für den Sportunterricht wären.

Seite 21

Gestalte ein Regelplakat, damit die Schüler sorgfältig und verantwortungsbewusst mit der Kletterwand umgehen.

Seite 24

Mord im Skigebiet: ein Rätselkrimi

„Vom Balkon hier oben sieht es fast so aus, als würden lauter Murmeln durch den Schnee kullern!"

Kommissar Breunig brummte nur. Seine neue Kollegin, Sandra Schmitzler, mochte ja kompetent sein, aber für seinen Geschmack war sie auch
5 viel zu gesprächig. Ganz unrecht hatte sie trotzdem nicht, wie er zugeben musste: Die farbigen Skijacken hoben sich auch auf die Entfernung noch deutlich sichtbar vom blütenweißen Schnee ab, und es ging kunterbunt durcheinander auf dem Hang. Fast jeder im Dorf, ob Bewohner oder Tourist, hatte den herrlich sonnigen, klirrend kalten Sonntag ge-
10 nutzt, um sich die Skier anzuschnallen.

„Sie sind auch Skifahrer?", wollte Sandra Schmitzler wissen, und dieses Mal bequemte sich der Kommissar sogar zu einer Antwort: „Ich komme nur wegen der Rouladen hier hoch!"

„Und die schmecken ihm so gut, dass er sogar schon mal hier oben über-
15 nachtet hat!", ergänzte Gustl. Die dralle Wirtin der Bergler-Hütte stellte ein neues Bier vor den Kommissar. Und weil Sandra Schmitzler fragend schaute, erklärte sie: „Sobald es dunkel wird, werden die Sessellifte außer Betrieb gesetzt und die Pisten gesperrt. Und wenn man das verpasst …"

Kommissar Breunig brummte wieder. An diese Geschichte wurde er
20 nicht allzu gern erinnert.

Am nächsten Morgen empfing Sandra Schmitzler ihren Chef ganz aufgeregt im Büro: „Ein Toter auf der Skipiste! Das ist mein allererster Mord!"
Eine Stunde später war Sandra Schmitzler schon deutlich kleinlauter: „Wie kann das sein?", fragte sie sich immer wieder. „Wie kommt die
25 Leiche hierher? Und wo ist der Mörder hin?"

Die rätselhafte Leiche lag direkt am Start der Skipiste. Das Merkwürdige war: Es führten keine Fußspuren zu dieser Leiche, und auch keine von ihr weg. „Können die Spuren verweht sein?", fragte Sandra Schmitzler zum dritten Mal den Mann von der Bergwacht, und dieser schüttelte
30 zum dritten Mal den Kopf: „Absolute Windstille. Und es hat nicht eine Flocke geschneit heute Nacht. Wenn da Spuren waren, müssten sie noch da sein." Auch er konnte sich das alles nicht erklären.

Kommissar Breunig allerdings blickte sich um und warf dann ein: „Es gibt immer eine Lösung für einen Mordfall! – Aber war es Mord?"

- Beantworte stichpunktartig die W-Fragen zu diesem mysteriösen Todesfall.
- Stelle Vermutungen an, wie die Leiche auf die Skipiste gelangt sein könnte, ohne Spuren zu hinterlassen. Beziehe den Tatort in deine Überlegungen ein.
- Schließe den Fall ab: War es nach deinen Recherchen Mord?

Seite 28

Tipps 💡

Seite 13 2 a)

So kannst du den Adressaten direkt ansprechen: *Sie können sich bestimmt vorstellen, dass … / Wie Sie sicher wissen, … / Sie haben bestimmt auch schon darüber nachgedacht, dass …*

Seite 13 3 a)

So kannst du Einwände entkräften: *Bestimmt denken Sie, dass … Aber … / Wir haben sicher einen hohen Aufwand, dennoch halten wir es für richtig … / Einerseits haben Sie recht, andererseits …*

Seite 18 7 c)

Folgende Formulierungen könntet ihr in euren Diskussionen nutzen:
- *Wir sind der Meinung, das Turnier sollte stattfinden, weil …*
- *Es entspricht dem Leitbild unserer Schule, dass wir …*
- *Mit Blick auf die Grundsätze unserer Schule sollte das Turnier …*
- *Für/Gegen das Turnier spricht, dass …*
- *Auf Ihren Einwand Bezug nehmend möchte ich sagen, dass …*
- *Ihrer Behauptung, dass …, möchte ich widersprechen, denn …*

Seite 20 2 a)

Vier Aspekte sprechen gegen das Boxturnier, sieben sprechen dafür.

Seite 20 2 c)

Berücksichtige deinen Adressaten, z. B.: Der Aspekt „Spenden für einen guten Zweck" könnte den Schulleiter überzeugen, da ihm soziales Engagement sehr wahrscheinlich wichtig ist.

Seite 23 1 b)

Du musst insgesamt vier Infinitivgruppen durch Komma abtrennen. Eine Infinitivgruppe kannst du durch ein Komma abgrenzen, um den Text zu strukturieren, musst es aber nicht.

Seite 24 2 a)

Sechs Aspekte sprechen für Lenas Standpunkt, fünf dagegen.

Seite 26 4 a)

Das musst du im Schülertext überarbeiten:
- In der Einleitung fehlen der konkrete Anlass und eine Information, wer genau den Antrag unterstützt. Beim Ort muss das Datum ergänzt werden, die Anrede ist zu unhöflich.
- Beim ersten und zweiten Argument fehlt der Adressatenbezug.
- Das dritte Argument fehlt ganz.
- Es muss ein Absatz eingefügt werden.
- Das Gegenargument ist nicht nachvollziehbar entkräftet worden und sprachlich unangemessen.
- Im Schlussteil wird der Standpunkt zu fordernd und unhöflich bekräftigt.
- Die Grußformel ist dem Adressaten nicht angemessen.
- Es fehlen vier Kommas zur Abgrenzung von Infinitivgruppen.

| **Ereignisse** > | **Artikel** > | **Zeitungsredaktion** |

Reuters

dpa

AFP

Reporter
der Zeitung schreiben über Ereignisse in der Region.

Presseagenturen
bieten Artikel und Bilder zu überregionalen und internationalen Ereignissen an, z. B. **D**eutsche **P**resse **A**gentur (dpa).

Korrespondenten
(= Redakteure im Ausland) liefern fertige Artikel.

Lokales

Kultur

Redakteure der verschiedenen Abteilungen (Ressorts) sichten und überprüfen, kürzen oder ergänzen eingehende Artikel oder verfassen eigene Beiträge.

Wirtschaft

Politik

Sport

News, News, News – Printmedien und Co.

1 Tauscht euch darüber aus:
   a) Wo informierst du dich über Nachrichten?
   b) Wo kann man sich außerdem noch über aktuelle Ereignisse informieren?
   c) Welche Vor- und Nachteile haben unterschiedliche Medien deiner Meinung nach, wenn man „News" erhalten möchte?

2 a) Mache dir mit einem Partner klar, was die Begriffe in der Illustration bedeuten, wie z. B. Korrespondent, Redakteur ….
   b) Lege zu den unterschiedlichen Begriffen aus der Zeitungswelt eine Fachwörterliste an: z. B. Korrespondent → jemand der für Presse, Rundfunk und Fernsehen über wichtige Ereignisse berichtet.

Veröffentlichung › **Vertrieb** › **Leser**

Redaktionskonferenz
Redakteure aus unterschiedlichen Abteilungen besprechen, welche Artikel in der kommenden Ausgabe auf welcher Seite und in welchem Umfang aufgenommen werden. Der Chef vom Dienst leitet die Konferenz und hat die letzte Entscheidung. Anschließend wird die Zeitung für die Veröffentlichung freigegeben.

Printausgabe*
gedruckte Zeitung

E-Paper*
elektronische Zeitung (gestaltet wie Printausgabe)

Online-Ausgabe**
aktuelle Nachrichten stehen sofort auf der Homepage der Zeitung

Digitale Medien

* kostenpflichtig
**teilweise kostenpflichtig

3 Schaut euch die Illustrationen und Fotos an und beschreibt die möglichen Wege, wie die Nachricht über ein Ereignis zum Leser/Hörer/Zuschauer gelangt.

4 a) Wähle einen der Nachrichtenwege aus und schreibe einen Sachtext zum Thema „So gelangt die Nachricht in die Zeitung".
b) Tausche deinen Text mit dem eines Lernpartners. Vergleicht eure Texte miteinander und prüft, ob die Wege in euren Texten richtig beschrieben sind.
c) Stellt die unterschiedlichen Wege in der Klasse vor.

☆ Seite 56

Redaktion, Redakteure, Ressorts – Begriffe aus der Zeitungswelt kennenlernen

Freut mich, dass ihr im Rahmen eures Tagespraktikums die Arbeit von Redakteuren kennenlernen wollt. Ihr habt ja schon gesehen, dass es in unserer Redaktion verschiedene Ressorts gibt. Damit ihr euch orientieren könnt, gebe ich euch eine Seite mit unterschiedlichen Artikelanfängen. Ordnet diese den unterschiedlichen Ressorts zu.

1 a) Beschreibe die dargestellte Situation: Wer spricht mit wem?
b) Erkläre die unterstrichenen Fachwörter aus dem Gespräch.
c) Vergleiche deine Erklärungen mit denen aus der **LERNBOX** und ergänze die Fachwörter in deiner Fachwörterliste (vgl. S. 34).

2 a) Lies die Zeitungsartikel auf S. 37 und ermittle die Themen der Zeitungstexte. Markiere dazu zentrale Informationen.

Folie

Seite 57

b) Ordne die Buchstaben und Überschriften der Artikel den einzelnen Ressorts zu (3. Hinweis **LERNBOX**). Begründe deine Zuordnung mithilfe von Textbelegen.
c) Vergleiche deine Ergebnisse mit denen deines Partners und begründe deine Zuordnung mit Bezug zum jeweiligen Zeitungstext.

Seite 56

d) Bringe von zu Hause Zeitungsartikel mit und ordne sie einem Ressort zu.

⚠ LERNBOX

Was bedeuten *Redaktion, Redakteur, Ressort*?

1. In den **Redaktionen** werden die Zeitungstexte (Artikel) geplant, geschrieben und redigiert (überarbeitet).
2. **Redakteurinnen** und **Redakteure** planen, recherchieren und verfassen selbstständig Zeitungsartikel. In täglichen gemeinsamen Redaktionssitzungen besprechen sie Themen, die Aufgabenverteilung und die Gestaltung der Zeitung für den nächsten Tag. Wichtigste Entscheidungsfrage: Was soll als Hauptmeldung auf die Titelseite?
3. Eine **Zeitungsredaktion** besteht aus mehreren **Ressorts**. Das sind Abteilungen mit unterschiedlichen inhaltlichen Schwerpunkten, z. B.:
   - **Lokales:** Artikel aus einer Stadt/Region, z. B. über Einbrüche; Unfälle; Veranstaltungen von Vereinen, Schulen, Stadt- oder Gemeinderäten.
   - **Politik:** Artikel über überregionale Politiker und Parteien; Entscheidungen im Landtag oder Bundestag; außenpolitische Ereignisse.
   - **Kultur:** Artikel über Kunst, Musik, Literatur, Theater, Medien.
   - **Wirtschaft:** Artikel über lokale und überregionale Unternehmen; die wirtschaftliche Entwicklung; neue Produkte.
   - **Sport:** Artikel über lokale und überregionale Sportler und Wettbewerbe.
   - **„Aus aller Welt":** unterhaltsame oder kuriose Artikel z. B. über Promis.

A | Berlinerin fordert Kopftuch-Emoji

Berlin (dpa). Die Berliner Schülerin Rayouf Alhumedhi (15) hat bei den Emojis eine Lücke ausgemacht: Es gibt kein Symbol-Bild für Frauen mit Hidschab, dem muslimischen Kopftuch. International unterstützt hat sie nun einen Vorschlag ans zuständige Konsortium* in den USA geschickt.

* vorübergehender Zusammenschluss von Unternehmen

B | Arbeitgeber buhlen um Bewerber

Paderborn. Wer möchte nicht gerne von verschiedenen Arbeitgebern persönlich angesprochen werden und so die eigene berufliche Zukunft lenken? In der kommenden Woche präsentieren sich rund 60 Unternehmen in der PaderHalle, um mit potenziellen Arbeitnehmern ins Gespräch zu kommen. Das Ziel der Veranstaltung ist es, ansprechende Angebote zu Ausbildung, Studium und Weiterbildung kennenzulernen und so die Weichen für eine erfolgreiche berufliche Zukunft zu stellen.

C | Tausende Manga-Fans in Kassel

Buntes Treiben von Pokémon bis Gevatter Tod – zum Auftakt der 14. Auflage der Mangamesse Connichi in Kassel haben am Freitag Tausende junge Menschen in ausgefallenen Kostümen die Stadt bevölkert. Insgesamt erwarten die Veranstalter bis Sonntag rund 26 000 Menschen. Bei den Kostümen gibt es in diesem Jahr einen klaren Trend. „Die Tendenz geht zu Games und Disney", sagt Connichi-Sprecherin Melanie Beckers. [...] Auf der 14. Connichi reicht das Programm von Kostümwettbewerben (Cosplay) über Mal- und Strick-Workshops bis hin zu einem Nudelschlürf-Wettkampf.

D | Weißhelme* und Cumhuriyet** erhalten Alternativen Nobelpreis

Stockholm. In Stockholm sind am Freitagabend vier Preisträger mit dem Alternativen Nobelpreis ausgezeichnet worden. „Es sind Menschen, die trotz aller Widrigkeiten für die grundlegenden Rechte auf Leben, Gleichheit, Bildung und Meinungsfreiheit kämpften." Das sagte der Gründer des Right Livelihood Award, Jakob von Uexküll. „Sie haben keine Angst, den Mächtigen die Wahrheit zu sagen." Der Right Livelihood Award wird traditionell an Kämpfer für Menschenrechte, Umweltschutz und Frieden vergeben.

* private Zivilschutzorganisation in Syrien
** türkische Tageszeitung

E | Tückische Handyspiele

Bielefeld (WB). Die Verbraucherzentrale Bielefeld warnt vor den Tücken kostenloser Handyspiele-Apps. Sie könnten sich schnell als Kostenfalle entpuppen. Wer nicht aufpasst, wird mit bis zu mehreren 100 Euro im Monat zur Kasse gebeten. Die Fälle häufen sich. Vor allem Kinder sind Zielgruppe der Spielebetreiber. Die sogenannten „Free to Play"-Spiele basieren in der Regel auf dem Prinzip, dass die App zunächst kostenlos installiert und gestartet wird, innerhalb des Spiels dann jedoch Geld ausgegeben werden kann – meist für Spielvorteile in Form von Ausstattungsgegenständen oder zur Beschleunigung des Spielablaufs.

F | Großer Sport, kleines Geld

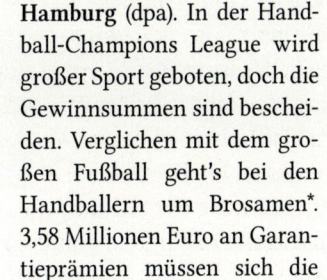

Hamburg (dpa). In der Handball-Champions League wird großer Sport geboten, doch die Gewinnsummen sind bescheiden. Verglichen mit dem großen Fußball geht's bei den Handballern um Brosamen*. 3,58 Millionen Euro an Garantieprämien müssen sich die Rhein-Neckar Löwen, die SG Flensburg-Handewitt und THW Kiel mit 25 weiteren Teilnehmern in der am Wochenende beginnenden Königsklasse teilen. In der Fußball-Champions League schüttet die Uefa 1,3 Milliarden Euro für die Starter aus.

* Krümel; sehr kleiner Teil

Seelöwe auf Wanderschaft – einen Bericht untersuchen

Wer? Was?   (A) **Trainerin nach Seelöwen-Ausflug: „Charlie hat keine Angst"**

Wann?   (B) *Coburg – Da staunten die Coburger nicht schlecht: Am Montag erkundete ein Seelöwe die Stadt. Die kuriose Begegnung klärte sich aber schnell auf.*

Normalerweise wartet Charlie ja nach dem Morgenschwimmen auf seine Fischration. Am Montag aber war die Neugierde des Seelöwen größer als der Hunger. Charlie, der zurzeit mit dem Münchner Circus Krone in Coburg gastiert, machte einen Spaziergang. Wohl, weil es ihm bei dem Dauerregen auch außerhalb sei-
5 nes Schwimmbeckens nass genug zum Wohlfühlen war. Ein Seelöwe auf Wanderschaft – das war dann auch zu viel für den Berufsverkehr an der Anger-Kreuzung. Die Polizei musste das Chaos erst mal lösen. Wie es das 180-Kilo-Männchen über oder durch den Zaun seines Geheges geschafft hatte, war zunächst unklar. Charlie gehört wie drei weitere Seelöwen zum Circus Krone, der
10 gerade auf dem Festplatz Ketschenanger in Coburg gastiert.

Mit Fisch wieder in Gehege gelockt
Sein Besitzer Roland Duss beschreibt Charlie als Frühaufsteher – am Montagmorgen verzichtete er
15 aber auf sein Frühstück. Üblicherweise wartet das Tier nach seiner Schwimmeinlage im Morgengrauen im Wasserbassin vor dem Wohnwagen seines Pflegers.
20 Diesmal aber entwischte er; Passanten sahen ihn und riefen die Polizei, sodass Charlies Pfleger ihn in den Zirkus zurücklocken konnte – mit frischem Fisch!

Seelöwe Charlie fragt sich wohl, was die Polizei von ihm will.

25 Seelöwen-Trainerin Petra Duss erzählte der tz: „Charlie hat vor nichts und niemandem Angst und er ist sehr neugierig." Wahrscheinlich deshalb wollte das 13 Jahre alte Männchen seine Umgebung näher erkunden. Die Seelöwenfamilie des Ehepaars Duss ist übrigens deutschlandweit bekannt – zum Beispiel aus der ZDF-Serie „Hallo Robbie".

1 a) Lies die Meldung auf S. 38 oben auf dem Bildschirm und ermittle mithilfe der W-Fragen, welche Informationen der Text enthält.
b) Tauscht euch darüber aus, welche zusätzlichen Informationen den Leser interessieren könnten. Formuliert dazu Fragen.
c) Klärt, zu welchem Ressort die Meldung zählt (vgl. Lernbox S. 36).

2 a) Lies den Zeitungsbericht auf S. 38 unten und kennzeichne die verschiedenen Teile mithilfe der **LERNBOX**. Notiere die entsprechenden Fachausdrücke:
A = Überschrift/Titel (Headline); B = …
b) Erkläre, warum der Redakteur die Aussage der Seelöwen-Trainerin wörtlich im Text zitiert.
c) Vergleiche Inhalt, Aufbau und Darstellung der Meldung und des Berichts. Schreibe dazu einen kurzen Text.
d) Überprüfe deine Ergebnisse mithilfe der **LERNBOX**.

⚠ LERNBOX

Meldung und Zeitungsbericht

1. Die Kurzform einer **Nachricht** nennt man **Meldung**. Sie gibt in knapper Form Antworten auf die wichtigsten W-Fragen (Wer? Was? Wann? Wo?)
2. Ein **Zeitungsbericht** stellt eine Nachricht ausführlicher dar und liefert z. T. auch Hintergrundinformationen. Ein Bericht gibt meist Antworten auf alle W-Fragen (Wer? Was? Wann? Wo? Warum? Mit welchen Folgen?)
   a) Aufbau
   - Die **Überschrift** (Headline) und der **Vorspann** (Leadtext) benennen das Thema.
   - Am Anfang wird immer der **Ort des Geschehens** genannt.
   - **Der erste Absatz** enthält die wichtigsten Informationen *(Wer? Was? Wann? Wo?)*.
   - Dann folgen die **Einzelheiten** des Ereignisses. Der Leser erhält Antworten auf die Fragen *Wie? Warum? Welche Folgen?*

   b) Darstellung
   - Die Darstellung ist sachlich und sollte **keine Wertungen** enthalten.
   - Ein Zeitungsbericht gibt **Aussagen von Beteiligten** oder Experten als wörtliches Zitat oder als indirekte Rede im Konjunktiv I wieder.
   - **Bilder** illustrieren das Geschehen und **Bildunterschriften** erklären oftmals den Zusammenhang zwischen Text und Bild.

„Süße Bedrohung" – einen Bericht planen und schreiben

Überlegt, wie wir an Informationen zu den vergifteten Marzipanherzen kommen könnten. Wen könnten und wen sollten wir befragen?

Vielleicht bekommen wir Hintergrundinformationen direkt von der bedrohten Handelskette.

1 a) Lest gemeinsam die erste Eilmeldung auf dem Bildschirm und sprecht darüber, was der Erpresser wohl bezwecken will.

b) Schaut euch die Notizzettel der beiden Praktikanten dazu an. Welche zusätzlichen Informationen zu dem Ereignis haben sie herausgefunden? Wen haben die Praktikanten außerdem zusammen mit dem Redakteur befragt?

Notizen von Raoul

Aufregung an zwei Grundschulen – Substanz in manipulierten Schokoriegeln ausgelegt – Handelsunternehmen meldet selbst Erpressung und Drohung am Freitag – Schulgebäude stundenlang mit Spürhunden durchsucht – vorerst keine gefährlichen Stoffe gefunden – Unternehmen in Kontakt mit Sicherheitsbehörden – Dienstag Fund mit manipulierten Marzipanherzen – Polizei rät zur Vorsicht beim Verzehr – gesundheitliche Beschwerden nicht ausgeschlossen

Notizen von Clara

Grundschule in Bielefeld bestätigt: Dienstag E-Mail erhalten: Auf dem Schulhof sind vergiftete Lebensmittel ausgelegt worden – Schule seit 7 Uhr gesperrt – Schüler und Lehrer bleiben zu Hause – Polizei findet drei verdächtige Gegenstände – Entwarnung um 11:00 Uhr: Gegenstände ungefährlich – Landeskriminalamt: Fall von schwerer Erpressung – Polizei: „Wir nehmen die Sache ernst."

2 a) Schreibe zu dem Erpressungsfall einen eigenen Zeitungsbericht. Formuliere zunächst weitere W-Fragen, die dein Bericht beantworten soll.
  1. Was geschah?
  2. Wo und wann fand man die gesundheitsschädlichen Substanzen? …

Folie

b) Notiere neben den Informationen auf den Notizzetteln die entsprechenden W-Fragen.

4 a) Lege dir in deinem Heft folgenden Schreibplan als Tabelle an. Orientiere dich dazu auch an der **LERNBOX** von Seite 39.
b) Vervollständige den Schreibplan, indem du stichwortartig die Informationen zum Ereignis festhältst:
– Orientiere dich an den von dir notierten W-Fragen aus Aufgabe 2b).
– Ordne die Antworten auf die W-Fragen in den Schreibplan ein.
c) Entscheide, welche Zitate du in deinen Bericht aufnehmen und an welcher Stelle du sie einsetzen möchtest.
d) Die Überschrift formulierst du am Ende. Sie soll Interesse wecken und neugierig machen.

Überschrift / Vorspann	
Was? Wann? Wo? Wer?	–
Wie? Warum? Welche Folgen? Welche Reaktionen bei den Beteiligten?	–

5 a) Untersuche die folgenden beiden Textanfänge. Welcher ist besser gelungen und warum?
b) Schreibe einen eigenen Bericht als Vorlage für die Redaktionskonferenz. Du kannst auch einen der Berichtanfänge fortsetzen.

A Unbekannte Erpresser bedrohen zwei Grundschulen
Gleich an zwei Schulen wurden innerhalb von 48 Stunden angeblich vergiftete Schokoriegel ausgelegt. Ein großes Handelsunternehmen wird auf diese Weise von bislang unbekannten Tätern erpresst.
Helle Aufregung herrschte am Dienstag an zwei benachbarten Schulen im Ort, als morgens um 7 Uhr eine erpresserische Mail die Schulleitungen erreichte …

B Handelskette mit „süßer" Bedrohung erpresst
Unbekannte erpressen seit Tagen ein großes Handelsunternehmen mit vergifteten Schokoriegeln, die sie in zwei Grundschulen auslegten.
Die Schulen blieben angesichts dieser Bedrohungslage für zwei Tage geschlossen.
Auf diese Maßnahme einigten sich die Schulleitungen der beiden Schulen zusammen mit der Polizei, nachdem zeitgleich Mails mit Drohungen in den Schulen eingegangen waren. Vergiftete Lebensmittel und Schokoriegel seien im gesamten Bereich der Schulen ausgelegt worden, so die Erpresser in ihrem Schreiben …

6 Tauscht eure Zeitungsberichte in einer Redaktions-Schreibkonferenz aus. Lest dazu reihum die Texte. Notiert eure Beobachtungen auf einem Rückmeldebogen mithilfe der Hinweise aus der **LERNBOX** auf Seite 39.

Seite 56

Spielend lernen – eine Reportage untersuchen und in einen Bericht umformulieren

Schau dir diesen Onlineartikel an. Das ist mal wirklich eine außergewöhnliche Schule. Dort hätte ich Schüler sein wollen!

In Schulen im Ausland tut sich ja einiges. Unterricht nur als Rollenspiel! Ziemlich abgefahren. Aber diese Schule setzt das offensichtlich konsequent um.

Für unsere tägliche Ausgabe sind solche Reportagen zu lang. Aber in unserer Onlineausgabe sollten wir einen kurzen Bericht dazu bringen.

1 Lest die Texte in den Sprechblasen und den kursiv gedruckten Vorspanntext unten. Stellt Vermutungen dazu an, worum es in der Reportage gehen könnte.

Seite 57   Seite 329   **2** Erschließe den folgenden Text mithilfe der **Lesemethode für Sachtexte** (Folie).

Was? Wer? Warum Spiele?

Spiel des Lebens
Von Christoph Cadenbach

= Plan, Handlungsrahmen

Eine Schule in Dänemark setzt auf ein außergewöhnliches Konzept: Der gesamte Unterricht ist in Rollenspiele eingebettet. So sollen die Schüler viel mehr lernen, als auf dem Lehrplan steht.

= verlustreiche Schlacht im 1. Weltkrieg, Stadt im Nordosten Frankreichs

Die Schlacht um Verdun beginnt um 12.45 Uhr, direkt nach dem Mittagessen. Auf einer matschigen Wiese hinter dem Schulgebäude steht ein Lehrer und trennt die Schüler in zwei Gruppen, einige tragen olivgrüne Armeeuniformen. Die einen seien die Deutschen, erklärt er, die anderen die Franzosen. Die Wiese
5 sei die Westfront. Dann verteilt er Stoffsäckchen, die mit getrockneten Bohnen gefüllt sind, an die Deutschen. „Eure Granaten", sagt er. Die Franzosen schreien in Erwartung des deutschen Angriffs: „Vive la France!" Der Lehrer schreit: „Fertig machen zum Feuern! ... FEUER!" – und die Stoffsäckchen fliegen durch die Luft. Der erste Franzose, der davon getroffen wird, fällt um und bleibt minuten-
10 lang im nasskalten Gras liegen.
Die dänische Østerskov Efterskole ist eine außergewöhnliche Schule: Der Unterricht wird fast gänzlich in Rollenspiele eingebettet. In dieser Woche Anfang Dezember steht der Erste Weltkrieg auf dem Lehrplan, in der Woche zuvor in-

szenierten die Schüler fünf Tage lang eine Zombie-Apokalypse, davor den aktuellen Konflikt in der Ukraine.

Das Schulgebäude, ein einstöckiger Barackenbau mit Kiesbetonwänden, liegt am Rande der norddänischen Kleinstadt Hobro zwischen Einfamilienhäusern, einem Altersheim und mehreren Fußballplätzen. Inmitten der Schüler allerdings hat man sofort das Gefühl, in einer anderen Welt zu sein. Und das liegt nicht nur an den enthusiastischen Todesschreien der Franzosen auf dem Schlachtfeld von Verdun oder den einigen wenigen, die sich an diesem Mittag historisch korrekt verkleidet haben. Es ist die Fülle an Spleens und stolz ausgelebtem Anderssein: In den Reihen der deutschen Soldaten steht eine Schülerin in einem Giraffenkostüm. Eine andere hat sich ein Fuchsfell über den Arm gezogen. Ein besonders übergewichtiger Schüler unter den auffallend vielen übergewichtigen Schülern trägt ein alarmrotes T-Shirt mit dem Aufdruck „Nerd $^3\sqrt{64}$ Ever". Auch die Jugendlichen hier sind außergewöhnlich.

Das dänische Schulsystem, das muss man wissen, ist liberaler und ideenreicher als das deutsche. Die Schüler besuchen von der ersten bis zur zehnten Klasse eine Gemeinschaftsschule. Erst danach werden sie getrennt: in Gymnasiasten, die das dänische Pendant zum deutschen Abitur anstreben, und Jugendliche, die eine Berufsausbildung beginnen. Ab der achten Klasse haben die Schüler jedoch die Möglichkeit, von der Gemeinschaftsschule zunächst auf ein Internat zu wechseln, die sogenannten Efterskolen. Diese Internate sind privat geführt, von Vereinen oder Kirchengemeinden zum Beispiel, werden aber zum größten Teil über staatliche Zuschüsse finanziert. Es sind keine Eliteinstitutionen, jeder fünfte dänische Schüler entscheidet sich dafür. Fast alle Efterskolen haben einen bestimmten Schwerpunkt: Sport, Musik, Theater, Sprachen, Segeln, Fischerei. Die Østerskov Efterskole war die erste und einzige Schule mit dem Fokus Rollenspiele, seit vergangenem Jahr gibt es in Fynshav auf der Insel Alsen eine weitere. [...]

Auf der Rollenspielschule gibt es nur wenige Regeln, auch das muss man wissen. Alkohol-, Zigaretten- und Drogenkonsum sind verboten, genauso wie Nazi-Verkleidungen, Bettruhe herrscht ab 23 Uhr. Ansonsten können die Schüler größtenteils selbst entscheiden, wie sie sich in der Schule verhalten und wie intensiv sie am Unterricht teilnehmen. Wenn jemand zum Beispiel seine Socken auszieht und die Füße auf den Tisch legt, ist das okay. Jeder darf und soll an seinem Laptop arbeiten, und kein Lehrer kontrolliert, ob die Schüler nicht lieber zocken. Der Unterricht ist fächerübergreifend und nur ein Angebot, Prüfungen schreiben die Schüler erst am Ende des Schuljahres. Feste Klassen gibt es nicht. Die insgesamt 75 Jugendlichen, die derzeit das Internat besuchen, sind zwischen 14 und 19 Jahren alt und werden in wechselnden Gruppen jahrgangsübergreifend unterrichtet. Ihre Eltern bezahlen pro Woche zwischen achtzig und 180 Euro, ihre Kinder werden dafür rund um die Uhr versorgt. [...]

Spiele machen Spaß, und wer Spaß hat, lernt besser. So könnte man eines der pädagogischen Prinzipien der Schule zusammenfassen. Aber funktioniert das

---

Spleens: Marotten, verrückte Ideen

Eliteinstitution: als qualitativ hochklassig geltende Schule

Insel Alsen: dänische Insel in der Ostsee nahe Flensburg

auch? Und wird dabei genug Inhalt vermittelt?

„Stellen Sie sich vor, Sie sind ein Senator im alten Rom und müssen die Wasserversorgung Ihrer Stadt sichern", sagt der Direktor der Rollenspielschule, Mads Lunau, am Nachmittag in seinem Büro. „Unser Mathelehrer berechnet mit den Schülern die notwendige Trinkwassermenge und plant ein neues Aquädukt. In Chemie behandeln die Schüler die unterschiedlichen Metalle, die in den Minen in den Alpen gefunden wurden. Danach inszenieren sie eine Sklavenauktion: Germanenstämme aus dem Norden bieten den Römern Gefangene zum Verkauf an, natürlich sprechen die Germanen nur Deutsch. Plötzlich explodiert der Vesuv, und die Schüler müssen sich mit den Gefahren von Vulkanen beschäftigen, das wäre dann Geologie." [...]

2006 hat Lunau die Rollenspielschule gemeinsam mit einem Freund gegründet und mittlerweile 13 Lehrer eingestellt. Darunter ist kaum ein gelernter Pädagoge. Der Physiklehrer hat Archäologie studiert, die Deutschlehrerin Jura, Lunau Philosophie. Ausnahmslos alle sind jedoch begeisterte Spieler. „Wir haben unser Hobby zum Beruf gemacht", sagt Lunau. [...]

Angila [Schülerin, 16 Jahre alt] hat Asperger und ADHS, zumindest hat das ihr Psychologe diagnostiziert. Sie glaubt, dass sie deshalb schon immer etwas komisch war. In ihrer alten Schule wurde sie gemobbt. Ihre Einsamkeit hat sie mit Manga-Comics und Anime-Filmen verdrängt und bald angefangen, Kostüme zu schneidern, in denen sie wie ihre Zeichentrickhelden aussieht: Sie ist Cosplayer. Das habe sie auf ihrer Schule nicht gerade beliebter gemacht, sagt sie. Hier nun fühle sie sich zum ersten Mal uneingeschränkt akzeptiert.

Egal welchen Schüler man auf der Østerskov Efterskole fragt: Die Erfahrung, ein Außenseiter gewesen zu sein, schikaniert worden zu sein, hat sich bei jedem in die Seele gefressen. Draußen waren sie die Freaks, die Loser, die Nerds, hier drinnen sind sie Angila, Oliver oder Kalle. Der Schuldirektor Mads Lunau hat einmal eine Umfrage gestartet, weshalb sich seine Schüler für diese Schule entschieden hatten. Die häufigste Antwort: Freunde finden. [...]

Etwa neunzig Prozent seiner Schüler wechselten nach einem oder zwei Jahren auf das Gymnasium, sagt Lunau, der Direktor. Vorher müssen sie sich dafür in den gleichen Prüfungen beweisen wie die Schüler auf anderen Internaten. Dort schafften diesen Schritt durchschnittlich nur 75 Prozent, so Lunau. Ob seine Schüler später auch auf den Gymnasien erfolgreich sind, wisse er nicht.

Asperger und ADHS: Verhaltens- bzw. Entwicklungsstörungen

Cosplayer: Person, die eine Figur aus einem Comic o. Ä. möglichst originalgetreu darstellt

---

3 Untersuche die Reportage auf den Seiten 42–44 genauer. Lege dazu mithilfe der Merkmale aus der **LERNBOX** eine Tabelle wie auf S. 45 oben an. Notiere in den Spalten die Merkmale der Reportage, sammle Textbelege und benenne die Funktion und Wirkung deiner Beobachtungen.

Merkmale einer Reportage	Inhalt und Textbelege	Funktion/Wirkung
Überschrift	„Spiel des Lebens"	
lebendiger Einstieg: 1. Absatz erzählende Anteile lebendige Schilderung sachliche Informationen ...	Z.1-10: Nachstellung der Schlacht bei Verdun ...	- Vermittlung der besonderen Atmosphäre - Neugier wecken ...

4 Vergleiche deine Ergebnisse mit einem Partner. Ergänzt oder verändert eure Ergebnisse, wenn nötig.

5 Stellt dar, welche Unterschiede grundsätzlich zwischen einem Bericht und einer Reportage bestehen.

6 Schreibe mithilfe der Reportage einen Bericht über die dänische Rollenspielschule Østerskov Efterskole für die „Junge Seite" der Onlineausgabe der Zeitung.
a) Markiere im Text die für einen Bericht wichtigen Informationen. Orientiere dich dabei an der **LERNBOX** auf Seite 39.
b) Trage in der Tabelle die Informationen zusammen, die du für deinen Bericht verwenden möchtest.
c) Schreibe den Bericht mithilfe der gesammelten Informationen.

Folie

Seite 57

Seite 57

Seite 56

! LERNBOX

So erkennst du die Textsorte Reportage
In einer Reportage stellt der Journalist die Ereignisse informativ, aber zugleich aus seiner Sicht lebendig und anschaulich dar.
Aufbau und Inhalt
1. Über- und Unterüberschriften sollen die **Neugier des Lesers** wecken.
2. Ein lebendiger Einstieg mit interessanten Einzelheiten, einem Zitat oder der Schilderung einer genauen Situation **führt den Leser in das Geschehen** ein.
3. Die Reportage enthält **erzählende, beschreibende** und **berichtende Textteile**, aber auch Schilderungen **persönlicher Eindrücke**.
4. Häufig endet eine Reportage mit einem **überraschenden Schluss**, einer **Pointe** oder einer Frage.

Darstellung
1. Die Zeitformen wechseln zwischen **Präsens** (z. B. aktuelle Schilderungen und Beschreibungen) und **Perfekt** (z. B. Rückblicke).
2. Meinungen, Gefühle und Äußerungen von Gesprächspartnern werden wörtlich als **Zitate** oder in **indirekter Rede** (Konjunktiv I) wiedergegeben.
3. Für die Anschaulichkeit der Darstellung nutzt der Journalist **bildhafte Vergleiche** und **Metaphern**.
4. Eine Reportage darf auch **persönliche Wertungen** enthalten.

Seite 261

Nur Spiele spielen – sachlich schreiben

1 Die Praktikantin Clara hat einen Bericht über die Rollenspielschule in Dänemark verfasst.
a) Lest ihren Bericht und tauscht euch darüber aus, ob er alle Informationen enthält, die für das Verständnis wichtig sind. Orientiere dich dabei an der **LERNBOX** von S. 39.
b) Markiere die Textstellen, die nicht sachlich sind. Nutze dazu die **Korrekturzeichen**.

Folie | Seite 328

unsachlich, besonderen

streichen

Rollenspiele statt Büffeln und Pauken

In der dänischen Kleinstadt Hobro gibt es die erste Rollenspielschule Dänemarks. In dieser ~~komischen~~ Schulform sollen Schüler mehr lernen, als auf dem Lehrplan steht. Das ist jedenfalls der weltfremde Gedanke des Schulleiters.

5 2006 wollte der ~~etwas spleenige~~ Philosophielehrer Mads Lunau eine Schule gründen, in der es keine festen Klassen, aber dafür viele Rollenspiele als Unterrichtsmethode geben sollte. Die Schüler schlüpfen für den Geschichtsunterricht in alberne Kostüme und spielen Kriegsschlachten wie die des 1. Weltkrieges oder Entscheidungen über die Wasserver-
10 sorgung im antiken Rom nach. Die Lehrer meinen, wer Fun habe, der lerne auch besser. Die Spaßschule hat insgesamt 75 Schüler, die von 13 Lehrern „unterrichtet" werden. Der tägliche Unterricht ist nur ein Angebot. Ob man den dann mitmacht als Schüler, ist irgendwie egal. Hauptsache Spaß.
15 In Dänemark werden alle Schüler bis zur zehnten Klasse in Gemeinschaftsschulen unterrichtet. Ab der achten Klasse kann man dann auf sogenannte Efterskolen wechseln, die meistens privat geführt werden. Und dafür blechen die Eltern dann auch noch 80 bis 180 Euro die Woche. Echt krass! Auch wenn sonst das Schulleben recht frei abläuft, gibt es
20 strikte Regeln. Besonders Schüler, die ein bisschen psycho sind, finden hier Halt und Freunde. Aber nicht nur die Schüler haben Spaß, sondern auch die Lehrer, wie Lunau bestätigt: „Wir haben unser Hobby zum Beruf gemacht."

[!] LERNBOX

So schreibst du sachlich:
Ein Bericht ist ein Text, der eine Sache, ein Ereignis oder einen Vorfall (Unfall) **sachlich** und **informativ** darstellt. Der Leser kann sich so seine eigene Meinung bilden, ohne dass der Autor diese wertend beeinflusst:
1. Stelle **nur die Sache an sich** dar, sodass der Leser gut über die **sachlichen Informationen** (W-Fragen) im Bilde ist.
2. **Vermeide unsachliche** und umgangssprachliche Ausdrücke wie *„Ich finde, dass …", „Also, das ist echt peinlich", „Das kann doch nicht wahr sein."*

Das meinen unsere Leser dazu – Leserbriefe und Blogs untersuchen

Selbstbestimmtes Lernen — A

Ich beziehe mich auf den Kommentar von Frau Müller zum Thema „Rollenspielschule".

Ich kann ihrer Meinung, dass das Lernen zu sehr durch die Lehrpläne und die Stofffülle bestimmt ist, nur zustimmen. Ich selbst bin Vater zweier schulpflichtiger Kinder, die die 8. und 9. Klasse eines Gymnasiums besuchen, und beobachte nach jedem Schultag die Reaktionen meiner Kinder. Nur selten erzählen sie aus der Schule. Auf meine Frage, wie es in der Schule gewesen sei, kommt immer die stereotype Antwort: „Ja, wie?! Langweilige Themen, viele Hausaufgaben und unser Mathelehrer macht Druck." Hier fehlt es offensichtlich an Anschaulichkeit, Lebendigkeit und Mitgestaltungsmöglichkeiten am eigenen Lernen. Darin sind uns die Dänen mit der Möglichkeit einer Rollenspielschule eben weit voraus. Die Übernahme einer Rolle führt z. B. dazu, Einsichten in die Ziele, das Denken und die Gefühle einer historischen Person zu gewinnen.

So ein lebendiger und selbstbestimmter Unterricht kann das Lernen bereichern. Ich wäre jedenfalls froh, wenn meine Kinder dann die Rolle eines interessierten und motivierten Schülers einnehmen würden.

Jan-Christoph Lehmaier

Jetzt mitdiskutieren! — B

Klugsprech, 24.9.2017 um 15:45 Uhr
Schule soll den Kindern was beibringen und keine Kindergartenspiele veranstalten. Die Mathematikleistungen unserer Kids liegen doch jetzt schon weit unter dem europäischen Durchschnitt!

Mangalatein, 25.9.2017, um 18:09 Uhr
Das trifft die Sache auf den Punkt. Das ist Wildveränderei auf dem Rücken der Schüler. Jeder vernunftbegabte Mensch erkennt doch, dass Schüler früher mehr gelernt haben. Man muss sich nicht alles aufschwatzen lassen.

Trichterlichter, 25.9.2017 um 20:12 Uhr
Schule ist doch sowieso ein krasses Angstsystem. Wenn es in Deutschland eine coole Schule nach dänischem Vorbild gäbe, dann wäre ich damals auch gern zur Schule gegangen.

Bildungsblogdog: — C

Hi, schön, dass ihr meinen Blog besucht. #Rollenspielschule: Ich bin immer wieder fasziniert, wie viel in anderen Ländern in Sachen „Lernen" geht. Finnland und jetzt Dänemark überraschen mich immer wieder mit ihrer Art, Neues auszuprobieren, nicht an Gewohntem festzuhalten. Die nehmen die Schüler ernst! Auf diese Weise lernen die Schüler nicht weniger, sondern mehr. Eben auch über sich! Nämlich personality!

---

1 a) Lest den Leserbrief (A) und die Blogs (B–C) und klärt, mit welcher Absicht sie jeweils veröffentlicht wurden.
b) Erschließt die Texte und geht dabei auf folgende Fragen ein:
 – In welchem Medium wurden die Texte veröffentlicht und woran kann man das erkennen?
 – Welche Ziele und welche Funktion haben diese Texte (vgl. **LERNBOX** S. 276)?
 – Welche Haltung gegenüber einer solchen Schule wird jeweils deutlich?
 Welche Argumente und Gegenargumente werden dazu genannt?
 – Enthalten die Texte Forderungen/Appelle?

2 Vergleiche den Aufbau der Texte A–C miteinander: Welche Struktur kannst du erkennen?

3 Wähle einen der drei Texte aus und schreibe eine Erwiderung.

Seite 57 Seite 56

Endlich spielend lernen – einen Kommentar untersuchen und schreiben

1 Eine Redakteurin hat zum Thema „Rollenspielschule" einen Kommentar verfasst.
    a) Tauscht euch darüber aus, ob ihre Meinung nachvollziehbar dargestellt ist.
    b) Untersuche den Aufbau des Kommentars. Lies dazu die **LERNBOX**:
        – Notiere, in welchen Zeilen welche Teile des Kommentars stehen.
        – Welche Formulierungen zeigen die Meinung der Autorin zum Thema „Rollenspielschule"?

Im Rollenspiel für das Leben lernen
Zwei dänische Schulen setzen auf Rollenspiel als Unterrichtsmethode

Frage zum Thema

Wer möchte nicht gerne Unterrichtsthemen spielend erarbeiten, statt vor veralteten und gebrauchten Büchern zu sitzen und Geschichtszahlen und mathematische Formel zu pauken? An zwei dänischen Schulen ist das bereits Schulalltag. Schüler spielen verkleidet historische Schlachten nach oder berechnen und planen in Mathematik als Senatoren des antiken Roms den Bau einer Trinkwasserleitung. Kann das funktionieren? Werden dabei ausreichend Inhalte vermittelt? Und: Lernen die Schüler tatsächlich auf diese Weise besser? Das sind nur vordergründige Fragen. Vor allem sollten Bildungsexperten und Lehrer einem theoretischen, langweiligen und von Stoffplänen gesteuerten Unterricht den Kampf ansagen. Denn viel zu oft stehen in deutschen Schulen nur die Vermittlung von Inhalten und viel zu selten die Schüler im Vordergrund des Unterrichts. Hier fehlt es an Anschaulichkeit und Kreativität. Das dänische Schulsystem ist da ideenreicher. In Deutschland wird das gemeinsame Lernen viel zu früh getrennt. Bei unseren Nachbarn lernen die Schüler zehn Jahre gemeinsam, ehe sie eine weiterführende Schule besuchen. In Rollenspielschulen lernen alle zusammen und jeder für sich, worauf es wirklich ankommt: Verantwortung übernehmen, mit Angstsituationen umgehen und das eigene Lernen selbst in die Hand nehmen. Wäre das nicht das eigentliche Lernziel? Eben nicht nur für die nächsten Klassenarbeiten zu büffeln, sondern für das Leben zu lernen.

Kommentar von Ricarda Niehoff

⚠ LERNBOX

So erkennst du die Textsorte Kommentar

Ein **Kommentar** gibt die **persönliche Meinung** eines Autors zu Ereignissen oder politischen und kulturellen Entwicklungen wieder: Oft wird ein Missstand aufgezeigt und Verantwortliche werden aufgefordert, zu handeln (Appell).
In der Regel ist ein Kommentar so **aufgebaut**:

1. Zu Beginn steht eine **kurze Darstellung** der Sache, auf die sich der Kommentar bezieht.
2. Häufig folgt ein **Gegenargument**. Die **Meinung des Autors** wird durch Argumente begründet. Er **entkräftet** auch das Gegenargument.
3. Am Schluss steht meistens eine **Forderung** (Appell).
4. Unter dem Kommentar muss der **Name des Autors** stehen.

Exoten in der Ostsee – einen Bericht planen und schreiben

+++ zehn Meter große Buckelwale bei Rügen und Usedom +++ Forscher stehen vor einem Rätsel +++

+++ Große Tümmler „Selfie" und „Delfie" seit einem Jahr in der Ostsee unterwegs +++

Meeresbiologen sehen Chancen für eine Ansiedlung

Delfin in der Flensburger Förde (links) und der Kieler Förde (rechts)

- Meeressäuger müssen regelmäßig zum Atmen an die Oberfläche kommen
- Ausreichend Nahrung: Dorsch und Hering
- Buckelwale brauchen zum Überleben große Wanderstrecken vom Nordatlantik bis zu den subtropischen Bereichen
- seit einiger Zeit Jagdverbot von Großwalen
- Sichtungen von Delfinen in der Ostsee ganzjährig, obwohl Ostsee in kalten Wintern größtenteils zufriert

Guten Tag Herr Benke. Mein Name ist Clara Mayer und ich rufe im Auftrag der Redaktion Neue Post an. Sie sind Walforscher und Direktor des Deutschen Meeresmuseums in Stralsund. Ich möchte Ihnen ein paar Fragen zu den Walen und Delfinen in der Ostsee stellen: Ist die Ostsee ein neuer Lebensraum für Delfine, Tümmler und Wale?

Guten Tag Frau Mayer. Um Ihre Frage gleich zu beantworten: Wir wissen es nicht. Ob es Chancen für eine langfristige Ansiedlung des Großen Tümmlers gibt, kann man nicht sicher sagen. Eine Voraussetzung dafür wäre, dass sich auch Weibchen ansiedeln, denn bisher haben wir nur Männchen beobachtet. Der Große Tümmler ist normalerweise standorttreu. Auch das Auftauchen der Buckelwale ist eine Besonderheit. Die Ostsee liegt eigentlich nicht auf ihren Wanderrouten …

Vielen Dank für das Gespräch.

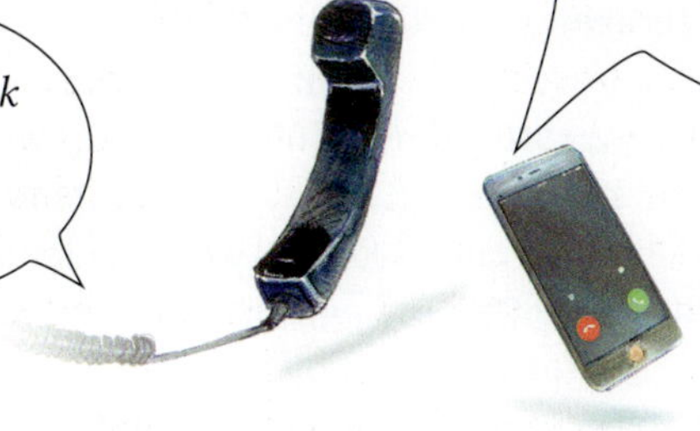

1 a) Lies die verschiedenen Informationen zum Thema *Wale und Delfine*.
   b) Was macht die Praktikantin im Gespräch? Für welche Fragen interessiert sie sich?
   c) Besprecht, welche weiteren Informationen für die Leser eines Berichts über Wale und Delfine in der Ostsee interessant sein könnten.

Walforscher Dr. Harald Benke deutet im Meeresmuseum Stralsund auf eine Abbildung einer Delfinart, die in der Ostsee gesichtet wurde.

2 a) Schreibe einen Zeitungsbericht zu Walen und Delfinen in der Ostsee. Formuliere zunächst W-Fragen, die der Bericht beantworten soll. Berücksichtige dabei das Interesse deiner Leser.
1. Was geschah? 2. Wo und wann ...
b) Überlege, welche Antworten dir die Stichwörter von S. 49 schon liefern. Ordne die W-Fragen mithilfe einer Folie zu.

3 a) Vervollständige den Schreibplan durch weitere Stichworte. Orientiere dich an der **LERNBOX** und an den von dir notierten Fragen aus Aufgabe **2 a)** und **b)**.
b) Vervollständige den Schreibplan, indem du weitere Stichworte notierst.
c) Entscheide, welche Zitate (Telefongespräch) du wörtlich aufnehmen möchtest und an welcher Stelle du die Inhalte in eigenen Worten wiedergibst.

Gliederung	Inhalte/Informationen/Zitate
Überschrift (Headline) Vorspann (Leadtext)	
Was? Wann? Wo? Wer?	– Buckelwale und Große Tümmler – seit einigen Jahren, im Sommer und auch im Winter – Ostsee, Kieler Bucht ...
Wie? Warum? Welche Folgen? Welche Reaktionen bei den Beteiligten?	

Seite 56

4 Schreibe deinen Bericht und orientiere dich dabei an der **LERNBOX** unten und der **LERNBOX** auf S. 39.

> **❗ LERNBOX**
>
> **So schreibst du einen Bericht für eine Zeitung:**
> 1. Formuliere eine **Überschrift** (Headline), die den Leser neugierig macht und einen **Vorspann** (Leadtext), der das Thema benennt.
> 2. Schreibe **adressatengerecht** und erkläre alle Namen oder Begriffe. Mache dem Leser der Zeitung (Adressat) den Inhalt verständlich.
> 3. Schreibe **sachlich** und **verzichte auf persönliche Wertungen**.
> 4. Gib Aussagen von Beteiligten **direkt als** Zitat (Walforscher Benke merkt an: „Die Ostsee liegt nicht auf der Wanderroute.") wieder oder **indirekt** (Der Walforscher Benke betont, die Ostsee liege nicht auf der Wanderroute.)
> 5. Verwende die richtigen **Zeitformen**:
>   – das **Präteritum** für Handlungen in der Vergangenheit.
>   – das **Plusquamperfekt** für Handlungen, die **vor** einem Vorgang in der Vergangenheit liegen.
>   – das **Präsens** für Angaben, die allgemeingültig sind und für Zitate.

Seite 297
Seite 261

Seite 258

Delfine in der Kieler Bucht – Kommasetzung bei Appositionen

1 Lies den folgenden Bericht und vergleiche den Inhalt und Aufbau mit deinem Schreibplan von Seite 50.

„Selfie" und „Delfie" in der Ostsee

Immer häufiger sichten Meeresbiologen, aber auch Urlauber, Wale und Delfine in der Ostsee

Ein Buckelwal verirrte sich im Juli an die deutsche Küste und wurde zwischen den Ostsee-Inseln, ==besonders rund um Rügen und Usedom==, gesichtet.
5 Auch in der Kieler Bucht konnten Urlauber ein Naturschauspiel bestaunen: Ein Delfin auf Futtersuche war die Attraktion für Schaulustige. Und das ist kein Einzelfall. Schon seit einem Jahr leben zwei große Tümmler, ==mit den Namen „Selfie" und „Delfie"==, in diesem Gewässer.

Ist die Ostsee ein neuer Lebensraum für Delfine, Tümmler und Wale? „Wir
10 wissen es nicht", sagt Harald Benke, ==der Direktor des Deutschen Meeresmuseums in Stralsund==. In den letzten Jahren ist die Zahl der Sichtungen, ==besonders von Delfinen==, in der Ostsee gestiegen.

Genug Nahrung für eine dauerhafte Ansiedlung wäre vorhanden, merkt der Walforscher an. Heimische Fischarten insbesondere Dorsch und Hering ste-
15 hen auf der Speisekarte der Delfine ganz oben. Nur der Winter könnte für Meeressäuger wie Wale und Delfine zum Problem werden. Wenn die Temperaturen fallen, friert selbst die Ostsee größtenteils zu. Meeressäuger auch Buckelwale und Tümmler atmen jedoch Luft und müssen deshalb regelmäßig auftauchen. Dass Delfine dieses Problem meistern können, haben „Selfie"
20 und „Delfie" die beiden Großen Tümmler bereits im letzten Jahr gezeigt.

Ungewöhnlicher Anblick: Ein Delfin in der Flensburger Förde

2 a) Überprüfe die Kommasetzung bei den gelb markierten Appositionen im ersten Teil des Berichts. Orientiere dich dabei an der **LERNBOX**.
b) Markiere im zweiten Teil des Berichts ab Zeile 13 alle Appositionen und setze die fehlenden Kommas an den richtigen Stellen ein.

📄 Folie

⚠ LERNBOX

Kommasetzung bei Appositionen

1. Eine **Apposition** (nachgestellte Erläuterung) erklärt ein vorausgehendes Nomen näher:

   Meeressäuger, auch Buckelwale und Tümmler, müssen zum Atmen an die Oberfläche.
   Die Apposition wird zu Beginn und am Ende **durch ein Komma vom Satz abgetrennt**.

2. Das erklärende Nomen in der Apposition steht **im gleichen Fall wie das vorausgehende Nomen**: *Wer muss zum Atmen an die Oberfläche? Auch Buckelwale und Tümmler müssen zum Atmen an die Oberfläche.*

„Hobbyhorse Revolution" – einen Bericht schreiben und überarbeiten

- Steckenpferdreiten ist in Finnland auf bestem Weg, eine sportliche Disziplin zu werden
- es gibt bereits Meisterschaften im Steckenpferdreiten
- Sportart wird auch Hobby Horsing genannt
- v. a. Mädchen zwischen 10 und 18 Jahren
- wie man das macht, kann man sich inzwischen auch im Internet anschauen
- Pferde bestehen vor allem aus Holz, Wolle und Stoff

- der Steckenpferdverein SKY schätzt Anzahl der aktiven Sportler auf über 10 000
- „Bislang werden wir nicht als Sportler betrachtet, aber wir arbeiten daran, mehr akzeptiert zu werden", sagt Venla-Maria Uutela, die Präsidentin des Vereins SKY
- Venla-Maria schrieb zwei Bücher über ihr ungewöhnliches Hobby
- „Am Anfang machten sich viele über die Reiterei auf dem Stock lustig", erzählt Venla-Maria.
- Im letzten Jahr fand eine Parade durch Helsinki statt: „Respektiert das Steckenpferd", riefen 200 begeisterte Teilnehmer.

- Doku-Film „Hobbyhorse Revolution" gewann im März 2017 zwei Auszeichnungen auf dem Filmfestival im finnischen Tampere
- wurde auf Festivals in der Schweiz und den USA gezeigt
- „Jeder kann dort so sein, wie er ist", sagte die Regisseurin Selma Vilhunen dem finnischen Rundfunksender YLE.
- Film stellt drei Mädchen und ihr Hobby vor: Aisku, Elsa und Alisa; „Die Gruppe hat eine starke innere Demokratie, wir können viel von den Mädchen lernen" (Selma Vilhunen)

- 1 000 Zuschauer und 200 Teilnehmer bei Steckenpferd-Meisterschaften 2017 in Vantaa (bei Helsinki)
- Ada Filppa aus Naantali (16 Jahre) gewinnt in der Disziplin Dressur den Meistertitel
- Training vier bis fünf Mal die Woche im Wald, auf der Straße oder im Garten hinter dem Haus
- „Das Steckenpferdreiten bedeutet für mich Freiheit" (Ada)
- „Ich kann machen, was ich will. Niemand kann mir Vorschriften machen, es gibt keine Regeln, an die ich mich halten muss und ich brauche keine Ausrüstung." (Ada)

1 Die Praktikantin Clara hat Informationen zur Trendsportart Steckenpferdreiten gesammelt. Was haltet ihr von dieser neuen Sportart aus Finnland? Tauscht euch aus, was ihr bereits darüber wisst.

2 Plane einen Bericht für die Homepage eurer Schülerzeitung.
a) Lies die Notizzettel über das Steckenpferdreiten.
b) Lege einen Schreibplan wie auf Seite 50 an und notiere darin stichwortartig die Informationen für deinen Zeitungsbericht.

Seite 56

3 Schreibe deinen Bericht und beachte die Hinweise der LERNBOX auf Seite 50.

Hobby Horsing – Zahl der Pferde steigt
Das Reiten mit selbstgebastelten Steckenpferden zieht immer mehr junge Finnen in den Bann

Am letzten Wochenende heißt es im finnischen Vantaa bei Helsinki bei den Meisterschaften hoppe, hoppe Reiter. 200 Teilnehmer konkurrierten mit ihren Pferden aus Holz, Stoff und Wolle in diesem Wettkampf miteinander. Fast tausend Zuschauer verfolgen das Können der meist jungen Reiterinnen auf dem Reitparcours, wenn es wie bei einem richtigen Reitturnier über die aufgebauten Hürden ging. Das Steckenpferdreiten ist voll im Trend und könnte eine sportliche Disziplin werden. Nach Schätzungen des SKY gibt es inzwischen 10 000 Aktive, überwiegend Mädchen zwischen 8 und 20 Jahren. „Bislang werden wir nicht als Sportler betrachtet, aber wir arbeiten daran, mehr akzeptiert zu werden", sagt Venla-Maria Uutela, die Präsidentin des Vereins die bereits zwei Bücher über ihr ungewöhnliches Hobby geschrieben hat. Im vergangenen Jahr gab es eine große Parade, auf der für Respekt für das Steckenpferdreiten geworben wurde. Die 16-jährige Ada Filppa trainiert für die Wettbewerbe vier bis fünf Mal die Woche auf ihrem eigenen Hindernisparcours. Sie kann bereits einen Meistertitel vorweisen.
Das ungewöhnliche Hobby Horsing wird weltweit immer bekannter. Das liegt auch daran, dass die Regisseurin Selma einen Dokumentarfilm mit dem Titel „Hobbyhorse Revolution" gedreht hat. Der Film zeigt, dass es beim Hobby Horsing um mehr geht, als nur um das „Reiten", betont Selma. Sie bewundere die Freundschaft und das Füreinander-Einstehen, das die Hobby-Pferdekultur präge.

Randbemerkungen:
- interessante Überschrift
- hieß / Welche Meisterschaften sind gemeint?
- Absatz einfügen
- Z (Apposition)
- Nachname einfügen

4 a) Überarbeite mithilfe der **CHECKLISTE** den Zeitungsbericht. Setze die Randbemerkungen fort (Korrekturzeichen).
b) Überarbeite in gleicher Weise deinen eigenen Entwurf von Seite 52, Aufgabe **3**.

💡 Seite 57

☑ CHECKLISTE

Einen Zeitungsbericht überarbeiten
Inhalt
1. Informieren die **Überschrift** und der **Vorspann** über das Thema, machen sie neugierig und stehen sie im Präsens?
2. Werden die wichtigsten Informationen zu Beginn zusammengefasst?
3. Werden die ergänzenden Informationen in Absätzen gegliedert dargestellt (Wie? Warum? Welche Folgen und Reaktionen?)?

Darstellung
1. Ist der Bericht **adressatengerecht**, also auch für Leser verständlich, die sich nicht mit dem Thema auskennen?
2. Werden **Äußerungen** als direkte Rede (Zeichensetzung der wörtlichen Rede) oder in indirekter Rede (im Konjunktiv I) wiedergegeben?
3. Wurden die **Zeitformen** richtig gewählt?
4. Sind **Rechtschreibung** und **Zeichensetzung** korrekt?

Kompetenz-Check:
einen Zeitungsbericht schreiben

+++ New York: Instagram macht Mega-Milchshakes zum Food-Trend +++
Nicht nur Amerikaner pilgern für 15 Dollar Shakes nach Manhattan +++
Umsätze steigen stetig +++ Weitere Restaurants in Planung +++

Riesen-Milchshake in der Sorte „Cotton Candy" mit Zuckerwatte und Lutschern

Aus einem Interview mit Koch und Erfinder Joe Isidori und seiner Mitarbeiterin Brittany Stark

Joe Isidori in seinem Restaurant Black Tap in New York

Joe Isidori:
„Ich habe einfach eines Tages mit meiner Assistentin Brittany rumgealbert, wir haben einen Milchshake gemacht und ihn auf Instagram gepostet – der Rest ist Geschichte.
Anfangs gab es den bei uns gar nicht zu kaufen, das haben wir nur geändert, weil Hunderte ins Restaurant gekommen sind, uns ihre Handys ins Gesicht gehalten haben und die Milchshakes verlangt haben."

Brittany Stark:
– „Ich bin die Milchshake-Königin hier"
– „Ich würde immer raten, sich einen zu teilen. Am besten man fängt mit dem Strohhalm an zu trinken und lässt dann nach und nach alles in das Glas fallen. Einige versuchen es alleine, aber die Shakes sind so groß, dass es schwer ist, sie auszutrinken."
– „Oft kommen sogar Leute, die einen Shake bestellen und ihn dann gar nicht trinken, nur fotografieren und ins Netz laden – das 15-Dollar-Foto. Sie bestellen ihn und sagen dann, sie seien laktoseintolerant*."

* milchzuckerunverträglich

- Erfinder der Riesen-Milchshakes Joe Isidori führt eigenes Restaurant „Black Tap" im New Yorker Szene-Viertel SoHo (Manhattan)
- stundenlange Wartezeiten für die Eisdrinks vor dem Restaurant
- Kosten: 15 Dollar (ca. 13 Euro) pro Shake, deutlich mehr als normale Milchshakes
- spektakuläres Aussehen der Drinks auf Fotos in sozialen Medien
- Fotos der Shakes häufig gepostet, was immer neue Kunden anlockt
- Shakes bestehen aus Eiscreme, Milch, Sirup und jeder Menge verschiedenster Süßigkeiten (mehrere Sorten stehen zur Auswahl)
- bis zu 400 Shakes pro Tag verkauft

1 Schreibe mithilfe der verschiedenen Materialien einen Zeitungsbericht über den Foodtrend „Riesen-Milchshakes". Gehe so vor:

a) Plane deinen Bericht. Lege dazu einen Schreibplan an und entscheide, welche Informationen du an welcher Stelle deines Berichts darstellen möchtest.

b) Verfasse mithilfe deines Schreibplans den Zeitungsbericht. Formuliere auch eine für Leser interessante Überschrift und einen Vorspann.

c) Überarbeite deinen Text mithilfe der CHECKLISTE auf Seite 53.

Lernbegleitbogen *News, News, News:* einen Zeitungsbericht schreiben

Kompetenz/Inhalt Ich kann …	Selbsteinschätzung ☺ 😐 ☹	Fremdeinschätzung ☺ 😐 ☹	Bemerkungen	Hier kannst du weiterüben:
mithilfe einer Grafik den Weg einer Information zur Veröffentlichung beschreiben und erklären (S. 34–35)				
Zeitungstexte bestimmten Ressorts zuordnen (S. 36–37)				
die Textsorten Meldung und Bericht unterscheiden (S. 38–39)				AH, S. 9
einen Bericht planen und schreiben (S. 40–41)				
Merkmale, Aufbau und Wirkung einer Reportage an einem Textbeispiel aufzeigen (S. 42–44)				
aus einer Reportage einen Bericht formulieren (S. 45)				
überprüfen, ob ein Bericht sachlich verfasst worden ist (S. 46)				SB, S. 276
Leserbriefe und Blogs untersuchen und deren Aufbau ermitteln (S. 47)				
Merkmale und Aufbau eines Kommentars untersuchen (S. 48)				
auf der Grundlage verschiedener Materialien einen Bericht planen und schreiben (S. 49–50)				
Kommas bei Appositionen richtig setzen (S. 51)				
auf der Grundlage von Materialien einen Zeitungsbericht planen und schreiben und dabei: – einen Schreibplan anlegen und Informationen ordnen – auf der Grundlage des Schreibplans den Zeitungsbericht schreiben und hierbei den korrekten Aufbau, das adressatengerechte und sachliche Schreiben beachten, die richtige Zeitform wählen sowie Äußerungen als Zitat direkt oder indirekt wiedergeben (S. 52)				AH, S. 10–11
einen Zeitungsbericht überarbeiten (S. 53)				AH, S. 12
Ich habe diese Aufgaben aus dem Freiraum bearbeitet (S. 56), z. B.: einen Leserbrief schreiben …				

AH = Arbeitsheft, SB = Schülerband

Überprüfe dein Wissen und Können, indem du den **Kompetenz-Check** auf S. 54 bearbeitest. Vergleiche dein Ergebnis anschließend mit dem Mustertext im Lösungsheft.

Freiraum: So kannst du weiterarbeiten

Vergleiche die Printausgabe einer/eurer Zeitung mit der Online-Ausgabe: Welche Unterschiede und Gemeinsamkeiten stellst du fest? In welcher Ausgabe möchtest du lieber lesen und warum?

Seite 35

Informiere dich im Internet über unterschiedliche Zeitungsprojekte speziell für Schulen, z. B.:
- ZISCH – Zeitung in der Schule, http://zisch.info/
- schueler-lesen-zeitung.de
- http://service.zeit.de/schule/service/zeit-klassensatz-gratis/
  Auf dieser Seite findest du auch Zeitungsartikel zu unterschiedlichen Themen mit Arbeitsblättern.

Seite 36

Informiere dich über die Schülerzeitung an deiner Schule:
- Ladet das Redaktionsteam in den Deutschunterricht ein und lasst euch deren Arbeit vorstellen. Welche Themen sind geplant? Könnt ihr Themen vorschlagen? Oder sogar selbst an der nächsten Ausgabe mitarbeiten?
- Schreibe selbst einen Bericht über ein Ereignis an deiner Schule.

Seite 41

- Suche in einer Zeitung nach einem weiteren Beispiel für eine Meldung, einen Bericht und eine Reportage. Untersuche, inwieweit die Merkmale aus den **LERNBOXEN** auf S. 39 und S. 45 wiederzufinden sind.
- Recherchiere weitere außergewöhnliche Schulen und schreibe zu einer dieser Schulen einen Bericht für die Schülerzeitung deiner Schule.

Seite 45

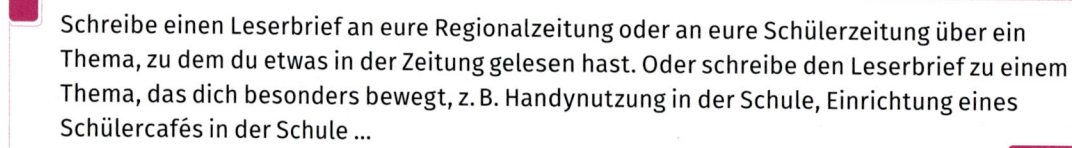

Schreibe einen Leserbrief an eure Regionalzeitung oder an eure Schülerzeitung über ein Thema, zu dem du etwas in der Zeitung gelesen hast. Oder schreibe den Leserbrief zu einem Thema, das dich besonders bewegt, z. B. Handynutzung in der Schule, Einrichtung eines Schülercafés in der Schule …

Seite 47

Stelle auf einem Plakat Zeitungsartikel zusammen, die sich mit ungewöhnlichem Tierverhalten beschäftigen, z. B.: Wildschweine oder Füchse in der Stadt, Klimawandel und die Auswirkung auf die Lebensräume bestimmter Tiere (Polarfuchs, Zugverhalten der Vögel …).

Seite 50

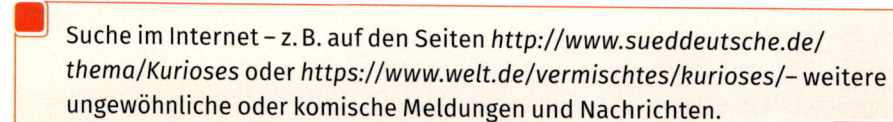

Suche im Internet – z. B. auf den Seiten *http://www.sueddeutsche.de/thema/Kurioses* oder *https://www.welt.de/vermischtes/kurioses/* – weitere ungewöhnliche oder komische Meldungen und Nachrichten.

Seite 52

Tipps 💡

Seite 36 **2 b)**

Achte bei der Zuordnung auf Schlüsselwörter (z. B. Umsatz), die auf ein Ressort (z. B. Wirtschaft) hinweisen.

Seite 42 **2**

Diese Zwischenüberschriften kannst du den einzelnen Textabschnitten zuordnen:
- Einblick in den Unterrichtsalltag/ Das Fach Geschichte
- Rollenspiel als übergeordnete Lernmethode
- Rollenspiel als soziales Training
- Die weitere Schullaufbahn
- Die Fächer und der Unterricht an der Rollenspielschule
- Unterrichtsinhalte
- Die Gründung der Schule
- Eine andere Welt
- Die erste „Rollenspielschule" (Østerskov Efterskole)
- Das dänische Schulsystem
- Die Lage der Schule

Seite 45 **6 b)**

Deine Tabelle sollte zu folgenden Punkten Informationen enthalten: Gründungsdatum der Schule, Schulidee, Schulsystem in Dänemark, Lehrer, Schüler, Gebäude, Schulalltag.

Seite 45 **6 c)**

Diese Überschriften kannst du für deinen Bericht über die Rollenspielschule verwenden: Lebendiges Lernen, Spielend lernen, Viele Rollenspiele und wenige Regeln

Seite 47 **3**

A Der Kritik, die Herr Lehmann am deutschen Schulsystem übt, kann ich nur zum Teil zustimmen. In der Tat ist der Stoffplan in den einzelnen Fächern zu umfangreich, aber die Schüler sollen ja auch auf ein mögliches Studium vorbereitet werden. Dort …

B Ein weiterer Diskussionsbeitrag könnte sich auf einen der geposteten Beiträge beziehen: Ich finde, man kann sich nicht immer mit anderen Ländern vergleichen. Das hieße ja, Äpfel mit Birnen zu vergleichen. Es gibt an unseren Schulen viel zu verbessern, dazu zählt …

C Hi! Über Schule kann ja jeder reden, denn die hat jeder von innen gesehen. Ich bin der Meinung, man darf nicht alles so verallgemeinern. Es gibt auch gute Schulen, die sich darauf besinnen, die Stärken der einzelnen Schüler zu fördern …

Seite 53 **4 a)**

Denke daran, an passenden Stellen auch Zitate einzufügen. Folgende Aussagen könnten im Bericht an einer geeigneten Stelle ergänzt werden: „Das Steckenpferdreiten bedeutet für mich Freiheit." (Ada Filppa); „Ich kann machen, was ich will. Niemand kann mir Vorschriften machen, es gibt keine Regeln, an die ich mich halten muss und ich brauche keine Ausrüstung." (Ada Filppa)

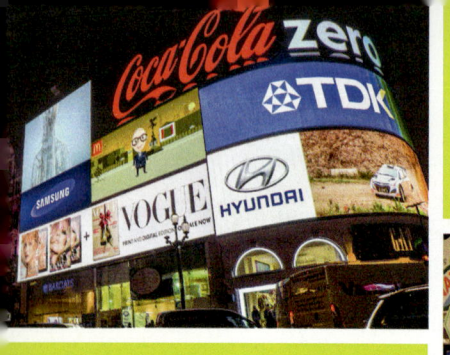

Etwa 900.000 Menschen arbeiten direkt oder indirekt in der/für die **WERBEBRANCHE**.

WERBUNG braucht leere Seelen und bringt volle Kassen.

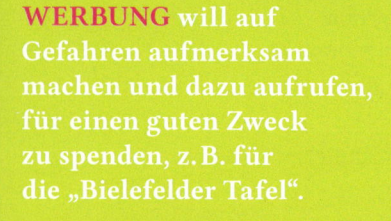

WERBUNG will auf Gefahren aufmerksam machen und dazu aufrufen, für einen guten Zweck zu spenden, z. B. für die „Bielefelder Tafel".

Schaust du nur oder kaufst du schon?

1 a) Welche der hier abgebildeten Firmennamen, Markennamen oder Logos erkennst du wieder? Ordne sie einem oder mehreren Produkten zu.
b) Tauscht euch darüber aus, warum die Produkthersteller ihre Werbung so gestaltet und platziert haben.

2 a) Lies den Vorstellungstext von Frau Antje aus Holland.
b) Besprecht, für welches Produkt diese fiktive Figur wirbt, und stellt Vermutungen dazu an, warum sie dafür ausgewählt bzw. auf diese Weise gestaltet wurde.
c) Überlegt, woran es liegen könnte, dass manche Figuren oder Personen nach einer gewissen Zeit wieder aus der Werbung verschwinden.
d) Oftmals wird auch mithilfe von Stars oder Firmeninhabern geworben: Welche fallen dir aus der aktuellen Werbung ein und wofür werben sie?
e) Entscheide dich für eine Werbefigur und schreibe einen kurzen Vorstellungstext aus ihrer Sicht: Erkläre, wer du bist und warum du dafür ausgewählt wurdest, das Produkt zu vertreten, z. B.: Hallo Putzteufel! Ich bin Meister Proper …

Goedendag – das heißt „Guten Tag" auf Niederländisch! Man spricht es wie „chujedach" aus. Ich bin Frau Antje aus Holland! Meine Aufgabe ist es, den Leuten Käse und Butter aus Holland vorzustellen. Immer, wenn sie mich sehen, sollen sie an Milchprodukte denken. Man hat mich engagiert, weil die Käufer sich genau so ein holländisches Mädchen vorstellen. Ich trage immer eine Tracht mit der dazu passenden Mütze – und Holzclogs.

Ohne **WERBUNG** kämen wir womöglich auf die Idee, selbst zu entscheiden, was wir kaufen wollen.

Ohne **WERBUNG** würden wir von manchen Dingen gar nichts erfahren.

WERBUNG bringt uns dazu, etwas zu kaufen, das wir gar nicht brauchen.

Untersuchungen ergaben, dass ein Mensch täglich bis zu zehntausend **WERBEBOTSCHAFTEN** ausgesetzt ist.

3 a) Klärt gemeinsam, welche Ziele mit Werbung verfolgt werden. Lest dazu die Aussagen in den Kästen oben und sammelt eure Ideen in einem Cluster.
b) Werbung ist nahezu überall. Man nennt das Product Placement. In welchen Medien und auf welchen Werbeträgern (z. B. Fashion-Blogs im Internet, Plastiktüten) begegnet dir Werbung? Orientiere dich auch an den Abbildungen oben. Tausche dich zuerst mit einem Partner über diese Frage aus und vergleicht eure Ideen dann in der Klasse.
c) Leitet aus euren Ergebnissen weitere Ziele der Werbung ab und ergänzt eure Cluster.
d) Sammelt, wofür noch alles geworben werden kann, z. B. Veranstaltungen, Engagement im Umweltschutz, Verzicht auf Fleisch, Spenden für die Tafel …

4 a) Welche aktuelle Werbung findet ihr besonders einprägsam? Sammelt die Slogans sowie die zugehörigen Firmen und Produkte an der Tafel.
b) Stellt gemeinsam Vermutungen dazu an, warum sie so einprägsam sind.

zum Kauf verführen

Ziele der Werbung

… …

☆ Seite 84–85

Schaust du nur oder kaufst du schon? | 3.3.1 Aussagen mit eigenem Wissen verbinden

Radio. Geht ins Ohr. Bleibt ... – Radiospots untersuchen

Slogan:
einprägsamer Spruch; wird zu Werbezwecken formuliert

1 **a)** Lies die Seitenüberschrift und ergänze den unvollständigen Satz darin sinnvoll.
b) Vergleicht eure Sätze. Begründet, warum ihr so formuliert habt.
c) Stelle Vermutungen dazu an, wofür man mit diesem Slogan Werbung machen könnte.

2 **a)** Setzt euch zu dritt zusammen: Teilt die Radiospots A bis C unter euch auf und lest sie zunächst leise. Danach lest ihr sie abwechselnd mit passender Betonung laut vor.
b) Tauscht euch über eure ersten Eindrücke aus.

A *Hallo, hier ist Waltraud. Und das ist für meinen Enkel Alex, der gerade nach vier Stunden einfach aufgelegt hat. Alex, ich komme doch mit diesem PC gar nicht zurecht. Also, ich sollte alle Fenster schließen. Die sind jetzt zu. Ich hab den Schreibtisch aufgeräumt, den Papierkorb geleert und zur Sicherheit sogar noch die Küche geputzt. Nichts! Und am Ende hab ich, wie du gesagt hast, den ganzen PC einfach runtergefahren. Tja. Der stand dann eine halbe Stunde vorm Hauseingang. Und jetzt isser weg.*

B *Tach. Bärbel hier, Taxifahrerin aus Gelsenkirchen. Und dat ist für ... hach, wenn ich dat wüsste. Mensch, also ich hier inne Tasche, ne, da hab ich ne Tafel, wo „Taktik" und 'n paar Namen draufstehen, ne: „Thomas, Mesut, Bastian." Ach ... und so'n goldnen Pokal. Och nee. „World Cup". Und 'n blauen Deoroller. „For Men". Also: Wem die Tasche gehört, ne, der kannse sich bis 20 Uhr bei mir am Bahnhof abholen. Ich wink mit der Haartönung „Ebenholz". Mit Grauhaarabdeckung.*

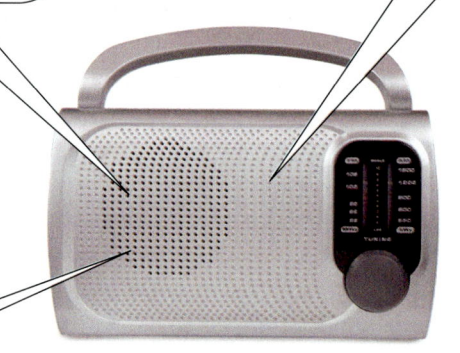

C *Ey Wladimir ... Du gehst nicht an Handy ... Alter, geh an Handy! Die Anabolika-Pillen, die du mir für Aufbau von Muskeln verkauft hast, haben mega Nebenwirkung! Erst hatte ich nur trockenen Mund, aber dann kam Bartwuchs – unter die Fußsohlen! Meine Haut hat sich auch komisch verfärbt, ich sehe aus wie Schlumpf! Und die veränderte Stimme ... Alter! Geht gar nicht! Also ruf mich bitte zurück, ja? Deine Svetlana.*

3 Untersucht die Radiospots in eurer Dreiergruppe genauer:
  a) Teilt die Spots A bis C nach Interesse untereinander auf und arbeitet zunächst in Einzelarbeit.
  b) Mache dir Notizen zu folgenden Fragen:
  – Welche Geschichte wird in dem Spot erzählt?
  – Wie wird die Geschichte erzählt und worin besteht der Witz?
  – Inwieweit wird auf Vorurteile und Stereotype zurückgegriffen?
  – Wer soll damit angesprochen werden (in der Geschichte/im Radio)?
  c) Stellt euch eure Ergebnisse gegenseitig vor: Jeder liest seinen Radiospot vor und erläutert die Antworten auf die Fragen anhand seiner Stichworte.

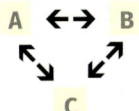

A B C

Seite 87

A ↔ B
  ↘ ↙
   C

4 Die Spots von Seite 60 gehören zu einer Radiospot-Serie. Wenn ein Beitrag dieser Kampagne gesendet wird, wird stets der folgende Satz ergänzt:
„Mit Radio erreichen Sie immer die Richtigen. Radio. Geht ins Ohr. Bleibt im Kopf."
  a) Besprecht in eurer Gruppe, wer „die Richtigen" sein könnten, d.h., welche Zielsetzung mit diesen Spots verfolgt und welche Zielgruppe angesprochen wird.
  b) Vergleicht eure Ergebnisse mit denen einer anderen Gruppe.

Seite 87

5 Beurteile, welcher der Spots von Seite 60 dich als jugendlichen Hörer ansprechen würde. Begründe deine Meinung mithilfe der Ergebnisse aus Aufgabe **4**. So kannst du beginnen:
Mich spricht der Radiospot ... an, da ...
Mir gefällt der Spot ..., weil ...
Mein Interesse wird durch Radiospot ... geweckt, denn ...

6 Gestalte deinen eigenen Radiospot zu der Kampagne *„Radio. Geht ins Ohr. Bleibt im Kopf.",* durch den sich speziell Jugendliche angesprochen fühlen. Gehe so vor:
  a) Wähle einen Absender und einen Adressaten aus. Du kannst auch einen der Anfänge unten nutzen.
  b) Überlege dir eine Geschichte, die die Aufmerksamkeit der Zuhörer erregt.
  c) Formuliere deinen Radiospot zu der Kampagne (siehe Beispiele unten).
  d) Nimm deinen Spot mit dem Smartphone auf. Überlege vorher, wie du die Sprechweise gestalten musst, damit sie zu der Person, die spricht, passt.
  e) Spielt euch die Spots gegenseitig vor und gebt euch Rückmeldungen dazu:
  – Passen sie zur Kampagne *„Radio. Geht ins Ohr. Bleibt im Kopf."*?
  – Entsprechen sie hinsichtlich des witzigen Inhalts und der Sprache den Spots von Seite 60?

> *Liebe Bewohner unseres Altenheims! Warum müsst ihr unbedingt alle kurz vor 18:00 Uhr in die Geschäfte humpeln und an der Kasse drängeln? Dabei will ich doch nur meine Kaugummis bezahlen ... Ihr habt doch nun wirklich alle Zeit der Welt! Naja ...*

> *Dieser Aufruf richtet sich an alle Turnbeutelvergesser! Ich bin es langsam leid, mir ständig eure blöden Ausreden anzuhören, warum ihr schon wieder nicht beim Sport mitmachen könnt, ...*

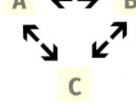

Versteckte Verführung –
die Wirkung von Bildern untersuchen

1 Schaut euch das Foto an und überlegt, woher ihr diese Art von Bildern kennt.

Kennt ihr die Leute?
Erika Krause-Gebauer

Kennt ihr die Leute, die an einem sonnigen Sommermorgen unglaublich fröhlich auf der Holzterrasse einer alten Windmühle frühstücken? Die sich lachend und lustig scherzend herrlich duftende Weißbrotschnitten mit Frühstücksmargarine schmieren?
5 Manuel kennt sie. Er hat sie gesehen, als er vor dem Fernseher auf seine Kindersendung wartete. Seitdem sucht Manuel die Mühle mit der Holzterrasse rundum, auf der er mit seiner Familie unglaublich fröhlich Weißbrotschnitten mit Margarine frühstücken kann.
10 Da, wo Manuel wohnt, gibt es keine Windmühlen, höchstens eine, die zum Freilichtmuseum gehört, und auf der darf man nicht frühstücken. Außerdem mag Manuel eigentlich gar keine Frühstücksmargarine, und wir, seine Familie, sind morgens überhaupt nicht sehr lustig. Wir sitzen morgens ziemlich mürrisch um den Tisch herum, weil wir noch müde sind, und oft verläuft das
15 Frühstück sogar ziemlich hektisch, weil wir alle pünktlich irgendwohin müssen. Wenn Manuel wüsste, wie oft diese Leute vor der Kamera dieses fröhliche Lachen geübt haben, bis es so ansteckend wirkte, dass er sich wünscht, mit uns auf einer Windmühle Margarinebrote zu essen! Aber Manuel ist erst vier, und wir können es ihm noch nicht erklären.

2 Sprecht über den Text:
  a) Für welches Produkt wird im angesprochenen Werbespot geworben? Auf welche Weise wird es beworben?
  b) Kennst du ähnliche Werbespots aus dem Fernsehen? Berichte davon.

Folie

3 a) Untersuche den Text genauer: Markiere mit unterschiedlichen Farben alle Aussagen zur Familie aus der Werbung und zu Manuels Familie.
  b) Übertrage die Tabelle in dein Heft und stelle die Aussagen aus dem Text einander gegenüber. Gib auch Zeilenangaben als Textbelege an.

Familie aus der Werbung	Manuels Familie
– unglaublich fröhliche Menschen (Z. 2)	– Familie ist morgens nicht sehr lustig (Z. 12–13)
– ...	– ...

Seite 87
Seite 85

4 a) Tauscht euch darüber aus, warum Manuel die „Werbewelt" so schön findet.
  b) Welche Zielsetzungen sollen mit dieser schönen Darstellung verfolgt werden? Beziehst in eure Überlegungen die Ergebnisse aus Aufgabe 3 mit ein.
  c) Sprecht darüber, wie Manuels Eltern ihrem Sohn deutlich machen könnten, dass im Fernsehwerbespot nur eine Scheinwelt dargestellt wird.

5 a) Betrachtet das Foto: Wie werden die Dienstleistungen der Post in der Werbung dargestellt?
b) Besprecht, wer abgebildet ist und warum.
c) Überlegt, welche Vorstellungen und Wünsche durch diese Werbung beim Kunden ausgelöst werden.
d) Gestaltet zu zweit eine Werbefigur, die diese Vorstellungen auch vermitteln könnte.
e) Die Firma nutzt ein Posthorn als Logo: Recherchiert, wofür das Posthorn früher verwendet wurde, und setzt das Logo in Verbindung mit der ursprünglichen Bedeutung der Post.

Seite 87

Leistung: Glatte Eins.

Absolute Höchstleistung unter allen Bedingungen – das sind die Anforderungen, an denen sich die deutschen Bob- und Skeleton-Nationalteams messen lassen. Und genauso setzt die Deutsche Post auf ein perfekt eingespieltes Team, das täglich rund 64 Millionen Briefe bei 31 Millionen Haushalten abliefert. Und das in Bestzeit.

Deutsche Post – Stolzer Partner der deutschen Bob- und Skeleton-Nationalteams.

www.deutschepost.de

Deutsche Post
Die Post für Deutschland.

6 a) Nenne weitere aktuelle Werbeanzeigen oder Fernsehspots, in denen bekannte Personen für ein Produkt werben.
b) Stelle dar, auf welche Weise diese Produkte präsentiert werden.
Folgende Fragen können dabei hilfreich sein:
– Wofür wird geworben?
– Wer wirbt auf welche Weise?
– Wie wirkt diese Person oder Werbefigur?
– Stimmen die Vorstellungen von dem Produkt mit deinen Erfahrungen damit überein?
c) Stellt euch die Werbebeiträge und eure Untersuchungsergebnisse dazu vor.
d) Überlegt, wovon es abhängig sein kann, wer als Person oder Werbefigur für ein Produkt ausgewählt wird.

7 Wähle ein Produkt aus und decke die Strategie der Werbung auf. Schreibe dazu eine Gegendarstellung wie im Text auf Seite 62. Besonders deutlich wird deine Kritik, wenn du die Werbung und deine Erwartungen auf witzige Weise beschreibst und danach deine Enttäuschung darstellst.
Setze den folgenden Anfang fort oder schreibe einen eigenen Text:
Kennt ihr den Fußballspieler, der vor wichtigen Spielen ein ganz bestimmtes Mineralwasser trinkt? Er hat dann so viel Energie, dass er …

8 Überarbeitet die Texte aus Aufgabe **7** in einer Schreibkonferenz mit Textlupe:
a) Setzt euch in Vierergruppen zusammen und verteilt die Texte.
b) Teilt die folgenden Überarbeitungsaufgaben unter euch auf:
  A Wird deutlich, zu welchem Produkt oder zu welcher Idee die Gegendarstellung geschrieben wurde?
  B Ist sie ironisch und stellt eindeutig die falschen Versprechungen heraus?
  C Ist sie vollständig oder kann sie durch Ideen erweitert werden?
  D Sind Rechtschreibung, Zeichensetzung und Grammatik richtig?
c) Überarbeitet die Texte mithilfe der Korrekturzeichen und schreibt die Anmerkungen mit Verbesserungshinweisen jeweils an den Rand.
d) Danach erhält jeder seinen Text zurück und überarbeitet ihn.

Was ich eigentlich kaufen wollte – falsche Versprechen in der Werbung erkennen

1 Lest den Titel des Gedichts und betrachtet das Foto: Wovon könnte der Text handeln?

Mein Einkaufsnetz muss Löcher haben
Kristiane Allert-Wybranietz (1982)

Im Supermarkt kaufte ich
Zahnpasta, Zigaretten, Brot,
Seife, Weinbrand, Parfum,
Haushaltstücher, Badezusätze,
5 Kekse und noch allerlei …

Zu Hause suchte ich
zwischen Verpackungen und Produkten
nach der Freiheit, der Frische,
nach den Abenteuern und der Liebe
10 und nach all den anderen Stimmungen und Gefühlen,
die man mir (nach Erwerb dieser Dinge) versprochen hatte.

Als ich dann den ==Sekt für Verliebte== alleine trank,
abenteuerduftende Zigaretten vor'm TV-Western rauchte,
als sich niemand sofort in mich verliebte,
15 obwohl ich das betörendste Parfum trug
(so stand es auf der Packung),
und als ich feststellte,
dass die Haushaltstücher und die Putzmittel
die Arbeit doch nicht von allein machten,
20 sagte ich mir:
Mein Einkaufsnetz muss Löcher haben.

2 Sprecht über eure ersten Eindrücke zum Gedicht:
Was ist euch besonders aufgefallen? Was hat euch überrascht? …

Folie

3 Bearbeite folgende Aufgaben zum Gedicht. Markiere die betreffenden Textstellen wie im Beispiel und notiere deine Ergebnisse stichwortartig:
a) Benenne die Produkte, die die Person im Supermarkt einkauft.
b) Beschreibe, was sie vermisst, als sie ihren Einkauf zu Hause auspackt. Notiere dazu auch passende Textstellen.
c) In den Versen 10–11 ist von „[…] *Stimmungen und Gefühlen, die man mir (nach Erwerb dieser Dinge) versprochen hatte*" die Rede.
Erkläre, was mit dieser Aussage gemeint ist.
d) Stelle Vermutungen dazu an, warum das lyrische Ich am Schluss vermutet, dass sein Einkaufsnetz Löcher hat (V. 21).
e) Vergleiche deine Notizen mit denen eines Partners.

4 Untersuche die in der dritten Strophe des Gedichts genannten Produkte genauer: Welche Bedürfnisse des lyrischen Ichs werden durch die Werbung besonders angesprochen? Ordne sie den Bedürfnissen aus der **LERNBOX** zu:
„Sekt für Verliebte" (V. 12) → Bedürfnis „Liebe",
„abenteuerduftende Zigaretten" (V. 13) → …

5 Tauscht euch darüber aus, ob ihr bereits ähnliche Erfahrungen mit Werbung gemacht habt wie die Person im Gedicht, und sammelt dazu aktuelle Beispiele. Orientiert euch an Aufgabe **7** von Seite 63.

6 a) Überlege, wie du dich verhalten könntest, um nicht in die sogenannte „Werbefalle" zu tappen.
b) Vergleicht eure Ideen miteinander.

7 a) Untersuche die folgenden Werbesprüche A bis E. Welche Eindrücke wecken sie bei dir?
Wähle drei Slogans aus: Schreibe den betreffenden Slogan in die Mitte eines Clusters und notiere deine Gedanken dazu.
A … – Wenn's gut werden muss. (Bauhaus)
B Ich will so bleiben, wie ich bin! (Du darfst)
C Ich liebe es! (McDonald's)
D Just do it! (Nike)
E Framstags gehts zu Penny (Penny)
b) Diskutiert anhand eurer Cluster darüber, welche Bedürfnisse durch die Slogans jeweils angesprochen werden sollen.

8 Sammle weitere aktuelle Slogans und notiere Stichworte dazu, welche Vorstellungen dadurch bei den Konsumenten ausgelöst werden sollen.

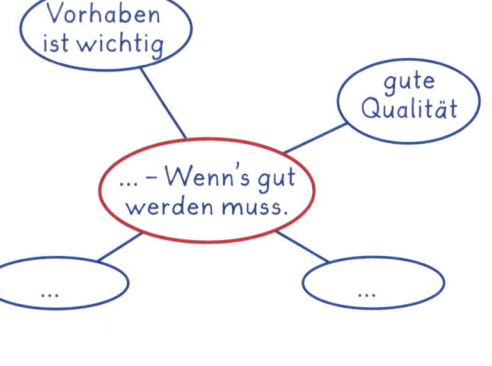

⭐ Seite 86

⚠ LERNBOX

An welchen Bedürfnissen der Kunden orientiert sich die Werbung?
Werbegestalter orientieren sich an den folgenden Bedürfnissen, um Produkte oder Ideen besser vermarkten zu können:
1. **Physiologische Bedürfnisse:** körperliche Grundlagen des Überlebens (Essen, Trinken, Kleidung, Wohnung …)
2. **Sicherheitsbedürfnisse:** natürliche Vorsicht und Voraussicht (Gesundheit, Schutz …)
3. **Zugehörigkeit und Liebe:** Bestreben, bei der Familie und engen Freunden zu sein (Harmonie, Zweisamkeit …)
4. **Ansehen und Status:** Bestreben, im Vergleich zu anderen eine hohe Stellung und einen guten Ruf zu haben (Beruf, Ansehen, Geld, Besitz …)
5. **Selbstverwirklichung:** Entfaltung der eigenen Persönlichkeit (Wunsch, zu wissen, zu verstehen, zu organisieren, Wertvorstellungen aufzubauen, kreativ zu sein, zu genießen, Talente und Fähigkeiten zu nutzen …)

Schau genau hin! – Layout und Wirkung einer Werbeanzeige beschreiben

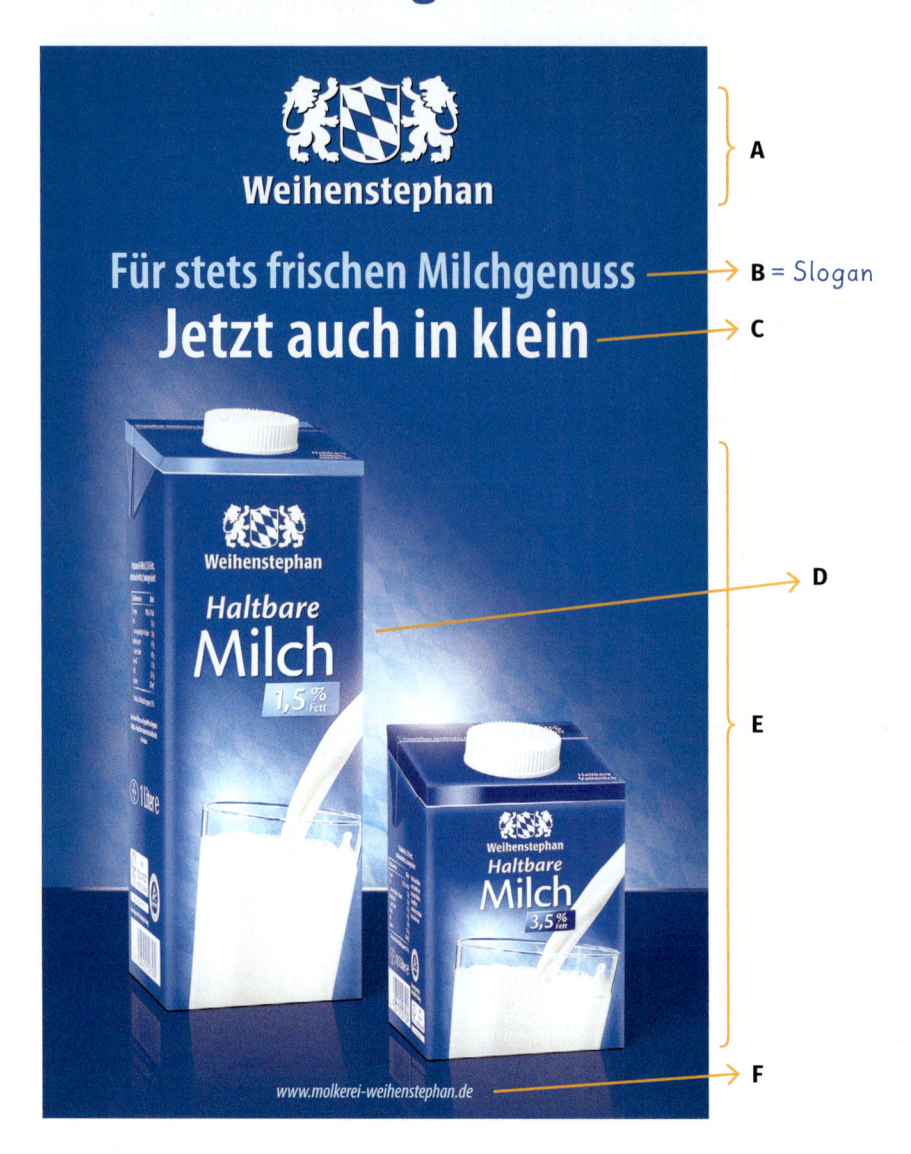

A

B = Slogan

C

D

E

F

1 Das Layout einer Werbeanzeige ist sehr wichtig: Es lenkt das Auge des Betrachters und löst im Zusammenspiel von Bild und Text bestimmte Vorstellungen bei ihm aus.
Wenn du eine Werbeanzeige untersuchst, mache dir zunächst Folgendes klar:
a) Welche Firma wirbt damit für welches Produkt?
b) Welche Vorstellungen werden durch die Abbildung bei dir ausgelöst?
c) Lies den ersten Hinweis in der **LERNBOX** und mache dir klar, aus welchen Elementen (= Bausteinen) eine Werbeanzeige bestehen kann.
d) Ordne die Bausteine a) bis e) aus der **LERNBOX** den Elementen A bis F in der Anzeige oben zu: A = …
Achtung: Nicht jede Anzeige enthält alle Bausteine und nicht immer lassen sich ganz eindeutige Zuordnungen treffen.
e) Vergleicht eure Ergebnisse. Diskutiert über unterschiedliche Zuordnungen.

2 Untersuche die Anzeige genauer. Mache dir Notizen zu folgenden Aufgaben:
   a) Wohin fällt dein Blick zuerst (= Eyecatcher, vgl. **LERNBOX**, zweiter Hinweis)? Beschreibe die Abbildung des Produkts detailliert (Anordnung, Farben …). Nutze deine Ergebnisse aus Aufgabe 1.
   b) Beschreibe die weiteren Elemente der Anzeige. Ergänze auch, welche Vorstellungen sie hervorrufen.
   c) Ermittle, wie Bild und Text zusammenhängen (= Layout).
   d) Vergleiche deine Ergebnisse mit denen eines Partners.

3 a) Lest den dritten und vierten Hinweis in der **LERNBOX**.
   Klärt mit deinem Partner, wie eine Werbebotschaft entsteht.
   b) Besprecht, welche Botschaft diese Anzeige vermittelt und welche Zielgruppe angesprochen werden soll. Nutzt dazu die **LERNBOX** von Seite 65.

4 Beschreibe das Layout der Werbeanzeige in einem zusammenhängenden Text. Verwende Fachbegriffe und nutze deine Vorarbeit aus den Aufgaben 1 bis 3.

5 Die bayerische Molkerei Weihenstephan wirbt mit tausendjähriger Erfahrung in der Milchverarbeitung und setzt den Skifahrer Felix Neureuther als Werbeträger in ihren Fernsehspots ein. Die aktuellen Werbespots findet ihr im Internet.
   a) Sprecht darüber, welche Assoziationen dadurch beim Käufer geweckt werden.
   b) Überlegt auch, welche Käufergruppe dadurch angesprochen werden soll.

[!] LERNBOX

Das Layout einer Werbeanzeige
1. Die Anordnung der Bausteine einer Anzeige nennt man **Layout**.
   Damit ist das Zusammenspiel von Bild- und Textelementen gemeint.
   Nicht immer sind alle Bausteine enthalten:
   a) **Produktabbildung/-name:** Foto/Zeichnung des Produkts
   b) **Logo:** grafische Darstellung der Firma (Markenzeichen)
      Gerade in Anzeigen, die nicht für ein Produkt werben, das man abbilden kann, ist das Logo wichtig, da der Betrachter damit eine bestimmte Vorstellung verbindet.
   c) **Slogan:** einprägsamer Spruch, der mit der Firma/dem Produkt in Verbindung gebracht werden soll (vgl. Seite 69)
   d) **Headline:** Überschrift, die das Thema der Anzeige nennt und zumeist eine inhaltliche Verbindung zum Bild hat
   e) **Informationstext:** Fließtext, der das Produkt beschreibt und Zusatzinformationen gibt
2. Oft gibt es einen **Eyecatcher**, der die Werbebotschaft besonders betont.
   Dies kann ein Bild- oder Textelement sein, auf das der Blick zuerst fällt.
3. Durch das Zusammenwirken von Bild- und Textelementen (Layout) ergibt sich die **Werbebotschaft**, die der Kunde aufnehmen soll, z. B.:
   Diese Milch gibt es nun auch in der 0,5-Liter-Verpackung zum Mitnehmen.
4. Wenn du das Layout untersuchst und die Botschaft ermittelst, kannst du erschließen, welche **Zielgruppe** angesprochen werden soll, z. B.:
   Mütter, Sportler, Menschen, die auf ihre Gesundheit achten …

Produktnamen – Wortzusammensetzungen mit Bindestrich richtig schreiben

Polyester-Baumwoll-Mischgewebe oder *Polyesterbaumwollmischgewebe?*

1 a) Wie wird dieses Wort geschrieben? Begründet eure Idee und überprüft sie mithilfe der **LERNBOX**.
b) Welchen Produkten würdet ihr dieses Wort zuordnen?

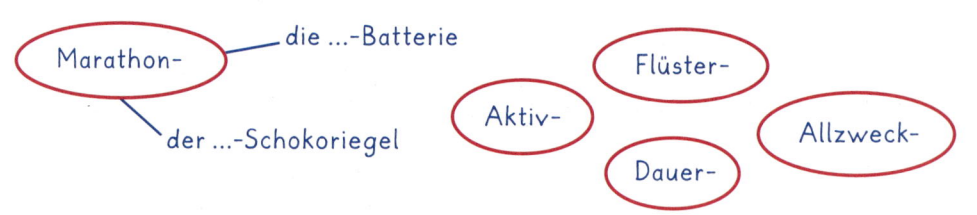

- Marathon- → die ...-Batterie
- Marathon- → der ...-Schokoriegel
- Flüster-
- Aktiv-
- Dauer-
- Allzweck-

Seite 87

2 Erfinde weitere Produktbezeichnungen, indem du mit den angegebenen Wörtern neue Wortzusammensetzungen bildest. Übertrage dazu die Cluster in dein Heft und ergänze sie mit passenden Begriffen für Produkte.

ULTRALECKER – das ABENDMAKEUP – MARINEBLAU – der 400MeterLAUF – VITAMINHALTIG – SÜSSAUER – SORGENFREI – die LOTTOANNAHMESTELLE – MEGAREIN – der ERSTEHILFEKASTEN – das PREISLEISTUNGSVERHÄLTNIS – HYPERSENSIBEL – das NORDSÜDGEFÄLLE – der TOURDEFRANCEGEWINNER

Seite 87

3 Schreibe die Wörter richtig auf: Entscheide, bei welchen Wörtern du einen Bindestrich setzen musst bzw. bei welchem du einen setzen kannst, weil er das Leseverständnis erleichtert (**LERNBOX**). Achte auf die Groß- und Kleinschreibung.

⚠ LERNBOX

Wortzusammensetzungen mit Bindestrich richtig schreiben

1. In der **Werbesprache** werden häufig **Wörter erfunden**, die es in keinem Wörterbuch gibt. Man setzt Wörter zusammen, um das Produkt (bzw. die Idee) aufzuwerten und seine positiven Eigenschaften zu betonen. Dabei erleichtert der **Bindestrich** den Lesefluss: *die Marathon-Batterie* (Nomen + Nomen), *der Aktiv-Schaum* (Adjektiv + Nomen).
2. Du schreibst diese Wörter auch **mit Bindestrich, wenn der zweite Teil bereits eine Zusammensetzung** ist: *der Flüster-Geschirrspüler* (Verb + zusammengesetztes Nomen).
3. **Mehrteilige Zusammensetzungen** (Wortgruppen) schreibst du **meistens mit einem Bindestrich**: *das Kopf-an-Kopf-Rennen*.
4. Werden **zwei Adjektive miteinander kombiniert**, z. B. unter Verwendung sogenannter Hochwertwörter *(super-, mega-, ultra- ...)*, schreibst du diese jedoch zusammen: *ultramodern, megaweich*.
5. Auch die **Kombination von Nomen und Adjektiv** schreibst du zusammen und klein: *strahlengefährdet, kurvenreich*.

Werbesprache – Slogans untersuchen

(Bild: Radio mit Sprechblase: "Was wollt ihr dann? – Maoam!")

A Kleidung clever kaufen bei …
B Spiel, Spaß, Spannung, …
C Wohnst du noch oder … du schon?
D Liebe ist, wenn es … ist.
E Katzen würden … kaufen.
F Ich … ein Iglourmet.
G …, dass es dich gibt.
H Die hohe … der Duplomatie.
I Nichts ist unmöglich – …
J Milch macht müde Männer …
K Have a break – have a …
L Quadratisch. Praktisch. …
M Wenn's um Geld geht …
N Geiz ist …!
O … putzt so sauber, dass man sich drin spiegeln kann!
P … macht Kinder froh und Erwachsene ebenso.
Q … – Pack den Tiger in den Tank.
R … – Taste the feeling.
S … – Mit dem Zweiten sieht man besser.
T Ohne meinen … sage ich nichts.
U Mmmh … Keiner schmeckt mir so wie dieser.
V Was wollt ihr dann? – …
W Schmeckt wie beim Italiener – …
X DER … – Keine Angst vor der Wahrheit.
Y Wir geben Ihrer Zukunft ein Zuhause – …
Z Guten Freunden gibt man ein …

1 a) Ergänze die Lücken in den Slogans oben und gib an, für welches Produkt oder welche Firma damit jeweils geworben wird. 💡 Seite 87
b) Vergleicht eure Ergänzungen in Partnerarbeit und besprecht, warum es euch gelingt, diese Werbeslogans zu ergänzen, und warum euch die Wiedererkennung bei einigen Slogans leicht- und bei anderen schwerfällt.

2 a) Wähle vier Slogans aus und beschreibe, welche Erwartungen sie bei dir wecken, z. B.: *1. Kleidung clever kaufen bei KiK → Wenn ich bei KiK einkaufe, verhalte ich mich klug, denn ich bekomme günstige Kleidung …*
b) Stelle deine Notizen einem Partner vor und vergleicht eure Ergebnisse mit der **LERNBOX**.
c) Führt ein Slogan-Quiz durch: Partner A sammelt fünf weitere Slogans, die Partner B ergänzen und zuordnen muss. Dann tauscht ihr die Aufgaben. Weitere Slogans findet ihr im Internet.

⚠ LERNBOX

Was ist ein Slogan?
Ein **Slogan** ist ein kurzer, einprägsamer Spruch, der für eine **Idee** oder ein **Produkt** wirbt. Er hat meist einen hohen Wiedererkennungswert. Slogans geben Denkanstöße, die Erwartungen oder positive Vorstellungen wecken (z. B. *Freude am Fahren*) und geheime Wünsche ansprechen (z. B. *Ich will so bleiben, wie ich bin*).

3 Ein Slogan ist meist auf ganz besondere Weise sprachlich gestaltet:
a) Welche sprachlichen Gestaltungsmittel kannst du in den Beispielen auf Seite 69 erkennen? Lies dazu zuerst die **LERNBOX**.
b) Lege dir eine Tabelle wie unten an und trage die sprachlichen Gestaltungsmittel ein. Manchen Slogans kannst du mehrere zuordnen.
c) Notiere in der dritten Spalte, welche Vorstellungen der Slogan bei dir auslöst.
d) Sammle weitere Werbeslogans aus Zeitschriften, dem Fernsehen oder dem Radio und ordne sie in deine Tabelle ein.

Seite 87

Slogan	sprachliches Gestaltungsmittel	Vorstellungen
1. Kleidung clever kaufen bei KiK	Alliteration	günstige Kleidung, Kunde kann sparen
2. Spiel, Spaß, Spannung – Kinderschokolade	Alliteration, Dreier-Figur	drei Dinge auf einmal, Mitbringsel für Kinder
…	…	…

4 a) Erfinde selbst Slogans für die hier abgebildeten Produkte. Orientiere dich an den sprachlichen Gestaltungsmitteln aus der **LERNBOX**.
b) Stellt eure Slogans in der Klasse vor und findet jeweils heraus, welche Gestaltungsmittel verwendet wurden. Nennt auch die Assoziationen, die sie auslösen.

Seite 86

> **! LERNBOX**
>
> **Wie sind Werbeslogans gestaltet?**
> Um Aufmerksamkeit bei den Kunden zu erzielen, werden in Slogans häufig die folgenden sprachlichen Gestaltungsmittel verwendet:
> 1. **Reim:** Gleichklang von Wörtern: *Haribo macht Kinder froh und Erwachsene ebenso.* → wirkt einprägsam und rhythmisch
> 2. **Hyperbel:** starke Unter- oder Übertreibung: *Nichts ist unmöglich – Toyota.* → veranschaulicht oder dramatisiert
> 3. **Alliteration:** Wörter hintereinander beginnen mit denselben Buchstaben: *Milch macht müde Männer munter.* → wirkt einprägsam, macht aufmerksam
> 4. **Neologismus:** Wortneuschöpfung: *Iglourmet* → neues Wort schafft Aufmerksamkeit, man denkt über die Bedeutung nach
> 5. **Dreier-Figur:** dreifache Aneinanderreihung von Nomen, Adjektiven, Sätzen: *Fit, fitter, Q10 (Nivea)* → wirkt einprägsam, meist durch eine Steigerung
> 6. **Metapher:** Sprachbild, verkürzter Vergleich: *LBS – Wir geben Ihrer Zukunft ein Zuhause.* → Aussage wirkt anschaulich, weckt meist positive Assoziationen
> 7. **Wörter aus anderen Sprachen:** Übernahme fremdsprachiger Wörter, z. B.: *Just do it.* → Ausdruck wirkt „trendy", spricht Jugendliche an. Wörter aus dem Englischen: **Anglizismen**, Wörter aus dem Französischen: **Gallizismen**.
> 8. **Suggestivfrage** (Frage mit zu erwartender Antwort): Frage mit Antwort, die sich durch häufiges Hören einprägt: *Was wollt ihr dann? – Maoam.* → erzielt beim Kunden bestätigende Reaktion

Cool und trendy – englische Slogans in der deutschen Sprache

1. Just do it. (Nike) → *Tu es einfach.*
2. No smint, no kiss. (Smint)
3. A GOOD FRÜHSTÜCK IS VERRÜCKT WICHTIG FOR A GOOD TAG. (McDonald's)
4. Have a break – have a KitKat. (KitKat)
5. We lift you up where you belong. (Lufthansa)
6. Come in and find out. (Douglas)

1
a) Lies die Werbeslogans und übersetze sie wie im Beispiel.
b) Überlege, warum die Werbegestalter englische Wörter verwenden.
c) Vergleiche dein Ergebnis mit der **LERNBOX**.
d) Der dritte Slogan unterscheidet sich von den anderen. Beschreibe die Unterschiede und überlege dir mögliche Gründe dafür.

2
a) Warum verwenden wir für viele englische Begriffe keine deutschen Wörter?
b) Finde deutsche Bezeichnungen für die Wörter am Rand.

> Ketchup, Toast, Laptop, Chips, downloaden

📄 Seite 268

Dennis: Hey Fans! Habt ihr schon die neue Skaterwerbung gesehen? Ich war am Wochenende boarden und cruisen – wollte checken, was geht. Im Park gibts ne neue Halfpipe. Da hab ich Freestyle trainiert. Rookie bin ich jetzt nicht mehr, weil ich fakie fahre …

Caro: Ich war am Weekend als Trendscout auf der Suche nach DEM Look. Ich
5 muss up to date sein. Die Kids tragen wieder mehr Hoodys und Sneakers. Das werde ich später in meinem Fashion-Blog writen.

Krissie: Ihr mit euren Buzzwords – das ist mir zu crazy.

3
a) Fasse zusammen, worüber sich Dennis und Caro unterhalten.
b) Markiere alle englischen Ausdrücke und schreibe den Dialog so um, dass diese durch deutsche Wörter ersetzt werden.
c) Vergleicht eure Dialoge und sprecht darüber, auf welche Schwierigkeiten ihr gestoßen seid und wie sich die Aussagen verändert haben.

✏️ Folie

4 Schreibe einen eigenen Dialog, in dem sich zwei Jugendliche über ihre Freizeit unterhalten. Verwende darin Anglizismen, die du selbst im Alltag nutzt.

⭐ Seite 86

❗ LERNBOX

Englische Wörter in der deutschen Sprache

1. Als **Anglizismus** (Plural: Anglizismen) bezeichnet man ein Wort, das aus der englischen Sprache übernommen wurde: *Fans, Chips, Piercing …*
2. Oft finden sich **englische Wörter in der Werbung**, um das Produkt „trendy" erscheinen zu lassen. Dadurch wird der Lebensstil (Lifestyle) betont, der mit dem Produkt in Verbindung gebracht werden soll: *Colour Passion Lipstick, Yellow Strom, Ideal Finish Make-up …*
3. Auch in **Jugend-, Szene-** und **Fachsprachen** werden englische Wörter verwendet: *Techno, Trendscout …* Oft werden die Begriffe an die deutsche Grammatik angepasst (= „Denglisch"): *chillen, geskatet …*

Werbesprache – den Zusammenhang von Sprache und Werbebotschaft erkennen

Neologismus
Anglizismen

Text A: <u>Pickel-Ex</u>, damit dein Freund nicht dein <u>nächster Ex</u> wird!
<u>Stay clear!</u> <u>No chance</u> für deine Pickel! Mehrmals täglich den Anti-Pickel-Stift einfach direkt auf die Hautunreinheiten auftragen. Die spezielle Formel sorgt dafür, dass überschüssiges Hautfett aufgesaugt wird. Die Pickel werden
5 ausgetrocknet – und es entstehen keine neuen mehr. Genial! Deine Haut sieht jung, frisch und knackig aus – wie ein Babypopo! Gleichzeitig werden Hautunreinheiten abgedeckt.
Vorteile: Fett wird aufgesaugt, abdeckend, auf Hautfreundlichkeit getestet!
Pickel-Ex von Cleanderm – *vergiss deine Sorgen und ab ins Leben!*

Anglizismen:
Name, Slogan
direkte Anrede
(Höflichkeits-
form)

Text B: <u>Fitness-Express – Start your own workout</u>
• Beginnen Sie mit dem Check-in,
• steigern Sie Ihr Workout,
• erreichen Sie Ihren persönlichen Flow
5 mit dem individuell abgestimmten Fitnesstraining im Fitness-Express.
Fitness-Express garantiert Ihnen eine kompetente Begleitung, ein optimal auf Ihre Bedürfnisse abgestimmtes Workout an jedem Tag der Woche – und das zu einem monatlichen Betrag, den sich jeder leisten kann. Auf zum Traumbody – buchen Sie jetzt Ihr Probetraining.
Informationen unter 0123/456789 oder www.fitnessexpress.com

1 a) Lies die Werbetexte und besprich mit einem Partner, wofür geworben wird.
b) Stellt Vermutungen dazu an, welche Zielgruppe jeweils angesprochen werden soll. Lest dazu den vierten Hinweis in der **LERNBOX**.
c) Vergleicht eure Ergebnisse in der Klasse.

⚠ LERNBOX

Werbebotschaft und Zielgruppe ermitteln

1. Durch die Verwendung von **sprachlichen Gestaltungsmitteln** (vgl. **LERN-BOX**, Seite 70) ist die Sprache der Werbung **auffällig** und **einprägsam**.
2. Die Sprache unterstützt die **Werbebotschaft** und das **Image** des Produkts. Damit ist die positive Vorstellung gemeint, die jemand mit dem Produkt verbinden soll: Beim Produktnamen „Yogurette" soll z. B. Jugendlichkeit, Sportlichkeit und Gesundheit vermittelt werden, weil der Kunde das Produkt mit Joghurt in Verbindung bringt.
3. Die Werbung **fordert den Käufer zu bestimmtem Verhalten auf**. Dieser **Appell** kann direkt durch **Imperative** *(Komm auch du, greif zu!)* oder indirekt durch **Suggestivfragen** *(Wohnst du noch oder lebst du schon?)* erfolgen.
4. Werbung ist meist auf eine bestimmte **Zielgruppe** (z. B. Jugendliche …) ausgerichtet. Dies zeigt sich auch in der **Wortwahl**: *Ja, die Yogurette, die schmeckt so himmlisch joghurtleicht.* → junge, sportliche Frauen

2 Untersucht die Texte auf Seite 72 mithilfe der **LERNBOX** genauer, um zu ermitteln, welche Rückschlüsse die Sprache auf die Werbebotschaft und die Zielgruppe zulässt. Arbeitet dazu im **Partnerpuzzle**:

📄 Seite 331

a) Setzt euch in Vierergruppen zusammen und übertragt zuerst die folgende Tabelle in euer Heft. Lasst dabei in den Zeilen und Spalten etwas mehr Platz.

	Partner A/Text A	Partner B/Text B
Für welches Produkt/welche Dienstleistung wird geworben?		
Wie lautet der Produktname?	Pickel-Ex	
Wie lautet der Name der Firma, die die Werbung geschaltet hat?		
Welche Art von Sprache wird verwendet (Jugendsprache …)?	Jugend-, Umgangs- und Alltagssprache …	
Welche sprachlichen Gestaltungsmittel werden eingesetzt (+ Textbelege)?	– Wortspiel und Neologismus (Z. 1) – Anglizismen (Z. 2) …	
Welche Wirkung/Welches Image wollen die Werber erzielen (= Werbebotschaft)?	– Versprechen an Jugendliche, dass …	
Welche Zielgruppe soll angesprochen werden?		

b) Zuerst arbeitet jeder allein: Jeweils zwei Schüler arbeiten mit dem Text A und zwei mit dem Text B. Jeder trägt die Ergebnisse zu den Fragen in die Zeilen seiner Spalte ein. Orientiert euch an den **LERNBOXEN** auf Seite 70 und 72. Nutzt auch eure Ideen aus Aufgabe **1** (Seite 72).
Setzt die Bearbeitung der Texte als Vorarbeit fort (Folie).
c) Tausche dich mit dem Partner aus, der denselben Werbetext bearbeitet hat: Vergleicht eure Ergebnisse und ergänzt sie, falls nötig.
d) Ein Partner A und ein Partner B setzen sich zusammen: Stellt euch gegenseitig eure Ergebnisse vor und erklärt sie. Füllt abwechselnd die noch leere Spalte der Tabelle aus. Fragt nach, wenn ihr etwas nicht versteht.
e) Besprecht zum Schluss eure Ergebnisse in der Klasse.

3 Vergleiche beide Tabellenspalten miteinander:
Wo kannst du Gemeinsamkeiten erkennen, wo Unterschiede?
Versuche, eine Erklärung dafür zu finden.

4 Gestaltet in eurer Vierergruppe einen eigenen kurzen Werbetext zu einem auf der Seite 70 abgebildeten Produkte. Überlegt vorher, welche Zielgruppe ihr ansprechen und welche Werbebotschaft ihr vermitteln wollt.

Dein Film – die Untersuchung einer Werbeanzeige planen

1 Auf den Seiten 74–77 untersuchst du die folgende Werbeanzeige und schreibst dazu einen zusammenhängenden Text. Plane deinen Text zunächst. Gehe so vor:

a) Betrachte die Anzeige genau und mache dir klar, welche Firma für welches Produkt/welche Dienstleistung wirbt.

b) Erschließe die Werbeanzeige: Notiere am Rand, welche Elemente du vorfindest. Setze dazu die Anmerkungen fort.

c) Vergleiche deine Ergebnisse mit den **LERNBOXEN** auf Seite 67 und 70.

d) Notiere auch deine ersten Eindrücke zu den Merkmalen und zur Wirkung der Anzeige: Logo, Eyecatcher, Slogan, Headline, weitere Informationen, Vorstellungen beim Betrachter, Bedürfnisse …

Folie

Folie

Farben der Anzeige: …

Fließtext: genauere Informationen

Eyecatcher: Filmklappe

WIR MAILEN, SIMSEN, BLOGGEN, POSTEN. UND WIR KOMMUNIZIEREN IMMER MEHR PER INTERNET. DOCH ES GIBT AUCH NOCH DEN GUTEN ALTEN BRIEF, PERSÖNLICH ÜBERBRACHT VON EINEM POSTBOTEN. ABER, SO LAUTET DIE PREISFRAGE: WER SCHREIBT HEUTE NOCH ANALOG? WEM, WANN, WIE, WORÜBER – UND WARUM? ANTWORTEN DARAUF SOLLEN KREATIVE FILME GEBEN. DIE BESTEN EINSENDUNGEN WERDEN AUSGEZEICHNET: MIT PRÄMIEN IM WERT VON INSGESAMT 7.500 EURO. UND SIE WERDEN AUSGESTELLT: IM MUSEUM FÜR KOMMUNIKATION IN BERLIN. SÄMTLICHE INFORMATIONEN ZU DIESEM VIDEO-WETTBEWERB STEHEN UNTER WARUM-BRIEF.DE

DEIN FILM ZUM BRIEF
VIDEOWETTBEWERB

Museum für Kommunikation Berlin

Deutsche Post

2 a) Lies im Kasten die Aufgabe zur Textuntersuchung und mache dir klar, was du tun sollst, indem du die Operatoren (Verben) und die Schlüsselwörter (Nomen) markierst.
b) Gib einem Partner die einzelnen Arbeitsschritte mit eigenen Worten wieder. Er überprüft deine Aussagen anhand der Aufgabenstellung im Kasten.

📝 Folie

Untersuche die Werbeanzeige. Schreibe deine Untersuchung in einem zusammenhängenden Text auf. Gehe dabei so vor:
a) Formuliere eine Einleitung, in der du das Produkt, die Idee und die Firma **benennst**.
b) Benenne und **beschreibe** das Layout der Anzeige genau. Berücksichtige dabei die einzelnen Elemente (Bild und Text).
c) Beschreibe die sprachliche Gestaltung der Textelemente (Produktname, Headline, Slogan, Fließtext) und **erkläre** ihre Wirkung. Beziehe Textbelege ein.
d) Erkläre, wie Text- und Bildelemente zusammenwirken.
e) Erläutere anhand deiner Untersuchungsergebnisse die Werbebotschaft und **schlussfolgere**, welche Zielgruppe durch die Anzeige angesprochen werden soll.
f) Nimm Stellung dazu, ob die beabsichtigte Werbebotschaft vermittelt wird und ob sie die Zielgruppe anspricht.

3 a) Plane deine Textuntersuchung, indem du den folgenden Schreibplan in dein Heft überträgst. Lass dabei in den Zeilen genügend Platz für deine Ergebnisse.
b) Ergänze stichpunktartig die Arbeitsschritte in der zweiten Spalte (siehe Aufgabenstellung) und deine Ergebnisse in der dritten Spalte.
c) Vergleiche deine Stichpunkte mit denen eines Partners. Ergänze oder verändere sie, falls nötig.

Teilaufgabe	Arbeitsschritt	meine Ergebnisse in Stichpunkten
a)	Einleitung: Produkt, Idee, Firma	Produkt: Idee: Firma:
b)	Layout: Aufteilung, Eyecatcher, Bild- und Textelemente + Zusammenhang	– gesamte Anzeige in den Farben der Post: Gelb, Schwarz – Eyecatcher: in der Mitte eine schräg geöffnete Filmklappe, auf der der Slogan steht: „Dein Film zum Brief"; darunter …
c)	sprachliche Gestaltung der Textelemente + Wirkung	– Slogan enthält direkte Anrede des Betrachters: „Dein Film zum Brief" = indirekte Aufforderung – …
d)		
e)		
f)		

Das ist die Botschaft! – Die Untersuchung formulieren

1 Verfasse auf der Grundlage deines Schreibplans (Seite 75, Aufgabe 3) deine Untersuchung in einem zusammenhängenden Text.
a) Lies zuerst die **LERNBOX** auf Seite 77 und kläre offene Fragen mit einem Partner. Beachte auch die Angaben zur Darstellung.
b) Orientiere dich an der Aufgabe im Kasten auf Seite 75 und nutze die folgenden Auszüge aus einem Schülertext.
Beginne mit Teilaufgabe **a)**:

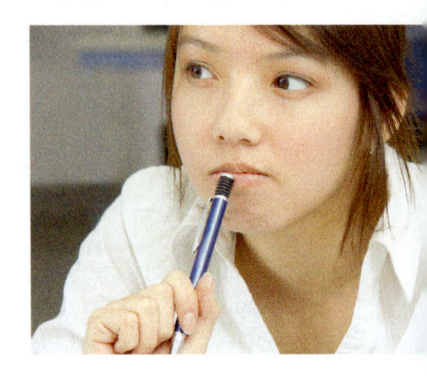

> Bei der vorliegenden Werbung handelt es sich um eine Anzeige, die … zusammen mit dem Berliner Museum für Kommunikation geschaltet hat. Die Idee der Anzeige ist, … Das heißt, es soll für … geworben werden.

c) Beschreibe im nächsten Absatz das Layout der Anzeige genau und benenne dabei die einzelnen Bild- und Textelemente. Erkläre auch, wie diese zusammenhängen (Teilaufgabe **b)**). Das kannst du nach jedem Element machen oder aber am Ende deiner Beschreibung. Setze deinen Text mit folgenden Ideen fort:

> Die gesamte Anzeige ist in den Farben der Post gestaltet: Der Hintergrund ist gelb, die Abbildungen und die Textelemente sind schwarz, sodass der Betrachter sofort eine gedankliche Verbindung zur Post herstellt. Der Eyecatcher ist eine schräg geöffnete Filmklappe, auf der in gelber Schrift der Slogan steht: … Darunter steht ebenfalls in gelber Schrift: … Durch die großen Buchstaben wird sofort klar, …

d) Gib als Nächstes deine Ergebnisse zur sprachlichen Gestaltung der Textelemente wieder (Teilaufgabe **c)**). Denke daran, sie durch Zitate, die du in Anführungsstriche setzt, zu belegen:

> Der Slogan („Dein Film zum Brief") auf der Filmklappe enthält eine indirekte Anrede. Somit weiß der Betrachter, dass hier … angesprochen werden sollen, denn es wird geduzt. Der Fließtext oben rechts, der nur aus Großbuchstaben besteht, beginnt mit einer Aufzählung heutiger Kommunikationswege: „WIR MAILEN, SIMSEN, BLOGGEN, POSTEN." Durch die Wortwahl wird deutlich, dass eher … angesprochen werden, die sich mit neuen Medien und eben auch mit dem Internet auskennen …

e) Beschreibe die Wirkung des Layouts, indem du erklärst, wie Text- und Bildelemente zusammenhängen (Teilaufgabe **d)**):

> Text- und Bildelemente wirken zusammen, denn die Öffnung der abgebildeten Filmklappe weist direkt auf den Fließtext hin, in dem …

f) Nachdem du Text- und Bildelemente beschrieben, benannt und in ihrer Wirkung erklärt hast, ziehe Schlussfolgerungen hinsichtlich der Werbebotschaft und halte fest, welche Zielgruppe angesprochen werden soll (Teilaufgabe **e)**). Beziehe dich dabei auf deine bisher dargestellten Ergebnisse.

Die Werbebotschaft besteht in der Aufforderung ... Das Interesse wird dadurch geweckt, dass die Ergebnisse prämiert werden: Sie werden ... Damit werden verschiedene Bedürfnisse angesprochen. Einerseits ..., andererseits ... Hinzu kommen weitere Botschaften, die etwas versteckt sind, denn sicherlich liegt es im Interesse der Post, dass ...

g) Nimm als Letztes Stellung dazu, ob die Anzeige die beabsichtigte Zielgruppe anspricht (Teilaufgabe **f)**). Begründe deine Einschätzung stichhaltig und beziehe dich auf die Bild- und Textelemente sowie auf deine eigene Erfahrung.

Meiner Ansicht nach ist die Anzeige (nicht) dazu geeignet, die beabsichtigte Zielgruppe anzusprechen, denn das Layout ... Aber auch der Fließtext ...

Wie du deine Untersuchung überarbeitest, erfährst du auf den folgenden Seiten. **Seite 321**

[!] LERNBOX

So schreibst du zur Untersuchung einer Werbeanzeige einen zusammenhängenden Text:

Inhalt
1. Stelle zunächst das **Produkt**/die **Dienstleistung**/die **Idee** und die **Firma** vor.
2. a) Beschreibe das **Layout** detailliert und benenne die einzelnen Elemente: **Bildelemente** (Fotos, Zeichnungen, Figuren/Personen, Logo, Farben, Formen ...) und **Textelemente** (Produktname, Slogan, Headline, Fließtext).
   b) Gehe **strukturiert** vor: Arbeite von oben nach unten, von links nach rechts oder nenne zuerst den Eyecatcher.
3. Gib deine Ergebnisse zur **Untersuchung der verwendeten Sprache** (vgl. **LERNBOXEN** Seite 70 und 71) wieder: **Wortwahl** und **sprachliche Mittel**. Ziehe Zitate heran, um deine Beobachtungen zu belegen.
4. Erläutere, wie **Bild- und Textelemente zusammenwirken**, denn davon ist die Werbebotschaft abhängig.
5. Ziehe Schlussfolgerungen, indem du die **Werbebotschaft** und die **angesprochene Zielgruppe** erläuterst (vgl. **LERNBOX**, Seite 72).
6. Nimm Stellung dazu, ob sich die Werbeanzeige dazu eignet, die beabsichtigte **Botschaft** zu vermitteln und damit die **Zielgruppe** anzusprechen.

Darstellung
1. Formuliere **sachlich** und verwende **Fachwörter**.
2. Schreibe im **Präsens**.
3. Gib **Zitate als Belege** an und kennzeichne diese durch Anführungsstriche (vgl. **LERNBOX**, S. 297).
4. Mache nach der Bearbeitung jeder Teilaufgabe einen **Absatz**.

Die Untersuchung einer Werbeanzeige überarbeiten

Julian hat nur noch Zeit für Emily.

Aber Emily hat nur noch Zeit für Facebook.

Und du? Check dich selbst unter www.ins-netz-gehen.de.

ins-netz-gehen.de
Online sein mit Maß und Spaß.

BZgA – Bundeszentrale für gesundheitliche Aufklärung

Seite 87

1 a) Betrachte die Anzeige: Mache dir klar, welche „Firma" für welches „Produkt" wirbt.
b) Erschließe die Bild- und Textelemente (Folie).

2 a) Erschließe die Aufgabe zur Textuntersuchung auf Seite 79 (Folie) und lege einen Schreibplan an (Aufgabe **3**, Seite 75).
b) Ergänze im Schreibplan die Arbeitsschritte (Aufgabe) und notiere deine Ergebnisse.

3 Überarbeite den Schülertext auf den Seiten 79–80 (Folie):
a) Überprüfe, ob die Teilaufgaben **a)** bis **f)** vollständig erarbeitet wurden und durch Absätze voneinander getrennt sind.
b) Der Text ist recht gelungen, enthält aber noch Schwächen. Überarbeite ihn mithilfe der **CHECKLISTE**. Setze die Anmerkungen fort und verwende die Korrekturzeichen. Nutze deinen Schreibplan aus Aufgabe **2**.
c) Schreibe den Text überarbeitet in dein Heft.

☑ **CHECKLISTE**

Die Untersuchung einer Werbeanzeige überarbeiten
Inhalt
1. Werden **alle Teilaufgaben** bearbeitet?
2. Werden zu Beginn **Produkt/Dienstleistung/Idee** und **Firma** vorgestellt?
3. Wird die Anzeige **detailliert** beschrieben? Wird die **sprachliche Gestaltung** untersucht? Wird erklärt, wie **Bild-** und **Textelemente** zusammenwirken?
4. Werden die **Werbebotschaft** sowie die **Zielgruppe** schlüssig erläutert?

Darstellung
1. Wird **sachlich** und unter Verwendung von **Fachwörtern** formuliert?
2. Wird im **Präsens** formuliert?
3. Werden **Zitate** als Belege angegeben und gekennzeichnet?
4. Ist die Textuntersuchung durch sinnvolle **Absätze** gegliedert?
5. Wurde auf die korrekte **Rechtschreibung** und **Zeichensetzung** geachtet?

Untersuche die Werbeanzeige. Schreibe deine Untersuchung in einem zusammenhängenden Text auf. Gehe dabei so vor:

a) Formuliere eine Einleitung, in der du die Idee, die Organisation, die dahintersteht, und das Ziel **benennst**.

b) **Benenne** und **beschreibe** das Layout der Anzeige genau. Berücksichtige dabei die einzelnen Elemente (Bild und Text).

c) **Beschreibe** die sprachliche Gestaltung der Textelemente (Produktname, Headline, Slogan, Fließtext) und **erkläre** ihre Wirkung. Beziehe Textbelege ein.

d) **Erkläre**, wie Bild- und Textelemente zusammenwirken.

e) **Erläutere** anhand deiner Untersuchungsergebnisse die Werbebotschaft und **schlussfolgere**, welche Zielgruppe durch die Anzeige angesprochen werden soll.

f) **Nimm Stellung** dazu, ob die beabsichtigte Werbebotschaft vermittelt wird und ob sie die Zielgruppe anspricht.

Die vorliegende Werbeanzeige, die von der BZgA (Bundeszentrale für gesundheitliche Aufklärung) veröffentlicht wurde, gehört zu einer Werbekampagne, mit der Jugendliche auf die Gefahren im Netz aufmerksam gemacht werden sollen. Diese Kampagne heißt: ins-netz-gehen. Die Idee
⁵ dahinter ist, zu verdeutlichen, dass Jugendliche nicht immer nur online sein sollen, damit Freundschaften und Beziehungen nicht kaputtgehen.

[Teilaufgabe a) Ziel nicht ganz richtig]

Im Hintergrund ist ein Farbfoto abgebildet, dass zwei Jugendliche, ~~vielleicht im Alter von 15 bis 16 Jahren~~ auf einer Bank in einem Park zeigt. Im Hintergrund sieht man Bäume mit gelben Blättern und der Junge trägt
¹⁰ einen Schal, was darauf schließen lässt, dass Herbst ist. Wie der Eyecatcher wirkt die Silhouette des Mädchens, weil man es gar nicht richtig erkennen kann, denn die Silhouette ist ganz pinkfarben. Das finde ich nicht gut. Das Mädchen hat seine Beine über die des Jungen gelegt und beide schauen sich megasüß an. Sie scheinen sehr vertraut miteinander zu sein, denn ihre
¹⁵ Köpfe sind sich sehr nahe. Wie in einer Textbildcollage sind zwei hellgrüne Kästen neben den Personen abgedruckt. Sie bilden einen Kontrast zu den Herbsttönen im Hintergrund. Der Betrachter assoziiert damit den Frühling und ebenso das Verliebtsein von Jugendlichen. In weißer Schrift steht im Kasten der hypotaktische Satz: „Julian hat nur noch Zeit für Emily." Diese
²⁰ Aussage deutet an, dass der Junge, Julian, in das Mädchen verliebt ist und ihr seine ganze Aufmerksamkeit schenkt. Im zweiten hellgrünen Kasten, der dem Mädchen zugeordnet werden kann, steht ebenfalls in weißer Schrift eine Metapher: „Aber Emily hat nur Zeit für Facebook." Hier wird deutlich, dass Emily im Grunde gar nicht anwesend ist, da sie ihre Zeit
²⁵ im Internet verbringt. D. h., sie ist zwar irgendwie da, aber irgendwie auch nicht, weil sie ihre Zeit im Netz verbringt. So lässt sich auch die Abbildung des Mädchens erklären, da der Betrachter ja nur den Umriss wahrnimmt. Ganz oben rechts in der Ecke findet sich die Internetadresse der BZgA („ins-netz-gehen.de), die ebenfalls in den Farben Grün und Pink dargestellt ist.

[streichen, da Alter nur geschätzt]

[R]

[Fachbegriff nicht richtig]

[Wie ist das gemeint?]

Schaust du nur oder kaufst du schon? | 3.2.1 Schreibprozess: Textüberarbeitung

Zitat kennzeichnen	30 Unter dieser Adresse können Jugendliche weitere Informationen zur Kampagne recherchieren. Direkt darunter ist der Slogan Online sein mit Maß und Spaß zu lesen. Er enthält eine Alliteration und bezieht sich direkt auf das Problem des Mädchens, das anscheinend noch nicht das richtige Maß gefunden hat und „nur noch Zeit für Facebook" hat. Der Anglizismus 35 „Check dich selbst" verstärkt die Aufforderung und ist an die Jugendlichen gerichtet, da das englische Wort Teil der Jugendsprache ist. Dieser Satz ist als Imperativ formuliert, um die Aufforderung zu verstärken.
Absatz unnötig!	Im unteren Teil der Werbeanzeige ist ein grüner Balken eingefügt, auf dem die Headline in weißen Buchstaben abgedruckt ist: Und du? Check dich 40 selbst unter www.ins-netz-gehen.de. Mit dieser Frage wird der Betrachter direkt aufgefordert, das eigene Verhalten im Internet zu überprüfen und zu hinterfragen, wie viel Zeit er selbst im Internet und damit in sozialen Netzwerken, bei Face-Book etc. verbringt. Somit muss er sich auch die Frage stellen, ob Freundschaften oder Beziehungen unter diesem Verhalten lei-
R	
Fachbegriff?	45 den. Ganz rechts unten ist noch einmal die Firma abgebildet, damit man die Kampagne zuordnen kann. Viele kennen diese aber gar nicht.
R, überflüssig	Die Anzeige enthält keinen erläuternden Informations-Text, denn das Layout soll die Jugendlichen dazu anregen, selbst im Netz zu recherchieren. Eigentlich ist das etwas widersprüchlich, denn die Jugendlichen sollen ja 50 gerade dazu angehalten werden, nicht so oft ins Netz zu gehen. Aber vielleicht ist das ja der Hinweis auf eine sinnvolle Nutzung des Internets? Bild- und Textelemente passen richtig gut zusammen.
Absatz! / Teilaufgabe d) zu kurz bearbeitet Gut!	Die Werbebotschaft dieser Anzeige wird deutlich vermittelt: Die BZgA will Jugendliche dazu anhalten, ihr Verhalten im Netz und die Nutzung desselben 55 ben zu hinterfragen, damit sie ihre Freizeit sinnvoll nutzen und Freundschaften und Beziehungen pflegen, um sich nicht zu isolieren und gar süchtig zu werden. Mit dieser Anzeige werden mehrere Bedürfnisse gleichzeitig angesprochen. Einerseits Sicherheits-Bedürfnisse, denn das Kümmern um sich selbst gehört zur natürlichen Vorsicht und auch Voraus- 60 sicht. Gleichermaßen wird aber auch das Bedürfnis nach Zugehörigkeit und Liebe angesprochen, denn Jugendliche haben das Bestreben nach Zweisamkeit. Sie möchten von anderen gemocht werden und finden in diesem Alter häufig ihre erste Liebe. Wenn sie dann einen Partner gefunden haben, der ihnen nicht die volle Aufmerksamkeit schenkt, kann Zeitmangel 65 aufgrund fortwährender Chats oder andauernder Facebook-Sitzungen zur Trennung oder sogar zur Isolation führen. Somit ist die Zielgruppe dieser Anzeige aufgrund der Abbildung und der verwendeten Sprache eindeutig zu definieren: Es sind Jugendliche etwa zwischen 13 und 18 Jahren. Ich finde, dass die Werbebotschaft nicht richtig rüberkommt, denn man 70 muss ganz genau hingucken und lesen, um zu verstehen, worin die Kritik und die Aufforderung bestehen. Gerade die Jugendlichen, die ihre Zeit immer nur im Netz oder am Smartphone verbringen, die sogenannten Smombies, schauen sich solche Anzeigen gar nicht erst an. Das finde ich aber ziemlich schade, denn ich glaube, dass gerade dadurch ziemlich viele 75 Freundschaften zerstört werden – und dabei ist der Junge doch so niedlich.

4 Überarbeite deine Untersuchung der Anzeige von Seite 74 bis 77 ebenso.

Kompetenz-Check: eine Werbeanzeige untersuchen

Wir haben für jede Nase den richtigen Riecher.

Von unserer großen Käseauswahl kann sich jeder eine Scheibe abschneiden. Denn egal ob Weich-, Hart- oder Schnittkäse: Wir bieten für jeden Gaumen den perfekten Genuss. Und wenn Sie sich bei all den Leckereien nicht zwischen Manchego, Brie, Morbier & Co. entscheiden können, unterstützen Sie unsere Experten nach Laibeskräften. So schließen unsere Käsespezialitäten nicht nur den Magen, sondern öffnen auch das Herz. **Weitere leckere Informationen gibt's auf edeka.de**

Wir ♥ Lebensmittel.

EDEKA

Untersuche die Werbeanzeige (Seite 81). Schreibe deine Untersuchung in einem zusammenhängenden Text auf. Gehe dabei so vor:

a) Formuliere eine Einleitung, in der du das Produkt, die Idee und die Firma **benennst**.
b) **Benenne** und **beschreibe** das Layout der Anzeige genau. Berücksichtige dabei die einzelnen Elemente (Bild und Text).
c) **Beschreibe** die sprachliche Gestaltung der Textelemente und **erkläre** ihre Wirkung. Beziehe Textbelege ein.
d) **Erkläre**, wie Text- und Bildelemente zusammenwirken.
e) **Erläutere** anhand deiner Untersuchungsergebnisse die Werbebotschaft und **schlussfolgere**, an welche Zielgruppe sich die Gestalter richten. Berücksichtige dabei auch, welche Bedürfnisse angesprochen werden.
f) **Nimm Stellung** dazu, ob die beabsichtigte Werbebotschaft durch Layout und Sprache vermittelt wird und ob sie die Zielgruppe anspricht.

1 **Plane** deine Untersuchung. Gehe dazu so vor:
  a) Mache dir klar, was du tun sollst, indem du die Aufgabe oben erschließt.
  b) Untersuche und erschließe die Werbeanzeige auf Seite 81 und schreibe deine Notizen an den Rand.
  c) Lege dir einen Schreibplan an. Orientiere dich dazu an den Teilaufgaben **a)** bis **f)** und trage deine Vorarbeiten ein. Halte auch Zitate fest, die du für deine Untersuchung nutzen willst.

Folie
Folie

2 **Verfasse** mithilfe deines Schreibplans einen Textentwurf. Die folgenden Formulierungshilfen kannst du nutzen:

zu a): Die vorliegende Anzeige wurde von der Supermarktkette EDEKA geschaltet. Mit dieser wirbt sie für …

zu b): Das Layout der Anzeige ist zweigeteilt. In der oberen Hälfte ist ein großes Foto in Braun- und Beigetönen sowie in Schwarz abgebildet, das …

zu c): Alle Textelemente der Anzeige befinden sich im unteren Teil. Die fett gedruckte Headline … / Im folgenden Informationstext, der zweispaltig als Fließtext dargestellt ist, …

zu d): Bild- und Textelemente hängen bezüglich ihrer Wirkung deutlich zusammen und ergänzen einander, denn …

zu e): Die Anzeige ist an Menschen gerichtet, die … Damit werden die Bedürfnisse … angesprochen. …

zu f): Meiner Ansicht nach wird die beabsichtigte Werbebotschaft, die konkret darin besteht, dass …, (nicht) vermittelt, denn …

3 **Überarbeite** deinen Entwurf mithilfe der **CHECKLISTE** von Seite 78.

Lernbegleitbogen *Schaust du nur ...?*: eine Werbeanzeige untersuchen

Kompetenz / Inhalt Ich kann ...	Selbsteinschätzung ☺ 😐 ☹	Fremdeinschätzung ☺ 😐 ☹	Bemerkungen	Hier kannst du weiterüben:
mein Vorwissen zum Thema Werbung verbalisieren (S. 58–59)				
Radiospots untersuchen und ihre Wirkung ermitteln (S. 60–61)				
die Wirkung von Bildern in der Werbung untersuchen und als „Scheinwelt" erkennen (S. 62–63)				
die Wirkung bekannter Personen und Werbefiguren untersuchen (S. 63)				
falsche Versprechen in der Werbung entlarven und die angesprochenen Bedürfnisse erkennen (S. 64–65)				AH, S. 13
das Layout einer Werbeanzeige beschreiben und dessen Wirkung ermitteln (S. 66–67)				AH, S. 14
Wortzusammensetzungen mit Bindestrich richtig schreiben (S. 68)				
die Bildung und Wirkung von Slogans ermitteln (S. 69–70)				
Anglizismen in der deutschen Sprache verstehen und ihre Wirkung ermitteln (S. 71)				SB, S. 268
den Zusammenhang von Sprache und Werbebotschaft erkennen (S. 72–73)				
die Untersuchung einer Werbeanzeige planen (S. 74–75): – die Aufgabe erschließen – die Werbeanzeige untersuchen – einen Schreibplan anlegen				AH, S. 15–16
die Untersuchung einer Werbeanzeige formulieren (S. 76–77)				AH, S. 15–16
die Untersuchung einer Werbeanzeige überarbeiten (S. 78–80)				
Ich habe folgende Aufgaben aus dem Freiraum (S. 84–86) bearbeitet:				

AH = Arbeitsheft, SB = Schülerband

Überprüfe dein Wissen und Können, indem du den **Kompetenz-Check** auf Seite 81–82 bearbeitest. Vergleiche dein Ergebnis anschließend mit dem Mustertext im Lösungsheft.

Freiraum: So kannst du weiterarbeiten

■ Erschließe den folgenden Text mit der **Lesemethode für Sachtexte** (Folie).
Bearbeite anschließend die Aufgaben zum Text (Seite 85).

Wozu Werbung?

(1) „Wohnst du noch oder lebst du schon?!" (Ikea). Werbung ist der „Versuch der zwangfreien Meinungsbeeinflussung durch besondere Kommunikationsmittel" (Brockhaus, 1999). Zwar behaupten viele, sich in ihrer Kaufentscheidung nicht von Werbung beeinflussen zu lassen – wissenschaftliche Untersuchungen belegen allerdings das Gegenteil.
5 Aber wen wundert das? Ob wir ins Kino gehen oder im Internet surfen, ob wir Zeitschriften lesen, den Fernseher einschalten oder einfach durch die Straßen laufen – Werbung begegnet uns auf Schritt und Tritt.

(2) Doch wozu betreiben Unternehmen überhaupt Werbung? Handelt es sich um schlechte Produkte, die sie anders nicht loswerden? Wohl kaum. Das vorrangige Ziel für den
10 Unternehmer ist die Erhöhung des Absatzes und damit die Steigerung des Gewinns. Will er sich mit seinem Produkt von der Konkurrenz unterscheiden, dann muss er es ins beste Licht rücken, indem er die Produktqualität oder den Preis – „saubillig" (Mediamarkt) – als Verkaufsargument hervorhebt.

(3) Die Werbefachleute erfinden immer neue, verrückte Ausdrucksformen. Doch ihrer
15 Kreativität sind auch Grenzen gesetzt. So gilt für die Zielgruppe „Kinder und Jugendliche" der Jugendmedienschutz-Staatsvertrag (JMStV), in dem u. a. Folgendes geregelt ist: Werbung im Rundfunk oder Fernsehen ist nicht erlaubt, wenn
– jugendgefährdende Medien (z. B. gewaltverherrlichende oder unsittliche Darstellungen) für Werbezwecke verwendet werden.
20 – sie Kindern oder Jugendlichen körperlichen oder seelischen Schaden zufügt.
– sie die Unerfahrenheit von Kindern/Jugendlichen ausnutzt und sie zum Kauf bewegen will oder wenn sie sie auffordert, andere dazu zu bewegen.
– sie ohne vernünftigen Grund Kinder und Jugendliche in Gefahrensituationen zeigt.

(4) Doch nicht nur der Jugendmedienschutz beschränkt die grenzenlose Werbung. Es
25 gibt z. B. auch klare Beschränkungen für sogenannte Lockvogelangebote. Damit ist der Versuch eines Unternehmens gemeint, potenzielle Käufer mit preisgünstigen Angeboten ins Geschäft zu locken, die dort gar nicht oder nur in geringer Menge vorrätig sind.

(5) Auch vergleichende Werbung ist nur unter bestimmten Auflagen möglich. Bei dieser Werbeart vergleicht ein Unternehmen sein Produkt
30 mit dem des Konkurrenten. Dabei wird das eigene Angebot als das beste, leistungsfähigste und preiswerteste dargestellt und von der Konkurrenz das Gegenteil behauptet.

(6) Allerdings haben Wissenschaftler herausgefunden,
35 dass die freiwillige Nennung negativer Eigenschaften auch zu einer höheren Glaubwürdigkeit des Unternehmens führen kann. Gesetzlich verboten ist es, den Konkurrenten herabzusetzen. Außerdem dürfen nur überprüfbare sowie wahre Aussagen gemacht werden.

- Im Text werden in Absatz (1) verschiedene Werbeträger genannt. Übertrage das Cluster rechts in dein Heft und vervollständige es.
- Erkläre mit eigenen Worten, was *Lockvogelangebote* (Absatz 4) sind.
- Fasse zusammen, welche Grenzen Werbegestaltern gesetzt sind.
- Ein Schüler meint nach dem Lesen des Sachtextes: *„Schade, dass Firmen ihre Produkte in der Werbung nicht vergleichen dürfen. Dann hätte man eine Entscheidungshilfe für den Einkauf."*
  Nimm Stellung zu dieser Aussage und begründe deine Meinung am Text.
- Im Text heißt es in den Zeilen 35–37, dass in der Werbung *„die freiwillige Nennung negativer Eigenschaften auch zu einer höheren Glaubwürdigkeit des Unternehmens führen kann."*
  Erkläre diese Textstelle mit eigenen Worten und finde ein konkretes aktuelles Beispiel.
- Recherchiere Werbung, in der vergleichend geworben wird.

Seite 59

- Lies das Gedicht von Ingeborg Bachmann und besprich mit einem Partner, inwieweit die Botschaft des Textes von Seite 62 derjenigen des Gedichts ähnelt.
- Besprecht auch, mit welchem der beiden Texte die Kritik an Werbung deutlicher vermittelt wird. Begründet eure Einschätzung.

Reklame
Ingeborg Bachmann (1956)

Wohin gehen wir
ohne sorge sei ohne sorge
wenn es dunkel und wenn es kalt ist
sei ohne sorge
5 aber
mit musik
was sollen wir tun
heiter und mit musik
und denken
10 *heiter*
angesichts eines Endes
mit musik
und wohin tragen wir
am besten
15 unsre Fragen und den Schauer aller Jahre
in die Traumwäscherei ohne sorge sei ohne sorge
was aber geschieht
am besten
wenn Totenstille

20 eintritt

Seite 62

- Finde heraus, welcher Slogan zu dir passt: Sammle in einem Cluster deine Charaktereigenschaften und Vorlieben sowie deine Stärken und Schwächen. Notiere auch, wie du auf andere wirken willst und was sie von dir denken sollen. Du kannst auch Bilder (Fotos oder Zeichnungen) ergänzen. Leite daraus dein Lebensmotto als Slogan ab.
- Du kannst auch ein Logo entwickeln, das zu deinem Lebensmotto passt.

Seite 65

- Die Firma Ritter Sport hat ihren Slogan seit 1970 nicht verändert. Seit 1974 zeigen verschiedene Farben die unterschiedlichen Schokoladensorten an.
  Lies die Slogans, mit denen die Firma in den jeweiligen Ländern wirbt, und übersetze sie ins Deutsche. Welcher Slogan passt deiner Meinung nach am besten?
  Carré. Pratique. Gourmand. (Frankreich), *Quality in Square.* (Großbritannien), *Quality. Chocolate. Squared.* (Kanada/USA)
- Ermittelt, welche verschiedenen Schokoladensorten die Firma anbietet und welche Farbe für welche Sorte steht:
  dunkelblau = Nougat, hellblau = ...
- Vergleicht die Schokoladensorten im Supermarkt:
  Welche Farben stehen für welche Sorten?
  Stellt Vermutungen an, warum es Übereinstimmungen gibt.
- Kreiere deine eigene Lieblingsschokoladensorte.
  Gestalte dazu ein Werbeplakat, das die wesentlichen Elemente enthält: *Produktabbildung, Logo, Slogan, Headline, Informationstext.*

Seite 70

Sprechen Sie werbisch?
Matthias Kaufmann

Für den Pitch muss die Caption am Rand noch abgesoftet werden, aber ASAP! Um Käufer zu überzeugen, fechten Werber sprachlich mit feinem Florett – doch untereinander holzen sie in wildem Werbisch. Verstehen Sie dieses Kauderwelsch? [...]

Ausgerechnet ein Kernphysiker, nämlich der Österreicher Kurt Binder, sagt's am tref-
5 fendsten: „In der Werbesprache wimmelt es von Leuten, die englischer sprechen, als sie Deutsch können." Da ist was dran, und das ist bemerkenswert für eine Branche, deren Aufgabe die Verführung ist, und die sich dazu der Sprache bedient.

Schlimmer noch: Das Englisch, das in den Kreativagenturen der Republik gekauderwelscht wird, würde kein gestandener Angelsachse verstehen. Kein Wunder, dass auch
10 mancher englische Werbespruch danebengeht. Es ist eine ganz eigene Sprache der Werbung entstanden, dort, wo man above the line die Benchmarks setzt, wo Kontakter im Meeting die Kunden betanzen, wo die Headlines für den Lifestyle von morgen entstehen und wo man das Bild vom Me-too-Produkt am linken Rand absoftet.

Kurz: Werber sprechen nicht Deutsch oder Englisch, sie sprechen Werbisch. [...]

- Kläre unbekannte Wörter: Schlage im Wörterbuch nach oder recherchiere im Internet.
- Beschreibe die Sprache der Werbung in eigenen Worten. Beziehe dich auf den Text.
- Woran erkennt man in der Darstellung, dass der Autor die Werbefachleute belächelt?
- Sammle Anglizismen aus der Werbung, wie z. B. *It's not a trick – it's a sony.*

Seite 71

Tipps 💡

Seite 61 3 b)
- Stelle die Geschichte mit eigenen Worten in zwei bis drei Sätzen dar:
  A Oma Waltraud wendet sich an ihren Enkel Alex, weil …
- Achte auf sprachliche Besonderheiten, d. h. den Wortwitz:
  A Fachsprache wird von der Oma nicht verstanden … / B Dialekt Ruhrdeutsch …
- Achte zum Beispiel auf die Wirkung der Anabolika.
- Beachte, wer in der Geschichte jeweils Absender und Adressat ist und wer durch den Radiospot angesprochen werden soll: A Absender: Waltraud, Adressat: …

Seite 61 4 a)
Wer und was soll mit diesen Spots erreicht werden („die Richtigen")? Wähle aus und begründe: Aufmerksamkeit wecken; Hörer provozieren; für Radiospots generell werben; breite Zuhörerschaft ansprechen; über etwas informieren; Firmen auffordern, Radiowerbung zu schalten …

Seite 62 4 b)
Mögliche Zielsetzungen: Wünsche/Erwartungshaltungen entstehen lassen; Spiel mit Sehnsüchten der Menschen; Scheinwelt darstellen …

Seite 63 5 a)
Dargestellt sind die deutschen Bob- und Skeleton-Nationalteams, die von der Post gesponsert werden.

Seite 68
2 : Überlege, welche Vorstellung das Wort vermittelt, z. B.: Marathon steht für Langlebigkeit … Sammle Produkte, von denen der Käufer diese Eigenschaften erwartet.
3 : Sieben Wörter schreibst du zusammen, sechs mit Bindestrich, bei einem Wort sind beide Schreibweisen möglich.

Seite 69 1 a)
Orientiere dich an der sprachlichen Gestaltung der Slogans. Du kannst alle Slogans im Internet finden.

Seite 70 3 b)
Du kannst diese Gestaltungsmittel zuordnen: zweimal Reim, zwölfmal Hyperbel, fünfmal Alliteration, dreimal Neologismus, zweimal Dreier-Figur, zwölfmal Metapher, dreimal Wörter aus anderen Sprachen, zweimal Suggestivfrage. Achtung: Manche Slogans enthalten mehrere Gestaltungsmittel.

Seite 78 3 b)
Das musst du überarbeiten:
- Die Bearbeitung der Aufgabe **d)** ist nicht ausführlich genug.
- In der Beschreibung und Untersuchung finden sich unsachliche und spekulative Äußerungen sowie umgangssprachliche Formulierungen.
- Die Absätze sind nicht immer sinnvoll gesetzt.
- Es fehlen Fachwörter bzw. sie werden nicht richtig verwendet.
- Es werden nicht alle Besonderheiten ermittelt und in ihrer Wirkung erklärt.
- Zitate sind nicht gekennzeichnet, eines ist falsch wiedergegeben.
- An einigen Stellen fehlen Textbelege zur Verdeutlichung, worauf sich die Aussagen jeweils beziehen.
- In der Stellungnahme (Aufgabe **e)**) sollte sachlicher und anhand von Beispielen begründet werden.
- Wortzusammensetzungen mit Bindestrich sind falsch geschrieben.

Global denken – lokal handeln

1. Betrachte die Abbildung: Mit welchem Thema beschäftigt sich die Naturschutzgruppe *Think Green* gerade?

2. **a)** Seht euch die an die Wand projizierten Bilder sowie die Plakate genau an. Sprecht gemeinsam darüber:
   – Was ist zu sehen? Welche Probleme werden dadurch deutlich?
   – Wer ist davon betroffen?
   – Welche Folgen hat dies für unsere Natur und unser Klima?

   Seite 112

   b) Informiere dich im Freiraum über die Jugendteams der einzelnen Organisationen (Greenpeace, WWF und NABU). Du kannst auch im Internet recherchieren.

3. Tauscht euch über die Überschrift des Kapitels aus:
   a) Was versteht ihr unter den Begriffen *global* und *lokal*?
   b) Was ist mit der Kapitelüberschrift gemeint? Erläutert den Zusammenhang.
   c) Setzt die Kapitelüberschrift in Beziehung zum Thema Klimaschutz.

4 a) Sammle in einem Cluster Ideen dazu, was jeder Einzelne für den Klimaschutz tun kann.
   b) Vergleiche deine Ideen mit denen eines Partners und ergänze dein Cluster.

öffentliche Verkehrsmittel nutzen

Maßnahmen zum Klimaschutz

5 a) Lies die Slogans auf den Plakaten oben.
   b) Formuliere mithilfe deines Clusters selbst Slogans als Appelle zum Thema Klimaschutz.

Seite 113
Seite 112

Global denken – lokal handeln | 3.3.1 Textaussagen mit eigenem Wissen in Beziehung setzen

Die Erde kurz vor ihrer Zerstörung – die Thematik eines Sachtextes erfassen

Der Erde zuliebe!
(von Leni Richter, aus: Unsere Umweltzeitung, 30.01.2017)

Der Klimawandel zerstört die Erde. Wir schreiben das Jahr 2050: Die Landkarte der Erde hat sich verändert. Das „ewige Eis" der Gletscher schmilzt weiter. Die Pole sind auf ein Drittel ihrer Größe zusammengeschrumpft. Der Weltmeeresspiegel ist angestiegen, sodass ganze Inselgruppen von der Karte verschwunden
5 sind, wie z. B. kleinere Inseln Indonesiens und die Marshallinseln. Die Wetterextreme nehmen zu. Feuchte Regionen werden noch feuchter, trockene hingegen noch trockener. Während einige Länder in den Wassermassen von Überschwemmungen versinken, bleibt in anderen der Regen komplett aus. Waldbrände und Dürren sind die Folgen. Die Landwirtschaft liegt brach. Ganze Ernten sind zer-
10 stört, das Nahrungsmittelangebot wird knapp. Viele Menschen müssen als Umweltflüchtlinge ihre Heimat verlassen. Ganze Landschaften sind nicht mehr bewohnbar, weder für Menschen noch für Tiere. Tiere finden nicht mehr genug Nahrung und müssen Unmengen an Kilometern zurücklegen, um satt zu werden, oder sie sterben ganz aus. Ein allgemeines Pflanzen- und Artensterben setzt ein.
15 Andernorts beherrschen schwere Stürme, die alles mit sich reißen, die Region.
So oder so ähnlich könnte eine Prognose für die Erde aussehen, wenn wir nicht schleunigst anfangen, unsere Gewohnheiten zu ändern und den Klimawandel zu stoppen. Der Klimawandel betrifft die gesamte Menschheit sowie die Tiere und Pflanzen. Erste Anzeichen für diese Prognose sind bereits zu erkennen. Er-
20 innern wir uns nur an den Orkan Kyrill 2007, der in Mitteleuropa starke Schäden hinterlassen hat. Wassermassen überfluten Deutschland immer wieder, so auch im Juni 2016, als ganze Landkreise Bayerns im Wasser versanken. Unzählige Menschen verloren ihr Zuhause.
Es ist also nicht mehr fünf vor zwölf, sondern schon drei vor zwölf! Wir müssen
25 dringend handeln und etwas für unseren Planeten und seinen Erhalt tun. Ansonsten drohen uns Umweltkatastrophen, die wir nicht mehr aufhalten können.

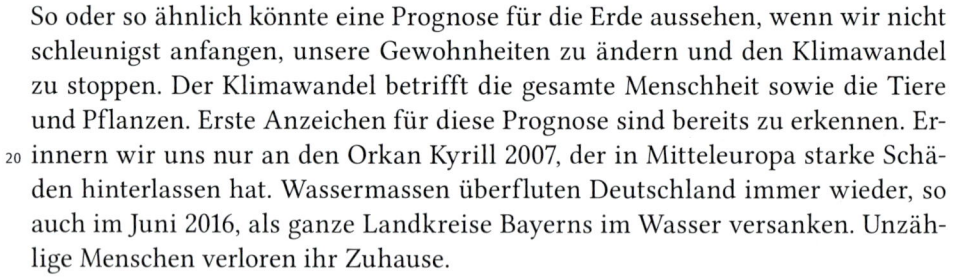

1 a) Lest den Zeitungsartikel und tauscht euch über eure Eindrücke aus: Welche Gedanken und Gefühle löst der Text bei euch aus?
b) Erläutere die folgende Aussage: „*Es ist also nicht mehr fünf vor zwölf, sondern schon drei vor zwölf!*" (Zeile 24).
c) Sprecht darüber, welche der genannten Entwicklungen euch bereits bekannt sind. Welche Umweltkatastrophen fallen euch ein, die auf den Klimawandel zurückgeführt werden?

2 Diskutiert darüber, ob diese Prognose für die Erde im Jahr 2050 tatsächlich eintreten könnte. Bezieht dazu euer Hintergrundwissen und eure Erfahrungen mit ein.

3 Nach dem Lesen des Artikels sind die Mitglieder der Naturschutzgruppe *Think Green* betroffen und wollen sich genauer informieren. Sammelt Fragen, die sie sich stellen könnten.

Der Klimawandel – Informationen aus einem Sachtext zusammenfassen

1. Die Naturschutzgruppe *Think Green* will sich genauer mit der Frage befassen, was zum Klimawandel führt. Lies die Überschrift des Textes, betrachte die Bilder und stelle Vermutungen zu einer möglichen Antwort auf die Frage an.

2. Lies den Text und unterstreiche dabei die Fachbegriffe zum Thema Klimawandel.

✎ Folie

Der Mensch heizt die Erde auf – der Klimawandel
(von Dieter Bock, aus: Unsere Umweltzeitung, 28.02.2017)

Die Erde erwärmt sich, darin sind sich die Klimaforscher einig. In der Geschichte der Erde ist dies schon häufiger geschehen, jedoch nie in einem solchen Tempo wie in den vergangenen 200 Jahren. Eine Mitschuld daran trägt der Mensch. Der Mensch beeinflusst das Klima mit fast allem, was er tut. Egal, ob wir Auto
5 fahren, das Handy nutzen oder duschen: Wir verbrauchen Energie. Selbst wenn wir ein Buch lesen, brauchen wir Energie für die Lampe sowie für Maschinen, um das Buch überhaupt erst herzustellen. Die Energie wird meist durch das Verbrennen fossiler Rohstoffe, wie Kohle, Erdgas oder Erdöl gewonnen. Dabei entsteht un-
10 ter anderem das Treibhausgas Kohlenstoffdioxid (CO_2). Wälder und Pflanzen, die diese Gase speichern und in Sauerstoff umwandeln, müssen Acker- oder Weideland weichen.

Fossile Energieträger – Kohle, Erdgas, Erdöl

1. Sinnabschnitt: Erderwärmung
- rasante Entwicklung
- Mensch beeinflusst Klima
- ständiger Energieverbrauch
- Entstehung von CO_2
- keine Umwandlung in Sauerstoff, da Wälder abgeholzt

Das Phänomen des Klimawandels ist nicht neu. Im Laufe der Zeit wechselten sich
15 Kalt- und Warmzeiten von Natur aus ab. Diese Wechsel hatten natürliche Ursachen. Durch die natürlichen Prozesse hätte es in den vergangenen Jahrzehnten allerdings zu einer Abkühlung des Klimas kommen müssen. Doch die 1990er-Jahre waren die wärmsten des vorigen Jahrhunderts. So erhöhte sich die Temperatur auf der Erde allein im letzten Jahrhundert um etwa zwei Grad. Zurückzuführen
20 ist diese Erderwärmung auf den sogenannten Treibhauseffekt.
Die Sonneneinstrahlung treibt das Klimasystem der Erde an. Durch die Erdatmosphäre, die wie eine Schutzhülle wirkt, dringt die Sonnenstrahlung ein und erwärmt die Erdoberfläche. Nur ein Teil der Wärmeenergie wird in das Weltall reflektiert. Die Hälfte der Sonnenstrahlung wird durch die Erdoberfläche und
25 die Atmosphäre absorbiert. So entsteht ein Wärmestau, der dafür sorgt, dass auf der Erde relativ warme Temperaturen herrschen, die ein Leben dort überhaupt erst ermöglichen. Ansonsten wäre die Erde enormen Temperaturschwankungen ausgesetzt. Dieser Wärmestau wird als „Treibhauseffekt" bezeichnet, in Anlehnung an das Gartentreibhaus.
30 Durch die schädlichen Abgase, wie Kohlenstoffdioxid, Methan und Lachgas, verdichtet sich die Atmosphäre und wirkt wie eine Sperre, da immer weniger Wärmestrahlen in das Weltall abgegeben werden und stattdessen in der Erdatmosphäre verbleiben. Dadurch heizt sich das Klima weiter auf.

2. Sinnabschnitt: ...

Seit dem Beginn der Industriellen Revolution, also vor ca. 250 Jahren, reicht dem Menschen die Wasser-, Wind- und Muskelkraft nicht mehr aus und er nutzt Maschinen, die durch Verbrennung angetrieben werden. Seitdem hat sich der Kohlenstoffdioxid-Ausstoß (CO_2-Ausstoß) drastisch erhöht. Immer größere Mengen an Abgasen gelangen in die Atmosphäre und verstärken dadurch den natürlichen Treibhauseffekt um ein Vielfaches. Diese Abgase werden in Fabriken und Kohlekraftwerken produziert. Außerdem ist unsere Mobilität ein Produkt der Ölverbrennung. Zwar verbrauchen wir Öl in geringeren Mengen auch zum Heizen und in der Herstellung von Kunststoffen, in Europa gehen aber ca. 20% des CO_2-Ausstoßes auf den Verkehr zurück. Nach Schätzungen waren im Jahr 2012 ca. 600 Millionen Pkws zugelassen. In den nächsten Jahren könnten es schon eine Milliarde sein. Eine nicht unwesentliche Rolle spielt auch der Flugverkehr, der immer mehr zunimmt.

Zudem gibt es noch andere Treibhausgase, wie Methan und Lachgas. Methangas entsteht unter anderem beim Reisanbau sowie in der Tierhaltung. Da die Menschen immer mehr Fleisch essen, gibt es immer mehr Viehzuchtbetriebe. Die Rinder und Schweine rülpsen und dabei gelangt eine Menge Methan in die Luft. Das Lachgas hingegen entsteht bei der Verbrennung fossiler Rohstoffe.

Was passiert also, wenn die Erde immer wärmer wird? Die Folgen des wärmeren Klimas sind heute bereits sichtbar. Durch das Schmelzen der Pole, des sogenannten ewigen Eises, steigt der Meeresspiegel an. Die Ozeane erwärmen sich und mehr Wasserdampf steigt in die Atmosphäre auf. Dies führt unter anderem zu mehr Regen, stärkeren Unwettern und mancherorts zu Sturmfluten. Ganze Küstenregionen und Inselgruppen drohen im Meer zu versinken. In wärmeren Regionen kann es zu größeren Dürreperioden kommen, die den Lebensraum der Menschen und Tiere zunehmend beeinträchtigen werden.

3 a) Erkläre, wo und warum Fachsprache in diesem Text verwendet wird.
b) Tauscht euch in der Klasse über die Fachbegriffe aus, die ihr unterstrichen habt. Klärt gemeinsam die Bedeutungen mithilfe eines Wörterbuchs oder des Internets.
c) Übernimm den Beginn der Fachwörterliste von Seite 93 und ergänze die Liste um die unterstrichenen Fachbegriffe aus dem Text.
d) Notiere die jeweiligen Bedeutungen präzise hinter den Begriffen.
e) Vergleicht eure Ergebnisse in der Klasse.

Fachwörterliste zum Thema Klimawandel:
fossiler Rohstoff: im Verlauf der Erdgeschichte aus Pflanzen entstanden; auch nicht erneuerbare Energien genannt und deshalb begrenzt (z. B. Steinkohle, Braunkohle, Erdöl, Erdgas, Torf)
Treibhausgas: strahlungsbeeinflussende, gasförmige Stoffe in der Luft, die zum Treibhauseffekt beitragen und sowohl einen natürlichen als auch einen durch den Menschen erzeugten Ursprung haben können
Kohlenstoffdioxid: chemisches Zeichen CO_2; Gas, das ...
...

4 Erschließe den Text (Seite 91–92) nun genauer mithilfe der Schritte 3 und 4 der **Lesemethode für Sachtexte** (Folie). Gehe vor wie im Beispiel zum ersten Sinnabschnitt.

💡 Seite 113
📄 Seite 329

5 Vergleiche deine Notizen mit den Vermutungen zu den Gründen für den Klimawandel aus Aufgabe **1** (Seite 91).

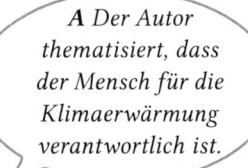

> **A** *Der Autor thematisiert, dass der Mensch für die Klimaerwärmung verantwortlich ist.*
> **Neo**

> **B** *Der Text handelt von der Geschichte des Klimawandels.*
> **Jonathan**

> **C** *In dem Sachtext geht es um Ursachen und Folgen des Klimawandels.*
> **Patrick**

6 Besprecht, welcher Schüler das Thema des Textes am besten erfasst hat. Begründe deine Meinung

7 Fasse den Text mithilfe deiner Notizen aus Aufgabe **4** zusammen. Orientiere dich dazu an der **LERNBOX**.

⚠ LERNBOX

So fasst du einen Sachtext zusammen:
1. Stelle den Text kurz vor, indem du den **Titel**, den **Autor**, die **Textart** (Sachtext, Interview ...), das **Thema** sowie das **Erscheinungsdatum** benennst und die Quelle angibst: *Der Autor ..., der den Sachtext „...", in der Zeitung ... vom ... verfasst hat, berichtet von ... / In dem in der Zeitung ... am ... erschienenen Sachtext „..." von ... wird ... thematisiert.*
2. Fasse die Informationen des Textes **sachlich** und mit **eigenen Worten** zusammen. Nutze dazu deine Stichworte zu den Sinnabschnitten:
   1. Sinnabschnitt → Durch seinen ständigen Energieverbrauch trägt der Mensch zur rasanten Erderwärmung bei. Er produziert CO_2, das wegen der Abholzung der Wälder nicht mehr in Sauerstoff umgewandelt werden kann.
3. Wichtige **Fachbegriffe, Zahlen** und **Fakten** kannst du übernehmen, z. B. *„fossile Rohstoffe"* (Z. 8).

Der Treibhauseffekt – Informationen aus einem Schaubild zusammenfassen

Um die Entstehung des Treibhauseffekts zu veranschaulichen, verwendet die Naturschutzgruppe *Think Green* bei der Vorstellung ihrer Ergebnisse ein Schaubild.

CO_2 entweicht in die Atmosphäre
↓
Atmosphäre wird dichter und strahlt mehr zurück

Atmosphäre wie eine Art Scheibe

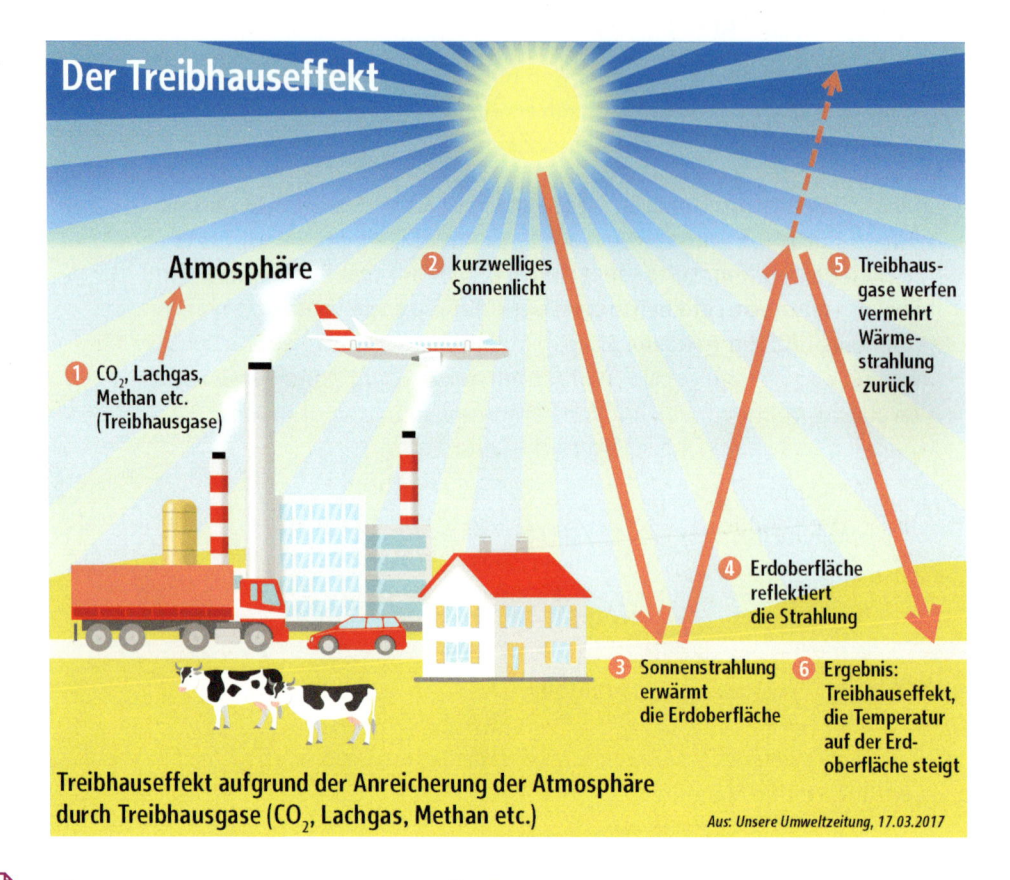

Der Treibhauseffekt

1. CO_2, Lachgas, Methan etc. (Treibhausgase)
2. kurzwelliges Sonnenlicht
3. Sonnenstrahlung erwärmt die Erdoberfläche
4. Erdoberfläche reflektiert die Strahlung
5. Treibhausgase werfen vermehrt Wärmestrahlung zurück
6. Ergebnis: Treibhauseffekt, die Temperatur auf der Erdoberfläche steigt

Treibhauseffekt aufgrund der Anreicherung der Atmosphäre durch Treibhausgase (CO_2, Lachgas, Methan etc.)

Aus: Unsere Umweltzeitung, 17.03.2017

Seite 314–315

Folie

1 a) Verschaffe dir zunächst einen Überblick über das Schaubild. Lies dazu die **LERNBOX** auf Seite 315.

b) Betrachte das Schaubild genauer und notiere deine Ergebnisse zu folgenden Fragen und Aufgaben am Rand.
– Lies die Überschrift: Worum geht es? Was ist das Thema?
– Finde heraus, aus welchem Jahr und welcher Quelle die Daten stammen.
– Betrachte den Aufbau: Wo ist der Anfangspunkt? Wo ist der Endpunkt?
– Kläre Fachbegriffe, die du nicht verstehst, mithilfe des Wörterbuchs oder des Internets.
– Für wen ist das Schaubild interessant? An wen richtet es sich?
– Erläutere, welche Zusammenhänge im Schaubild dargestellt werden. Verdeutliche diese durch Pfeile.

Seite 113

2 a) Überprüfe, ob du die Informationen aus dem Schaubild verstanden hast. Beantworte dazu die Fragen A und B in Stichpunkten:
A Wie entsteht der natürliche Treibhauseffekt auf der Erde?
B Warum steigt die Temperatur auf der Erde zusätzlich?
b) Vergleiche deine Antworten mit denen eines Partners.

3 Beschreibe das Schaubild und fasse den Inhalt in einem zusammenhängenden Text zusammen. Nutze dazu deine Notizen aus den Aufgaben **1** und **2** sowie die **LERNBOX**. So kannst du beginnen:

Das Schaubild trägt den Titel „…". Es stammt aus dem Jahr … und zeigt …
Die Sonne wirft … auf die Erdoberfläche, das durch … gefiltert wird.
Ein Teil der Strahlung …, ein anderer Teil …
Durch … entweicht CO_2 in die Atmosphäre, sodass …
Die Sonnenstrahlung fällt weiterhin …
Die mit CO_2 angereicherte Atmosphäre hingegen …
Die verdichtete Atmosphäre …, sodass … Diesen Effekt nennt man auch …

Seite 113
Seite 314–315

4 a) Überarbeitet eure Texte in einer Schreibkonferenz mit **Textlupen**. Bildet dafür Vierergruppen. Jedes Gruppenmitglied liest die Texte der anderen unter einem bestimmten Aspekt (Textlupe). Verwendet für eure Überarbeitungshinweise unterschiedliche Farben und nutzt die Korrekturzeichen.
b) Schreibe deinen Text zum Schaubild mithilfe der Hinweise aus der Schreibkonferenz neu. Frage gegebenenfalls bei deinen Gruppenmitgliedern nach.

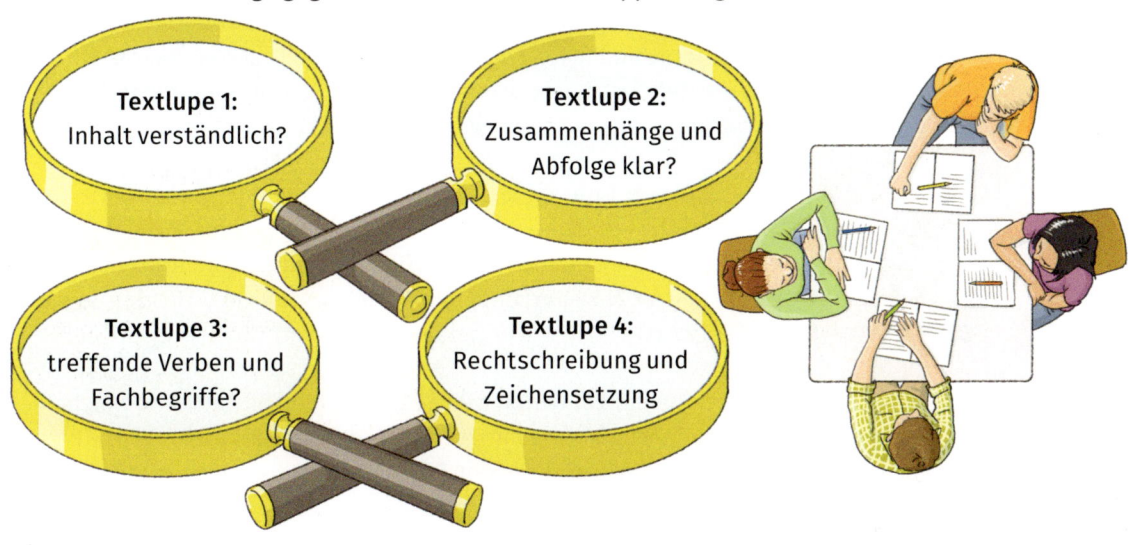

Seite 321

Textlupe 1: Inhalt verständlich?
Textlupe 2: Zusammenhänge und Abfolge klar?
Textlupe 3: treffende Verben und Fachbegriffe?
Textlupe 4: Rechtschreibung und Zeichensetzung

5 Erläutere anhand deiner Ergebnisse, was passieren könnte, wenn die CO_2-Belastung weiter zunimmt: Was würde das für die Erde bedeuten? Denke an den Slogan „3 vor 12!".

⚠ LERNBOX

So fasst du die Aussagen eines Schaubilds zusammen:

1. Stelle das Schaubild kurz vor (**TATTE**): **T**itel, **A**utor (Quelle), **T**extart (Art des Schaubilds), **T**hema, **E**rscheinungsdatum (bzw. Zeitraum).
   Das Kreisdiagramm „…" von … aus dem Jahr … informiert über …
2. Beschreibe das Schaubild detailliert und folge dabei der **Reihenfolge** (falls es eine gibt). Mache deutlich, welche **Zusammenhänge** durch das Schaubild ausgedrückt werden, und fasse die Informationen zusammen.
3. Formuliere mit eigenen Worten. Wichtige **Fachbegriffe, Zahlen** und **Fakten** kannst du übernehmen, z. B. *„kurzwelliges Sonnenlicht"*.

Aktiv und Passiv – unterschiedliche Formulierungsmöglichkeiten

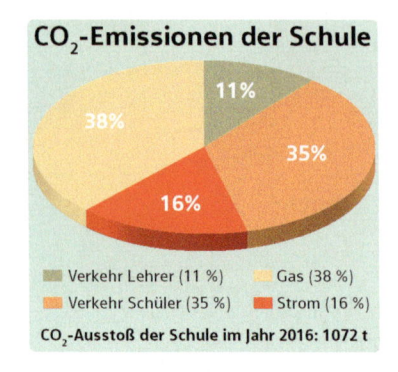

CO₂-Emissionen der Schule
- Verkehr Lehrer (11 %)
- Verkehr Schüler (35 %)
- Gas (38 %)
- Strom (16 %)

CO₂-Ausstoß der Schule im Jahr 2016: 1072 t

Zur Ermittlung der CO$_2$-Emissionen hat die Stadtverwaltung Messungen in der Schule der Naturschutzgruppe *Think Green* angestellt.

A Das Diagramm stellt den CO$_2$-Ausstoß der Schule im Jahr 2016 dar.
(S über "Das Diagramm")

B In dem Diagramm wird der CO$_2$-Ausstoß der Schule im Jahr 2016 dargestellt.

1 a) Überprüfe, ob die Aussagen zum Diagramm richtig sind.
  b) Stelle fest, worin sie sich sprachlich unterscheiden.

Folie

2 a) Bestimme die Satzglieder in den beiden Sätzen A und B. Markiere sie mit unterschiedlichen Farben und erkläre, worin sich die Sätze unterscheiden.
  b) Vergleiche deine Lösung mit der eines Partners. Tauscht euch darüber aus, was durch die unterschiedlichen Formulierungen jeweils stärker betont wird.
  c) Bestimme, welcher Satz im Aktiv und welcher im Passiv steht. Nutze dazu die **LERNBOX**. Erkläre, was mit dem Objekt im Passivsatz passiert.

Die CO$_2$-Emissionen der Schule setzen sich aus verschiedenen Faktoren zusammen: Verkehr der Schüler und Lehrer, Gas (Heizung) und Strom. Das Diagramm zeigt, dass knapp die Hälfte der CO$_2$-Emissionen durch den Verkehr der Schüler (35 %) und Lehrer (11 %) erzeugt wird. Gas ist mit 38 % für den meisten CO$_2$-Ausstoß verantwortlich. 16 % werden dem Stromverbrauch zugeordnet.

Seite 113
Folie

3 a) Bestimme mithilfe der **LERNBOX**, welche Verbformen im Aktiv und welche im Passiv stehen. Markiere diese mit unterschiedlichen Farben.
  b) Erkläre, welche Informationen in den Sätzen jeweils hervorgehoben werden.

Seite 112

Seite 259–260

❗ LERNBOX

So verwendest du Aktiv und Passiv sinnvoll:
1. Wenn du den **Handelnden** in den Vordergrund stellen willst, verwende das **Aktiv**: *Der Verkehr verursacht 46 % der CO$_2$-Emissionen der Schule.*
2. Wenn du in den Vordergrund stellen möchtest, **was mit jemandem oder mit etwas getan wird**, verwendest du das **Passiv**: *46 % der CO$_2$-Emissionen der Schule werden durch den gesamten Verkehr verursacht.*
3. Das **Passiv** wird mit dem **Hilfsverb werden** und dem **Partizip Perfekt** des Verbs gebildet: *Ideen werden gesammelt, um den CO$_2$-Ausstoß zu senken.*
4. Wandelst du einen **Aktivsatz** in einen **Passivsatz** um, wird das **Akkusativobjekt** zum **Subjekt** und das **Subjekt** wird zum **Objekt mit Präposition**.
   Aktivsatz: *Der Verkehr verursacht 46 % der CO$_2$-Emissionen der Schule.*
   Passivsatz: *46 % der CO$_2$-Emissionen der Schule werden vom Verkehr verursacht.*

Klimaschutz geht alle an – Informationen im Partnerpuzzle vergleichen

Nutzt öffentliche Verkehrsmittel!

Müll trennen – Recycle mit!

Jeder Tropfen hilft!

THINK GREEN Klimaschutz geht alle an – auch du kannst aktiv werden!

Gebt der Sonne eine Chance – Schaltet das Licht aus!

Was ist dein Beitrag?

Fahrt mehr Fahrrad!

1 a) Klärt, welche Funktion diese Slogans haben (informativ, appellativ …).
b) Bewertet, welche Slogans euch besonders ansprechen, und begründet eure Wahl.

→ Seite 276

2 a) Vermutet, welche Projekte jeweils hinter den Slogans stecken.
b) Welche Projekte zum Klimaschutz gibt es an eurer Schule?
c) Tauscht euch darüber aus, welches Projekt zum Klimaschutz ihr an eurer Schule umsetzen könntet.

☆ Seite 112

3 Schulen können durch umfassende Projekte viel zum Klimaschutz beitragen, wie z. B. durch Fotovoltaikanlagen oder regionales Essen: Was wisst ihr bereits darüber?

4 Auf den folgenden Seiten werden Schulprojekte zum Klimaschutz vorgestellt. Informiert euch mithilfe eines **Partnerpuzzles** darüber. Geht dazu so vor:
a) Übertrage das Venn-Diagramm (Seite 98) in dein Heft und notiere darin Angaben zu den Zeitungsartikeln **M1** und **M2** (Seite 98–99): Titel, Autor, Textart, Thema und Erscheinungsdatum sowie Quelle.
b) Wertet die Zeitungsartikel aus:
– Partner A erschließt **M1** und trägt wichtige Informationen links im Diagramm ein. Partner B erschließt **M2** und notiert die Ergebnisse rechts im Diagramm.
– Notiere auch, welche Bedingungen an einer Schule erfüllt sein müssen, damit die beschriebenen Projekte durchgeführt werden können.
c) Vergleiche deine Stichpunkte mit denen eines Partners, der den gleichen Text erarbeitet hat. Modifiziert und ergänzt eure Notizen.
d) Wechsle den Partner: Stellt euch eure Notizen zu **M1** und **M2** gegenseitig vor und besprecht offene Fragen. Ergänzt jeweils die freie Seite des Venn-Diagramms mit den fehlenden Informationen.

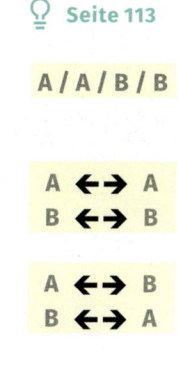

→ Seite 331

💡 Seite 113

A / A / B / B

A ↔ A
B ↔ B

A ↔ B
B ↔ A

Global denken – lokal handeln | 3.3.3 Wirkung und Funktionen von Texten untersuchen und bewerten

M1
„Die Kraft der Sonne im Klassenzimmer", Bericht aus dem Solinger Stadtanzeiger,
von Gerd Herbert, vom 07.07.2017
Thema: ...
Inhalt: ...

M2
„Energie sparen mal anders ...", Interview von Brigitte Hasel aus dem Klever Landboten,
vom 26.06.2017
Thema: ...
Inhalt: ...

M1 Die Kraft der Sonne im Klassenzimmer
(von Gerd Herbert, aus: Solinger Stadtanzeiger, 07.07.2017)

Solingen. Als die Schülervertretung des Gymnasiums „Vogelsang" in Solingen vor zwei Jahren beschloss, sich am Klimaschutz zu beteiligen, hätte wohl niemand
5 mit diesem Erfolg gerechnet. Sie wollte das Dach der Schule für die Herstellung von Strom durch eine Fotovoltaikanlage nutzen, eine Konstruktion, die durch Sonnenlicht Energie erzeugt.
10 Hierfür organisierten die knapp 1 300 Schülerinnen und Schüler einen Informationstag für alle Interessierten, die mit Kaffee und Kuchen empfangen wurden. Durch die Einnahmen und Spenden sowie durch die Gelder des Fördervereins kamen 15.000 € zusammen. Die restliche Summe von 20.000 € wurde durch Fördergelder der Europäischen Union und des Landes Nordrhein-Westfalen finan-
15 ziert. So konnte im vorigen Jahr eine Fotovoltaikanlage auf dem Dach des Schulgebäudes installiert werden. „Der Förderverein freut sich über seine Investition, die sich in den nächsten drei bis vier Jahren rentieren sollte", so der Vorstandsvorsitzende Dr. Seidemann. „Die Anlage besteht aus 48 Modulen und hat damit eine Leistung, mit der ca. drei Einfamilienhäuser mit Strom versorgt werden
20 können." Damit an sonnenreichen Tagen keine Energie verloren geht, wird die überschüssige Energie in einen Speicher geleitet, der wie eine Art Batterie funktioniert.
Die Stadt Solingen unterstützt die Schule durch das sogenannte „fifty-fifty-Programm". Spart die Schule Energie und damit Geld, bekommt sie von der Stadt
25 die Hälfte der eingesparten Kosten zurück. Deshalb versuchen alle an der Schule so viel wie möglich Wasser, Strom und Heizkosten zu sparen. Durch dieses Programm spart die Stadt viel Geld, weil sie weniger Energiekosten hat.
Das Geld aus dem städtischen Programm kommt wiederum dem Förderverein zugute und damit auch den Schülerinnen und Schülern. Letztes Jahr konnten
30 davon z. B. Instrumente für die Schulband und Computer angeschafft werden.
„Klimaschutz hat mich früher nie interessiert. Aber jetzt schaue ich oft auf der Anzeige nach, wie viel Strom erzeugt wird. Ich hätte nie gedacht, dass man mit dieser Anlage so viel Strom produzieren kann. Meine Eltern denken auch über solch eine Anlage auf unserem Dach nach", so Tommy aus der Klasse 8.2.

M2 Energie sparen mal anders …
(von Brigitte Hasel, aus: Klever Landbote, 26.06.2017)

Kleve. An der Gesamtschule Kleve ist Umweltschutz wichtig, dazu haben wir mit der Schulleiterin Frau Herbig gesprochen.
Was tun Sie an Ihrer Schule für den Umweltschutz?
Wir schonen die Umwelt, indem wir für unser Essen in der Mensa weniger Energie und damit weniger CO_2 verbrauchen. Wir haben Anfang des Jahres das Mensakonzept überarbeitet. Die Schüler- und Elternvertreter sprachen sich für eine regionale Küche aus. Das bedeutet, dass nur Produkte vom Markt oder Bauern im Umkreis verwendet werden. Wir verzichten also auf einen Einkauf im Supermarkt.
Wie kann man aber damit etwas für die Umwelt tun?
Durch den Einkauf in der Region werden unnötige Umweltbelastungen vermieden, wie etwa lange Transportwege über tausende Kilometer sowie ein übermäßiger Wasserverbrauch beim Anbau in trockenen Gebieten der Erde. Das Ziel sind möglichst kurze Wege zwischen Erzeugung und Verbrauch. Der verringerte Preisdruck ermöglicht dem Erzeuger ökologisch verträglichere Produktionsmethoden bei pflanzlichen wie tierischen Produkten.
Die regionale Ernährung stärkt also auch die Region?
Genau, beim Kauf im Supermarkt werden riesige Konzerne unterstützt und das Geld verschwindet aus unserer Region. Mit dem Kauf beim Bauern um die Ecke wird hingegen auch der heimische Arbeitsmarkt gefördert. Kauft man direkt beim Erzeuger, bekommt man zusätzlich Einblicke in die vorherrschenden Arbeitsbedingungen und schafft somit eine Transparenz[1] für den Käufer.
Ist die regionale Ernährung auch gesünder?
Kürzere Wege bedeuten auch, mit der Ernte bis zum idealen Reifepunkt zu warten, und einen geringeren Qualitätsverlust. Demnach sind Obst und Gemüse vitamin- und nährstoffreicher. Durch den kurzen Transport sind die Waren frischer, schmecken besser und halten sich beim Konsumenten länger.
Was machen Sie im Winter, wenn nachweislich nichts geerntet wird?
Regional bedeutet auch immer saisonal. Auf Erdbeeren in der Weihnachtszeit wird bei uns natürlich verzichtet. Einfach gesagt, wir konsumieren nur Nahrungsmittel, die in unserer Region in der aktuellen Jahreszeit erzeugt werden. Das klingt erst einmal nach Einschränkung, aber es bietet vor allem die Möglichkeit, die Rezepte der Jahreszeit anzupassen, und führt so trotzdem zu einer abwechslungsreichen Ernährung, auch im Winter. Zudem wird die Kreativität in der Zubereitung gefördert. Aber auch ältere Gerichte, wie der Steckrübeneintopf, finden wieder ihren Weg in unsere Schulmensa.
Ist die regionale Küche teurer?
Da die weiten Transportwege entfallen und es weniger Zwischenhändler gibt, bleibt mehr Geld beim Produzenten. Der Produzent kann es dann in die Qualität seiner Produkte investieren und diese an uns Käufer weitergeben.
Wie nehmen die Schüler die neuen Gerichte an?
Dass die Schüler die neuen und teilweise altbekannten Gerichte annehmen, sieht man an der Vielzahl der verkauften Essen. Heute gehen mehr Kinder essen als jemals zuvor und das nicht nur, weil sie vom Konzept überzeugt sind, sondern weil es ihnen schlicht und einfach schmeckt.

[1] die Transparenz: Nachvollziehbarkeit, hier: Käufer kann Herstellung verfolgen

5 a) Vergleicht die Materialien M1 und M2 miteinander. Welches gemeinsame Thema haben die beiden Schulprojekte? Notiert es in der Schnittmenge.
b) Ziehe Schlussfolgerungen dazu, welche Ziele jeweils verfolgt werden und welche positiven Auswirkungen daraus resultieren. Schreibe diese unter dein Venn-Diagramm.

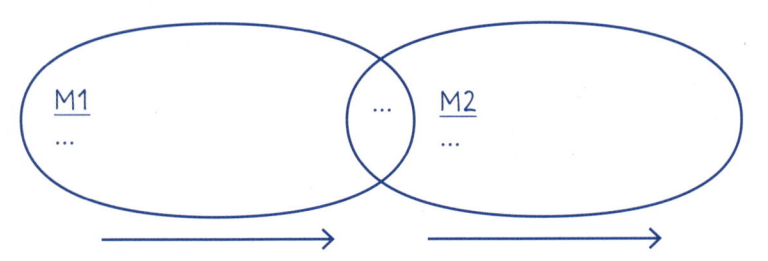

Folie

6 a) Lies die Aufgabe im Kasten und mache dir klar, was du tun sollst, indem du die Operatoren und wichtige Nomen (Schlüsselwörter) markierst.
b) Bearbeite die Aufgabe in einem zusammenhängenden Text und nutze deine Ergebnisse aus dem Partnerpuzzle (Seite 97, Aufgabe 4). Orientiere dich dabei an der Aufgabenstellung. Du kannst das Wortmaterial unten nutzen.

Untersuche und **vergleiche** die Materialien M1 und M2 in einem zusammenhängenden Text. Bearbeite dazu folgende Teilaufgaben:
a) **Stelle** M1 und M2 **vor** (TATTE-Satz) und **benenne** das gemeinsame Thema.
b) **Fasse** den Inhalt von M1 mit eigenen Worten **zusammen**.
c) **Stelle** das Projekt aus M2 und die dazugehörigen Bedingungen **dar**.
d) **Vergleiche** die Ziele und die positiven Auswirkungen der beiden Projekte.
e) **Ziehe Schlussfolgerungen** und **beurteile** begründet, ob eines der beiden Projekte für deine Schule geeignet wäre.

Wortmaterial zum Vergleich zweier Materialien:
zu a): Formuliere den TATTE-Satz:
In dem Bericht „…" aus dem Solinger Stadtanzeiger von … vom … und dem Interview mit dem Titel … von … aus … vom … geht es um …/wird … thematisiert./ wird … beschrieben.

zu b): *In M1 wird dargestellt, dass … / Der Autor zeigt …/beschreibt … / Des Weiteren geht er darauf ein, dass …*

zu c): *Das in M2 vorgestellte Projekt hat sich zum Ziel gesetzt … / Das bedeutet … / Wichtig ist dabei …*

zu d): *Während das eine Projekt …, ist das andere … / Das eine …, wohingegen das andere … / Gemeinsamkeiten/Unterschiede sind …*

zu e): *Anhand der vorliegenden Ergebnisse komme ich zu dem Schluss, dass … / Das Projekt … würde sich an unserer Schule umsetzen lassen, weil … / Das Projekt … würde sich für unsere Schule eignen, da … / Das Projekt könnte ich mir an unserer Schule gut vorstellen, weil …*

Der Umwelt zuliebe?! – Zu einer Aussage Stellung nehmen

Die Naturschutzgruppe *Think Green* stellt die Projekte aus **M1** und **M2** (Seite 98–99) an ihrer Schule vor. Danach äußern sich eine Schülerin und ein Schüler dazu:

> *Ich würde wie Tommy oft an der Energieanzeige nachsehen, wie viel Strom erzeugt wird. Toll, dass diese Anlage so viel Strom produziert. Die neuen Instrumente und Computer, die gekauft werden konnten, wären für mich Nebensache.*

Tim

> *Mir ist es egal, ob das Essen vom Bauern um die Ecke oder aus dem Supermarkt kommt. Wir achten zu Hause auch nicht darauf, wo unsere Nahrungsmittel herkommen. Wichtig ist für mich bloß, dass es mir schmeckt und dass ich essen kann, worauf ich gerade Lust habe. Wozu kann man denn zu jeder Jahreszeit überall alles kaufen?*

Scarlett

1 a) Auf welches Projekt (**M1** oder **M2**) beziehen sich die Äußerungen jeweils?
b) Erläutert in eigenen Worten, ob die Schüler es eher ablehnen oder unterstützen.

2 a) Wähle eine der beiden Aussagen aus, zu der du Stellung nehmen möchtest. Sammle stichwortartig Argumente, die deinen Standpunkt unterstützen.
b) Setze dich mit einem Partner zusammen, der die gleiche Aussage gewählt hat, und stelle ihm deine Argumente vor. Er prüft, ob sie nachvollziehbar sind.

3 Nimm zu einer der beiden Aussagen schriftlich Stellung. Gehe vor, wie in der **LERNBOX** beschrieben.

⚠ LERNBOX

So nimmst du zu einer Aussage begründet Stellung:

1. Greife die **Aussage** auf, zu der du Stellung nimmst, und gib sie in ihren Grundzügen wieder, z. B.: *Scarlett ist der Meinung, dass … / Tim meint, dass … / …, so sieht es zumindest Tim. / Tim ist begeistert von …*
2. **Erläutere** kurz, was damit gemeint ist, z. B.: *Sie/Er will damit ausdrücken/ andeuten, dass … / Damit will er/sie sagen, … / Das bedeutet, dass …*
3. **Formuliere** deine **Meinung**, indem du verdeutlichst, ob du der Aussage zustimmst oder diese eher ablehnst: *Ich stimme Tims Meinung zu/lehne sie ab/stimme teilweise zu, da … / Ich teile Scarletts Meinung (nicht/nur teilweise), weil … / Tims Aussage finde ich gut, weil … / Scarletts Meinung kann ich nicht vertreten, weil …*
4. **Begründe** deine Meinung **nachvollziehbar** und **stichhaltig**. Beziehe dich dazu auf die Materialien und nutze eigene Erfahrungen und Kenntnisse.

Billig oder Bio? – *das/dass* richtig schreiben

Scarlett ist der Meinung, *das/dass* ( ) es egal ist, wo ihr Essen herkommt, solange es schmeckt. *Das/Dass* ( ) Supermärkte zu jeder Jahreszeit nahezu *das/dass* ( ) gleiche Angebot haben, könne man auch nutzen.
Scarletts Einstellung zu diesem Thema finde ich nicht gut, weil sie nur an ihren
5 eigenen Vorteil denkt und dabei z. B. die Herstellungsprozesse einzelner Waren ausblendet. *Das/Dass* ( ) *das/dass* ( ) in Zeiten der Gentechnik, der Wasserknappheit und der Massentierhaltung nicht mehr geht, ist ja wohl klar. Einfach blind durch den Supermarkt zu laufen und nicht zu wissen, unter welchen Umständen die Nahrungsmittel erzeugt wurden, *das/dass* ( ) finde ich fahrlässig.
10 Heutzutage ist es wichtig, zu wissen, woher die Nahrungsmittel kommen. Anscheinend sehen *das/dass* ( ) die Schüler der Gesamtschule Kleve genauso. Die Produkte für ihre Mensa stammen von Bauern aus der Region und sie wissen somit, *das/dass* ( ) ihr Essen ökologisch hergestellt wurde sowie kurze Wege zurückgelegt hat. *Das/Dass* ( ) bringt ihnen den Vorteil, immer frische und
15 saisonale Ware zu bekommen. Ich fände es gut, wenn es ein solches Projekt, *das/dass* ( ) *das/dass* ( ) Klima schützt, an meiner Schule geben würde.

1 a) Lies sie Aussage auf Seite 101, zu der hier Stellung genommen wurde.
b) Überprüfe die Gliederung der Stellungnahme (vgl. **LERNBOX** auf Seite 101).

Folie

Folie

2 a) Entscheide, ob du in die Sätze *das* oder *dass* einsetzen musst, und unterstreiche jeweils das passende Wort. Orientiere dich an der **LERNBOX**.
b) Vergleiche deine Ergebnisse mit denen eines Partners. Begründet sie, indem ihr bestimmt, ob es sich bei *das/dass* jeweils um ein Demonstrativpronomen (D), ein Relativpronomen (R), einen Artikel (A) oder um eine Konjunktion (K) handelt.

> ### ⚠ LERNBOX
>
> **So unterscheidest du zwischen *das* und *dass*:**
> 1. Mit der **Konjunktion** *dass* wird ein **Nebensatz eingeleitet**,
>   der einen Gedanken fortsetzt oder Wünsche und Meinungen ausdrückt.
> 2. *Dass*-Sätze stehen oft **nach Verben** wie *wissen, meinen, denken, behaupten, sagen, äußern, vermuten, glauben, wünschen, wollen, hoffen, spüren* …
> 3. Ein *dass*-Satz wird mit einem **Komma** vom Hauptsatz getrennt.
>   Er kann voran- oder nachgestellt sein:
>   *Kristin sagt, dass sie Scarlett nicht verstehen kann.*
>   *Dass sie Scarlett nicht verstehen kann, sagt Kristin.*
> 4. *Dass*-Sätze können sich auch **auf ein Nomen beziehen**: *Die Meinung, dass die Herkunft der Nahrungsmittel unwichtig ist, ist kaum nachvollziehbar.*
> 5. Wenn du das Wort nicht durch *dies, dieses* oder *welches* ersetzen kannst, dann verwende die Konjunktion *dass* (**Ersatzprobe**).
> 6. Zur Unterscheidung von *das* und *dass* musst du Folgendes wissen:
>   *Dass* ist eine **Konjunktion** (K), *das* kann ein **Artikel** (A), ein **Relativpronomen** (R) oder ein **Demonstrativpronomen** (D) sein.

Seite 288

Berge von Müll – Informationen vergleichen und Schlussfolgerungen ziehen

1 Die Mitglieder der Naturschutzgruppe *Think Green* sind bei ihrer Suche nach einem durchführbaren Umweltprojekt an ihrer Schule auf diese Fotos gestoßen.
a) Erkläre, was du auf den Fotos siehst.
b) Welche Umweltprobleme resultieren daraus?

2 a) Lies die Aufgabe im Kasten und mache dir klar, was du tun sollst, indem du die Operatoren und wichtige Nomen (Schlüsselwörter) markierst.
b) Gib einem Partner die einzelnen Arbeitsschritte mit eigenen Worten wieder. Dieser überprüft die Aussagen mithilfe der Aufgabenstellung im Kasten.

🗠 Folie

Untersuche und **vergleiche** die Materialien M1 und M2 (Seite 104–105) in einem zusammenhängenden Text. Bearbeite dazu folgende Teilaufgaben:
a) **Stelle** M1 und M2 vor (TATTE-Satz) und **benenne** das gemeinsame Thema.
b) **Fasse** den Inhalt von M1 mit eigenen Worten **zusammen**.
c) **Erkläre** anhand des Schaubilds (M2), welche Arten von Plastikmüll es gibt und wie er jeweils in unsere Ozeane sowie zurück zum Menschen gelangt.
d) **Vergleiche** M1 und M2 miteinander, indem du **darstellst**, welche unterschiedlichen Angaben darin zum Müll in den Ozeanen gemacht werden.
e) **Ziehe Schlussfolgerungen**, was der Mensch tun kann, um den Müll in den Weltmeeren zu vermeiden.
f) Gökhan meint: *„Ich finde es gut, dass die Geschäfte auf das Müllproblem reagieren. Plastiktüten werden fast nicht mehr verkauft. Papiertüten oder Stoffbeutel treten an ihre Stelle. Ein erster Schritt in die richtige Richtung."*
Nimm Stellung zu dieser Aussage und **begründe** deine Meinung. Beziehe dich dabei auch auf die Materialien und eigene Erfahrungen.

---

3 Plane deinen Text. Gehe dazu so vor:
a) Erschließe M1 (Seite 104) mithilfe der **Lesemethode für Sachtexte** (Folie).
b) Erschließe M2 (Seite 105) mithilfe der Methode **Schaubilder und Diagramme auswerten** (LERNBOXEN, Seite 314–315). Nutze eine Folie.
c) Notiere in einem Venn-Diagramm die TATTE-Informationen für M1 und M2.
d) Halte die wichtigsten Informationen aus M1 und M2 stichpunktartig in deinem Venn-Diagramm fest. Notiere ähnliche Aussagen in der Mitte.
e) Schlussfolgere, wie man den Müll in den Ozeanen verhindern kann.

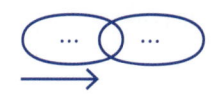

📄 Seite 329
📄 Seite 314–315

Global denken – lokal handeln | 3.3.1 Texten und Bildern Informationen entnehmen

M1 So viel Müll wie noch nie – Deutschland versinkt im Verpackungsmüll

(von Frida Melcher, aus: Die Umweltseiten, 27.07.2017)

Deutschland versinkt im Müll! So scheint es zumindest, wenn man die Zahlen des Verpackungsverbrauchs sieht. Dieser stieg in Deutschland von 187,5 kg pro Kopf im Jahr 2003 auf 212,5 kg pro Kopf im Jahr 2013. Insgesamt gibt es 17,1 Mio. Tonnen Verpackungsmüll im Jahr. Doch wie kommt es dazu?

Etwa zwei Drittel des Verpackungsmülls in Privathaushalten sind Verpackungen für Getränke, Nahrungsmittel und Haustierfutter, so das Bundesumweltministerium. Die Verbraucher konsumieren mehr als früher. Zudem ist die Anzahl der Ein- und Zweipersonenhaushalte gestiegen, die kleinere Mengen mit kleineren Verpackungseinheiten kaufen. Außerdem haben sich die Ess- und Trinkgewohnheiten der Deutschen geändert. So wird häufiger zu Tiefkühlkost, Fertig- oder Halbfertiggerichten und mikrowellengeeigneten Produkten gegriffen.

Es gibt zwei große Posten, die den Verpackungsmüll ausmachen. Den größten Anteil am Verpackungsmaterial haben Papier, Pappe und Karton. Dieser Anteil ist in den letzten zehn Jahren enorm gestiegen. Ein Grund dafür ist, dass die Leute immer häufiger unterwegs essen und trinken. Der Kaffee „to go" oder das Essen im Schnellrestaurant – alles wird in Pappbechern oder in Papier angeboten. Ein anderer Grund ist der Boom des Internethandels. Alle online erworbenen Produkte werden in Kartons verpackt, die zudem oft zu groß sind.

Der Plastikmüll stellt den zweiten Posten des Verpackungsmülls dar. Plastik hat unseren Planeten im letzten Jahrhundert verändert. Wurden in den 1950er-Jahren noch knapp 1,5 Mio. Tonnen pro Jahr produziert, so sind es heute fast 300 Mio. Tonnen. In Europa werden Millionen Tonnen an Plastik nach nur einem Gebrauch entsorgt. So wird Obst aus dem Supermarkt in Plastiktüten gepackt, die zu Hause direkt in der Mülltonne landen. Plastikteller, -becher und -flaschen werden achtlos weggeworfen. Doch was passiert mit dem Plastikmüll?

Viele dieser Abfälle, nämlich mehr als zehn Mio. Tonnen jährlich, gelangen in die Meere und Ozeane, wo sie Vögel, Fische, Delfine und andere Wassertiere bedrohen. Plastik ist nahezu unvergänglich. Es zersetzt sich erst nach 350 bis 400 Jahren vollständig. Während dieses Prozesses werden gefährliche Inhaltsstoffe, wie Bisphenol A[1], Phtalate[2] oder Flammschutzmittel[3] freigesetzt. Mikropartikel[4] sowie Plastikgiftstoffe gelangen in die Körper der Meerestiere. Zudem verhungern die Tiere elendig, da sie die Plastikteilchen für Nahrung halten, die schließlich ihren Verdauungsapparat verstopfen. Auf den Weltmeeren bilden sich ganze Müllteppiche, die mit der Strömung fließen. Einige dieser Teppiche sind sogar aus dem Weltall zu erkennen. Der wohl bekannteste ist der „Great Pacific Garbage Patch", der im Nordpazifik treibt und mittlerweile die Größe Mitteleuropas aufweist. Dabei sind die Abfälle an der Oberfläche nur die Spitze des Eisbergs, 70 % der Plastikabfälle befinden sich auf dem Meeresgrund. 15 % dieser Abfälle gelangen zurück an Land, wo sie weitere Tiere wie Robben bedrohen. Besonders die Küsten einiger Inseln im Indischen Ozean und im Pazifik sind mit buntem Müll gefärbt. Um die Strände zu säubern, bedarf es einer Menge Helfer.

Wir müssen dringend damit anfangen, Müll zu vermeiden. Das Recyceln des Mülls kann also nur der Anfang sein. Besser wäre es, ganz auf unnötige Verpackungen zu verzichten.

---

[1] Bisphenol A: chemische Verbindung

[2] Phtalate: Weichmacher für Kunststoffe

[3] Flammschutzmittel: Stoffe, die die Ausbreitung von Bränden verhindern

[4] Mikropartikel: kleinste Teilchen mit Durchmessern unter einem Millimeter

M2

Müllkippe Meer
Etwa 10 Mio. Tonnen Müll gelangen jährlich in die Meere und Ozeane.

Schiffe:
- trotz Verbot Müllentsorgung im Meer
- verlieren Ladung (Container)

Abwasser:
- winzige Plastikkügelchen aus Duschgels, Peelings, Zahncremes ...
- winzige Kunststofffasern (Fleece) aus Waschmaschinen werden von Kläranlagen quasi nicht gefiltert

Fischfang: Entsorgung von Netzen → Tiere verfangen sich darin und sterben

Entsorgung des Mülls am Strand oder direkt im Meer, vor allem an touristisch erschlossenen Stränden

Der meiste Müll landet auf dem Grund der Meere.

---

4 Formuliere deinen Text: Beachte die einzelnen Teilaufgaben (siehe Kasten, Seite 103) und orientiere dich an der **LERNBOX**.

⚠ LERNBOX

So vergleichst du Informationen und ziehst Schlussfolgerungen:

Inhalt
1. Stelle beide Materialien vor. Dazu nennst du zweimal die **TATTE-Informationen** sowie das **gemeinsame Thema** der Materialien.
2. **Fasse** den Inhalt der Materialien sachlich und mit eigenen Worten **zusammen**. Orientiere dich dazu an den Notizen in deinem Venn-Diagramm.
3. **Vergleiche** die **Aussagen** der beiden Materialien und berücksichtige den Schwerpunkt der betreffenden Teilaufgabe.
4. **Ziehe Schlussfolgerungen** bezogen auf den Schwerpunkt.
5. Greife bei der **Stellungnahme** die Aussage auf und erläutere sie. Äußere deine **Meinung** und **begründe** sie **stichhaltig**. Beziehe dich auf die Materialien und auf eigene Erfahrungen.

Darstellung
1. Formuliere **sachlich** und mit eigenen Worten. Vermeide Umgangssprache.
2. Nutze **Fachbegriffe** sinnvoll und richtig.
3. Verwende das **Präsens**.
4. Füge nach der Bearbeitung jeder Teilaufgabe einen **Absatz** ein.
5. Achte auf die **Rechtschreibung** und **Zeichensetzung**.

Einen Textvergleich mit Stellungnahme in einer offenen Schreibkonferenz überarbeiten

Das ist ja alles im Passiv geschrieben!

Wo ist denn hier der Vergleich?

Der Schüler sollte sich nochmal die das/dass-Schreibung ansehen.

1 Überarbeitet den folgenden Schülertext in einer offenen Schreibkonferenz:
a) Lest den Text gemeinsam in der Vierergruppe vor.
b) Beim zweiten Lesen liest ein Schüler den Text abschnittsweise vor, während die anderen Überarbeitungstipps zum jeweiligen Abschnitt notieren. Nutzt dazu die **CHECKLISTE** und verwedet die Korrekturzeichen.
c) Tauscht euch am Schluss über die Tipps aus und ergänzt sie gegebenenfalls.

Überarbeitungstipps	Text
Überschrift unnötig	~~Wie viel Müll ist zu viel?~~
Teilaufgabe a) TATTE unvollständig gemeinsames Thema fehlt	Als Grundlage meines Textvergleichs liegt mir „So viel Müll wie noch nie – Deutschland versinkt im Verpackungsmüll" aus „Die Umweltseiten" vom 27.07.2017 und „Müllkippe Meer" vor. M1 thematisiert den unnötigen Verpackungsmüll, während M2 zeigt, wie der Müll in den Meeren entsteht.
Teilaufgabe b) R	Der Text berichtet, <u>das</u> es zwei Arten des Verpackungsmülls gibt, die in den letzten zehn Jahren enorm angestiegen sind. Zum einen gibt es Papier, Pappe und Karton, die den größten Anteil des Verpackungsmülls ausmachen. Zum anderen gibt es den Plastikmüll. Trotz des Recyclings der Abfälle gelangt enorm viel Müll in unsere Meere und Ozeane. Vor allem der Plastikmüll wird hier zum großen Problem, da er eine Gefahr für die Tierwelt darstellt. Dadurch, das dass Plastik erst nach ca. 350 bis 400 Jahren vollständig zersetzt ist, ist es nahezu ewig beständig. Zudem gibt Plastik beim Zersetzen giftige Inhaltsstoffe, wie Bisphenol A, Phtalate oder Flammschutzmittel, ab. Durch die Strömung des Wassers wird der viele Plastikmüll zusammengetragen, sodass sich bereits ganze Teppiche gebildet haben, die sogar aus dem Weltall sichtbar sind. ~~Das ist schrecklich, leider aber noch nicht alles.~~ Die Müllablagerungen an der Oberfläche sind nicht alles, denn ca. 70 % des Mülls sammeln sich auf dem Meeresgrund und etwa 30 % werden an das Land zurückgeschwemmt, wo der Müll auch Tiere bedroht.
nicht sachlich	

Der Weg des Mülls in die Meere wird im Bild „Müllkippe Meer" gezeigt. So wird das Meer durch Menschen verunreinigt, die ihren Müll einfach im Wasser entsorgen. Die Plastikteilchen werden durch den Fisch aufgenommen und gelangen durch den Fischfang auf unsere Teller bzw. in unsere Körper.	*Teilaufgabe c)* *zu ungenau!* *nur Passiv!*
Beide Materialien, der Text und die Tabelle, thematisieren den Plastikmüll und dessen Entsorgung in den Meeren. Während der Text auf die Gefahren für die Tiere sowie auf die Auswirkungen der Verschmutzung der Weltmeere im Allgemeinen hinweist, zeigt die Darstellung den Weg des Mülls in die Meere und Ozeane.	*Teilaufgabe d)* *Textbelege?*
Für die meisten ist der Ozean weit weg, aber auch bei uns muss etwas für Müllvermeidung getan werden. Wie im Text beschrieben, versuchen die großen Unternehmen, auf Plastiktüten im Verkauf zu verzichten, und bieten Stoffbeutel oder Papptüten an. Wir müssen unseren Pro-Kopf-Verbrauch an Verpackungsmüll pro Jahr drastisch senken und unnötige Verpackungen vermeiden. Dass behebt zwar nicht den Müll, der bereits in den Meeren schwimmt, aber es kommt wenigstens kein neuer hinzu.	*Teilaufgabe e)*
Ich stimme Gökhan zu, das dass ein Schritt in die richtige Richtung ist. Je weniger Müll wir produzieren, desto weniger gelangt in die Ozeane. Das die Geschäfte auf das Müllproblem reagieren und nur noch selten Plastiktüten verkaufen, finde ich, genau wie Gökhan, gut. Je weniger Müll wir produzieren, desto weniger gelangt in die Ozeane.	*Teilaufgabe f)*

2 Überarbeitet eure eigenen Textvergleiche von Seite 105 auf die gleiche Weise.

☑ CHECKLISTE

Einen Textvergleich mit Stellungnahme überarbeiten
Inhalt
1. Werden die Aufgabenstellungen der **Teilaufgaben** genau beachtet?
2. Werden beide **Materialien vorgestellt** (TATTE-Sätze)?
3. Werden die beiden **Materialien zusammengefasst**?
4. Werden die **Materialien** aufgabengemäß **verglichen**?
5. Werden **Schlussfolgerungen** gezogen und wird dabei der Schwerpunkt der betreffenden Teilaufgabe beachtet?
6. Wird die Aussage bei der Stellungnahme aufgegriffen und erläutert? Wird die eigene **Meinung stichhaltig begründet** unter Einbezug der Materialien und eigener Erfahrungen?

Darstellung
1. Wird **sachlich** unter der Verwendung von **Fachbegriffen** formuliert?
2. Wird im **Präsens** formuliert?
3. Werden die Teilaufgaben durch **Absätze** gegliedert?
4. Wurde auf die korrekte **Rechtschreibung** und **Zeichensetzung** geachtet?

Kompetenz-Check: Informationen aus Texten zusammenfassen, vergleichen und bewerten

Auf der Erde gibt es viele Regionen, in denen Wasserarmut herrscht. Aber auch bei uns sollte man kein Wasser verschwenden. Deshalb stellt die Naturschutzgruppe *Think Green* in der Schülerzeitung Maßnahmen zum Wassersparen vor, um so zum Klimaschutz beizutragen.

M1 Wasserverbrauch – Wie viel verbraucht man wirklich?
(von Think Green, aus der Schülerzeitung „Clever nachgefragt", 24.03.2017)

Der Mensch braucht Wasser zum Überleben, aber darf er es deshalb verschwenden? Vor etwa 100 Jahren verbrauchte ein Mensch in Deutschland ca. 20 l Trinkwasser täglich.
5 2014 hingegen waren es schon 121 l pro Tag. Zwar liegen die Deutschen mit diesem Wert europaweit noch im Mittelfeld, aber dennoch ist der Verbrauch hoch.
Wie also setzen sich die 121 l pro Tag zu-
10 sammen? Für die tägliche Körperpflege werden immerhin 44 l verwendet, 33 l für die Toilettenspülung, 15 l zum Wäschewaschen, 11 l für das Kleingewerbe, 7 l für das Putzen, die Autopflege und den Garten sowie 6 l, um das Geschirr zu spülen. Weitere 5 l benötigt der Deutsche
15 zum Trinken und Kochen.
Wassersparen ist ein altes Thema. Schon die Kinder lernen, kein Wasser zu verschwenden. Zum Beispiel: Während des Zähneputzens immer das Wasser abdrehen, lieber duschen als baden, die Waschmaschine im Sparprogramm laufen lassen, den Geschirrspüler eher im Kurzprogramm usw. Viele nutzen außerdem
20 Regenwasser zum Gießen der Gartenpflanzen. Kaum mehr wegzudenken ist auch die Stopptaste der Toilettenspülung.
Das viele Wassersparen kann aber auch zu viel des Guten sein. Die Wasserwerke zum Beispiel stellen genau diese Maßnahmen vor ein großes Problem. Durch das wenige Wasser, das unter anderem beim Spülen der Toilette verwendet wird,
25 werden die Wasserleitungen in der Kanalisation nicht genügend durchspült. Der Druck reicht nicht aus, um die Fäkalien wegzuspülen. Sie bleiben somit in den dünnen Rohren liegen und bilden Keime, noch bevor sie die Hauptrohre erreichen. Zur Problembeseitigung müssen Städte wie Hamburg Trinkwasser durch die Kanalisation spülen. Die großen Rohre, die zu den Kläranlagen führen, müs-
30 sen öfter gereinigt werden. Da sich die Fäkalien schneller an den Wänden und am Boden absetzen, wird der Abwasserfluss verlangsamt und die Reiniger müssen in den Kanal. Natürlich wird hierfür erneut eine Menge Wasser in Druckreinigern benötigt. So merkwürdig es klingt: Lieber die Finger von der Stopptaste lassen und dadurch Wasser sparen.

Wenn man Wasser sparen will, sollte man nicht nur auf den realen Wasserverbrauch achten, sondern auch auf den virtuellen. Von realem Wasser spricht man, wenn man den Wasserverbrauch eines Tages nimmt. Jedoch ist in unseren Nahrungsmitteln und Konsumgütern wie Schokolade, Kleidung und Autos weiteres Wasser versteckt, das bei der Produktion und dem internationalen Transfer anfällt. Der Westeuropäer verbraucht im Schnitt täglich etwa 125 l reales Wasser, aber auch ca. 4000 l virtuelles.

Kann man jedoch virtuelles Wasser sparen? Es ist nicht leicht, aber machbar. Um die Verschwendung von Wasser zu vermeiden, reicht es schon, wenn man bewusster lebt und sich vor Augen führt, was man täglich alles zu sich nimmt oder tut. Durch bewusste Entscheidungen kann man eine Menge virtuelles Wasser einsparen. Muss es beispielsweise immer die neueste Mode sein oder kann man die Kleidung eine zweite Saison tragen? Und muss man jedes Jahr ein neues Smartphone kaufen, wenn das alte doch noch hervorragend funktioniert? Zum bewussten Leben gehört auch eine bewusste Ernährung. Versucht doch einmal, nicht jeden Tag Fleisch zu konsumieren und dafür einen Veggie-Tag einzulegen oder bewusst auf die Erdbeeren zum Weihnachtsfest zu verzichten. Das größte Problem beim Wasserverbrauch in der Nahrungsmittelproduktion stellen die Anbau- und Produktionsgebiete dar. Diese befinden sich meist in wasserarmen Regionen, wie der Elfenbeinküste, Spanien oder der Türkei. Mit den knappen Wasserressourcen wird dort oft verantwortungslos umgegangen. Trinkwasserknappheit, Dürren und Trockenheit sind die Folgen. Das in den Produkten enthaltene virtuelle Wasser aber wird in wasserreiche Regionen exportiert, weil die Produkte dort konsumiert werden. Wenn ich also eine Tasse Kaffee trinke, habe ich bereits 140 l virtuelles Wasser verbraucht – mehr als der Durchschnitts-Westeuropäer an einem Tag. Teetrinker kommen besser davon, hier fallen nur etwa 35 l pro Tasse an. Und auch Tomaten und Erdbeeren aus Spanien enthalten viel mehr virtuelles Wasser als einheimische Produkte. Achtet deshalb beim Kauf eurer Kleidung und Nahrungsmittel immer auf die Herkunft und die Produktionsstätten. Nur so kann man wirklich Wasser sparen und zum Klimaschutz beitragen.

M2 Das virtuelle Wasser

Alltagsgegenstände
- Blatt Papier 10 l
- Smartphone 910 l
- Fahrrad 5000 l

Lebensmittel
- Steak (250 g) 1000 l
- Schokoriegel 2000 l
- Hamburger 2400 l
- Tasse Kaffee 140 l
- importierte Erdbeeren (1 kg) 210 l

Kleidung
- Baumwoll-T-Shirt 2700 l
- Jeans 11000 l

Bei der Produktion von Lebensmitteln und Konsumgütern wird Wasser benötigt, das man auf den ersten Blick nicht sieht. Man nennt es virtuelles Wasser.

Aus: Die Umweltseiten, 29.06.2017

Untersuche und vergleiche die Materialien M1 und M2 (Seite 108–109) in einem zusammenhängenden Text. Bearbeite dazu folgende Teilaufgaben:
a) Stelle M1 und M2 vor (TATTE-Satz) und benenne das gemeinsame Thema.
b) Fasse den Inhalt von M1 mit eigenen Worten zusammen. Gehe dabei besonders auf die Umweltprobleme ein.
c) Beschreibe die Abbildung (M2) und erkläre dabei, was virtuelles Wasser ist.
d) Vergleiche M1 und M2 miteinander, indem du anhand der Materialien erläuterst, welche Maßnahmen ergriffen werden können, um den Wasserverbrauch zu minimieren.
e) Ziehe Schlussfolgerungen, was der Einzelne im Privathaushalt tun kann, um den Wasserverbrauch zu reduzieren.
f) Djamal aus der Naturschutzgruppe meint: „*Man sollte das Wasser einteilen und täglich jedem Haushalt nur eine gewisse Wassermenge zur Verfügung stellen, damit die Wasserverschwendung endlich aufhört.*"
Nimm Stellung zu dieser Aussage und begründe deine Meinung. Beziehe dich dabei auch auf die Materialien und eigene Erfahrungen.

Folie
Seite 329
Seite 314-315

1 Plane deinen Text. Gehe dazu so vor:
a) Erschließe die einzelnen Teilaufgaben.
b) Erschließe die Materialien M1 und M2 mit der Lesemethode für Sachtexte und der Methode Schaubilder und Diagramme auswerten.
c) Lege ein Venn-Diagramm an und trage deine Ergebnisse in die entsprechenden Felder ein.

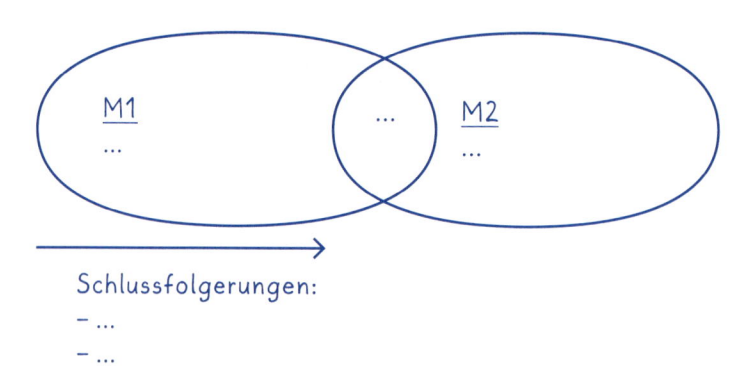

M1 … … M2 …

Schlussfolgerungen:
– …
– …
– …

Stellungnahme: …

2 Verfasse mithilfe des Venn-Diagramms einen Entwurf deines Textvergleichs mit Stellungnahme.
Orientiere dich dabei an den Teilaufgaben.

3 Überarbeite deinen Entwurf mithilfe der CHECKLISTE von Seite 107.

Lernbegleitbogen *Global denken – lokal handeln*: Informationen zusammenfassen, vergleichen und bewerten

Kompetenz/Inhalt Ich kann ...	Selbsteinschätzung ☺ 😐 ☹	Fremdeinschätzung ☺ 😐 ☹	Bemerkungen	Hier kannst du weiterüben:
Vorwissen benennen und in einem Cluster sammeln (S. 88–89)				
den Inhalt eines Zeitungsartikels wiedergeben (S. 90)				
Sachtexten Informationen entnehmen und diese zusammenfassen (S. 91–93)				
eine Fachwörterliste erstellen (S. 92–93)				
ein Schaubild auswerten und dessen Aussagen zusammenfassen (S. 94–95)				SB, S. 314-315
unterschiedliche Formulierungsmöglichkeiten durch Aktiv und Passiv erkennen (S. 96)				SB, S. 259-260 AH, S. 49
mithilfe eines Partnerpuzzles Informationen in einem Venn-Diagramm festhalten und vergleichen (S. 97–100)				
zu einem Sachverhalt Stellung nehmen (S. 101)				
das und *dass* unterscheiden und richtig schreiben (S. 102)				SB, S. 288 AH, S. 69
Materialien untersuchen und vergleichen (S. 103–105): – Informationen aus einem Sachtext und einem diskontinuierlichen Text (Schaubild) entnehmen – einen Schreibplan (Venn-Diagramm) anlegen – Informationen vergleichen – Schlussfolgerungen ziehen – Stellung zu einem Sachverhalt nehmen				AH, S. 19–21
einen Textvergleich mit Stellungnahme überarbeiten (S. 106–107)				
Ich habe folgende Aufgaben aus dem Freiraum bearbeitet (S. 112):				

AH = Arbeitsheft, SB = Schülerband

Überprüfe dein Wissen und Können, indem du den **Kompetenz-Check** auf den Seiten 108–110 bearbeitest. Vergleiche dein Ergebnis anschließend mit dem Mustertext im Lösungsheft.

Freiraum: So kannst du weiterarbeiten

Greenpeace-Jugend

Seit 1995 gibt es in Deutschland die Greenpeace-Jugend mit sogenannten Jugendaktionsgruppen (JAGs) in rund 45 Städten. In den JAGs können sich Jugendliche im Alter von 14 bis 19 Jahren für den Umweltschutz engagieren. Bundesweit sind rund 800 Jugendliche aktiv. Die Greenpeace-Jugend arbeitet zu den gleichen Themen wie Greenpeace selbst. Das Besondere bei den JAGs ist, dass es auch regionale und bundesweite Treffen gibt, bei denen sich die Jugendlichen untereinander vernetzen und gemeinsam größere Aktionen veranstalten. Dabei sind die Jugendlichen sehr eigenständig: Neue Kampagnen, bundesweite Treffen, Jahresplanung usw. werden selbst beschlossen und organisiert.

Naturschutzjugend

Die Naturschutzjugend (NAJU) ist der eigenständige Kinder- und Jugendverband der deutschen Naturschutzorganisation Naturschutzbund Deutschland (NABU). Mit über 80.000 Mitgliedern ist die NAJU einer der bundesweit größten Jugendumweltverbände. In bundesweit ca. 700 Kinder- und 300 Jugendgruppen sind junge Aktive vor Ort für die Natur tätig. Die NAJU-Landesverbände bieten zahlreiche Wochenend- und Ferienfreizeiten im In- und Ausland an und organisieren Seminare.

WWF-Jugend

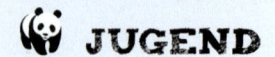

Die WWF-Jugend ist ein ökologischer Jugendverband des WWF Deutschland. Er existiert seit 2009 und richtet sich an Jugendliche ab 13 Jahren. Nach Angaben des WWF Deutschland hat die WWF-Jugend derzeit 5.500 Mitglieder. Ziel der WWF-Jugend ist es, Jugendliche für Natur- und Umweltschutz zu sensibilisieren. Neben der WWF-Jugend gibt es auch Programme für Kinder bis sieben und ab acht Jahren („Lilu Panda" und „Young Panda").

- Welche Ziele verfolgen die einzelnen Jugendteams der Natur- und Umweltschutzgruppen?
- In welcher Gruppe würdest du mitarbeiten wollen? Begründe deine Wahl.

Seite 88

- Bestimme, welche Funktion die Überschriften und Texte der Plakate haben (expressiv, appellativ, informierend, konkrete Ansprache …).

Seite 89

- Erstellt eigene Plakate zu Projekten für den Umwelt- bzw. Klimaschutz, die an eurer Schule umsetzbar wären. Überlegt euch dafür passende, motivierende Slogans.

Seite 97

- Die Mitglieder der Naturschutzgruppe *Think Green* wollen den CO_2-Ausstoß an ihrer Schule reduzieren. Welche Vorschläge könnten sie hierfür der Schulleitung/Schülervertretungmachen?

Seite 96

Tipps 💡

Seite 89 5 b)

So kannst du die Slogans z. B. formulieren:
Lass die Sau raus! (Slogan der Greenpeace-Jugend gegen Massentierhaltung von Schweinen); *Wir stehen zusammen!* (Slogan gegen Massentierhaltung)

Seite 93 4

Diese Überschriften kannst du nutzen:
Folgen der Klimaveränderung
Der Treibhauseffekt
Treibhausgase: Methan und Lachgas
Anstieg des CO_2-Ausstoßes

Seite 94 2 a)

Folgende Verben helfen dir, das Schaubild zu beschreiben:
erwärmen, erhitzen, aufheizen / reflektieren, zurückstrahlen, zurückwerfen / ausstrahlen, aussenden / verdichten, zunehmen, bündeln, komprimieren, anwachsen …

Seite 95 3

Die Zahlen entsprechen der Nummerierung im Schaubild.
Ergänze folgenden Inhalt:
Das Schaubild trägt den Titel „…". Es stammt aus dem Jahr … und zeigt …
Die Sonne wirft … auf die Erdoberfläche, (2) das durch … gefiltert wird
Ein Teil der Strahlung … (3), ein anderer Teil … (4).
Durch … (1) entweicht CO_2 in die Atmosphäre, sodass …
Die Sonnenstrahlung fällt weiterhin …
Die mit CO_2 angereicherte Atmosphäre hingegen …
Die verdichtete Atmosphäre … (5), sodass … (6).
Diesen Effekt nennt man auch … (6).

Seite 96 3 a)

Drei Verbformen im Text stehen im Aktiv und zwei Verbformen stehen im Passiv.

Seite 97 4 b)

Folgende Fragen solltest du beantworten können:

M1 „Die Kraft der Sonne im Klassenzimmer"
Was wurde in der Schule wo installiert?
Wie funktioniert dies? (Aufbau)
Wie wurde es finanziert?
Was ist das „fifty-fifty-Programm"?
Was macht die Schule mit dem Geld?

M2 „Energie sparen mal anders …"
Wie spart die Schule Energie?
Was bedeutet regionale Küche?
Was bringt die regionale Küche der Region?
Ist regionale Küche gesund?
Was wird im Winter aufgetischt?

Seite 106 1

Folgende Kriterien müssen überarbeitet werden:
– Die Vorstellung der Materialien ist unvollständig (TATTE-Sätze).
– Es gibt drei inhaltliche Fehler.
– Die Darstellung und Beschreibung des Schaubildes ist nicht ausreichend.
– Der Vergleich der Inhalte der beiden Materialien fällt zu knapp aus.
– In der Stellungnahme fehlt der Bezug zur Aussage und deren Erläuterung.
– Es treten Fehler bei *das* und *dass* auf.
– Textbelege fehlen.
– Es wird zu häufig im Passiv formuliert.

Bilder von Menschen – Menschen in Bildern

1 **a)** Welche Maler kennst du? Welche ihrer Bilder magst du besonders? Erzähle von diesen Bildern.
b) Welches Museum hast du schon besucht? Berichte von deinen Eindrücken und Erlebnissen.

2 Schau dich in dieser Kunstausstellung um:
– Welches der ausgestellten Bilder würdest du als Erstes betrachten wollen?
– Welche Gemeinsamkeiten entdeckst du in den Bildern?
– Beschreibe die Besucher der Ausstellung. Welchen Eindruck machen sie auf dich?
– Wie informieren sich die Besucher über die Bilder? Wie reagieren sie auf diese Informationen?

... die Veranda sieht aus wie bei einer Filmeinstellung. Man hat regelrecht den Eindruck, die Szene heimlich zu beobachten. Dein Blick wird aber auch durch die Lichtverhältnisse raffiniert auf das Paar gelenkt, denn Hopper hat die nachtschwarze Umgebung des Hauses düster und unheimlich gemalt ...

3 a) Sammelt mögliche Gründe dafür, warum sich die Besucher gerade diese Kunstausstellung ansehen.
 b) Was findest du hier ansprechend für jugendliche Besucher?

4 Tauscht euch darüber aus, zu welchem Bild wohl der Audioguide-Text in der Sprechblase gehört. Was erfährt der Museumsbesucher über dieses Bild?

5 a) Nenne Gründe dafür, warum einige der Besucher einen Audioguide nutzen.
 b) Berichte davon, wenn du schon einmal einen Audioguide genutzt hast.
 c) Sammelt Stichworte dazu, welche Informationen ein Audioguide den Museumsbesuchern über die Bilder geben sollte.

Bilder von Menschen ... | 3.3.3 Informationen entnehmen

Wer war Edward Hopper? – Informationen aus Materialien entnehmen

Um den Museumsbesuchern den Maler Edward Hopper vorzustellen, wurde ein Quiz über sein Leben und seine Werke zusammengestellt, das die Besucher direkt in der Eingangshalle lösen können.

Seite 329
Folie

1 Erschließe die Informationstafeln über Edward Hopper mithilfe der **Lesemethode für Sachtexte**, um anschließend die Quizfragen auf Seite 118 und 119 beantworten zu können.

Edward Hopper (1882–1967)

Edward Hopper wurde am 22. Juli des Jahres 1882 in Nyack, im Bundesstaat New York, als Sohn eines Kurzwarenhändlers geboren. Nach Abschluss
5 der High School im Jahr 1899 wollte er Künstler werden, doch seine Eltern rieten ihm, sich zunächst zum Illustrator ausbilden zu lassen, damit er einen Beruf hatte, mit dem er Geld
10 verdienen konnte. Nach Abschluss seiner Ausbildung im Jahr 1906 reiste Hopper mehrfach nach Europa – etwa nach Paris, aber auch nach London, Amsterdam, Berlin und Brüssel
15 sowie nach Madrid und Toledo. Auf seinen Reisen besuchte er zahlreiche Kunstausstellungen.
1913 beteiligte sich Hopper an einer Ausstellung in New York und ver-
20 kaufte dort sein erstes Bild „Sailing" für 250 Dollar. Dennoch hatte kaum jemand Interesse an seinen Werken, sodass er seinen Lebensunterhalt fast ausschließlich als Illustrator verdiente und zudem Kunstunterricht erteilte.

1915 begann Edward Hopper, mit Druckgrafiken zu arbeiten, die sich endlich gut verkauften. 1920 folgte seine erste Einzelausstellung in New York. Drei Jahre später lernte Hopper die Malerin Josephine Verstille Nivison kennen, die er im Juli 1924 heiratete. Durch sie wurde er vom Brooklyn Museum in
5 New York eingeladen, mit Aquarellen an einer Ausstellung teilzunehmen.

Edward Hoppers Bilder wurden von Kritikern sehr positiv bewertet, sodass er im Herbst 1924 erstmals eine eigene Ausstellung in einer New Yorker Galerie durchführen konnte. Er verkaufte dort alle ausgestellten Bilder. Seitdem verdiente er so gut, dass er seine ungeliebte Tätigkeit als Illustrator endlich aufgeben konnte.

Mit seiner Frau verbrachte Edward Hopper regelmäßig die Sommermonate an den Küsten der amerikanischen Bundesstaaten Maine und Massachusetts. 1934 bauten er und seine Frau sich dort ein Atelierhaus in South Truro auf der Halbinsel Cape Cod (dt.: Kap Kabeljau[1]). Die dortige Landschaft begeisterte Hopper, und er verarbeitete seine Eindrücke von dieser Gegend seitdem in seinen Werken.

Als Vorlage für seine Bilder wählte Edward Hopper alltägliche Motive, zum Beispiel Häuser, Tankstellen, Bahnlinien und Straßenzüge. Innenansichten zeigen einfache Hotelzimmer, Theater oder Büros. Die wenigen Personen, die auf seinen Bildern zu sehen sind, beherrschen die Szenen dadurch, dass sie entweder einen Punkt außerhalb des Bildes betrachten oder sich auf sich selbst oder eine Tätigkeit konzentrieren. Außerdem entstanden in Cape Cod zumeist Landschaftsbilder.

[1] der Kabeljau:

Im Anschluss an eine ausgedehnte Zugreise durch die Vereinigten Staaten im Jahre 1925 entstand Hoppers Gemälde „House by the Railroad" (Haus am Bahndamm), das große Beachtung fand und 1930 als erstes Gemälde vom Museum of Modern Arts (MOMA) angekauft wurde. Dieses Bild inspirierte sogar Alfred Hitchcock, sodass er es 1960 als Vorbild für das Haus in seinem Film „Psycho" wählte. In den kommenden Jahren entstanden viele weitere berühmte Bilder Edward Hoppers, die Sie in dieser Ausstellung betrachten können.

In seinen Bildern setzte sich Hopper schwerpunktmäßig mit Einsamkeit und menschlicher
5 Isolation auseinander, wie auch in diesem populärsten Bild des Künstlers mit dem Titel „Nighthawks" (Nachtschwärmer) von
10 1942. Es zeigt eine Bar bei Nacht, in der der Betrachter von außen vier Personen erkennt, die sich nicht unterhalten, sondern nur dasitzen.
Ab 1945 geriet Hopper in eine unproduktive Phase und verbrachte, statt zu malen, viel Zeit mit Theater- und Kinobesuchen. Ihm war es auch nicht wichtig,
15 was in der Kunstszene gerade modern war, sondern er blieb seinem Stil treu. Am 15. Mai 1967 starb Edward Hopper nach langer Krankheit in New York City.

Seite 134

Folie

2 Beantworte die Quizfragen. Kreise jeweils den Buchstaben der richtigen Antwort ein. Bilde danach aus den Buchstaben das Lösungswort und trage es auf der Postkarte auf Seite 119 ein.

Museumsquiz

1. Wen heiratete Edward Hopper 1924?
   G   Jacqueline Veronika Newman
   A   Josephine Verstille Nivison
   K   Justine Verena Nelson

2. Welche beruflichen Stationen durchlief Hopper?
   L   Kunstlehrer – Maler – Journalist – Illustrator
   A   High School – Illustrator – Maler – Reiseleiter
   B   Illustrator – Kunstlehrer – Druckgrafiker – Maler

3. Was bedeutet MOMA?
   E   Museum of Modern Arts
   U   Museum of Massachusetts
   T   Museum ohne momentane Ausstellung

4. Wo hatten Hopper und seine Frau ihr Atelierhaus?
   S   Seattle
   N   South Truro
   R   Paris

5. Wann verkaufte Hopper sein erstes Bild?
   D   1913
   B   1924
   G   1925

6. Welchen Beruf übte Hoppers Vater aus?
- T Illustrator
- H Maler
- E Journalist
- I Kurzwarenhändler

7. Welche Motive sind in Hoppers Bildern häufig zu sehen?
- E prominente Menschen, wie Marilyn Monroe und Alfred Hitchcock
- A berühmte Bauwerke der USA
- N alltägliche Szenen
- T Waldtiere und Vögel

8. Ordne die Aussagen links dem jeweiligen Bild rechts zu. Kreise die Buchstaben ein.

	„Sailing"	„Nighthawks"	„House by the Railroad"
Das Bild diente als Vorlage für ein Haus in einem Film.	A	N	C
Es ist Hoppers bekanntestes Bild.	E	A	R
Es ist Hoppers erstes Bild, das vom MOMA gekauft wurde.	W	N	P
Hopper verdiente durch den Verkauf des Bildes 250 Dollar.	E	N	Y
Das Bild stammt aus dem Jahr 1942.	O	C	S
Das Gemälde wurde 1913 in einer Ausstellung gezeigt.	O	D	R
Dieses Bild entstand 1925.	K	A	D

3 Ergänze das Lösungswort auf der Postkarte. Die Buchstaben ergeben den Titel eines bekannten Bildes von Edward Hopper.

Museumsquiz „Edward Hopper"

Lösungswort: _ _ _ _ _ _ _ _

Deine Anschrift:

- Folie
- Seite 135
- Seite 134

Abend in Cape Cod – einen Audioguide-Text untersuchen

Wonach streckt der Mann wohl seine Hand aus?

Und was könnte der Hund entdeckt haben?

1 Betrachte das Bild „Abend in Cape Cod":
  a) Wie würdest du die Fragen zweier jugendlicher Ausstellungsbesucher zum Bild beantworten?
  b) Findet zu zweit Antworten auf folgende Fragen, um euren ersten Eindruck festzuhalten:
   – Wie stehen die Personen auf dem Bild wohl zueinander?
   – Was könnte kurz vor dieser Momentaufnahme geschehen sein?

2 Du bist ein Besucher der Ausstellung. Nun stehst du vor diesem Bild:
  a) Wohin fällt dein Blick zuerst (Eyecatcher)?
  b) Betrachte das Bild genau. Lass dir dafür mindestens 60 Sekunden Zeit. Beantworte danach die folgenden Fragen stichpunktartig:
   – Welche Stimmung vermittelt das Bild?
   – Was gefällt dir an dem Bild besonders?
   – Welche typischen Hopper-Motive erkennst du wieder?
  c) Vergleicht zu zweit eure Stichpunkte und ergänzt sie, falls nötig.

Infotafel

– „Abend in Cape Cod" (1939)
– Bild nach Skizzen verschiedener Orte und Figuren aus der Umgebung Cape Cods

3 Der folgende Audioguide-Text beschreibt das Bild näher: ☆ **Seite 134**
   a) Lest den Text zu zweit: Während der eine den Text vorliest, betrachtet der andere aufmerksam das Bild und folgt der Beschreibung mit den Augen. Tauscht bei der roten Linie die Aufgaben. Ihr könnt euch den Text auch anhören.
   b) Tauscht euch darüber aus, ob der Audioguide-Text euch auf Stellen im Bild aufmerksam gemacht hat, die ihr vorher noch nicht so genau betrachtet habt.

„Abend in Cape Cod"

Nun stehst du vor dem Bild mit dem Titel „Abend in Cape Cod", das 1939 entstand. Hopper hat darauf die Stimmung eines warmen Sommerabends in Cape Cod festgehalten.
Dein Blick fällt bestimmt zuerst auf die beiden Personen. Aufgrund der Perspek-
5 tive scheint es so, als würde der Betrachter sie heimlich beobachten. Eine Frau mittleren Alters steht mit verschränkten Armen am Erker[1] eines Hauses links neben der Eingangstür und hat den Blick auf das hohe Gras gerichtet, vielleicht auf den Collie, der darin halb versunken ist. Der Körper der Frau ist dem Mann zugewandt. Sie trägt ein elegantes, dunkelgrünes Kleid, das ihre kurvige Figur
10 betont und ihre Knie umspielt. Es wirkt mit seinen halblangen Ärmeln und dem runden Halsausschnitt geschlossen. Ihr dunkelblondes Haar schimmert in der Abendsonne und ist am Hinterkopf festgesteckt. In ihrem rundlichen Gesicht sind schmale Lippen zu erkennen sowie eine Stupsnase und dunkle Augen.
Rechts neben ihr sitzt auf der Treppenstufe vor einer Tür ein Mann ähnlichen
15 Alters. Sein dünner, aber zugleich muskulöser Oberkörper ist leicht nach vorn gebeugt. Der Mann stützt sich mit seinem linken Arm auf dem Oberschenkel ab, während sein rechter Arm ausgestreckt mit den Spitzen des hohen Grases spielt. Was denkst du? Vielleicht versucht er, den Hund herüberzulocken. Sein kurzes Haar erscheint in der Sonne goldgelb. Wenn du genau hinschaust, siehst du, dass
20 sein markantes Gesicht müde und ein wenig bedrückt wirkt. Es ist darauf kein Lächeln zu sehen. Seinen Blick richtet der Mann ebenso wie die Frau auf das Gras. Er trägt eine schwarze Stoffhose und ein weißes T-Shirt.
Vielleicht ist dir aber auch der Collie als Erstes aufgefallen, da er im Zentrum des Bildes steht. Sein glänzendes Fell ist auf dem Kopf und am Rücken braun wie
25 Schokolade. Dies stellt einen Kontrast zur weißen Farbe seines Bauches sowie seiner Schwanzspitze dar. Diese Farbwechsel lassen den Hund fast lebendig erscheinen, es wirkt so, als ob er sich bewegen würde. Der Hund steht im hohen Gras und schaut nach links. Er richtet seine Aufmerksamkeit auf etwas, das sich außerhalb des linken Bildrands befindet, denn sein Blick und seine aufge-
30 stellten Ohren zeigen in diese Richtung. Was er wohl gewittert hat?

Wende dich nun dem Haus zu. Obwohl die Fassade nicht mehr reinweiß strahlt, sieht es immer noch vornehm aus. Das liegt sicher an den geschwungenen Verzierungen des Vordachs über der Eingangstür. In den geschlossenen Fenstern hängen Gardinen und die Rollläden sind als Schutz vor der Hitze halb herunter-
35 gelassen. Die Fensterrahmen sind dunkelbraun gestrichen. Das Dach des Erkers und der Sockel[2] des Gebäudes sind rotbraun gehalten.
Das Haus steht an einem Wäldchen aus Laubbäumen. Auf der linken Seite ist der Wald nahezu ganz schwarz. Nur ein Baum direkt neben dem Haus schimmert

1. Abschnitt: Informationen zum Bild

[1] der Erker:

[2] der Sockel: unterer, abgesetzter Teil, auf dem ein Gebäude steht

graugrün. Die restlichen erkennbaren Bäume sind in einem dunklen Blaugrün
40 gemalt. Ein Zeichen für den Sommer ist, dass das frische Grün des Frühlings
bereits verlorengegangen ist. Das hast du dir sicher bereits gedacht, denn Hopper hat z. B. das Gras nicht etwa grün, sondern in Gelbtönen gemalt, die farblich mit dem Fell des Hundes harmonieren. Durch die gelblichen Farbwechsel wirkt es, als ob ein Windhauch das knöchelhohe Gras durchzieht. So verbindet Hop-
45 per alle Elemente des Bildes miteinander. Kannst du es sehen und spüren?
Beim genauen Betrachten fällt dir vielleicht auf, dass Hopper hier aufeinander abgestimmte Farben verwendet, wie z. B. die der Tannen und des Kleides. Ebenso findet sich das verwaschene Weiß des Hauses im T-Shirt des Mannes sowie im Hundefell und im Gras wieder. Alle Farben wirken beruhigend und harmonisch.
50 Sie lassen das Motiv als einen lauen Sommerabend erscheinen.
Wie sieht es mit den Personen aus? Ihre Gefühlslage scheint im Widerspruch zur ansonsten schönen Szene zu stehen. Warum Hopper die beiden in einer bedrückten Stimmung dargestellt hat, können wir als Betrachter nur vermuten. Denk darüber nach, denn genau das macht das Bild so spannend, findest du
55 nicht? Nimm dir noch etwas Zeit und folge mir dann zum nächsten Bild!

Seite 135

Seite 330

Folie

4 Untersuche den Audioguide-Text genauer, um herauszufinden, wie solche beschreibenden Texte gegliedert und formuliert werden. Übertrage die **Mindmap** und halte darin deine Ergebnisse nach jeder Teilaufgabe fest:
a) Lies den Text noch einmal und ermittle seine **Struktur**. Markiere dazu wichtige Begriffe im Text, die Hinweise auf die Struktur geben. Bilde dann Sinnabschnitte und gib ihnen am Rand passende Überschriften.
b) Wie wird der Zuhörer im Text angesprochen? Notiere, an wen sich der Text richtet. Markiere Stellen, die besonders **adressatenorientiert** formuliert sind.
c) Markiere Formulierungen, mit denen der Text den **Blick des Zuhörers** lenkt.

Seite 271

d) Wie ist der Text gestaltet? Markiere **sprachliche Besonderheiten**.
e) Wie wird die **Wirkung des Bildes** im Text beschrieben? Markiere diese Stellen.
f) Vergleiche deine Mindmap mit der eines Partners. Ergänzt Beobachtungen, die ihr nicht notiert habt, und streicht Stichworte, die nicht nachvollziehbar sind.

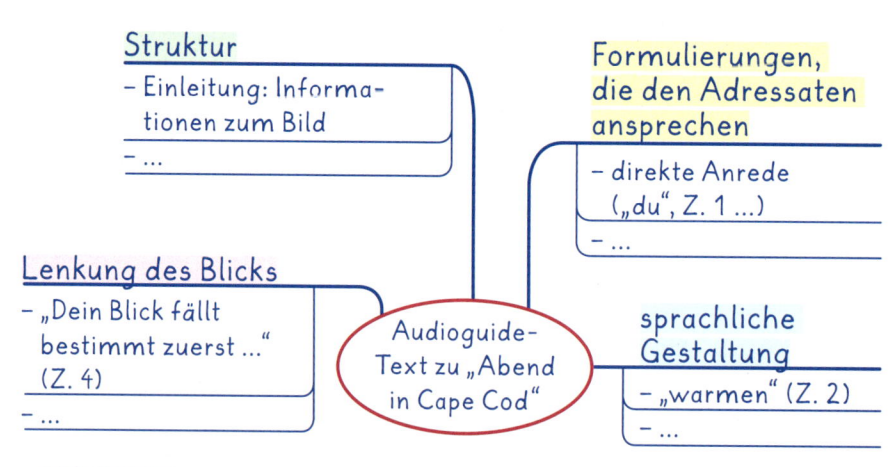

Struktur
– Einleitung: Informationen zum Bild
– ...

Formulierungen, die den Adressaten ansprechen
– direkte Anrede („du", Z. 1 ...)
– ...

Lenkung des Blicks
– „Dein Blick fällt bestimmt zuerst ..." (Z. 4)
– ...

Audioguide-Text zu „Abend in Cape Cod"

sprachliche Gestaltung
– „warmen" (Z. 2)
– ...

→ Wirkung: ...

5 a) Tauscht euch in der Klasse aus, warum der Audioguide-Text so formuliert ist.
b) Welche sprachlichen Funktionen werden hier deutlich?

Meeresfacetten – Farbbezeichnungen richtig schreiben

1 Betrachte das Bild:
a) Notiere in einem Cluster möglichst genau, was du erkennst und welche Farben verwendet wurden, z. B.:
blassblaues Wasser ...
b) Überprüfe deine Schreibweise der Farbbezeichnungen mithilfe der **LERNBOX**.

> **Infotafel**
> – „Dünung" (1939)
> – Dünung sind durch Wind verursachte Wellen.
> – Hopper war an der Schifffahrt interessiert.

„Dünung"

Das Gemälde „Dünung", vor dem du jetzt stehst, hat Hopper 1939 gemalt. Es zeigt ein Segelboot mit vier Personen, das an einer Boje[1] vorbeifährt. Auf den ersten Blick fällt dir sicher das viele (1) BLAU und (2) WEIß auf. Das (3) SCHNEE/WEIß des Bootes lässt das Bild richtig leuchten. Die Boje daneben hat Hopper
5 bewusst (4) SCHWARZ/BRAUN gemalt. Im Sonnenlicht sieht ihre linke Seite fast ein wenig (5) OLIV/GRÜN aus. Fällt dir auf, dass sich die Menschen auf dem Boot farblich voneinander unterscheiden? Die Haut des vorderen Mannes ist fast (6) KAFFEE/BRAUN, während die liegende Frau und der Mann am (7) HELL/BRAUNEN Mast eher (8) KREIDE/WEIß sind. Die Wellen wirken wie Treppen-
10 stufen. Während die vorderste (9) CREME/WEIß und (10) ZART/BLAU ist sowie (11) GRAU/GRÜNE Wasserflecken hat, sieht das (12) MEERES/BLAU am Horizont kräftiger aus. Der Himmel scheint sich zu verändern, während du das Bild betrachtest – darum wirkt es so lebendig. Durch die (13) SILBER/WEIßEN Wolken schimmert sein (14) BLAU eher (15) HELL/BLAU als (16) HIMMEL/BLAU.

[1] die Boje: verankertes Seezeichen

2 a) Vergleiche die Farbbezeichnungen im Text und im Cluster (Aufgabe **1**): Hast du ähnliche Farbbezeichnungen gewählt? Welche findest du genauer?
b) Entscheide mithilfe der **LERNBOX**, wie die Farbbezeichnungen im Text geschrieben werden müssen. Notiere sie in der richtigen Schreibweise.

💡 Seite 135
⭐ Seite 134
📄 Seite 283

> **! LERNBOX**
>
> **So schreibst du Farbbezeichnungen richtig:**
> 1. **Groß** (= Nomen) schreibst du, wenn vor der Farbbezeichnung ein **Artikel**, eine **Präposition**, ein **Pronomen** oder ein **Adjektiv** (**Signalwörter**) steht: *das* Blau *des Meeres*, *ins (in das)* Grüne *gehen*, *sein* Blau, *das helle* Blau.
> 2. **Zusammen und klein** (= Adjektiv) schreibst du, wenn du
>   – **zwei Adjektive** miteinander verbindest: *gelbbraun, hellgrün*;
>   – ein **Nomen** und ein **Farbadjektiv** kombinierst: *Eis + blau = eisblau*.

Hotel Lobby –
einen Audioguide-Text verfassen

Ruhe

1. Betrachte das Bild genau, lass dir dazu mindestens 60 Sekunden Zeit:
   a) Notiere deine Eindrücke zum Bild stichpunktartig darum herum (Folie).
   b) Tausche dich mit einem Partner über deine Eindrücke aus.

Infotafel

– „Hotel Lobby" (1943)
– Hopper reiste gern.
– ausgestellt im Indianapolis Museum of Art (IMA)
– 1945 mit Kunstpreis *Logan Medal of the Arts* ausgezeichnet

2. Bereitet zu dritt einen Audioguide-Text zu dem Bild vor:
   a) Einigt euch, wer welchen Bildausschnitt bearbeitet.
   b) Schreibe für deinen Bildausschnitt stichpunktartig auf ein Blatt, was du siehst (Personen, Gegenstände, Umgebung …). Du kannst dazu die Wörter und Formulierungen von Seite 126 nutzen.
   c) Lasst die Blätter nun kreisen und lest die Ergebnisse der anderen. Ihr könnt sie ergänzen oder Fragen stellen. Wenn ihr Unpassendes entdeckt, klammert es ein.
   d) Zieht Schlussfolgerungen, warum Hopper diese Farben ausgewählt hat, und notiert zusammenfassend die Wirkung des Bildes (Stimmung, Atmosphäre …).

Seite 135

3. Vergleicht eure Ergebnisse in der Klasse. Ergänzt eure eigenen Notizen oder verändert sie, falls nötig.

4 Verfasse mithilfe der Ergebnisse aus den Aufgaben 2 und 3 zu dem Bild einen Audioguide-Text, der sich an Jugendliche richtet. 　Seite 135
   a) Lies zuerst die **LERNBOX**.
   b) Schreibe eine Einleitung und nutze dazu die Infotafel (Seite 124).
   c) Beschreibe im Hauptteil das Gemälde genau: Gehe vom Gesamtbild aus und wende dich dann den Details (Aussehen der Personen, deren Beziehung, Gegenstände, Umgebung) zu. Nutze dazu Formulierungen von Seite 126.
   d) Gehe im Schlussteil auf die Wirkung (Stimmung, Atmosphäre …) des Bildes ein.

5 Überarbeitet eure Texte zu dritt in einer **Schreibkonferenz** mit Textlupen: 　Seite 335
   a) Jeder liest seinen Text vor. Die beiden anderen betrachten währenddessen das Bild und überprüfen, ob die Beschreibung dazu passt und vollständig ist.
   b) Überprüft die Texte nun in Einzelarbeit. Jeder widmet sich einem Teilbereich (Textlupe) und notiert dazu Überarbeitungshinweise.
   Schüler 1: Ist die Leserlenkung ausreichend? An welchen Stellen würde sich eine Lenkung des Lesers noch anbieten?
   Schüler 2: Wird der Adressat ausreichend und passend angesprochen? Ergänze eine Anrede, Fragen usw., falls nötig.
   Schüler 3: Sind die Beschreibungen abwechslungsreich, anschaulich, lebendig und genau formuliert?

6 a) Nimm deinen überarbeiteten Audioguide-Text als Audiodatei auf. Achte darauf, dass du den Text verständlich und langsam einsprichst. Betone den Text angemessen und beschreibe abwechslungsreich und lebendig.
   b) Hört euch verschiedene Texte in der Klasse an, und gebt euch jeweils Rückmeldungen. Einigt euch vorher auf Kriterien, die ihr bewerten möchtet.

⚠ LERNBOX

So schreibst du einen Audioguide-Text:
Inhalt
1. Schreibe eine **Einleitung**, in der du deinen Adressaten über das Bild informierst (**Titel des Bildes, Maler, Entstehungsjahr, kurze Darstellung des Motivs**) und **neugierig machst**.
2. **Beschreibe** im **Hauptteil** genau, **was du siehst**: Personen (Kleidung, Körperhaltung, Mimik/Gestik), Gebäude, Umgebung, Blickrichtung …
3. Beschreibe im **Schlussteil** deinen **Gesamteindruck** und begründe: Welche Farben dominieren? Welche **Wirkung** (Stimmung, Atmosphäre …) vermittelt das Bild?

Darstellung
1. Sprich deinen **Adressaten** (Jugendlicher) direkt und angemessen an, um Interesse zu wecken oder zu erhalten sowie den Blick auf die Besonderheiten zu lenken (Anrede, Fragen, Spekulationen …): *Wenn du genau hinschaust, entdeckst du … / Geht es dir auch so, dass …?*
2. Formuliere **abwechslungsreich, anschaulich, lebendig** und **genau**. Verwende treffende Adjektive *(cremeweiß)* oder Vergleiche *(… sieht aus wie …).*
3. Schreibe im **Präsens**.

Bildbeschreibungspalette

Umgebung
Gebäude/Räume:
das Wohnhaus, die Veranda, die Hotelhalle, die Bar …
hoch, flach, verziert, versteckt, verwinkelt, eng, weit …
Landschaften: der See, das Meer, das Ufer, die Gischt, die Wellen, die Berge, die Wiesen, das Tal, der Strand, der Wald …
karg, hügelig, blühend, trostlos, eben, verträumt, weit …
Gegenstände/Möbel: die Rezeption, der Sessel, die Theke, das Klavier, der Barhocker, der Balken …
glatt, dunkel, einfach, eben …

Lenkung des Blicks
Dein Blick fällt bestimmt zuerst auf …
Rechts/Links neben dem …
Wende dich nun der/dem … zu.

Adjektive zur Beschreibung von Personen und Tieren
Körper: muskulös, schlank, trainiert, rundlich, kurvig, knochig, athletisch, breitschultrig, zierlich, jugendlich, alt …
Körperhaltung: aufrecht, gekrümmt, stolz, distanziert, unnahbar, entspannt …
Gesichtsausdruck: freundlich, nachdenklich, arrogant, lustlos, verträumt, bedrückt, erwartungsvoll, konzentriert, müde …

Farben
dunkelgelb, gelb wie die Sonne, zitronengelb …
limonengrün, grasgrün …
braun wie Schokolade, rotbraun …
rostrot, purpur, fuchsia, rot wie Kirschen …
cremeweiß, eierschalenweiß …
hellblau, blau wie der Himmel, türkis …

Stimmung/Atmosphäre
fröhlich, freundlich, verträumt, entspannt, einladend …
melancholisch, bedrückend, traurig, einsam, niedergeschlagen, trist, trostlos …

Adressatenorientierung
Wenn du genau hinschaust, entdeckst du …
Geht es dir auch so, dass …?
Das Gemälde, vor dem du jetzt stehst, …
Findest du nicht, dass …
… wie du erkennen kannst …
Dabei denkst du sicher an …

Angepasst – adressatengerecht formulieren

A [...] Euer Blick richtet sich bestimmt zuerst auf den gut gekleideten Mann mit dem schwarzen Anzug, da er fast im Zentrum des Bildes steht, stimmt's? Er wirkt entspannt, denn er hat seine linke Hand in die Hosentasche gesteckt. Dass er etwas älter ist, verraten seine grauen Haare. Über seinem rechten Arm liegt ein brauner Mantel. Seinen Blick richtet er auf die Ausgangstür, als ob er auf jemanden warten würde. Beim genauen Hinsehen ist euch sicherlich aufgefallen, dass der Mann sich in einem Gespräch befindet, denn direkt neben ihm sitzt eine ältere Frau, die zu ihm aufschaut. Mit ihrem roten Kleid, dem schwarzen Mantel und dem Hut passt sie gut zu dem Herrn. Vermutlich sind die beiden verheiratet. Lenkt nun eure Aufmerksamkeit auf die andere Seite der Empfangshalle, denn dort ... [...]

B [...] Das betagte Paar, welches sich im Zentrum des Hotelfoyers befindet, zieht beim Betrachten des Bildes die Aufmerksamkeit auf sich. Die Frau sitzt in einem der Sessel und sieht zu ihrem Mann empor. Sie trägt ihr kurzes, schneeweißes Haar unter einer schwarzen Kopfbedeckung mit einer pfauenartigen Feder. In ihrem rot schimmernden Kleid wirkt sie elegant. Passend dazu trägt sie schwarze Schuhe. Ihre Arme liegen entspannt auf der Armlehne des Sessels. Der Gentleman neben ihr ist mit seinem schwarzen Anzug und der Weste ebenfalls elegant gekleidet. Dazu trägt er ein weißes Hemd mit einer braunroten Krawatte. Dadurch, dass seine linke Hand in seiner Hosentasche steckt, wirkt er nonchalant und unbeschwert. [...]

1 Untersucht die Textauszüge mit der Methode des **Partnerpuzzles**:
  a) Lest die Texte und achtet auf Adressatenorientierung und Genauigkeit (**LERNBOX**). Markiert diese Stellen jeweils mit unterschiedlichen Farben.
  b) Stellt euch gegenseitig eure Ergebnisse vor: Partner A liest den Text laut vor und erläutert danach seine Ergebnisse. Danach ist Partner B an der Reihe.
  c) Vergleicht nun beide Texte: Welcher eignet sich besser als Audioguide-Text für Jugendliche? Begründet eure Einschätzung mithilfe eurer Ergebnisse.

📄 Seite 331
✏️ Folie

⚠️ LERNBOX

So weckst du das Interesse eines jugendlichen Adressaten:
1. Wecke mit einem **interessanten Einstieg** die Neugier (Neugierwecker) auf das Bild: *Hier stehst du vor dem Gemälde „...". / Dieses Bild ist besonders ...*
2. **Sprich** deinen Adressaten **direkt an**. Damit regst du seine Gedanken an. Stelle Fragen an ihn: *Wenn du genau hinschaust, ... / Entdeckst du ...?*
3. Verwende für deine Überleitungen zwischen den Passagen **abwechslungsreiche Satzanfänge**. So kannst du den Blick lenken: *Richte deinen Blick nun auf ... / Sieh mal neben ... / Beim genauen Hinsehen fällt dir sicher ... auf. / Wende dich dem rechten Bildrand zu ...*
4. Beschreibe **abwechslungsreich, anschaulich, lebendig** und **genau**, ziehe z. B. Vergleiche: *der Raum wirkt düster wie ein Keller.*
Verwende auch treffende Ausdrücke (Adjektive, Verben, Nomen), die deine Bildbeschreibung **interessant** machen.

Das ist Hopper …! – Einen Audioguide-Text für Jugendliche planen und schreiben

Seite 134 ⭐ In eurer Klasse sollt ihr eine eigene kleine Hopper-Ausstellung für Jugendliche gestalten. Hierfür benötigt ihr noch die Hörtexte für die Ausstellungsbesucher.

A

Infotafel
- „Sommerabend" (1947)
- Veranda eines typischen Hauses an der Ostküste der USA, z. B. in Cape Cod

B

Infotafel
- „Zimmer in New York" (1932)
- aus der Serie „window paintings" („Fensterbilder")
- „Drama des Alltäglichen" – ähnelt einer Bühnenszene

C

Infotafel
- „House by the Railroad – Haus am Bahndamm" (1925)
- Haus im viktorianischen Stil
- seit 1930 im MOMA in New York City

D

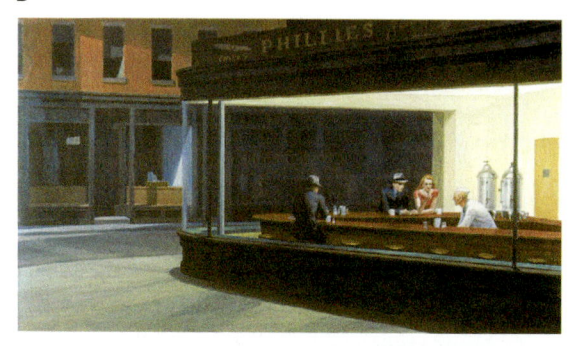

Infotafel
- „Nighthawks – Nachtschwärmer" (1942)
- Hoppers wohl bekanntestes Werk
- eines der populärsten Bilder des 20. Jahrhunderts
- Motiv wurde oft kopiert (z. B. Simpsons, Marylin Monroe und Humphrey Bogart)

1 Erarbeitet die Audioguide-Texte mittels eines **Gruppenpuzzles**:
  a) Findet euch in Vierergruppen (Stammgruppen) zusammen und teilt die vier Bilder unter euch auf, sodass jeder ein anderes Bild beschreibt.
  b) Plane deine Bildbeschreibung mithilfe einer Mindmap mit folgenden Ästen: *Struktur – Formulierungen, die den Adressaten ansprechen – Lenkung des Blicks – sprachliche Gestaltung*. Ziehe auch ein Fazit zur *Wirkung*. Notiere dir zudem Formulierungen, die du verwenden willst, z. B.:
  Zuerst fällt dein Blick auf …
  c) Findet euch in Expertengruppen zusammen. Vergleicht, modifiziert und ergänzt eure Ergebnisse zum jeweiligen Bild. Tauscht eure Formulierungen aus.
  d) Erschließe die Aufgabe im Kasten.

> Schreibe zu dem betreffenden Bild einen Audioguide-Text, der sich an Jugendliche richtet. Du sollst darin über das Bild informieren, aber auch bei deinen Zuhörern Interesse wecken, sodass sie bis zum Ende zuhören.
> **a)** Formuliere eine Einleitung, in der du den Titel des Bildes, den Maler, das Entstehungsjahr und das Motiv **benennst**.
> **b) Beschreibe** im Hauptteil, was auf dem Gemälde zu sehen ist: Aussehen der Personen (Kleidung, Körperhaltung), Gebäude und Umgebung, Farben … Formuliere dabei abwechslungsreich, anschaulich, lebendig und genau.
> **c) Erläutere** im Schlussteil die Wirkung (Stimmung, Atmosphäre …) des Bildes.

  e) Verfasse mithilfe deiner Mindmap den Audioguide-Text, der das gewählte Gemälde beschreibt. Berücksichtige die Hinweise aus den **LERNBOXEN** auf den Seiten 125 und 127 und nutze die Formulierungen auf Seite 126.
  f) Findet euch wieder in den Expertengruppen zur Schreibkonferenz zusammen. Lest die Texte still und überarbeitet sie unter folgenden Aspekten:
  – Vollständigkeit und Struktur: Werden die wesentlichen Elemente des Bildes beschrieben?
  – Adressatenorientierung: Werden die Adressaten angemessen und ausreichend angesprochen?
  – sprachliche Gestaltung: Wird anschaulich, genau und lebendig beschrieben?
  g) Überarbeite deinen Text. Nimm ihn, falls möglich, auf.

2 Führt einen Museumsgang mit Experten in den Stammgruppen durch:
  a) Erkläre zunächst mithilfe der Abbildung rechts, wie ein Museumsgang mit Experten funktioniert.
  b) Geht anschließend in euren Stammgruppen so vor:
  – Hängt oder legt eure Bilder aus. Legt je ein Blatt für mögliche Kommentare daneben.
  – Lauft nun von Bild zu Bild. Jeder ist der Experte für sein beschriebenes Bild und spielt den Audioguide-Text ab oder liest ihn vor.
  – Bevor die Gruppe zum nächsten Bild geht, notieren die Zuhörer/Betrachter ihre Kommentare auf dem beigelegten Blatt: Inhalt (Vollständigkeit, Beschreibung des Bildes, Lenkung des Blicks, Adressatenbezug, Wirkung) und Vortrag.

Museumsgang mit Experten

Sommerabend – einen Audioguide-Text für Jugendliche überarbeiten

Folie 1 Jana hat beim Museumsgang (Seite 129, Aufgabe 2) das Bild „Sommerabend"
(Seite 128, Bild A) vorgestellt.
Lies ihren Audioguide-Text und überprüfe, ob alle Teilaufgaben bearbeitet
wurden. Vergleiche den Text dazu mit der Aufgabe im Kasten auf Seite 129 und
kennzeichne die Teilaufgaben am Rand.

„Sommerabend"

Entstehungsjahr fehlt

|vermittelt dem Betrachter den Eindruck|

Teilaufgabe a)

Du stehst nun vor einem weiteren Gemälde Edward Hoppers, es trägt den Titel „Sommerabend". Hier siehst du ein Haus mit einer Veranda, auf der zwei Personen stehen. Dieses Gemälde |ist wirklich etwas Besonderes, da man den Eindruck gewinnt|, einen besonderen Moment mitzu-
5   erleben.

R

Kleidung genauer beschreiben

Adressat mit „du" ansprechen

Das Bild zeigt zwei Menschen, wahrscheinlich Mitte 20, die spät am Abend draußen auf der Veranda eines Hauses stehen. Das junge Paar erzeugt besondere Aufmerksamkeit beim Betrachten des Bildes, findest du nicht? Die hübsche junge Frau lehnt an einer Mauer und stützt sich mit
10 ihren Händen hinter dem Rücken ab. Ihre Haare sind Mittelblond und sie trägt sie links gescheitelt und offen. Passend zum Titel des Bildes ist sie kaum bekleidet, denn es ist Sommer und die Luft ist sehr warm. Ihren Blick richtet sie nach unten auf den Boden, wodurch ihr Gesicht nicht ganz zu erkennen ist.

15 Lenken Sie nun Ihre Aufmerksamkeit auf den Mann rechts neben der Frau. Sieht er nicht gut aus? Er ist etwas größer als sie und hat kurze, ebenfalls mittelblonde Haare. Durch seine breiten Schultern und die schmale Hüfte wirkt der junge Mann athletisch. Im Gegensatz zur leicht bekleideten Frau fallen seine weiten Hosen und sein T-Shirt auf. Was
20 macht er mit seiner linken Hand? Es scheint so, als fasse er sich an sein Herz, um seine Worte zu unterstreichen. Oder redet er auf die Frau ein? Kommen Ihnen die beiden auch so vor, als ob sie ein ernstes Gespräch führen würden? Es wirkt so, weil die Frau nur auf den Boden guckt, während der Mann sie eindringlich ansieht. Das Bild erscheint wie
25 eine Szene aus einem Film, finden Sie nicht auch?

|lassen|

Die Lamellen an der Front des Hauses |ließen| auf ein typisches Holzhaus an der Ostküste der USA, wie es sie in Cape Cod gab, schließen. Es war hell gestrichen, vermutlich weiß, aber die Farbe war schon etwas nachgedunkelt. Die grüne Farbe der Tür war im Gegenteil zum Fenster gut zu erken-
30 nen. An der blass blauen Decke der Veranda befand sich die einzige Lichtquelle des Bildes in Form einer einfachen runden Deckenleuchte. Durch die dunkle, ja fast Schwarze Nacht erkannte man nicht, was sich neben oder vor dem Haus befand. Das Lichtspiel aus hell und dunkel verleiht

dem Bild eine gewisse Dramatik. Die Veranda hebt sich von dem dunklen,
35 beinahe Schwarzen Hintergrund ab. Die ganze Szene erinnert an die Bühne
eines Theaters, getreu nach dem Motto: Licht aus, Spot an. Aber genau
durch dieses Lichtspiel erkennen Sie die nachdenkliche, ja fast melancho-
lische Stimmung. Das junge Paar sieht nicht gerade frisch verliebt aus,
stimmt's? Die beiden wirken nicht fröhlich, sondern eher schweigsam.
40 Die dunklen Farben unterstützen die Wirkung der eher tristen Szene.
Einen heiteren Sommerabend stellst du dir doch bestimmt ganz anders
vor, oder?
Na, hast du noch nicht genug? Dann mach dich auf zum nächsten Bild
Edward Hoppers.

Atmosphäre ausführlicher

2 a) Überarbeite den Audioguide-Text, der sich an Jugendliche richten soll, mithilfe der **CHECKLISTE**. Setze dazu die Randbemerkungen fort und verwende die Korrekturzeichen.
b) Markiere Formulierungen, die gut gelungen sind. Du kannst sie für deine Audioguide-Texte nutzen.
c) Schreibe den Text überarbeitet in dein Heft.

Folie
Seite 135
Folie

3 Vergleiche deine Überarbeitung mit der eines Partners.

4 Überarbeite deinen Text von Seite 128/129 ebenso.

☑ CHECKLISTE

Einen Audioguide-Text überarbeiten
Inhalt
1. Wird der Adressat in der **Einleitung** über das Bild informiert (**Titel des Bildes, Maler, Entstehungsjahr und kurze Darstellung des Motivs**) und **neugierig gemacht**?
2. Wird im Hauptteil genau beschrieben, **was man sieht**: Personen (Kleidung, Körperhaltung, Mimik/Gestik), Gebäude, Umgebung ...?
3. Wird im **Schlussteil** der **Gesamteindruck** beschrieben und durch dominierende Farben und die **Wirkung** (Stimmung, Atmosphäre ...) des Bildes begründet?

Darstellung
1. Wird der **Adressat** (Jugendlicher) **direkt** und **angemessen** angesprochen, um Interesse zu wecken oder zu erhalten sowie den Blick auf die Besonderheiten zu lenken?
2. Wird **abwechslungsreich, anschaulich, lebendig** und **genau** formuliert? Werden Wiederholungen vermieden?
3. Wird im **Präsens** formuliert?
4. Wurde auf die korrekte **Rechtschreibung** und **Zeichensetzung** geachtet?

Kompetenz-Check:
einen Audioguide-Text schreiben

Infotafel

- „Chop Suey" (1929)
- zwei Frauen bei einem Gespräch im Restaurant namens Chop Suey
- starke Lichteffekte
- aus der Serie „window paintings" („Fensterbilder")

Schreibe zu Edward Hoppers Bild „Chop Suey" einen Audioguide-Text, der sich an Jugendliche richtet. Du sollst darin über das Bild informieren, aber auch bei deinen Zuhörern Interesse wecken, sodass sie bis zum Ende zuhören.
a) Formuliere eine Einleitung, in der du den Titel des Bildes, den Maler, das Entstehungsjahr und das Motiv **benennst**.
b) **Beschreibe** im Hauptteil, was auf dem Gemälde zu sehen ist: Aussehen der Personen (Kleidung, Körperhaltung), Gebäude und Umgebung, Farben … Formuliere dabei abwechslungsreich, anschaulich, lebendig und genau.
c) **Erläutere** im Schlussteil die Wirkung (Stimmung, Atmosphäre …) des Bildes.

1 **Plane** deinen Audioguide-Text für Jugendliche. Gehe dazu so vor:
   a) Erschließe die einzelnen Teilaufgaben.
   b) Lege als Schreibplan eine Mindmap mit folgenden Ästen an:
   Struktur – Formulierungen, die den Adressaten ansprechen – Lenkung des Blicks – sprachliche Gestaltung. Ziehe auch ein Fazit zur *Wirkung*.

2 **Verfasse** mithilfe des Schreibplans einen Entwurf deines Audioguide-Textes. Orientiere dich dabei an den Teilaufgaben.

3 **Überarbeite** deinen Entwurf mithilfe der **CHECKLISTE** von Seite 131.

Lernbegleitbogen *Bilder von Menschen …*: einen Audioguide-Text schreiben

Kompetenz/Inhalt Ich kann …	Selbsteinschätzung ☺ 😐 ☹	Fremdeinschätzung ☺ 😐 ☹	Bemerkungen	Hier kannst du weiterüben:
Vorwissen benennen und von persönlichen Erfahrungen berichten (S. 114–115)				
aus einem Sachtext Informationen entnehmen (S. 116–119)				
meinen ersten Eindruck zu einem Bild formulieren und Fragen zum Bild beantworten (S. 120)				
einen Audioguide-Text untersuchen und die Ergebnisse in einer Mindmap sammeln (S. 121–122)				
Farbbezeichnungen richtig schreiben (S. 123)				SB, S. 283 AH, S. 63
ein Bild genau beschreiben (S. 124–126): – das Aussehen der Personen, ihre Beziehung, Gegenstände sowie die Umgebung schildern – auf die Wirkung (Stimmung, Atmosphäre …) eingehen				
einen Audioguide-Text in einer Schreibkonferenz mit Textlupen überarbeiten (S. 125)				
einen Audioguide-Text für Jugendliche verständlich und motivierend einsprechen (S. 125)				
adressatengerecht formulieren (S. 127)				
einen Audioguide-Text adressatengerecht verfassen (S. 128–129): – einen Schreibplan kriteriengeleitet anlegen – den Adressaten direkt ansprechen – den Blick des Betrachters lenken – sprachlich angemessen beschreiben – die Wirkung des Bildes erläutern				AH, S. 23–24
einen Audioguide-Text überarbeiten (S. 130–131)				AH, S. 25
Ich habe folgende Aufgaben aus dem Freiraum bearbeitet (S. 134):				

AH = Arbeitsheft, SB = Schülerband

Überprüfe dein Wissen und Können, indem du den **Kompetenz-Check** auf Seite 132 bearbeitest. Vergleiche dein Ergebnis anschließend mit dem Mustertext im Lösungsheft.

Freiraum: So kannst du weiterarbeiten

- Ordne die folgenden Abbildungen den passenden Aussagen/Zeilen im Text zu.

Seite 118

- Lies im Text nach, welche Szenen und Motive Hopper so faszinierten, dass er sie auf Leinwand festhielt.
- Gehe selbst auf Motivjagd: Sammle in deiner Stadt Szenen und Motive, die Hopper auch gewählt hätte, und erläutere, warum du sie ausgewählt hast.

Seite 119

- Zeichne den Weg der Bildbeschreibung auf dem Gemälde nach. Nutze dafür eine Folie.

Seite 121

- Finde Vergleiche, um Farben auszudrücken, z. B. „die Wolken sind weiß wie Porzellan", „deine Augen sind so blau wie der Himmel im Sommer".

Seite 123

- Sucht die Bilder im Internet und druckt sie euch größer aus.
- Ihr könnt weitere Informationen recherchieren und die Infotafeln ausführlicher gestalten.
- Du kannst auch zu einem selbst recherchierten Bild schreiben.

Seite 128

Rätsel:
- Suche dir ein weiteres Bild im Internet oder in der Bibliothek und beschreibe es. Stelle es in der Klasse vor.
- Ein Lernpartner beurteilt nach dem Lesen, ob es sich bei dem vorgestellten Gemälde um ein Bild von Hopper handelt oder nicht.

Von der Beschreibung zum Bild:
- Suche dir ein weiteres Bild von Edward Hopper.
- Verfasse dazu eine Bildbeschreibung.
- Lies den Text einem Partner vor. Währenddessen versucht dein Partner, das Bild zu skizzieren.
- Vergleicht danach die Bildelemente des Originalbildes mit dem deines Partners.

Seite 129

134   Bilder von Menschen ... | Freiraum: Differenzierung und Weiterarbeit

Tipps 💡

Seite 119 3

Das Lösungswort ist der Titel eines Bildes von Edward Hopper, welches du in diesem Kapitel finden kannst.

Seite 122 4

Audioguide-Text zu „Abend in Cape Cod"

Struktur
- Einleitung: Informationen zum Bild
- Beschreibung der Personen
- ...

Formulierungen, die den Adressaten ansprechen
- direkte Anrede („du", Z. 1, 4 ...)
- gezielte Fragen (Z. 18 ...)
- ...

Lenkung des Blicks
- „Dein Blick fällt bestimmt zuerst ..." (Z. 4)
- „Rechts neben ihr ..." (Z. 14)
- ...

sprachliche Gestaltung
- „warmen" (Z. 2)
- „mittleren Alters" (Z. 6)
- „ein elegantes, dunkelgrünes Kleid" (Z. 9)
- ...

→ Wirkung: Die Stimmung wirkt ...

Seite 123 2 b)

Es handelt sich um fünf Nomen und elf Adjektive.

Seite 124 3

So kannst du die Wirkung ausdrücken:
- Die Stimmung in der Hotellobby kann als ... bezeichnet werden, da ...
- Die Atmosphäre wirkt auf den Betrachter ..., weil ...
- Zusammengefasst wirkt das Bild ..., denn ...

Seite 125 4

So kannst du beginnen:
Gehe nun weiter zum nächsten Bild der Ausstellung. Es heißt „Hotel Lobby" und wurde 1943 von Edward Hopper gemalt. Wie der Titel bereits erahnen lässt, siehst du hier eine Hotellobby, in der sich drei Personen aufhalten ...

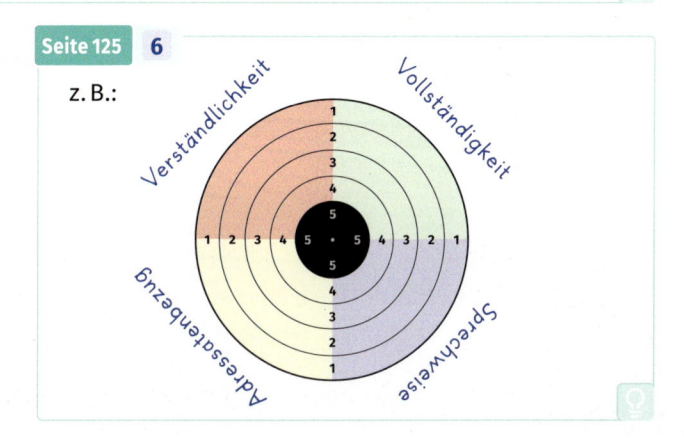

Seite 125 6

z. B.: (Zielscheiben-Diagramm mit den Achsen: Verständlichkeit, Vollständigkeit, Sprechweise, Adressatenbezug)

Seite 131 2

Nutze diese Hinweise zur Überarbeitung:
- Der Einleitungssatz ist unvollständig.
- Stellenweise fehlen detaillierte Beschreibungen, wie in den Zeilen 11/12 „... ist sie kaum bekleidet ..." → Sie trägt eine ... Short und ein ... Bikinioberteil.
- Der Adressat wird nicht durchgängig (richtig) angesprochen.
- Einige Farben sollten treffender sein, z. B. „grüne Farbe" (Z. 29) → moosgrüne Farbe.
- Statt des Präsens wird häufig das Präteritum verwendet.

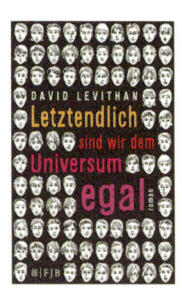

Nathan
(16 Jahre, sehr ordentlich, verantwortungsbewusst…)

Rhiannon
(16 Jahre, Freundin von Justin, unscheinbar, schüchtern…)

Justin
(16 Jahre, Freund von Rhiannon, gleichgültig…)

Mein Leben leben!?

1 Tauscht euch über eure Erwartungen an das Kapitel nach dem Lesen der Überschrift aus. Betrachtet auch die Abbildung sowie die Beschriftungen.

2 a) Lest den folgenden Klappentext zu David Levithans Roman „Letztendlich sind wir dem Universum egal".
b) Vergleicht den Inhalt mit euren Erwartungen an das Kapitel: Was entspricht euren Vermutungen? Was scheint anders zu sein?
c) Überlegt, welche Funktion der Klappentext des Romans hat.

> Jeden Morgen wacht A in einem anderen Körper auf, in einem anderen Leben. Nie weiß er vorher, wer er heute ist. A hat sich an dieses Leben gewöhnt, und er hat Regeln aufgestellt: Lass dich niemals zu sehr darauf ein. Falle nicht auf. Hinterlasse keine Spuren.

Jeden Tag bin ich jemand anders. **Ich bin ich** – so viel weiß ich – und **zugleich jemand anders.** Das war schon immer so

3 Diskutiert die Frage, welche Informationen (Familie, Freunde, Schule …) A über eine andere Person abrufen können muss, um unauffällig durch den Tag zu kommen. Nutzt dazu ein **Placemat**:
a) Sammelt zunächst allein in eurem Feld stichwortartig Antworten.
b) Einigt euch gemeinsam auf fünf Stichpunkte, die ihr in die Mitte schreibt.
c) Sammelt und diskutiert begründet eure Ergebnisse in der Klasse. Wo gibt es Gemeinsamkeiten, wo Unterschiede?

Seite 332

4 Stell dir vor, A würde einen Tag in deinem Körper sein. Sammle Stichworte:
– Was müsste A wissen, damit niemand merkt, dass A in deinem Körper ist?
– Gibt es etwas, das du gern vor A geheim halten würdest, wenn du könntest?

5 Besprecht, ob ihr wie A leben wollen würdet.

Seite 160

Wer ist A? – Eine literarische Figur kennenlernen und Informationen sammeln

1 Beschreibe die Situation auf dem Bild: Was erfährst du über den Jungen?

2 Tauscht euch aus, welche Bedeutung die Überschrift des Textauszugs unten haben könnte.

Seite 326

Folie

3 Lest den Beginn des Romans in Vierergruppen mit der **Methode Gruppenlesen** mithilfe von Aufgabenkarten:
– Schüler 1 liest seiner Gruppe den ersten Textabschnitt vor.
– Schüler 2 fasst den Inhalt in eigenen Worten zusammen.
– Schüler 3 stellt die Fragen am Rand, die in der Gruppe geklärt werden.
– Schüler 4 stellt Vermutungen an, wie der Text inhaltlich weitergehen könnte.
Tauscht die Aufgaben beim nächsten Leseabschnitt im Uhrzeigersinn, indem ihr die Aufgabenkarten weiterreicht.

5994. Tag (Auszug)
David Levithan, 2014

Ich werde wach.
Und muss auf der Stelle herausfinden, wer ich bin. Nicht nur äußerlich – die Augen aufschlagen und nachsehen, ob ich am Arm helle oder dunkle Haut habe, ob meine Haare lang oder kurz sind, ob ich dick oder dünn bin, Junge oder Mäd-
5 chen, voller Schrammen und Narben oder glatt und unversehrt. Darauf stellt man sich am leichtesten ein, wenn man es gewöhnt ist, jeden Morgen in einem neuen Körper aufzuwachen. Aber das Leben darum herum, das Umfeld – das ist manchmal schwer in den Griff zu bekommen.
Jeden Tag bin ich jemand anders. Ich bin ich – so viel weiß ich – und zugleich
10 jemand anders.
Das war schon immer so.

Wer ist der Ich-Erzähler? Wieso ist es schwer, das Umfeld „in den Griff zu bekommen"?

....

Die Information ist da. Ich werde wach, schlage die Augen auf und begreife: wieder ein neuer Morgen, wieder ein neuer Ort. Die Lebensgeschichte schaltet sich zu, ein willkommenes Geschenk von dem Nicht-Ich-Teil in meinem Kopf.
15 Heute bin ich Justin. Nein, falsch, bin ich nicht, aber heute heiße ich so und leihe mir für einen Tag Justins Leben aus. Ich sehe mich um. Das ist also sein Zimmer. Das ist sein Zuhause. In sieben Minuten klingelt der Wecker.

Ich bin nie zweimal dieselbe Person, aber in solchen Typen wie dem hier habe ich definitiv schon dringesteckt. Überall Klamotten. Deutlich mehr Videospiele
20 als Bücher. Schläft in seinen Boxershorts. Nach dem Geschmack im Mund zu urteilen, ist er Raucher. Aber nicht so süchtig, dass er sich gleich nach dem Aufwachen eine anstecken muss.
„Guten Morgen, Justin", sage ich, um seine Stimme zu testen. Leise. Die Stimme in meinem Kopf klingt immer anders.
25 Justin geht nicht gut mit sich um. Seine Kopfhaut juckt. Seine Augen wollen zubleiben. Er hat nicht viel Schlaf gekriegt.
Schon jetzt weiß ich, dass mir der Tag heute nicht gefallen wird.

Was erfahren wir über Justin? Inwiefern ist Justin ein typischer Jugendlicher? Wie sieht A Justin? Wieso meint A, dass ihm der Tag nicht gefallen wird?

Es ist schwer, im Körper von jemandem zu sein, den man nicht mag, weil man ihn trotzdem achten muss. In der Vergangenheit habe ich manchmal Schaden im
30 Leben von anderen angerichtet und bin zu der Erkenntnis gekommen, dass es mich nicht loslässt, wenn ich Mist baue. Also versuche ich, vorsichtig zu sein.
Soweit ich das feststellen kann, sind alle, in die ich schlüpfe, so alt wie ich. Ich springe nicht von sechzehn zu sechzig. Im Augenblick bin ich immer nur sechzehn. Keine Ahnung, wie das funktioniert, oder warum. Den Versuch dahinter-
35 zukommen, habe ich schon vor langer Zeit aufgegeben. Das werde ich nie ergründen, ebenso wenig wie ein normaler Mensch je seine Existenz ergründen wird. Früher oder später muss man mit der Tatsache Frieden schließen, dass man einfach *existiert*. Warum es so ist, das lässt sich nicht herausfinden. Man kann Theorien aufstellen, aber es wird nie schlüssige Beweise geben.
40 Ich kann nur Fakten abfragen, keine Gefühle. Ich weiß, dass das hier Justins Zimmer ist, aber ich habe keine Ahnung, ob er es mag oder nicht. Würde er seine Eltern im Schlafzimmer nebenan am liebsten umbringen? Oder wäre er verloren, wenn seine Mutter nicht rein-
45 kommt und nachsieht, ob er auch wirklich wach ist? Das lässt sich unmöglich sagen. Offenbar verdrängt dieser Teil von mir den entsprechenden Teil der Person, in der ich bin. Einerseits bin ich froh, meine eigenen Gedanken und Gefühle zu ha-
50 ben, andererseits wäre hier und da ein kleiner Hinweis, wie und was der andere denkt, schon ganz hilfreich. Wir haben alle unsere Geheimnisse – insbesondere von innen heraus betrachtet.

Was ist A wichtig, wenn er in einem fremden Körper aufwacht? Welche Informationen kann A über eine Person abfragen? Was fehlt ihm, um sich völlig in eine Person hineinzuversetzen?

Der Wecker klingelt. Ich greife nach einem Hemd und einer Jeans, aber wie es
55 aussieht, hat er das Hemd gestern schon angehabt. Ich suche mir ein neues. Nehme die Klamotten mit ins Bad, dusche und ziehe mich an. Seine Eltern sind jetzt in der Küche. Sie haben keine Ahnung, dass irgendwas anders ist.
Sechzehn Jahre sind eine lange Übungszeit. Normalerweise mache ich keine Fehler. Nicht mehr.

Was sind Gemeinsamkeiten und Unterschiede zwischen Justin und A? Was meint A mit der Formulierung „sechzehn Jahre Übungszeit"?

4 a) Formuliere mit Bezug auf das Kapitel eine andere Überschrift.
b) Vergleicht eure Überschriften und einigt euch begründet auf die passendste.

Folie 🖉 **5 a)** Sammle alle Informationen, die du über A bekommen hast: persönliche Daten, Ansichten, Erfahrungen, Probleme … Gib dabei Textbelege an und nutze dazu die **LERNBOX**.
  b) Vergleiche deine Ergebnisse mit einem Partner und ergänze deine Notizen.

6 Erstelle einen Schattenriss von A. Gehe so vor:
  a) Zeichne den Schattenriss groß auf ein Blatt Papier.
  b) Fülle den Schattenriss mit allen Informationen aus, die du in Aufgabe **5** gesammelt hast. Überlege vorher, welche Informationen du an welche Stelle schreiben möchtest.

ordentlich — *legt Wert auf Sauberkeit.*

Jeden Tag in einem anderen Körper eines Sechzehnjährigen…

7 Vergleicht eure Schattenrisse in der Klasse: Erklärt, warum ihr euren Schattenriss so gestaltet habt. Habt ihr alle Informationen an der gleichen Stelle notiert? Begründet eure Entscheidungen.

Seite 160 ⭐

❗ LERNBOX

Seite 329, 326 📄

So sammelst du Informationen zu einer literarischen Figur:
1. **Erschließe den Inhalt** des Textauszugs, z. B. mit der **Lesemethode für erzählende Texte, Gruppenlesen** …
2. Lies den Text noch einmal und **markiere die Textpassagen**, die du zur Beantwortung der Aufgabe benötigst. Wenn du mehrere Aufgaben bearbeiten musst, nutze verschiedene Farben oder Unterstreichungsarten (*gerade Linie, Schlangenlinie, gestrichelte Linie …*).
3. Beachte, dass nicht alle Informationen direkt gegeben werden. Manchmal muss man auch **Rückschlüsse ziehen**, z. B. *„wie es aussieht, hat er das Hemd gestern schon angehabt. Ich suche mir ein neues."* → *A ist ordentlich und legt Wert auf Sauberkeit.* Gib immer Textbelege an.
4. **Notiere** stichwortartig die Informationen, die du erarbeitet hast.

Das ist ... – Informationen zu literarischen Figuren strukturiert darstellen

1 a) Beschreibt die äußeren Gemeinsamkeiten und Unterschiede der Visualisierungen oben.
b) Wähle begründet die Visualisierung aus, die die Information über eine Figur deiner Meinung nach besonders übersichtlich darstellt. Nutze dazu die **LERNBOX**.

2 Bildet Kleingruppen und erstellt eine eigene Visualisierung zu den verschiedenen Figuren des Romans. Beginnt mit Justin:
a) Informiert euch über die unterschiedlichen Möglichkeiten einer Visualisierung und wählt eine Visualisierung aus.
b) Sammelt alle Informationen zu Justin und danach zu weiteren Figuren, die ihr bereits kennt. Nutzt dazu eure Vorarbeit und die **LERNBOX** von Seite 140.
c) Überarbeitet und ergänzt eure Visualisierung, wenn ihr neue Informationen bekommt oder andere Figuren im Roman auftauchen.

3 Stellt euch alle Ergebnisse in Form eines **Museumsgangs** vor.   Seite 330

> **⚠ LERNBOX**
>
> **So kannst du Informationen zu literarischen Figuren visualisieren:**
> Du kannst **Informationen zu wichtigen Figuren** eines Romans übersichtlich z. B. in einer **Wandzeitung**, einer **Mindmap**, auf **Rollenkarten**... zusammenstellen. Dabei kannst du jederzeit **Korrekturen** und **Ergänzungen** vornehmen.
> 1. Mache dich zunächst noch einmal mit der von dir **gewählten Variante** der Visualisierung im **Basiswissen** vertraut.
> 2. **Sammle** stichwortartig Informationen zu der jeweiligen Figur. Notiere dir immer auch, woher du diese Informationen hast: *Seite..., Zeile...*
> 3. **Sortiere** deine Informationen, sodass du sie übersichtlich zusammenfassen kannst: *Aussehen, Daten, Charakter, Interessen, sonstige Besonderheiten...*
> 4. Gestalte deine Visualisierung **übersichtlich und ordentlich** auf einem großen Blatt oder einem Plakat. Du kannst immer auch **Bilder, Skizzen** und **Symbole** verwenden.

Rhiannon will Meer/mehr – sich in eine literarische Figur hineinversetzen

> Erst gehen wir Hand in Hand. Dann laufen wir Hand in Hand. Der Rausch, miteinander Schritt zu halten, durch die Schule zu sausen, alles außer uns zu undeutlichen, unbedeutenden Flecken verwischen zu lassen …

1 **a)** Tauscht euch darüber aus, was mit dem Zitat in der Sprechblase gemeint sein könnte.
b) Entscheidet, zu wem das Zitat besser passen würde: Justin oder A?
c) Überlegt, welche Probleme sich ergeben könnten, wenn A sich als Justin verliebt.

Folie | Seite 329

2 Erschließe den Romanauszug mit der **Lesemethode für erzählende Texte**.

5994. Tag (Auszug)
David Levithan, 2014

Im Körper Justins begegnet der Ich-Erzähler, A, Rhiannon, die bei ihrem Freund in der Regel wenig Beachtung findet, ihm aber immer auf Abruf zur Verfügung steht. Völlig ungewöhnlicherweise zeigt Justin/A an diesem Tag nach langer Zeit wieder einmal ehrliches Interesse an dem Mädchen.

„Hey", sage ich.
„Hey", sagt sie.
Sie sieht zu mir hin. Justin ist derjenige, der den ersten Schritt tut. Der Pläne macht. Der entscheidet, was sie unternehmen.
5 Es deprimiert mich.
Das habe ich schon zu oft erlebt. Diese völlig unangebrachte Unterwürfigkeit. Diese Unterdrückung der Furcht, mit dem Falschen zusammen zu sein – aus Furcht davor, sonst allein sein zu müssen. Die Hoffnung gefärbt von Zweifel, der Zweifel gefärbt von Hoffnung. Solche Gefühle aus der Miene anderer abzulesen
10 zieht mich jedes Mal runter. Und in Rhiannons Gesicht ist noch mehr zu erkennen als nur die Enttäuschungen. Etwas wie Herzensgüte. Etwas, das Justin nie und nimmer zu schätzen wissen wird. Ich sehe es sofort, aber da bin ich der Einzige.
Ich verstaue alle meine Bücher im Spind, gehe zu ihr hin und fasse sie am Arm.
15 Ich habe keine Ahnung, was ich da eigentlich tue. Ich weiß nur, dass ich es tue.
„Fahren wir irgendwohin", sage ich. „Wo willst du hin?" Jetzt bin ich nahe genug, um zu erkennen, dass ihre Augen blau sind. Nahe genug, um zu erkennen, dass niemand je nahe genug herankommt, um zu erkennen, wie blau ihre Augen sind.

20 „Ich weiß nicht", gibt sie zur Antwort.
Ich nehme ihre Hand.
„Komm", sage ich.
Die Rastlosigkeit wird zur Sorg-
25 losigkeit. Erst gehen wir Hand in Hand. Dann laufen wir Hand in Hand. Der Rausch, miteinander Schritt zu halten, durch die Schule zu sausen, alles außer uns zu
30 undeutlichen, unbedeutenden Flecken verwischen zu lassen. Wir lachen, sind ausgelassen und fröhlich. Sie verstaut ihre Bücher im Spind, und wir gehen raus an die
35 Luft, echte Luft mit Sonnenschein und Bäumen, raus in die nicht so beschwerliche Welt. Ich verstoße gegen die Regeln, indem ich die Schule verlasse, mit Rhiannon in
40 Justins Wagen steige, den Zündschlüssel umdrehe. 
„Wo willst du hin?", frage ich noch einmal. „Sag ganz ehrlich, wo du gerne hinfahren würdest."
45 Erst ist mir gar nicht klar, wie viel von ihrer Antwort abhängt. Wenn sie sagt: *Fahren wir zur Mall,* klinke ich mich aus. Wenn sie sagt: *Fahren wir zu dir nach Hause,* klinke ich mich aus. Wenn sie sagt: *Eigentlich will ich den Nachmittagsunterricht nicht verpassen,* klinke ich mich aus. Und das sollte ich auch. Ich sollte mich aus so was raushalten. Aber sie sagt:
50 „Ich will ans Meer. Fahr mit mir zum Meer." Und ich klinke mich ein.

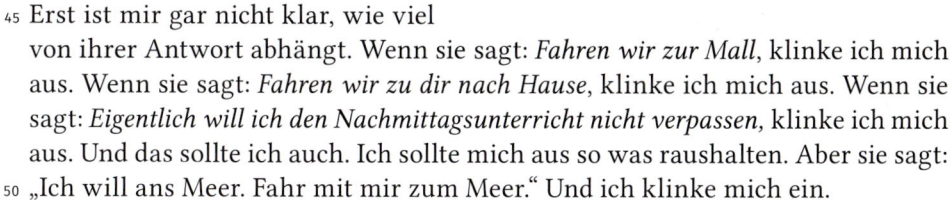

3 a) Überprüfe dein Textverständnis, indem du folgende Aufgaben bearbeitest:
– Beschreibe, was A an Rhiannon faszinierend findet. Belege deine Aussagen mit Textstellen.
– Erkläre das Ende des Auszugs: Warum will A mit Rhiannon ans Meer und nicht woanders hin?
– Erläutere, warum das Zitat aus Aufgabe **1** besonders wichtig ist, um den Auszug zu verstehen?
b) Findet eine sinnvolle Überschrift für den Auszug.

4 Ergänze deine Visualisierungen um die Figur Rhiannon. Gehe so vor:
a) Lies den Text noch einmal und unterstreiche alle Passagen, in denen du Informationen über Rhiannon (Daten, Aussehen, Verhalten, Interessen, Charakter …) bekommst.
b) Fasse deine Notizen stichwortartig zusammen. Belege deine Stichpunkte (*Seite …, Zeile …*).
c) Ziehe Schlussfolgerungen über weitere Charakterzüge und Verhaltensweisen Rhiannons und notiere sie ebenfalls.

Hallo Josie! – Einen Dialog aus der Sicht literarischer Figuren führen

1. Beschreibt, in welcher Stimmung sich Rhiannon auf dem Bild befindet.

2. Versetze dich in die Position Rhiannons beim Treffen mit A in der Schule:
   a) Lies die **LERNBOX** und kläre mit einem Partner den Inhalt.
   b) Sammle alle Informationen über Rhiannon auf einer Rollenkarte, die für diese Situation wichtig sind.

3. Mache dir Notizen, wie du in dieser Situation an Rhiannons Stelle auf den veränderten Justin reagieren würdest.
   a) Benenne wichtige Handlungsschritte, die Einfluss auf Rhiannon haben.
   b) Überlege dir mithilfe der Rollenkarte, wie Rhiannon jeweils reagieren könnte.
   c) Vergleiche deine Ergebnisse mit einem Partner. Begründet eure Position mithilfe eurer Mindmap und dem Romanauszug.

Rollenkarte: Rhiannon
- Angaben zur Figur (Alter ...): ...
- Aussehen: ...
- Charakter/Stimmung in der Situation: unsicher ...
- Weitere Besonderheiten: ordnet sich ihrem Freund unter ...,

– Justins Aufmerksamkeit (Z. XY-XY): spontan begeistert, aber ...
– Justins Berührung (Z. XY): ...
– Justins Vorschlag (Z. XY): ...
– ...

❗ LERNBOX

So versetzt du dich in eine literarische Figur:
1. Vergegenwärtige dir alle **Informationen** über die Figur. Nutze dazu deine Visualisierung.
2. Sammle alle Informationen über die **Situation**, in der sich die Figur befindet:
   – Was **passiert** in dem Abschnitt? Was ist die Vorgeschichte?
   – Wie sind die **Gefühle** der Figur? Was freut, was ärgert sie?
   – Welche **Gedanken** beschäftigen die Figur?
   – Gibt es **andere Figuren**, die Einfluss auf die Situation haben? In welcher **Beziehung** steht die Figur zu den übrigen?
3. Beachte, dass du nur das **Wissen** verwendest, das die Figur in dieser Situation haben kann.

Seite 160 ⭐

4 Nachdem Rhiannon abends nach Hause gekommen ist, wird sie von ihrer besten Freundin Josie angerufen, die erfahren will, warum Rhiannon plötzlich mit Justin aus der Schule verschwunden ist. Bereitet ein stummes Schreibgespräch vor:
a) Tauscht euch darüber aus, worauf es bei einem Gespräch zwischen literarischen Figuren ankommen könnte.
b) Vergleicht eure Ideen mit der **LERNBOX** und ergänzt euer Wissen.
c) Sammelt alle Informationen über Rhiannon, die ihr bisher erfahren habt.
d) Legt fest, welche Ziele Rhiannon und Josie jeweils in dem Gespräch verfolgen.
e) Führt das Schreibgespräch, nachdem ihr gemeinsam einen Einleitungssatz formuliert habt, der in die Situation einführt.   💡 Seite 161

5 Überprüft euer Ergebnis, indem ihr euer Gespräch einer anderen Gruppe vorstellt. Geht so vor:
a) Übt das Vorlesen eures Dialogs mehrfach mit verteilten Rollen zunächst in eurer Gruppe. Macht euch Notizen in den Dialog, wie ihr welche Passage lesen wollt (Pausen, Geschwindigkeit, Lautstärke …).
b) Lest euren Dialog der anderen Gruppe mit verteilten Rollen vor.
c) Füllt nach jedem Durchgang den Bogen aus und gebt einander Rückmeldung.

	Smileys 🙂 😐 🙁	Notizen
Ist die Handlung schlüssig? Passt sie zum Romanauszug?		
Darstellung Rhiannons (Charakter, Wissen, Einstellung, Ziel …)		
Darstellung Josies …		

⚠ LERNBOX

So gestaltest du einen Dialog zwischen Romanfiguren als stummes Schreibgespräch:

In einem Dialog zwischen literarischen Figuren kannst du eine **Situation** oder ein **Problem**, das in dem Text aufgetaucht ist, noch einmal genauer in den Blick nehmen, um das Denken und Handeln der Figuren besser zu verstehen.

1. Sammle alle **Informationen** über die beteiligten Figuren und die Situation, auf die sich dein szenisches Spiel beziehen soll. Nicht immer hat man über beide Figuren gleich viele Informationen.
2. Mache dir den genauen **Ablauf der Situation** klar, auf die du dich in deinem Spiel beziehst. Textlücken kannst du durch eine Erweiterung schließen.
3. Beachte sowohl welche **Ziele und Absichten** die beteiligten Figuren haben, als auch den jeweiligen **Charakter**, die **Gefühlslage** und das **Wissen** über die andere Figur und die Situation.
4. Setze dich mit einem Partner **Rücken an Rücken** und schreibt jeweils euren **Redebeitrag auf einen Schreibblock** mit stabiler Unterlage. Reicht einander abwechselnd den Block, bis beide Figuren ihre Ziele erreicht haben und das Gespräch beenden. Reagiert dabei immer auf den Beitrag des anderen.

Hallo Rhiannon! – Zusammen- und Getrenntschreibung

Kaya und Mike wollen ihr Schreibgespräch überarbeiten.

Am Abend ruft Josie (J) ihre beste Freundin Rhiannon (R) an, weil sie erfahren will, warum diese mit Justin aus der Schule verschwunden ist.
R: Hallo? Hier spricht Rhiannon.
J: Hey, Rhiannon, ich bin's, Josie. Ich habe mir SORGEN(?)GEMACHT(1). Was war denn los? Ich habe dich nur mittags mit Justin aus der Schule davonlaufen sehen. Alles in Ordnung? Seid ihr HEIM(?)GEGANGEN(2)?
R: Ach... Eigentlich kann ich dir darauf keine klare ANTWORT(?)GEBEN(3). Ich bin ganz verwirrt. Der Tag, Justin, alles war ganz anders als sonst.
J: Anders? Wie meinst du das? Erzähl!
R: Ich weiß gar nicht, was ich sagen soll. Justin war so anders. Er hat mich wieder richtig beachtet! Es war wie früher, mit BAUCH(?)KRIBBELN(4)!
J: Was führt er denn jetzt im Schilde? Er hat sich doch sonst nicht mehr für dich interessiert. Will er dich für irgendwas weichklopfen?
R: Nee... Es war als würde alles KOPF(?)STEHEN(5). Er hat mich sogar gefragt, was ich machen will, und mich nicht vor vollendete Tatsachen gestellt. Ganz spontan, aus dem Bauch heraus habe ich dann gesagt, dass ich ans Meer SONNEN(?)BADEN(6) will.
J: Aber du hattest doch noch Unterricht.
R: Darum habe ich mir keinen KOPF(?)GEMACHT(7) und er auch nicht. Er hat mich einfach gepackt, und wir sind zum Strand gefahren. Der Tag war wundervoll. Er hat endlich wieder etwas von sich PREIS(?)GEGEBEN(8).
J: Sei vorsichtig. In der letzten Zeit war er nicht so nett zu dir.
R: Deswegen bin ich ja auch so verwirrt. Und eben, als er mich abgesetzt hat, war es, als wolle er ABSCHIED(?)NEHMEN(9), nicht nur bis morgen.
J: Meinst du, dass er dich sitzen lässt?
R: Nee, dazu war es zu schön, so intensiv.
J: Aber pass auf, dass er dir keinen ÄRGER(?)MACHT(10).
R: Das ist süß von dir, danke. Ich muss jetzt aber SCHLUSS(?)MACHEN(11).
J: Es freut mich ehrlich für dich. Träum schön.

1 Tauscht euch über den Inhalt aus: Entspricht er euren Erwartungen? Reagieren die Figuren immer aufeinander? Wo gibt es Gemeinsamkeiten, wo Unterschiede zu euren Dialogen?

2 Kaya und Mike sind unsicher, ob sie einzelne Wörter getrennt- oder zusammenschreiben sollen.
   a) Bestimme, um welche Wortarten es sich bei den Wortverbindungen in Großbuchstaben jeweils handelt.
   b) Schreibe die Wortverbindungen richtig auf. Begründe jeweils, warum du sie zusammen- oder getrenntschreibst. Lies dazu die **LERNBOXEN** auf den Seiten 284-286.
   c) Vergleiche deine Ergebnisse mit einem Partner. Wenn ihr euch nicht sicher seid, schlagt in einem Wörterbuch nach.

Seite 161

A good guy – Original und Übersetzung eines Auszugs vergleichen

1 Überfliegt den Auszug in der Originalsprache und tauscht euch über den Inhalt aus. Deckt dazu die untere Hälfte der Seite ab.

5999. Tag (Auszug)
David Levithan, 2014

A kann Rhiannon nicht vergessen und will sie unbedingt noch einmal treffen, ihr vielleicht sogar die Wahrheit offenlegen. Dann wacht er als Nathan Daldry auf.

Nathan is a good guy. Everything in his room is in order. Even though it's only Saturday morning, he's already done his homework for the weekend. He's set his alarm for eight o'clock, not wanting the day to go to waste. He was probably in bed by ten. I go on his computer and check my email, making sure to write myself some notes about the last few days, so I can remember them. Then I log in to Justin's email and find out there's a party tonight at Steve Mason's house. Steve's address is only a Google search away. When I map out the distance between Nathan's house and Steve's, I find it's only a ninety-minute drive. It looks like Nathan might be going to a party tonight. First, I must convince his parents.

2 Erschließe den Inhalt beim zweiten Lesen genau. Markiere dazu unbekannte Wörter und Wendungen und schlage die Bedeutung in einem Wörterbuch nach.

Nathan ist ein **braver Junge**. Sein Zimmer ist tipptopp in Ordnung. Die Hausaufgaben für Montag hat er schon gemacht, dabei ist es erst Samstagmorgen. Er hat sich den Wecker auf acht gestellt, **weil er den Tag nicht verplempern will**. Wahrscheinlich war er um zehn im Bett. **Ich gehe an seinen Computer, öffne mein E-Mail-Konto** und schreibe mir das eine oder andere aus den vergangenen paar Tagen auf, damit ich es nicht vergesse. Dann logge ich mich in Justins E-Mails ein und erfahre daraus, dass heute Abend bei Steve Mason **eine Party stattfindet**. Steves Adresse ist nur eine Google-Suche entfernt. **Google Maps sagt mir**, dass man mit dem Auto läppische eineinhalb Stunden von Nathans Wohnhaus bis zu Steve braucht. Sieht so aus, als würde Nathan heute Abend auf eine Party gehen. **Erst muss ich das seinen Eltern beibringen.**

3 a) Lest die deutsche Übersetzung und tauscht euch über eure spontanen Eindrücke aus: Was fällt euch auf?
b) Vergleiche nun die deutsche Übersetzung genauer mit dem englischen Text.
– Sind die Satzlängen weitgehend identisch? Wenn nicht, gibt es erkennbare Regelmäßigkeiten?
– Ist der Satzbau, also die Stellung der Satzglieder, in beiden Texten gleich? Begründe Gemeinsamkeiten und Unterschiede mithilfe deines Grammatikwissens.
– Finde die Entsprechungen im deutschen Text für die grünen Markierungen im englischen Text. Ist die Bedeutung identisch?
– Erzielt der deutsche Text immer die gleiche Wirkung? Begründe.

Totale Mattscheibe – einen Dialog planen und schreiben

1 a) Erklärt einander, was der Ausdruck „totale Mattscheibe" bedeuten kann.

b) In dem folgenden Auszug geht es um Nathan. Spekuliert, was es für jemanden wie Nathan bedeutet, eine „totale Mattscheibe" zu haben. Berücksichtigt dabei auch euer Wissen von Seite 143.

Seite 331

2 Erschließt den Textauszug mithilfe der **Partnerlesemethode**.

6001. Tag (Auszug)
David Levithan, 2014

A war im Körper von Nathan auf der Party. Auf der Rückfahrt ist A leichtsinnig gewesen und hat Nathan, bevor er seinen Körper verlassen hat, an einem ihm unbekannten Ort zurückgelassen. Außerdem hat er einen offensichtlichen Fehler gemacht, indem er beim Zugriff auf seine E-Mails von Nathans Rechner den Verlauf nicht gelöscht hat, sodass dieser seine E-Mail-Adresse, nicht aber sein Passwort kennt. Nachvollziehbarerweise ist Nathan verstört und will der Wahrheit nachgehen und schreibt A E-Mails.

Dann gehe ich auf mein anderes E-Mail-Konto und finde eine weitere Nachricht von Nathan.

Was ist die Ausgangssituation? Was geht in A vor? Was beschäftigt Nathan?

Ich habe der Polizei diese E-Mail-Adresse mitgeteilt. Glaub ja nicht, dass du so einfach davonkommst.

5 Der Polizei?

Schnell tippe ich Nathans Namen in eine Suchmaschine ein. Und stoße auf einen Zeitungsbericht von heute Morgen.

DER TEUFEL HAT IHN GERITTEN
Von der Polizei aufgegriffener Jugendlicher
10 angeblich von Dämon besessen

Die Polizeibeamten, die den 16-jährigen Nathan Daldry am späten Samstagabend schlafend im Auto an der Route 23 aufgriffen, staunten nicht schlecht, als sie seine Geschichte hörten. Die meisten Teenager hätten eine solche Lage wohl mit übermäßigem Alkoholkonsum erklärt,
15 Daldry hingegen behauptete, keine Ahnung zu haben, wie er dort hingekommen sei. Er müsse von einem Dämon besessen gewesen sein, sagte er.

„Es war, als würde ich schlafwandeln", erklärte er gegenüber dem Crier. „Den ganzen Tag lang hatte da etwas die Herrschaft über meinen Kör-
20 per. Es hat mich dazu gebracht, meine Eltern anzulügen und zu einer Party in einem Ort zu fahren, wo ich noch nie gewesen bin. An die Einzel-

heiten erinnere ich mich nicht mehr so richtig. Ich weiß nur, dass das nicht ich war."

Als wäre dies nicht schon rätselhaft genug, gibt Daldry weiterhin an, nach der Heimkehr auf seinem Computer E-Mails von einem fremden Konto vorgefunden zu haben.

„Ich war nicht ich selbst", sagt er.

Officer Lance Houston von der Landespolizei erklärt, Daldry werde keines Vergehens angeklagt, da nichts auf Alkoholeinfluss hinwies und der Wagen nicht als gestohlen gemeldet war.

„Er hat sicher seine Gründe für das, was er da sagt. Ich kann nur festhalten, dass er nicht gegen das Gesetz verstoßen hat", so Houston.

Doch damit will Daldry sich nicht zufriedengeben. „Wenn es noch andere gibt, die so etwas erlebt haben, möchte ich, dass sie sich melden", sagt er. „Ich bin bestimmt nicht der Einzige."

Es ist die Website einer Lokalzeitung, nichts, worüber man sich groß Gedanken machen müsste. Und die Polizei scheint den Fall nicht besonders dringlich zu finden. Trotzdem mache ich mir Sorgen. In meinem ganzen Leben ist noch nie jemand so gegen mich vorgegangen.

Wobei ich mir durchaus vorstellen kann, wie es dazu gekommen ist: Nathan wacht am Straßenrand auf, als ein Polizeibeamter ans Fahrerfenster klopft. Vielleicht ist das Dunkel dazu noch in zuckendes Rot- und Blaulicht getaucht. Binnen Sekunden ist Nathan klar, in welcher Patsche er sitzt – es ist weit nach Mitternacht, seine Eltern werden ihm die Hölle heißmachen. Seine Klamotten stinken nach Zigaretten und Alkohol, und er kann sich beim besten Willen nicht erinnern, ob er betrunken oder high war. Er hat eine totale Mattscheibe – ein Schlafwandler, der geweckt wurde. Allerdings ... hat er eine Ahnung von mir. Eine entfernte Erinnerung daran, nicht er selbst gewesen zu sein. Auf die Frage des Beamten, was mit ihm los sei, sagt er, er wisse es nicht. Auf die Frage des Beamten, wo er gewesen ist, sagt er, das wisse er auch nicht. Der Beamte lässt ihn aussteigen und ins Röhrchen pusten. Nathan erweist sich als stocknüchtern. Aber der Beamte gibt keine Ruhe, also erzählt Nathan ihm die Wahrheit – dass etwas von seinem Körper Besitz ergriffen hat. Und das muss der Teufel gewesen sein, anders kann er es sich nicht erklären. So lautet seine Geschichte. Er ist ein braver Junge und weiß, dass jeder ihm das abnehmen wird. Man wird ihm glauben.

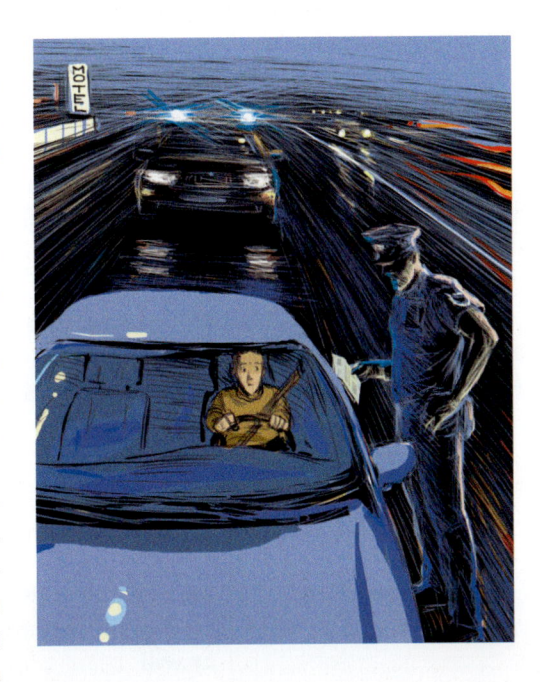

Der Beamte will bloß, dass er sicher nach Hause kommt.

☆ **Seite 160**

3 Tauscht euch darüber aus, ob sich eure Erwartungen aus Aufgabe **1** erfüllt haben. Gibt es etwas, das euch überrascht hat?

4 Sammelt alle Informationen, die ihr über Nathan habt und ergänzt eure Visualisierungen. Lest dazu noch einmal die **LERNBOX** auf Seite 141.

5 Lest und erschließt den Inhalt der folgenden Aufgabe zum Text:

> Nachdem Nathan ausgeschlafen hat, bittet seine Mutter ihn, zu erklären, wo er gewesen ist und wieso die Polizei ihn nach Hause gebracht hat. Verfasse diesen Dialog zwischen Nathan (Leitfigur) und seiner Mutter (Gesprächspartner). Achte darauf, dass jede Teilaufgabe Redebeiträge beider Figuren enthält.
> a) **Stelle** aus Nathans Sicht die Geschehnisse der letzten Nacht **dar**. Bedenke, dass du nicht nur die Tatsachen, sondern auch Nathans Gedanken und Gefühle berücksichtigst.
> b) **Erläutere** die Zweifel der Mutter an dem Wahrheitsgehalt seiner Aussagen. Formuliere mögliche Konsequenzen für Nathan.
> c) **Formuliere** ein eindeutiges Ende, in dem beide Figuren auf das weitere Vorgehen eingehen.

6 Um diese Aufgabe zu lösen, plane zunächst deinen Dialog. Berücksichtige dabei deine Ergebnisse aus Aufgabe **4**. Gehe so vor:
  a) Versetze dich in die beiden Figuren und sammle stichwortartig ihre Gedanken und Gefühle.
  b) Sprich mit einem Partner darüber, wie das Gespräch ablaufen könnte.
  c) Lest die **LERNBOX** auf Seite 151 und tauscht euch über die Inhalte aus.
  d) Lege dir einen Schreibplan an. Lass dir immer genug Platz, um die Teilaufgaben vollständig zu planen.

Beteiligte Figuren: Nathan ...
Ausgangssituation: Am Morgen nachdem ...

Teilaufgabe	Leitfigur: Nathan Gesprächsabsicht: Er will ...	Gesprächspartner: Mrs. Daldry Gesprächsabsicht: Sie will ...
a) Nathan stellt dar, was in der letzten Nacht passiert ist.		Ich will eine Erklärung: Warum Polizei?
	Ich weiß nicht wirklich, was überhaupt passiert ist.	
		An was erinnerst du dich noch? Ich merke doch, dass deine Kleidung nach Rauch riecht (Zweifel).
	...	

b) Mrs. Daldry zweifelt an der Wahrheit der Darstellung, droht Strafe an.	Ich weiß doch selbst nicht, was los ist. (Angst)	Ich kann dir das nicht glauben … (Wut, Enttäuschung)
		…
c) Einigung auf weiteres Vorgehen	…	…

  e) Verfasse auf der Basis deines Schreibplans einen Dialog zwischen Nathan und seiner Mutter Mrs. Daldry. 💡 Seite 161

7 Stellt euch gegenseitig eure Dialoge vor. Geht so vor:
  a) Tauscht mit einem Partner eure Hefte. Lest die Dialoge und überprüft, ob alle Merkmale der **LERNBOX** beachtet wurden.
  b) Entscheidet euch begründet für einen Dialog, den ihr mit verteilten Rollen vortragen wollt. Übt mehrfach mit Flüsterstimme.
  c) Sucht eine andere Gruppe und stellt euch gegenseitig die Dialoge vor. Gebt euch anschließend Rückmeldung.

❗ LERNBOX

So schreibst du einen Dialog zwischen literarischen Figuren:
In einem Dialog zwischen literarischen Figuren setzt du dich mit einer **Situation aus der Romanhandlung** auseinander, indem du **auf der Basis des Wissens über die Figur und die Handlung** ein Gespräch verfasst, das es im Roman selbst nicht gibt. Nutze als Vorarbeit einen **Schreibplan**.
Inhalt
1. Formuliere eine **Einführung**, in der du die beteiligten Figuren (Leitfigur und Gesprächspartner) und die Ausgangssituation vorstellst.
2. Orientiere dich im Dialog nacheinander an den **Teilaufgaben**, die dir die Struktur des Dialogs vorgeben. Ergänze Rückfragen und Bestätigungen, damit deutlich wird, dass die Figuren aufeinander reagieren, z. B. *Das kann ich dir nicht glauben. / Wie kommst du darauf, dass ich …* Verknüpfe dabei die Beiträge mit **Gedanken** und **Gefühlen** der Figuren, die zur Situation passen: z. B. *Du machst mich schrecklich wütend…*
3. Achte darauf, dass alle **Informationen** mit der Textvorlage übereinstimmen.

Darstellung
1. Passe die **Sprache** den Figuren und ihrer Beziehung zueinander an.
2. Du musst die **Sprechernamen** nicht jedes Mal ausschreiben, sondern kannst Abkürzungen verwenden, wenn du die Figurennamen einmal vollständig verwendet hast.

Hält die Verbindung? – Einen Dialog zwischen Figuren schreiben und überarbeiten

1 Beschreibe die Situation auf dem Bild: Wer ist zu sehen? In welcher Situation befinden sich die Figuren? Was könnte als Nächstes passieren?

Folie | Seite 329

2 Erschließe den Romanauszug mithilfe der **Lesemethode für erzählende Texte**, indem ihr euch selbst vier Fragen zum Inhalt ausdenkt.

6002. Tag (Auszug)
David Levithan, 2014

Weil A Rhiannon nicht vergessen kann, hat er durch E-Mails Kontakt zu ihr aufgenommen. Sie planen ein Treffen, bei dem A Rhiannon die Wahrheit erzählen will. Er befindet sich an diesem Tag im Körper von Megan Powell.

A ist völlig durcheinander und aufgewühlt, hat Angst vor Konsequenzen, wenn er Rhiannon die Wahrheit über sich sagt.

Den ganzen Tag überlege ich, was ich ihr sagen soll und was sie dazu sagen wird. ==Es fühlt sich brandgefährlich an, mit der Wahrheit herauszurücken==. Ich habe noch nie jemandem die Wahrheit erzählt. Nicht mal in Ansätzen.
Aber von den Lügen passt keine so richtig. Und je mehr ich durch mögliche Lü-
5 gen schlingere, desto klarer wird mir, dass ich drauf und dran bin, ihr alles zu erzählen. Kein Leben ist real, wenn niemand um seine Realität weiß. Und ==ich will, dass mein Leben real wird==.
Wenn ich mich an mein Leben gewöhnt habe, kann jemand anders das vielleicht auch?
10 Wenn sie an mich glaubt, wenn sie das Ungeheuerliche genauso spürt wie ich, wird sie auch die Geschichte glauben. Und wenn sie nicht an mich glaubt, wenn sie das Ungeheuerliche nicht spürt, dann bin ich eben bloß ein weiterer Spinner, den man auf die Welt losgelassen hat.

Dabei ist nicht viel zu verlieren.
Aber es wird natürlich so sein, wie alles zu verlieren.
Ich erfinde einen Arzttermin für Megan und mache mich um vier auf den Weg zu Rhiannons Wohnort.
Auf der Straße ist viel Verkehr, und ich verfahre mich ein bisschen, so dass ich zehn Minuten zu spät bei der Buchhandlung bin. Durch das Schaufenster des Cafés sehe ich Rhiannon dasitzen; sie blättert in einer Zeitschrift und schaut hin und wieder zur Tür. Am liebsten möchte ich sie so bewahren, sie in diesem Moment festhalten. Gleich wird sich alles ändern, und ich fürchte, eines Tages werde ich mich nach genau dieser Minute sehnen, in der noch nichts ausgesprochen ist, werde die Zeit zurückdrehen und ungeschehen machen wollen, was jetzt kommt.
Megan ist logischerweise nicht die Person, nach der Rhiannon Ausschau hält. Entsprechend verdutzt reagiert sie, als ich zu ihrem Tisch gehe und mich setze.
„Tut mir leid – der Platz ist besetzt", sagt sie.
„Ist schon okay", sage ich. „Nathan schickt mich."
„Er hat dich hierher geschickt? Wo ist er denn?" Rhiannon sieht sich in dem Raum um, als könnte er sich hinter einem Bücherregal versteckt haben.
Ich sehe mich ebenfalls um. Es sitzen noch andere Leute in der Nähe, aber wohl niemand direkt in Hörweite. Besser wäre es, bei dem Gespräch keine Menschen um uns herum zu haben. Aber wenn ich sie frage, ob sie einen Spaziergang mit mir machen will, jagt ihr das womöglich Angst ein, und warum sollte sie sich darauf einlassen? Also werde ich es ihr wohl hier erzählen müssen.
„Rhiannon", sage ich. Sehe ihr in die Augen und spüre es wieder. Diese Verbindung. Das Gefühl, wie viel über uns hinausgeht. Dieses Erkennen.
Ich kann nicht mit Sicherheit sagen, ob es ihr genauso geht, aber sie bleibt, wo sie ist. Erwidert meinen Blick. Hält die Verbindung.
„Ja?", flüstert sie.
„Ich muss dir etwas erzählen. Es wird sehr, sehr seltsam klingen. Bitte hör dir die ganze Geschichte an. Auch wenn du vielleicht lieber aufstehen und gehen würdest. Auch wenn du sie lachhaft findest. Bitte nimm das hier ernst. Es wird dir unglaublich vorkommen, das weiß ich, aber es ist die Wahrheit. Verstehst du?"
Ihr Blick wird furchtsam. Ich möchte ihre Hand nehmen, aber das darf ich nicht. Noch nicht.
Ich lasse meine Stimme ruhig klingen. Aufrichtig.
„Ich wache jeden Morgen in einem anderen Körper auf. Seit meiner Geburt ist das so. Heute Morgen bin ich als Megan Powell aufgewacht, die siehst du jetzt vor dir. Vor drei Tagen, am letzten Samstag, war ich Nathan Daldry. Zwei Tage davor Amy Tran, die an deiner Schule zu Besuch war und den Tag mit dir verbracht hat. Und letzten Montag war ich Justin, dein Freund. Du dachtest, du wärst mit ihm ans Meer gefahren, aber in Wirklichkeit war das ich. Da haben wir uns kennengelernt, und seitdem gehst du mir nicht mehr aus dem Kopf."
Schweigen.

3 a) Versuche, die Atmosphäre in dem Auszug möglichst exakt zu beschreiben.
b) Zeichne ein Flussdiagramm, in dem du die wechselnden Gefühle von A der Reihenfolge nach darstellst. Kannst du seine Emotionen nachvollziehen?
c) Erkläre das Schweigen am Ende des Auszugs.

4 Lest und erschließt den Inhalt der folgenden Aufgabe zum Text:

Nach dem Treffen mit A ist Rhiannon vollkommen verwirrt und muss mit jemandem reden. Sie fährt zu ihrem Patenonkel Andrew, der immer ein offenes Ohr für sie hat. Verfasse einen Dialog zwischen Rhiannon (Leitfigur) und ihrem Onkel Andrew (Gesprächspartner). Beachte, dass jede Teilaufgabe Redebeiträge jeder Figur enthält. Lies dazu auch die **LERNBOX** auf Seite 151.
a) **Stelle dar**, wie Rhiannon ihr Kennenlernen von A beschreibt, und was sie über die Wahrheit über A und ihre Beziehung zueinander denkt.
b) **Erkläre**, warum der Onkel an der Wahrheit der Geschichte zweifelt, auch wenn er den Zeitungsartikel über Nathan kennt. Er will nicht, dass Rhiannon verletzt wird.
c) **Verfasse** ein eindeutiges Ende, in dem beide Figuren ein mögliches Vorgehen für den Umgang Rhiannons mit A beschließen.

5 Plane zunächst deinen Dialog. Gehe so vor:
a) Lege dir einen Schreibplan an. Lass immer genug Platz, um die Teilaufgaben vollständig zu planen.
b) Fülle den Schreibplan aus. Versetze dich dabei in die beiden Figuren und notiere auch ihre Gedanken und Gefühle.

Seite 161

Beteiligte Figuren: ...
Ausgangssituation: A hat Rhiannon die Wahrheit über sich erzählt. Nun ist sie ...

Teilaufgabe	Leitfigur: Rhiannon Gesprächsabsicht: Sie braucht ...	Gesprächspartner: Onkel Andrew Gesprächsabsicht: Er möchte, dass Rhiannon ...
a) Rhiannon erzählt ihrem Onkel die Wahrheit über A und ihre Beziehung zueinander.	Ich weiß echt nicht, was ich machen soll.	
		Oh je, was ist passiert?
	...	
b) Andrew zweifelt an der Wahrheit, verweist aber auf den Zeitungsartikel über Nathan		Das kann ich dir nicht glauben, aber ...
	Außerdem hat A ...	
		...

c) Verfasse auf der Basis deines Schreibplans einen Dialog zwischen Rhiannon und ihrem Patenonkel Andrew.

Lina hat den Dialog zwischen Rhiannon und ihrem Onkel Andrew formuliert und mit der Überarbeitung begonnen.

Nachdem sich Rhiannon mit A in einem Café getroffen hat, ist sie vollkommen verwirrt und weiß nicht, wie sie mit der Situation umgehen soll. Deswegen entschließt sie sich, spontan zu ihrem Patenonkel Andrew zu fahren. Er ist einer der Menschen, denen Rhiannon besonders vertraut.	guter Einleitungssatz
5 Rhiannon (R): Ich weiß nicht, was ich tun soll. Hast du einen Moment Zeit für mich?	Gesprächsabsicht fehlt
Onkel Andrew (O): Das weißt du doch. Du bist immer willkommen. Setz dich und erzähl, was los ist.	
R: Ich weiß gar nicht, wo ich anfangen soll.	
10 O: Das ist in Ordnung, du kannst dir zeitlassen.	
R: Du weißt doch, dass ich seit einer Weile mit Justin zusammen bin. In der letzten Zeit hat er sich immer mehr zurückgezogen. Josie hat schon gesagt, dass ich mich trennen soll. Dann, am letzten Donnerstag, war er ganz anders, total nett und aufmerksam. Wir sind einfach zu-	zu langer Beitrag, fehlende Rückfragen
15 sammen aus der Schule abgehauen und ans Meer gefahren. Eben habe ich mich dann mit A getroffen, er hat mir doch tatsächlich gesagt, dass er im Körper von Justin war. Kannst du dir vorstellen, wie es war, als mir das Mädchen das gesagt hat? Ich weiß gar nicht, was ich tun soll.	
O: Moment, soll das heißen, dass A jeden Tag in einem neuen Körper auf-	
20 wacht und ihn nachts wieder verlässt? Ganz egal, was er tut?	
R: Ja, so hat A mir das erklärt. Es ist schon ganz schön schräg...	
O: Das stimmt. Aber das passt zu einem Artikel über einen Nathan, den ich vor ein paar Tagen beim Zeitung lesen entdeckt habe. Da stand eine ähnliche Geschichte.	R Das wird vorher nicht klar!
25 R: Nathan? Den Namen hat A auch erwähnt. Worum ging es dann da?	
O: In dem Artikel hat der Junge behauptet, dass er von einem Dämon besessen gewesen ist. Er hat Dinge gemacht, die er sonst niemals tun würde. Auch er wusste gar nicht, was er machen soll. Als die Polizei ihn aufgriff, war er ganz verwirrt.	
30 R: Das passt genau zu dem, was A mir vorhin erzählt hat.	
O: Wie spannend. Meinst du, er hat ihn aus der Zeitung?	
R: Woher soll ich das wissen? Ich weiß gar nicht mehr, was ich glauben soll!	
O: Was sagt denn dein Bauchgefühl?	
35 R: Ganz ehrlich? Der Tag am Meer mit Justin oder A oder wem auch immer war toll. Ich habe noch nie einen so schönen Tag erlebt! Es war als wären wir echt ineinander verliebt und super glücklich. Ich würde gern die zeitzurückdrehen, wenn ich könnte.	Z
O: Das sieht man dir an, wenn du darüber erzählst. Weißt du denn, was du	
40 jetzt tun willst?	
R: Wenn das einfach wäre, wäre ich nicht so verzweifelt. Ich weiß gar nicht, wem ich überhaupt noch glaubenschenken soll. ... Außer dir und Josie vielleicht.	

Mein Leben leben!? | 3.2.1 Schreiben als Prozess: einen Dialog literarischer Figuren überarbeiten

45 A: Dann finden wir gemeinsam eine Lösung. Lass uns überlegen. Du magst das Gefühl, dass du erlebt hast. Hast du das auch in dem Gespräch mit Megan gehabt?
R: Das war schon anders, aber auch irgendwie... Doch wenn ich darüber nachdenke, es war schon ziemlich ähnlich, nein, gleich.
50 A: Na, das ist doch ein Anfang. Lass uns nachdenken, ob wir eine Lösung finden, wie du dir ganz sicher sein kannst.

Folie

6 a) Lies den Dialog und notiere, was Lina gut gelungen ist.
b) Überprüfe mithilfe der **Checkliste**, welche Textstellen inhaltlich und formal überarbeitet werden müssen. Lies dazu noch einmal die Aufgabenstellung auf Seite 154. Setze dazu die Anmerkungen am Rand fort. Verwende hierfür folgende Korrekturzeichen:
Einfügen = ⌈ ; Streichen = ⊢⊣ ; Austauschen = ⌊⤬⌋ ; Umstellen = → ;
Absatz einfügen = ⌡ ;
R = Rechtschreibfehler; Z = Zeichensetzungsfehler; T = Tempusfehler; G = Grammatikfehler

7 a) Suche dir einen Partner und überprüft gemeinsam auf die gleiche Weise arbeitsteilig eure eigenen Dialoge von Seite 154.
b) Gebt euch gegenseitig Rückmeldung. Achtet darauf, dass ihr nicht nur Verbesserungsvorschläge macht, sondern auch lobt, was gut gelungen ist.
c) Überarbeite deinen Dialog mithilfe der Rückmeldung.

⚠ CHECKLISTE

Einen Dialog literarischer Figuren überarbeiten
Inhalt
1. Werden in der **Einführung** die beteiligten Figuren (Leitfigur und Gesprächspartner) und die Ausgangssituation deutlich?
2. Werden alle **Teilaufgaben** in der richtigen Reihenfolge bearbeitet?
3. **Reagieren** die Leitfigur und ihr Gesprächspartner aufeinander? (Rückfragen, Bestätigungen)
4. Werden die **Gedanken und Gefühle** der Gesprächspartner deutlich?
5. Verhalten sich beide Figuren ihrer **Rolle und Gesprächsabsicht** entsprechend? (Berücksichtigung der Aufgabenstellung und des Vorwissens über die Leitfigur)
6. Stimmen alle **Informationen** mit der Textvorlage überein?

Darstellung
1. Entspricht die **Sprache** den Figuren und ihrer Beziehung zueinander?
2. Werden die **Sprechernamen** mindestens einmal vollständig genannt, danach abgekürzt?
3. Werden die Regeln der **Getrennt- und Zusammenschreibung** von Verbindungen von Nomen und Verben beachtet?

Kompetenz-Check: einen Dialog zwischen literarischen Figuren schreiben

6027. Tag (Auszug)
David Levithan, 2014

Nathan und A haben immer wieder E-Mail-Kontakt. Auch wenn A Nathan nicht wirklich mag, kann er mehr und mehr verstehen, warum es Nathan so schwer fällt, mit der Situation umzugehen. Deswegen kann Nathan A zu einem Treffen überreden, in dem A (im Körper von Kasey) ihm die Wahrheit über sich sagen will.

So richtig traue ich ihm nicht, behaupte jedoch das Gegenteil, um so was wie ein wechselseitiges Vertrauensverhältnis aufzubauen. Damit gehe ich immer noch ein gewisses Risiko ein, aber ich wüsste nicht, wie ich ihm sonst zu seinem Seelenfrieden verhelfen könnte.

5 „Nur eine einzige weitere Person weiß noch davon", so fange ich an. Und dann erzähle ich ihm, was mit mir los ist. Wie es funktioniert. Ich erzähle ihm noch einmal, was an dem Tag passiert ist, an dem ich in seinem Körper war. Und dass es mit Sicherheit kein zweites Mal passieren wird.

Ich weiß, dass er das, anders als Rhiannon, ohne weiteres schlucken wird. Weil
10 sich meine Erklärung für ihn stimmig anhört. Sie fügt sich nahtlos in das ein, was er erlebt hat. Passt zu dem, was er immer vermutet hat. Denn in gewisser Weise habe ich ihn für die Erinnerung daran präpariert. Keine Ahnung, wieso, aber als er und ich uns
15 unsere jeweilige Erklärung zurechtgelegt haben, ist da eine Lücke geblieben. Die ich jetzt fülle.

Trotzdem weiß Nathan nicht, was er sagen soll, als ich ausgeredet habe.

20 „Das heißt... halt mal... also dann, äh, bist du morgen nicht mehr dieses Mädchen?"

„Nein."

„Und sie wird..."

„Sie wird den heutigen Tag anders in Erinne-
25 rung haben. Wohl schon so, dass sie sich mit einem Jungen getroffen hat, aber es ist nichts weiter gelaufen. Sie wird nicht mehr wissen, dass du dieser Junge warst. Es bleibt bei einer verschwommenen Vorstellung von einer Person, das heißt, wenn ihre Eltern sie morgen fragen, wie es war, wird die Frage sie nicht überraschen. Ihr wird nie klar sein, dass sie ei-
30 gentlich gar nicht hier war."

„Und wieso war es mir dann klar?"

„Vielleicht, weil ich damals keine Zeit mehr hatte, deine Erinnerungen gründlich zu bearbeiten. Oder vielleicht wollte ich auch irgendwie, dass du mich findest. Ich weiß es nicht."

35 Unser Essen, das während meines Berichts serviert worden ist, steht immer noch weitgehend unberührt auf dem Tisch.

„Das ist ja der Wahnsinn", sagt Nathan.

Nach dem Treffen von A mit Nathan ist A erleichtert. Nun hat er innerhalb von kurzer Zeit zwei Personen die Wahrheit über sich erzählt. Die Situation beschäftigt ihn so, dass er darüber mit Rhiannon sprechen möchte und sie anruft. Verfasse einen Dialog zwischen A (Leitfigur) und Rhiannon (Gesprächspartner). Beachte, dass jede Teilaufgabe Redebeiträge von beiden Figuren enthalten muss.

a) **Stelle dar**, wie A das Gespräch mit Nathan erlebt hat. Was hat er ihm alles erzählt? Wie hat er darauf reagiert?
b) **Erkläre**, warum Rhiannon nicht davon überzeugt ist, dass es richtig gewesen ist, eine weitere Person ins Vertrauen zu ziehen: Was sind ihre Ängste und Befürchtungen?
c) **Formuliere** ein eindeutiges Ende, in dem beide Figuren einigen, wie sie sich zukünftig Nathan gegenüber verhalten wollen.

1 Plane zunächst deinen Dialog. Gehe so vor:

Seite 329

a) Erschließe den Romanauszug mit der **Lesemethode für erzählende Texte**.
b) Lege dir einen Schreibplan an. Lass dir immer genug Platz, um die Teilaufgaben vollständig zu planen.

Folie

c) Fülle den Schreibplan aus. Versetze dich dabei in die beiden Figuren und notiere auch ihre Gefühle.

Beteiligte Figuren: …
Ausgangssituation: …

Teilaufgabe	Leitfigur: A Gesprächsabsicht: …	Gesprächspartner: Rhiannon Gesprächsabsicht: …
a) …	…	
		…
	…	
b) …		…
	…	
c) …	…	…

d) Verfasse auf der Basis deines Schreibplans einen Dialog zwischen A und Rhiannon.

2 Überarbeite deinen Dialog mithilfe der **CHECKLISTE** von Seite 156.

Lernbegleitbogen *Mein Leben leben!?*: einen Dialog zwischen literarischen Figuren schreiben

Kompetenz / Inhalt Ich kann ...	Selbstein- schätzung ☺ 😐 ☹	Fremdein- schätzung ☺ 😐 ☹	Bemer- kungen	Hier kannst du weiter- üben:
Aussagen von literarischen Figuren – erklären und – bewerten (S. 136–137)				
Handlungsabläufe eines literarischen Texts erschließen und wiedergeben (S. 138–139)				AH, S. 26–27
Informationen zu einer literarischen Figur sammeln (S. 140)				
Informationen zu einer literarischen Figur visualisieren (Mindmap, Wandzeitung ...) (S. 141)				
mich (in einem stillen Schreibgespräch) in Figuren und ihre Situation hineinversetzen (S. 142–143)				
Zielesetzungen und Absichten von Figuren benennen und in Bezug zu anderen Figuren setzen (S. 144–145)				
die Regeln der Getrennt- und Zusammenschreibung von Verbindungen aus Nomen und Verben – erklären und – anwenden (S. 146)				SB, S. 284
Beziehungen zwischen dem Englischen und dem Deutschen durch einen Vergleich zwischen einem Originaltext und einer Übersetzung – beschreiben und – in Ansätzen erklären (S. 147)				SB, S. 268
einen Dialog zwischen literarischen Figuren – planen (Informationen sammeln, einen Schreibplan erstellen) – schreiben (S. 148–151)				AH, S. 28–29
einen Dialog zwischen literarischen Figuren überarbeiten (S. 152–156)				AH, S. 30
Ich habe diese Aufgabe aus dem Freiraum bearbeitet (S. 160), z. B. einen Zeitungsbericht schreiben...				

AH = Arbeitsheft, SB = Schülerband

Überprüfe dein Wissen und Können, indem du den **Kompetenz-Check** auf den Seiten 157-158 bearbeitest. Vergleiche dein Ergebnis anschließend mit dem Mustertext im Lösungsheft.

Freiraum: So kannst du weiterarbeiten

David Levithan

(to) find sth. baffling – etw. verwirrend finden

approach (n.) – Ansatz

Dr Pepper – Marke eines Erfrischungsgetränks

evangelical (adj.) – konservativ protestantisch (betr.: Glaubenszugehörigkeit)

So you probably think this page is about me...
(David Levithan, auf: http://www.davidlevithan.com/about/)

I find it downright baffling to write about myself, which is why I'm considering it somewhat cruel and usual to have to write this brief bio and to update it now and then. The factual approach (born '72, Brown '94, first book '03) seems a bit dry, while the emotional landscape (happy
5 childhood, happy adolescence – give or take a few poems – and happy adulthood so far) sounds horribly well-adjusted. The only addiction I've ever had was a brief spiral into the arms of diet Dr Pepper, unless you count *My So-Called Life* episodes as a drug. I am evangelical in my musical beliefs.
10 Luckily, I am much happier talking about my books than I am talking about myself. [...]

1. Erschließe mithilfe eines Wörterbuchs den Inhalt des Texts, den David Levithan selbst verfasst hat.
2. Beschreibe, welchen Eindruck du vom Autor gewinnst: Findest du die Sicht auf sich selbst nachvollziehbar? Ist dir der Mensch sympathisch?
3. Welche Informationen fehlen dir? Was wüsstest du gern über ihn?

Seite 137

Stelle dir vor, A würde an einem Tag in deinem Körper aufwachen. Schreibe einen eigenen Text aus der Perspektive von A, in dem er beschreibt, wie er morgens in deinem Zimmer aufwacht, was er sieht und welche Informationen er über dich abrufen könnte.

Seite 140

1. Lies noch einmal den Romanauszug auf Seite 142-143.
2. Verfasse einen Paralleltext aus der Perspektive Rhiannons. Beachte dabei, was du bereits über sie weißt.

Seite 143

Positioniere dich selbst zu Rhiannon: Was magst du an ihr? Was findest du eher unsympathisch?

Seite 144

Stell dir vor, Rhiannon würde sich wie Nathan an die Polizei und die Presse wenden, da sie A nicht glaubt. Verfasse auf der Basis deines Wissens über A einen Zeitungsbericht. Gehe so vor:
– Informiere dich darüber, wie ein Bericht aufgebaut ist. Du kannst dazu auch noch einmal den Auszug auf Seite 148-149 lesen. Beachte auch die **LERNBOX** auf Seite 39.
– Sammle alle Informationen, die du über A und sein Leben hast, in einer Mindmap.
– Schreibe deinen Zeitungsbericht.

Seite 149

Tipps 💡

Seite 145 · 4

Beachtet im Schreibgespräch:

Rhiannon	Josie
Stimmung: aufgewühlt, verwirrt, überfordert, hoffnungsvoll …	Stimmung: besorgt, neugierig, als Freundin verständnisvoll …
Ziel: will Ratschlag, Unterstützung, jemanden, der zuhört …	Ziel: will wissen, was passiert ist; möchte nicht, dass Freundin verletzt wird …

Seite 146 · 2

(1) Sorgen gemacht: Regel 1: Nomen und Verb meist getrennt

…

(4) mit Bauchkribbeln: Regel 2: Nomen und nominalisiertes Verb, Signalwort: Präposition „mit"

Seite 147 · 3 b)

Im Englischen wird der Satz in der Regel in der Satzgliedfolge Subjekt – Prädikat – Objekt gebildet.
Aufg. 3 c)
Achte auf Bedeutungsveränderungen, Anglizismen (englische Worte und Ausdrücke, die wir im Deutschen auch verwenden), feste Redewendungen, Umgangssprache …

Seite 154 · 5 b)

Onkel Andrew:
- fürsorglich, macht sich Sorgen um seine Nichte
- will, dass es ihr gut geht
- grundsätzlich kritisch, hat aber den Artikel über Nathan in der Zeitung gelesen
- freundschaftlicher Berater, mitunter vielleicht auch väterlich

Seite 151 · 6 e)

So kannst du beginnen:

Nachdem Nathan am Morgen im Auto aufgewacht und von der Polizei nach Hause gebracht worden ist, ist er verwirrt, da er sich nicht erklären kann, was passiert ist. Er geht davon aus, dass ein Dämon von ihm Besitz ergriffen haben muss. Seine Mutter, Mrs. Daldry, fordert ihn auf, die Situation zu erklären, als er, nachdem er ausgeschlafen hat, zu ihr kommt.

Mrs. Daldry (D): Da bist du ja. Ich denke, du bist uns eine Erklärung schuldig. Was ist gestern passiert? Und wieso hat dich die Polizei heimgebracht?
Nathan (N): Wenn ich das wüsste … Ich kann es einfach nicht sagen! Ich weiß, das hört sich total verrückt an, aber …

A „Ehrlich währt am längsten […]." (S. 164 Z. 16)

B „[…] manchmal kostet's den Rock, oft sogar die Haut dazu." (S. 185, Z. 1 f.)

Recht und/oder Gerechtigkeit

1 a) Betrachtet die Abbildungen oben und beschreibt, was ihr darauf seht. Was haben die Abbildungen mit dem Titel des Kapitels zu tun?
b) Lest die Zitate A bis C aus den Texten dieses Kapitels und erklärt jeweils ihre Bedeutung.

2 Was macht *Recht* und *Gerechtigkeit* aus? Erarbeitet zu zweit eine Bestimmung der Begriffe mithilfe der Methode Begriffsbildung. Geht so vor:
a) Entscheidet zunächst, wer von euch welchen der beiden Begriffe erarbeitet:
Partner A beschäftigt sich mit dem Begriff „Recht",
Partner B mit dem Begriff „Gerechtigkeit".
Ordnet dann in Einzelarbeit die Abbildungen und Zitate den Begriffen zu.
b) Notiere dir Stichworte, die deinen Begriff näher umschreiben, z. B.:
Recht: jemand hat recht, weil er die Wahrheit spricht …

Für alle lautet die Aufgabe gleich: Klettere auf diesen Baum!

C „Die wirkliche Strafe, weißt du, die kommt erst jetzt." (S. 181, Z. 29)

3 Vergleicht eure Ergebnisse:
a) Stellt euch eure Ergebnisse gegenseitig vor. Welche der Zitate und Abbildungen habt ihr welchem Begriff zugeordnet? Welche Gemeinsamkeiten erkennt ihr? Wo gibt es Unterschiede?
b) Einigt euch mit eurem Partner auf je eine Begriffserklärung, haltet euer Ergebnis fest und notiert jeweils ein passendes Beispiel:
Recht bedeutet …
Gerechtigkeit bedeutet …

4 Besprecht eure Ergebnisse in der Klasse. Wählt eine Abbildung oder ein Zitat aus und erläutert eure Zuordnung anhand eurer Begriffserklärung.

Recht und/oder Gerechtigkeit | 3.2.3 Bedeutung von Begriffen erklären

Gerecht ist anders – Thema und Merkmale einer Kalendergeschichte erfassen

1 Habt ihr schon einmal etwas gefunden, das jemand anderes verloren hatte? Was habt ihr mit eurem Fund gemacht? Falls ihr ihn zurückgeben konntet: Wie hat der Besitzer darauf reagiert?

2 a) Der folgende Text von Johann Peter Hebel ist eine Kalendergeschichte. Informiere dich in der **LERNBOX**, was man darunter versteht.
Seite 329
Folie
b) Erschließe den Text mithilfe der **Lesemethode für erzählende Texte**. Achte dabei besonders auf die einzelnen Schritte der Handlung.
c) Halte die Handlungsschritte, die du herausgearbeitet hast, in einem Flussdiagramm fest. So kannst du beginnen:

(reicher Mann hat Geld verloren, bietet möglichem Finder Belohnung an) → (...)

Der kluge Richter
Johann Peter Hebel, 1811

> Johann Peter Hebel (1760–1826) war ein deutscher Autor und Theologe, der zahlreiche Gedichte und Kalendergeschichten verfasste.

[...] Ein reicher Mann hatte eine beträchtliche Geldsumme, welche in ein Tuch eingenähet war, aus Unvorsichtigkeit verloren. Er machte daher seinen Verlust bekannt und bot, wie man zu tun pflegt, dem ehrlichen Finder eine Belohnung, und zwar von hundert Talern an. Da kam bald ein guter und ehrlicher Mann
5 dahergegangen. „Dein Geld habe ich gefunden. Dies wird's wohl sein! So nimm dein Eigentum zurück!" So sprach er mit dem heitern Blick eines ehrlichen Mannes und eines guten Gewissens, und das war schön. Der andere machte auch ein fröhliches Gesicht, aber nur, weil er sein verloren geschätztes Geld wiederhatte. Denn wie es um seine Ehrlichkeit aussah, das wird sich bald zeigen. Er zählte
10 das Geld und dachte unterdessen geschwinde nach, wie er den treuen Finder um seine versprochene Belohnung bringen könnte. „Guter Freund", sprach er hierauf, „es waren eigentlich 800 Taler in dem Tuch eingenäht. Ich finde aber nur noch 700 Taler. Ihr werdet also wohl eine Naht aufgetrennt und Eure 100 Taler Belohnung schon herausgenommen haben. Da habt Ihr wohl daran getan. Ich
15 danke Euch." Das war nicht schön.
  Aber wir sind auch noch nicht am Ende. Ehrlich währt am längsten, und Unrecht schlägt seinen eigenen Herrn. Der ehrliche Finder, dem es weniger um die 100 Taler als um seine unbescholtene[1] Rechtschaffenheit[2] zu tun war, versicherte, dass er das Päcklein so gefunden habe, wie er es bringe, und es so bringe, wie
20 er's gefunden habe. Am Ende kamen sie vor den Richter. Beide bestanden auch hier noch auf ihrer Behauptung, der eine, dass 800 Taler seien eingenäht gewesen, der andere, dass er von dem Gefundenen nichts genommen und das Päcklein nicht versehrt[3] habe. Da war guter Rat teuer.

Aber der kluge Richter, der die Ehrlichkeit des einen und die schlechte Gesinnung des andern zum Voraus zu kennen schien, griff die Sache so an: Er ließ sich von beiden über das, was sie aussagten, eine feste und feierliche Versicherung geben und tat hierauf folgenden Ausspruch: „Demnach, und wenn der eine von euch 800 Taler verloren, der andere aber nur ein Päcklein mit 700 Talern gefunden hat, so kann auch das Geld des Letztern nicht das nämliche sein, auf welches der Erstere ein Recht hat. Du, ehrlicher Freund, nimmst also das Geld, welches du gefunden hast, wieder zurück und behältst es in guter Verwahrung, bis der kommt, welcher nur 700 Taler verloren hat. Und dir da weiß ich keinen andern Rat, als du geduldest dich, bis derjenige sich meldet, der deine 800 Taler findet." So sprach der Richter, und dabei blieb es.

[1] unbescholten: einwandfrei; [2] die Rechtschaffenheit: die Ehrlichkeit; [3] versehrt, hier: geöffnet

3 Setzt euch in Vierergruppen zusammen und entwickelt ein Standbild, um das Thema der Kalendergeschichte zu erfassen. Geht so vor:
   a) Stellt den letzten Absatz des Textes als Standbild dar:
   – Wählt einen Regisseur sowie die benötigten Darsteller aus und beginnt mit dem Bau des Standbilds. Überlegt, wie die Figuren zueinander stehen und was sie fühlen, und versucht, dies mit Mimik und Gestik darzustellen.
   – Übt euer Standbild mehrfach, damit es euch leichtfällt, die Positionen einzunehmen. Ihr könnt das Standbild auch auf einem Foto festhalten.
   b) Präsentiert eure Standbilder nacheinander vor der Klasse. Notiert euch zu jedem Standbild ein Schlagwort, z. B. *das weise Urteil*.
   c) Vergleicht eure gesammelten Schlagwörter in der Klasse. Was stellt ihr fest?
   d) Nutzt eure Schlagwörtersammlung, um das Thema der Kalendergeschichte zu formulieren: *In der Kalendergeschichte ... geht es darum, dass ...*

Seite 189

4 Tauscht euch aus, ob ihr das Urteil des Richters in der Geschichte gerecht findet.

5 Erkläre mithilfe der **LERNBOX**, warum es sich bei dem Text um eine Kalendergeschichte handelt. Belege deine Ergebnisse durch Textstellen.

Seite 188

> **! LERNBOX**
>
> **Merkmale einer Kalendergeschichte**
> 1. Bei der **Kalendergeschichte** handelt es sich um eine **kürzere Erzählung**, deren Name daher kommt, dass sie bis ins 19. Jahrhundert häufig auf den Rückseiten von Kalenderblättern abgedruckt wurde. Neben der Bibel waren diese Kalendergeschichten für viele Familien oft die einzige Lektüre. Ab dem 20. Jahrhundert wurden Kalendergeschichten nur noch in Buchform veröffentlicht.
> 2. Kalendergeschichten wurden in **unterhaltsamer, besinnlicher** oder **belehrender Absicht** erzählt. **Themen** sind häufig das **Leben** generell, aber auch **Tod**, **Liebe** oder **das Altern**. Dabei handelt die Kalendergeschichte meist von **lustigen** oder **merkwürdigen Begebenheiten** und endet mit einer **Pointe** (überraschende Wendung).
> 3. Die **Sprache ist einfach** und an die mündliche Überlieferung angelehnt. Sie kann beispielsweise umgangssprachliche Ausdrücke enthalten.

Recht und/oder Gerechtigkeit | 3.3.8 Epische Texte verstehen: Kalendergeschichte

Hilfe! – Aussageabsicht, Inhalt und Merkmale einer Kurzgeschichte erfassen

1. Betrachtet die Abbildung und überlegt, worum es in der folgenden Kurzgeschichte gehen könnte. Bezieht auch den Titel der Geschichte in eure Überlegungen ein: Wer könnte gegen wen aus welchem Grund vor Gericht stehen?

Seite 329
Folie

2. a) Erschließe den Text mithilfe der **Lesemethode für erzählende Texte**. Halte dabei die einzelnen Schritte der Handlung in einem Flussdiagramm fest (vgl. Seite 164, Aufgabe 2).
   b) Vergleiche die Handlung der Kurzgeschichte mit deinen Vermutungen aus Aufgabe 1.

Vor Gericht
Herbert Kranz, 1961

> Herbert Kranz (1891–1973) war ein deutscher Schriftsteller, der vor allem dadurch bekannt wurde, dass er bedeutende Werke der Weltliteratur für Jugendliche nacherzählte.

Ein englischer Dockarbeiter[1] sah, als er mitten in der Arbeit war, dass ein Mann und seine drei Hunde, die während der Ebbe allesamt auf eine Sandbank spaziert waren, von der Flut überrascht wurden. Er ließ Arbeit Arbeit sein, stürzte sich ins Wasser und rettete dem Mann, der nicht schwimmen konnte, in letzter
5 Minute das Leben, während seine Hunde keinen Helfer brauchten und vergnügt an Land schwammen.
Der Arbeiter war dabei pudelnass geworden, lief daher rasch nach Hause, rieb sich trocken, zog sich um und kehrte an seinen Arbeitsplatz zurück. Als er am Ende der Woche seine Lohntüte bekam, sah er, dass ihm der Gegenwert von
10 3,50 Euro abgezogen worden war, weil er „unerlaubterweise", wie die Firma sagte, anderthalb Stunden lang der Arbeit ferngeblieben war.
„Da schlag doch der und jener drein[2]", dachte der Lebensretter, der nicht wie der Gerettete drei Hunde, sondern drei Kinder zu versorgen hatte, ging zum Chef und, als das nichts half, zum Arbeitsgericht. Doch auch das wies ihn ab.[3]
15 Empört bemerkte er, wenn sich der Richter zufällig einmal auf jener Sandbank verspäten sollte, so möchte er es ihm nicht übelnehmen, wenn er ihn ersaufen ließe; denn Leben retten käme ihm zu teuer, er müsste an seine drei Kinder denken. Worauf der Richter kühl antwortete, er für seine Person sei ein guter Schwimmer.

[1] der Dockarbeiter: Hafenarbeiter; [2] Redewendung: Das kann doch nicht wahr sein; [3] abweisen: wegschicken

3. Formuliere das Thema der Kurzgeschichte. Nutze dazu deine Ergebnisse aus Aufgabe 2 a).

4 Nach dem verlorenen Prozess trifft sich der Dockarbeiter mit seinem besten Freund in einer Kneipe, wo die beiden über den Verlauf des Prozesses reden. Während der Dockarbeiter noch immer sehr aufgebracht ist, sieht sein Freund die Angelegenheit deutlich sachlicher.
a) Verfasst den Dialog zwischen dem Dockarbeiter und seinem Freund, indem ihr in Partnerarbeit ein stummes Schreibgespräch durchführt. Partner A übernimmt die Rolle des Dockarbeiters, Partner B die Rolle des Freundes. Versucht euch vorzustellen, wie sich die jeweilige Figur fühlt und wie sie sich im Gespräch verhält. So könnt ihr beginnen:
<u>Freund:</u> *Na, hast du dich inzwischen wieder etwas beruhigen können? Du siehst leider immer noch ziemlich aufgeregt aus.*
<u>Dockarbeiter:</u> *Glaub mir, so schnell kann ich mich nicht beruhigen. …*
b) Präsentiert eure Dialoge vor der Klasse und diskutiert, ob die Aussagen und Emotionen zum Text und zur Aufgabe passen.

5 In den Texten von Herbert Kranz und Johann Peter Hebel (Seite 164–166) muss jeweils ein Richter über den Ausgang des betreffenden Falls entscheiden.
a) Vergleicht Aussage und Handeln der beiden Richter miteinander: Was haben sie gemeinsam? Worin unterscheiden sie sich? Achtet dabei besonders darauf, wie sie mit dem Recht und den am Prozess Beteiligten umgehen. Belegt eure Ergebnisse mithilfe passender Textstellen.
b) Was kritisieren die Autoren beider Geschichten jeweils?

6 Erkläre mithilfe der **LERNBOX**, warum es sich bei dem Text von Herbert Kranz um eine Kurzgeschichte handelt. Belege deine Ergebnisse durch Textstellen.

⚠ LERNBOX

Merkmale einer Kurzgeschichte/Kürzestgeschichte
Die Kurzgeschichte ist eine **knappe Erzählung**, die eine **Momentaufnahme** oder eine **wichtige Episode aus dem Alltagsleben** eines oder mehrerer Menschen zeigt. Kurzgeschichten haben meist folgende Merkmale:
1. Sie sind relativ **kurz**. Speziell die moderne Art der Kürzestgeschichte fällt durch ihre extreme Kürze auf.
2. Die Handlung **konzentriert sich auf das Wesentliche**, entwickelt sich **zielstrebig auf den Höhe- oder Wendepunkt hin** und gibt nur einen **Ausschnitt des Geschehens** wieder.
3. Sie beginnen mit einem **unmittelbaren Einstieg** in das Geschehen, das heißt, es gibt keine Einleitung oder Einführung der Figuren.
4. Sie haben einen **offenen Schluss**, der oft mehrere Deutungen zulässt.
5. Die Figuren sind meist **typisiert**, entsprechen also gewöhnlichen Menschen, die nicht näher charakterisiert werden. Oft haben diese auch keine Namen, da sie nur als Beispiel für eine Gruppe von Menschen stehen.
6. Die Handlung wird meist **aus der Sicht einer beteiligten Figur** wiedergegeben (Er-/Sie-Form / personales Erzählverhalten).
7. Kurzgeschichten sind in **Alltagssprache mit einfachem Satzbau** geschrieben.

„Nur deswegen ist es so gekommen." – Einen erzählenden Text zusammenfassen

1 a) Welche Gründe wären denkbar, Fahrerflucht zu begehen?
   b) Erkläre, was der Begriff im Titel der folgenden Kurzgeschichte bedeuten könnte.
   c) Vergleiche danach deine Ergebnisse mit der Kurzgeschichtenhandlung.

Generalvertreter Ellebracht begeht Fahrerflucht
Josef Reding, 1964

> Josef Reding wurde 1929 in Castrop-Rauxel geboren und ist für seine oft sozialkritischen Kurzgeschichten bekannt.

Randnotizen:
- Ellebracht: mit seinem neuen Auto unterwegs
- überfährt fast einen geschlossenen Bahnübergang
- nervös

Ich habe nicht auf die neue Breite geachtet, dachte Ellebracht. Nur deswegen ist es so gekommen. Der hemdsärmelige Mann hob die rechte Hand vom Lenkrad ab und wischte sich hastig über die Brust. Als er die Hand zurücklegte, spürte er, dass sie noch
5 immer schweißig war, so schweißig wie sein Gesicht und sein Körper. Schweißig vor Angst.
Nur wegen der Breite ist alles gekommen, dachte der Mann wieder. Er dachte es hastig. Er dachte es so, wie man stammelt. Die Breite des Wagens, diese neue, unbekannte Breite. Ich hätte das bedenken sollen. Jäh drückte der Fuß Elle-
10 brachts auf die Bremse. Der Wagen kreischte und stand. Eine Handbreit vor dem Rotlicht, das vor dem Eisenbahnübergang warnte.

Fehlte gerade noch, dass ich nun wegen einer so geringen Sache wie Überfahren eines Stopplichtes von der Polizei bemerkt werde. Nach der Sache von vorhin ...
Mit hohlem Heulen raste ein D-Zug vorbei. Ein paar zerrissene Lichtreflexe, ein
15 Stuckern[1], ein verwehter Pfiff. Die Ampel sprang auf Grün um. Ellebracht ließ seinen Wagen nach vorn schießen. Als er aufgeregt den Schalthebel in den dritten Gang hineinstieß, hatte er die Kupplung zu nachlässig betätigt. Im Getriebe knirschte es hässlich.
Bei dem Geräusch bekam Ellebracht einen üblen Geschmack auf der Zunge.
20 Hört sich an wie vorhin, dachte er. Hört sich an wie vorhin, als ich die Breite des Wagens nicht richtig eingeschätzt hatte. Dadurch ist es passiert. Aber das wäre jedem so gegangen. Bis gestern hatte ich den Volkswagen gefahren. Immer nur den Volkswagen, sechs Jahre lang. Und heute Morgen zum ersten Male diesen breiten Straßenkreuzer. Mit dem VW wäre ich an dem Radfahrer glatt vorbeige-
25 kommen. Aber so ... Fahr langsamer, kommandierte Ellebracht sich selbst. Schließlich passiert ein neues Unglück in den nächsten Minuten. Jetzt, wo du bald bei Karin bist und den Kindern.
Karin und die Kinder. Ellebrachts Schläfen pochten. Er versuchte, sich zu beruhigen: Du musstest weg von der Unfallstelle, gerade wegen Karin und der Kin-
30 der. Denn was wird, wenn du vor Gericht und ins Gefängnis musst? Die vier Glas Bier, die du während der Konferenz getrunken hast, hätten bei der Blutprobe für deine Schuld gezeugt – und dann? Der Aufstieg deines Geschäfts wäre abgeknickt worden. Nicht etwa darum, weil man etwas Ehrenrühriges in deinem Unfall gesehen hätte. Wie hatte doch der Geschäftsführer von Walter-

[1] das Stuckern: holpernde Bewegung beim Fahren

scheidt & Co. gesagt, als er die alte Frau auf dem Zebrastreifen verletzt hatte? Kavaliersdelikt[2]! Nein, nicht vor der Schädigung meines Rufes fürchte ich mich. Aber die vier oder sechs Wochen, die ich vielleicht im Gefängnis sitzen muss, die verderben mir das Konzept! Während der Zeit schickt die Konkurrenz ganze Vertreterkolonnen in meinen Bezirk und würgt mich ab. Und was dann? Wie wird es dann mit diesem Wagen? Und mit dem neuen Haus? Und was sagt Ursula, die wir ins Internat in die Schweiz schicken wollen? „Du hast richtig gehandelt!", sagte Ellebracht jetzt laut, und er verstärkte den Druck auf das Gaspedal. „Du hast so gehandelt, wie man es als Familienvater von dir erwartet."

Verdammte Rotlichter, dachte Ellebracht und brachte den Wagen zum Stehen. Ich will nach Hause. Ich kann erst ruhig durchatmen, wenn der Wagen in der Garage steht und ich bei der Familie bin.

Und wann ist der Mann mit dem Fahrrad bei seiner Familie? Der Mann, der mit ausgebreiteten Armen wie ein Kreuz am Straßenrand gelegen hat? Der Mann, der nur ein wenig den Kopf herumdrehte – du hast es im Rückspiegel deutlich gesehen –, als du den bereits abgestoppten Wagen wieder anfahren ließest, weil dir die wahnsinnige Angst vor den Folgen dieses Unfalls im Nacken saß? Du, wann ist dieser Mann bei seiner Familie?

Jetzt werd' bloß nicht sentimental!, dachte Ellebracht. Jetzt werd' bloß nicht dramatisch! Bist doch ein nüchterner Geschäftsmann! Ellebracht sah stur nach vorn und erschrak. Da war ein Kreuz. Ein Kreuz an seinem Wagen. So ein Kreuz, wie es der Mann vorhin gewesen war.

Ellebracht versuchte zu grinsen. Krieg' dich bloß wieder ein, dachte er. Du siehst doch, was es ist. Das war mal das Firmenzeichen auf der Kühlerhaube. Es ist von dem Zusammenprall mit dem Fahrrad angeknickt worden und hat sich zu einem Kreuz verbogen. Ellebracht musste immerfort auf dieses Kreuz starren. Ich steige aus, dachte er. Ich steige aus und biege das Ding wieder zurecht. Schon tastete seine Hand zum Türgriff, als er zusammenzuckte. Am Kreuz schillerte es, verstärkt durch das Licht der Signalampel. „Ich muss nach Hause!", stöhnte Ellebracht. „Wann kommt denn endlich Grün?"

Die feuchten Finger zuckten zum Hemdkragen, versuchten, den Knopf hinter der Krawatte zu lösen. Aber der Perlmuttknopf entglitt einige Male dem Zugriff. Grün! Der Schwitzende riss einfach den Hemdkragen auf und fuhr an.

Das Kreuz macht mich verrückt, dachte er. Ich kann das nicht mehr sehen! Und wie der Mann dalag. Ob man ihn jetzt schon gefunden hat? Ob er schon so kalt und starr ist wie das Kreuz vor mir?

Ellebracht stoppte. Diesmal war kein Rotlicht da. Nichts. Nur das Kreuz. Nur das Kreuz, das einen riesigen Schatten warf in den Wagen hinein. Nur das Kreuz, das vor dem Hintergrund des Scheinwerferlichtes stand.

„Ich kann so nicht nach Hause!", flüsterte Ellebracht. „Ich kann so nicht zu Karin und den Kindern zurück. Ich kann so zu niemandem zurück!"

Ein anderer Wagen überholte Ellebracht. Eine grelle Hupe schmerzte.

Ich kann das Kreuz nicht zurechtbiegen und dabei in das Blut greifen. Ich bringe das nicht fertig. Ich kann nicht eher zu irgendeinem zurück, bis ich bei dem Mann gewesen bin.

Ellebracht spürte, wie seine Hände trocken wurden und sich fest um das Lenkrad legten. Ohne Mühe wendete der Mann den schweren Wagen und jagte die Straße zurück. Wieder die Signale, die Bahnübergänge, jetzt die Abbiegung, die Waldstraße. Ein paar Steine schepperten gegen die Kotflügel. Ellebracht verlangsamte

[2] der Kavaliersdelikt: eine eigentlich strafbare Handlung, die jedoch von der Gesellschaft als harmlos angesehen wird

die Fahrt, und seine Augen durchdrangen mit den Scheinwerfern das Dunkel. Da
85 war der Haufen von verbogenem Blech und Stahl. Und da lag der Mensch.
Als Ellebracht schon den Fuß auf der Erde hatte, sprang ihn wieder die Angst an.
Aber dann schlug er die Tür hinter sich zu und lief. Jetzt kniete Ellebracht neben
dem Verletzten und drehte ihn behutsam in das Scheinwerferlicht des Wagens.
Der blutende Mann schlug die Augen auf und griff zuerst wie abwehrend in das
90 Gesicht Ellebrachts. Dann sagte der Verletzte: „Sie haben – angehalten. Danke!"
„Ich habe nicht – ich – ich bin nur zurückgekommen", sagte Ellebracht.

2 Sprecht zu zweit in Murmelstimme über den Text:
   a) Erklärt, wie es zu Ellebrachts Sinneswandel kommt. Welche Rolle spielt
   für ihn dabei das Kreuz?
   b) Entscheidet sich Ellebracht aus Furcht vor Verfolgung oder aufgrund
   seiner Gewissensbisse dazu, zum Radfahrer zurückzukehren?
   Begründet eure Meinung anhand des Textes.
   c) Besprecht, ob ihr Ellebracht für sein Verhalten verurteilen würdet, wenn ihr
   Richter wärt. Falls ja, welche Strafe würdet ihr verhängen?

Seite 329

Seite 189

3 a) Lies den Text ein weiteres Mal und bereite deine Inhaltszusammenfassung
vor. Erschließe ihn dazu mithilfe der **Lesemethode für erzählende Texte** (Folie).
b) Formuliere mithilfe der **LERNBOX** eine Einleitung (TATTE-Satz) und fasse
die Kurzgeschichte anhand deiner Notizen zu den Sinnabschnitten zusammen.

Seite 335

4 Tauscht eure Inhaltszusammenfassungen aus und überarbeitet sie
in einer **Schreibkonferenz** in Vierergruppen. Geht dabei so vor:
Lest und kommentiert die Inhaltszusammenfassungen reihum. Jeder übernimmt dazu ein Kriterium aus der **LERNBOX**.

5 Weise nach, dass es sich bei dem Text von Josef Reding um eine Kurzgeschichte
handelt. Berücksichtige dabei die **LERNBOX** auf Seite 167 und belege
deine Ergebnisse anhand passender Textstellen. Beginne so:
Bei dem Text ... von ... handelt es sich um eine Kurzgeschichte, weil ...

> **❗ LERNBOX**
>
> **So fasst du den Inhalt eines erzählenden Textes zusammen:**
> 1. Verfasse eine kurze Einleitung, in der du **Textart, Autor, Titel, Thema** und **Erscheinungsjahr** benennst (**TATTE-Satz**): Bedenke dabei, dass sich das Thema auf den gesamten Text beziehen soll und übergreifend formuliert sein muss, also den **Grundkonflikt** oder das **Kernproblem** enthalten muss.
> 2. **Fasse** den **Inhalt** der Handlung mit eigenen Worten **zusammen**.
>   Nutze dafür die Notizen aus der Texterschließung und orientiere dich an den Erzählschritten.
> 3. Schreibe durchgängig im **Präsens**. Für Ereignisse, die anderen voraus-gegangen sind, verwendest du das Perfekt.
> 4. Verwende zur Wiedergabe wörtlicher Rede die **indirekte Rede** (Konjunktiv I).

Seite 261

Bis einer weint –
die Erzählweise und ihre Wirkung ermitteln

1 a) Betrachte die Abbildung und beschreibe die dargestellte Situation.
   b) Lies den kursiv gedruckten Einleitungstext zum Textauszug aus der Kalendergeschichte „Der Augsburger Kreidekreis" von Bertolt Brecht und setze diese Vorgeschichte in Bezug zur Abbildung: Überlege, wie der Richter zu seinem Urteil kommen könnte.

2 Lest den Text abschnittsweise mit der **Partnerlesemethode** und beantwortet stichpunktartig die Aufgaben am Rand.

📄 Seite 331

> Bertolt Brecht (1898–1956) gilt als einer der einflussreichsten Lyriker und Dramatiker Deutschlands, der vor allem für seine sozialkritischen Texte bekannt ist.

Der Augsburger Kreidekreis (Auszug)
Bertolt Brecht, 1940

Vorgeschichte: Frau Zingli flieht während des Dreißigjährigen Krieges (1618 bis 1648) überstürzt vor den feindlichen Truppen und lässt ihr Kind dabei zurück. Die Magd Anna rettet das Kind unter Lebensgefahr und nimmt es zu sich, als wenn es ihr eigenes wäre. Mehrere Jahre später kommt Frau Zingli zurück und holt sich das Kind ohne Annas Wissen. Anna will es aber behalten. Der Fall landet vor Gericht, die Aussagen widersprechen sich und Richter Dollinger muss schließlich ein Urteil fällen.

[...] Die Leute sahen sich verblüfft an und einige reckten die Hälse, um einen Blick auf den hilflosen Richter zu erwischen. Es blieb aber sehr still im Saal, nur von der Straße herauf konnte man die Menge hören.
Dann ergriff der Richter wieder seufzend das Wort. „Es ist nicht festgestellt wor-
5 den, wer die rechte Mutter ist", sagte er. „Das Kind ist zu bedauern. Man hat

1. Worin besteht die Schwierigkeit für den Richter?

schon gehört, daß die Väter sich oft drücken und nicht die Väter sein wollen, die Schufte[1], aber hier melden sich gleich zwei Mütter. Der Gerichtshof hat ihnen so lange zugehört, wie sie es verdienen, nämlich einer jeden geschlagene fünf Minuten, und der Gerichtshof ist zu der Überzeugung gelangt, daß beide wie gedruckt lügen. Nun ist aber, wie gesagt, auch noch das Kind zu bedenken, das eine Mutter haben muß. Man muß also, ohne auf bloßes Geschwätz einzugehen, feststellen, wer die rechte Mutter des Kindes ist."

2. Was hat sich der Richter warum zum Ziel gesetzt?

Und mit ärgerlicher Stimme rief er den Gerichtsdiener und befahl ihm, eine Kreide zu holen.

Der Gerichtsdiener ging und brachte ein Stück Kreide. „Zieh mit der Kreide da auf dem Fußboden einen Kreis, in dem drei Personen stehen können", wies ihn der Richter an. Der Gerichtsdiener kniete nieder und zog mit der Kreide den gewünschten Kreis.

„Jetzt bring das Kind", befahl der Richter.

Das Kind wurde hereingebracht. Es fing wieder an zu heulen und wollte zu Anna. Der alte Dollinger kümmerte sich nicht um das Geplärr und hielt seine Ansprache nur in etwas lauterem Ton. „Diese Probe, die jetzt vorgenommen werden wird", verkündete er, „habe ich in einem alten Buch gefunden, und sie gilt als recht gut. Der einfache Grundgedanke der Probe mit dem Kreidekreis ist,

3. Welche Strategie wendet der Richter an?

daß die echte Mutter an ihrer Liebe zum Kind erkannt wird. Also muß die Stärke dieser Liebe erprobt werden. Gerichtsdiener, stell das Kind in diesen Kreidekreis." Der Gerichtsdiener nahm das plärrende Kind von der Hand der Amme und führte es in den Kreis. Der Richter fuhr fort, sich an Frau Zingli und Anna wendend: „Stellt auch ihr euch in den Kreidekreis, faßt jede eine Hand des Kindes, und wenn ich ‚los' sage, dann bemüht euch, das Kind aus dem Kreis zu ziehen. Die von euch die stärkere Liebe hat, wird auch mit der größeren Kraft ziehen und so das Kind auf ihre Seite bringen."

4. Wenn die Aussage des Richters stimmt, was würde das für das Kind bedeuten?

Im Saal war es unruhig geworden. Die Zuschauer stellten sich auf die Fußspitzen und stritten sich mit den vor ihnen Stehenden. Es wurde aber wieder totenstill, als die beiden Frauen in den Kreis traten und jede eine Hand des Kindes faßte. Auch das Kind war verstummt, als ahnte es, um was es ginge. Es hielt sein tränenüberströmtes Gesichtchen zu Anna emporgewendet. Dann kommandierte der Richter „los".

5. Warum dreht das Kind vermutlich sein Gesicht zu Anna?

Und mit einem einzigen heftigen Ruck riß Frau Zingli das Kind aus dem Kreidekreis. Verstört und ungläubig sah Anna ihm nach. Aus Furcht, es könne Schaden erleiden, wenn es an beiden Ärmchen zugleich in zwei Richtungen gezogen würde, hatte sie es sogleich losgelassen. Der alte Dollinger stand auf.

6. Wer hat die stärkere Liebe zum Kind bewiesen? Begründe deine Meinung.

„Und somit wissen wir", sagte er laut, „wer die rechte Mutter ist. Nehmt der Schlampe das Kind weg. Sie würde es kalten Herzens in Stücke reißen." Und er nickte Anna zu und ging schnell aus dem Saal, zu seinem Frühstück.

7. Was denkt der Richter, wie Frau Zingli mit dem Kind umgehen würde?

Und in den nächsten Wochen erzählten sich die Bauern der Umgebung, die nicht auf den Kopf gefallen waren, daß der Richter, als er der Frau aus Mering[2] das Kind zusprach, mit den Augen gezwinkert habe.

8. Warum könnte der Richter gezwinkert haben?

[1] der Schuft: gemeiner Mensch; [2] Frau aus Mering: Anna

3 a) Der Richter wendet in der Erzählung eine List an, um zu seiner Entscheidung zu kommen. Erklärt, worin diese besteht und was er im Vorfeld vermutet haben muss.
b) Handelt der Richter eurer Meinung nach richtig? Begründet eure Einschätzung.

4 Formuliere einen TATTE-Satz und fasse den Inhalt des Textauszugs zusammen (**LERNBOX**, Seite 170). Orientiere dich an den Abschnitten und den Stichpunkten zu den Fragen.

5 Untersuche in den letzten beiden Textabschnitte (Z. 33–48) mithilfe der **LERNBOX** auf Seite 174, wie unterschiedlich der Erzähler die beiden Frauen darstellt.
a) Markiere dazu wichtige Textstellen, die deine Aussagen belegen. ✏ Folie
b) Übertrage die folgende Tabelle in dein Heft und ergänze sie mit deinen Ergebnissen.
c) Schreibe deine Ergebnisse in einem zusammenhängenden Text auf und nutze dazu deine Tabelle. Folgende Formulierungshilfen kannst du verwenden:
Es besteht ein Konflikt zwischen …
In Zeile … wird deutlich, dass …
Die Textstelle „…" (Z. …) beschreibt Frau Zinglis Verhalten, da …
Der Erzähler verwendet eine Reihe wertender Adjektive
wie z. B. „…" (Z. …), um aufzuzeigen, dass …
Im Verlauf der Erzählung wird immer deutlicher erkennbar, dass …
Während Brecht Frau Zingli … darstellt, wird Anna …

☆ Seite 188

Erzählform Erzählhaltung/ sprachliche Gestaltung	Textbeispiel	Sichtweise auf die beiden Frauen
Er-/Sie-Erzählform auktoriale Erzählhaltung	„Aus Furcht, es könne Schaden erleiden, wenn es an beiden Ärmchen zugleich in zwei Richtungen gezogen würde, hatte sie es sogleich losgelassen." (Z. 40–42)	Die Nutzung dieser Erzählform und -haltung bewirkt, dass der Leser die Perspektive der Zuschauer einnimmt, das Geschehen aber von außen und innen verfolgt.
Diminutiv (Verniedlichung)		Der Kontrast zwischen der harten Methode des Richters und dem zierlichen Kind wird verdeutlicht, um das weitere Verhalten Frau Zinglis zu kritisieren.
…		

⚠ LERNBOX

So untersuchst du die Erzählweise eines Textes:

Die genaue Analyse eines Textes hilft dabei, den Inhalt und seine Aussagen besser zu verstehen. Ein möglicher Aspekt ist dabei die **Erzählweise**:
Der **Erzähler** ist die **Instanz**, die dem Leser das **Geschehen vermittelt**.
Er darf nicht mit dem Autor gleichgesetzt werden, da seine Meinungen und Urteile nicht mit denen des Autors übereinstimmen müssen.
Um die Erzählweise genau zu benennen und ihre Wirkung herauszufinden, musst du die Erzählform und die Erzählhaltung ermitteln:

1. **Erzählform:**
   a) **Ich-Erzählform:** Der Erzähler erzählt das Geschehen aus der Perspektive einer Figur, die ihre Erfahrungen und Gedanken direkt mitteilt. Somit ist der Erzähler zugleich erlebende und erzählende Figur.
   b) **Er-/Sie-Erzählform:** Der Erzähler tritt in den Hintergrund und ist nicht am Geschehen beteiligt, sondern erzählt über die Figuren, z. B.: *„Die Leute sahen sich verblüfft an."* Wenn er ihre Gedanken direkt wiedergibt, ohne selbst sichtbar zu werden, handelt es sich um die Form der **erlebten Rede**.

2. **Erzählhaltung:**

	auktorial	personal	neutral
	Außen- und Innensicht aller Figuren möglich; allwissend	Perspektive einer Figur (= Reflektorfigur) → Innensicht	Außensicht auf die Figuren; keine Innenperspektive
Kenntnisse	Erzähler kennt sämtliche Hintergründe und Zusammenhänge	Wissensstand des Erzählers entspricht dem der Reflektorfigur	Erzähler weiß nur, was von außen sichtbar ist
Wertung	Wertung des Gesamtgeschehens möglich	Wertung durch die Reflektorfigur	neutrales Erzählen, keine Wertung

Die Erzählformen werden mit den verschiedenen Erzählhaltungen kombiniert, z. B. auktoriale Er-/Sie-Erzählung.

3. **Sprachliche Gestaltung** des Textes:
   Beachte, dass **Sprache** und **Inhalt** immer **im Zusammenhang** stehen. Überlege dir, welche Wirkung durch die sprachliche Gestaltung erzielt wird, und deute deine Beobachtungen.
   a) **Satzbau:** Kurze, aneinandergereihte Hauptsätze (**Parataxe**) sorgen beim Leser z. B. für einen anderen Eindruck als längere Satzgefüge (**Hypotaxe**). Zudem können Besonderheiten im Satzbau, wie die häufige Wiederholung desselben Satzschemas (**Parallelismus**) oder das Verwenden unvollständiger Sätze (**Ellipsen**), bestimmte Textstellen besonders betonen.
   b) **Wortwahl:** Die Wortwahl beim Beschreiben von Handlungen oder Figuren lässt oft Rückschlüsse auf die Sicht des Erzählers zu.
   c) **Sprachliche Mittel:** Durch sprachliche Mittel (Metaphern, Diminutive = Verniedlichungen …) werden z. B. Gefühle verdeutlicht oder Situationen anschaulich dargestellt.

Wie ein Ringkampf – Textstellen indirekt wiedergeben

Von Beginn an steht der Kontrast zwischen den beiden Frauen im Vordergrund, der an der Frage festgemacht wird, welche die „rechte Mutter" (Z. 5) sei. Durch die Schilderung, beim Eintreten in den Kreidekreis hätten beide „eine Hand des Kindes" (Z. 35) gefasst, wird der Anspruch der beiden Frauen deutlich. Der Hinweis, dass das Kind „verstummt" (Z. 36) ist, unterstreicht die Bedeutung der Situation, um so Annas Sorge zu betonen, das Kind könne „Schaden erleiden" (Z. 40 f.). Somit wird deutlich, dass Anna das Wohlergehen des Kindes besonders am Herzen liegt, und es wird ein freundliches, fast liebevolles Bild von ihr erzeugt.

Die Verwendung von Diminutiven, etwa in dem Hinweis, das Kind (*wenden*) sein „tränenüberströmtes Gesichtchen" (Z. 37) Anna zu, unterstreicht dessen Verletzlichkeit. Außerdem zeigt die Festlegung, dass Anna dem Kind „ungläubig" (Z. 40) (*nachsehen*), als Frau Zingli es aus dem Kreis zieht, dass nur Anna wahre Liebe für das Kind empfindet. Dies macht auch die scharfe Forderung des Richters, man (*wegnehmen*) „der Schlampe" (Z. 43 f.) das Kind, nachvollziehbar. Dies zeigt seine Verachtung für eine Frau, die, wie er sagt, nicht (*zögern*), ein Kind „in Stücke zu reißen" (Z. 44) …

Konjunktiv I

1 a) Lies den Beginn des Textes (Zeile 1 bis 9), den ein Schüler zu Aufgabe **5 c)** auf Seite 173 verfasst hat, und markiere die Stellen, welche direkt (= wörtlich) aus der Kalendergeschichte übernommen wurden.
b) Überprüfe mithilfe der **LERNBOX**, auf welche Weise die Zitate indirekt wiedergegeben worden sind. Unterstreiche dazu jeweils die Verbform und notiere am Rand, um welche Form es sich genau handelt.

2 Ergänze im zweiten Teil des Textes (Zeile 10 bis 17) die fehlenden Verbformen in der richtigen Form.

Folie

Seite 261
Folie

Folie

⚠ LERNBOX

So gibst du Textstellen indirekt wieder:
1. Gibt man wichtige Aussagen eines Textes indirekt wieder, steht das Verb im **Konjunktiv I**, z. B.: *Der Richter fordert seinen Gerichtsdiener auf, er solle einen Kreis auf dem Fußboden ziehen.*
2. Der Konjunktiv I wird durch den **Stamm** des Verbs (Infinitiv ohne *-en*) **und** die entsprechende **Personalendung** gebildet, z. B.: *er komm-e.*
3. Ist der Konjunktiv I nicht vom Indikativ Präsens zu unterscheiden (*sie kommen*), werden der **Konjunktiv II oder die Umschreibung mit „würde"** verwendet (Konjunktiv II: *sie kämen*; Umschreibung mit „würde": *sie würden kommen*).
4. Befindet sich das Zitat in einem **Nebensatz**, der **mit „dass"** eingeleitet wird, muss **kein Konjunktiv** benutzt werden.

Vom Schuhputzer zum Diktator – Aufgaben zu einem Text bearbeiten

In einer Diktatur bestimmt eine einzelne Person oder eine bestimmte Gruppe von Menschen (eine Partei, eine Familie oder das Militär), was erlaubt und was verboten ist. Widerspruch dulden Diktatoren nicht. Wer anderer Meinung ist, kommt ins Gefängnis oder wird sogar getötet. Wahlen finden nicht statt bzw. sind manipuliert. Die Zeitungen dürfen nur schreiben, was der Diktator will.

1 a) Lest die Definition und beschreibt mit eigenen Worten, was eine Diktatur ist.
b) Sprecht darüber, wie ihr euch einen Diktator vorstellt: Welche Eigenschaften könnte er haben? Wie könnte sein Verhältnis zu seinen Untergebenen sein?

2 a) Erschließe die Kurzgeschichte von Thomas Bernhard mithilfe der Lesemethode für erzählende Texte.
b) Vergleicht die Darstellung des Diktators in der Kurzgeschichte mit der Definition oben: Welche Übereinstimmungen gibt es? Welche Unterschiede stellt ihr fest?

Folie   Seite 329

Der Diktator
Thomas Bernhard, 1969

> Nicolaas Thomas Bernhard (1931–1989) war ein österreichischer Schriftsteller, der durch seinen unverwechselbaren Stil der extremen Kürze auffällt.

Der Diktator hat sich aus über hundert Bewerbern einen Schuhputzer ausgesucht. Er trägt ihm auf, nichts zu tun als seine Schuhe zu putzen. Das bekommt dem einfachen Manne vom Land, und er nimmt rasch an Gewicht zu und gleicht seinem Vorgesetzten – und nur dem Diktator ist er unterstellt – mit den Jahren
5 um ein Haar[1]. Vielleicht ist das auch zu einem Teil darauf zurückzuführen, dass der Schuhputzer dieselbe Kost isst wie der Diktator. Er hat bald dieselbe dicke Nase und, nachdem er seine Haare verloren hat, auch denselben Schädel. Ein wulstiger Mund tritt heraus, und wenn er grinst, zeigt er die Zähne. Alle, selbst die Minister und die nächsten Vertrauten des Diktators fürchten sich vor dem
10 Schuhputzer. Am Abend kreuzt er die Stiefel[2] und spielt auf einem Instrument. Er schreibt lange Briefe an seine Familie, die seinen Ruhm im ganzen Land verbreitet. „Wenn man der Schuhputzer des Diktators ist", sagen sie, „ist man dem Diktator am nächsten." Tatsächlich ist der Schuhputzer auch dem Diktator am nächsten; denn er hat immer vor seiner Türe zu sitzen und sogar dort zu schla-
15 fen. Auf keinen Fall darf er sich von seinem Platz entfernen. Eines Nachts jedoch, als er sich stark genug fühlt, betritt er unvermittelt das Zimmer, weckt den Diktator und schlägt ihn mit der Faust nieder, sodass er tot liegen bleibt. Rasch entledigt sich der Schuhputzer seiner Kleider, zieht sie dem toten Diktator an und wirft sich selbst in das Gewand[3] des Diktators. Vor dem Spiegel des Dik-
20 tators stellt er fest, dass er tatsächlich aussieht wie der Diktator. Kurz entschlossen stürzt er vor die Tür und schreit, sein Schuhputzer habe ihn überfallen. Aus Notwehr habe er ihn niedergeschlagen und getötet. Man solle ihn fortschaffen und seine hinterbliebene Familie benachrichtigen.

[1] um ein Haar: fast

[2] die Stiefel kreuzen: im Schneidersitz sitzen

[3] das Gewand: die Kleidung

3 Erkläre, wie es dazu kommt, dass der Schuhputzer am Ende die Rolle des Diktators übernehmen kann. Begründe deine Ergebnisse mithilfe von Textbelegen.
Gehe so vor, um die Aufgabe zu lösen:
a) Erschließe die Aufgabe, wie im ersten Hinweis der **LERNBOX** beschrieben.
b) Gib deinem Lernpartner die einzelnen Arbeitsschritte mit eigenen Worten wieder. Er überprüft deine Aussagen mithilfe der Aufgabenstellung oben.
c) Markiere im Text Stellen, die zeigen, dass sich der Schuhputzer dem Diktator immer mehr annähert. Berücksichtige dabei sein Auftreten und seine äußere Erscheinung (vgl. zweiter Hinweis in der **LERNBOX**).
d) Erkläre als Vorarbeit stichwortartig, inwiefern in den von dir markierten Textpassagen deutlich wird, dass der Schuhputzer dem Diktator immer ähnlicher wird (vgl. dritter Hinweis in der **LERNBOX**).
e) Verfasse mithilfe deiner Vorarbeiten einen zusammenhängenden Text, der deine Ergebnisse zusammenfasst. Orientiere dich dabei am vierten und fünften Hinweis in der **LERNBOX**. So kannst du beginnen:
Der Schuhputzer ist am Anfang …

4 Erläutere, wie der Autor die Entwicklung des Schuhputzers deutlich macht. Beziehe dazu die Erzählweise (z. B. die Erzählform, die Erzählhaltung, den Satzbau und die Wortwahl) mit ein. Stütze deine Aussagen durch Textbelege.
Gehe so vor, wie in der **LERNBOX** beschrieben.
Nutze folgende Formulierungshilfen:
Der Autor macht die Entwicklung des Schuhputzers zum Beispiel durch die Er-/Sie-Erzählform in Verknüpfung mit der … Erzählhaltung deutlich.
Durch die Außensicht wird … beschrieben. Dazu verwendet Thomas Bernhard zumeist einen hypotaktischen Satzbau, der dennoch leicht verständlich ist, da … Die Wortwahl ist … Das liegt einerseits am Entstehungsjahr, andererseits aber auch daran, dass … Aus diesen Gründen kann der Leser der Entwicklung des Schuhputzers leicht folgen.

☆ Seite 188

> [!] **LERNBOX**
>
> **So bearbeitest du Aufgaben zu einem Text:**
> 1. Lies die **Aufgabe genau** durch und markiere die **Operatoren** (= Verben), z. B. *erkläre*, und **Schlüsselwörter**, z. B. *Erzählform, Satzbau*.
> 2. Lies den Text und **markiere die Textstellen**, die dir Hinweise zur Bearbeitung liefern. Kennzeichne sie am Rand mit der jeweiligen Aufgabennummer oder mit einer bestimmten Farbe.
> 3. Mache dir zu der Aufgabe **Notizen**. Notiere auch **Textbelege**, die du nutzen willst, z. B.: (Z. 5–7).
> 4. **Verfasse** anhand deiner Notizen einen zusammenhängenden **Text**. Orientiere dich genau am Wortlaut der Aufgabe und schließe mit einem eindeutigen Fazit ab, in dem du die Aufgabenstellung paraphrasierst.
> 5. Formuliere mit eigenen Worten und verwende das **Präsens**.

Vom Schuhputzer zum Diktator – Zeichensetzung beim Zitieren

Die Tatsache, dass der Diktator und sein Schuhputzer sich mehr und mehr angleichen, wird schon an der Optik der beiden Figuren erkennbar. So heißt es, der Schuhputzer gleiche dem Diktator „mit den Jahren um ein Haar" (Z. 4 f.), was verdeutlichen soll, wie ähnlich sich die beiden Figuren
5 sehen. Erkennbar wird dies unter anderem an der identischen Ernährung („der Schuhputzer [isst] dieselbe Kost", Z. 6), was die Austauschbarkeit der beiden Figuren unterstreicht.
Die optische Veränderung geht aber auch mit einer anderen Wahrnehmung des Schuhputzers einher. Selbst die Vertrauten des Diktators
10 fürchten sich vor dem Schuhputzer (Z. 9 f.), was möglicherweise durch das zunehmend identische Aussehen der beiden unterstützt wird (dieselbe dicke Nase und auch denselben Schädel). Da die Familie des Schuhputzers zudemseinen Ruhm verbreitet (Z. 11 f.), scheint sich auch sein Ruf dem des Diktators immer mehr anzunähern.

1 a) Lies den Auszug aus der Analyse eines Schülers zum Text „Der Diktator" (Seite 176): Welche der Aufgaben von Seite 177 hat der Schüler bearbeitet?
b) Beurteile, ob die Ergebnisse nachvollziehbar dargestellt und belegt sind.

Folie

2 a) Markiere im ersten Teil des Textes (Zeile 1 bis 7) die Stellen, die wörtlich aus der Kurzgeschichte stammen, und überprüfe mithilfe der **LERNBOX**, um welche Art von Zitat es sich jeweils handelt.

Folie

b) Finde im zweiten Teil (Zeile 8 bis 14) die Fehler und kennzeichne sie. Schreibe den Absatz mit korrigierter Zeichensetzung in dein Heft.

⚠ LERNBOX

Seite 297

Seite 320

So zitierst du richtig:
Zum **Nachweis** deiner Untersuchungsergebnisse kannst du auf verschiedene Weise Textbelege in deiner Analyse verwenden:
1. **vollständige Zitate:** Hierbei handelt es sich um **wörtlich wiedergegebene Textstellen**, die durch **Anführungszeichen** gekennzeichnet werden müssen. Innerhalb des Zitats darf der Originaltext nicht verändert werden. Auslassungen im Zitat werden durch [...] gekennzeichnet, z. B.: *„Er hat [...] dieselbe dicke Nase" (Z. 6 f.).*
2. **Satzteile direkt zitieren:** Statt einen ganzen Satz zu zitieren, kannst du auch **einzelne Satzteile** aus dem Text in deinen eigenen Satz integrieren. Achte dabei auf die grammatische Richtigkeit des Satzes, geringfügige Änderungen setzt du in eckige Klammern, z. B.: *Er gleicht dem Diktator, denn die „Vertrauten des Diktators fürchten [...] de[n] Schuhputzer" (Z. 9 f.).*
Nach dem Zitat folgt **in Klammern die Zeilenangabe** zur Textstelle.

„Aus Notwehr" – zu einer Textstelle Stellung nehmen

1 In der Kurzgeschichte von Seite 176 begründet der Schuhputzer seine Tat damit, dass er den Diktator aus Notwehr erschlagen hat. Erklärt den Begriff „Notwehr" und berücksichtigt dabei auch, welche rechtlichen Konsequenzen Notwehr hat. Lest dazu den Paragraphen 227 aus dem Bürgerlichen Gesetzbuch (BGB).

BGB § 227: (1) Eine durch Notwehr gebotene Handlung ist nicht widerrechtlich. (2) Notwehr ist diejenige Verteidigung, welche erforderlich ist, um einen gegenwärtigen rechtswidrigen Angriff von sich oder einem anderen abzuwenden.

2 *„Aus Notwehr habe er ihn niedergeschlagen und getötet."* (Seite 176, Z. 21f.)
Nimm Stellung dazu, ob der Schuhputzer tatsächlich aus Notwehr gehandelt hat. Begründe deine Meinung und führe Textbelege an. Orientiere dich an der **LERNBOX** und an folgenden Aufgaben:
a) Gib das Zitat mit eigenen Worten wieder und ordne es in den Textkontext ein. Erläutere, in welchem Zusammenhang das Zitat und die Geschichte stehen.
b) Überlege, ob du die Einschätzung teilen kannst, dass der Schuhputzer aus Notwehr gehandelt hat. Formuliere deine Meinung. Berücksichtige dabei auch deine Ergebnisse aus Aufgabe **1**.
c) Markiere Textstellen, die deine Meinung stützen.
d) Verfasse mithilfe der Vorarbeiten die Stellungnahme. Begründe deine Meinung stichhaltig und nachvollziehbar. Nutze dabei die markierten Textstellen.

Folie
Seite 189

3 Tauscht eure Stellungnahmen aus und überarbeitet sie in Vierergruppen: Lest und kommentiert die Stellungnahmen reihum in euren Gruppen. Jeder von euch achtet auf eines der folgenden Kriterien (**Textlupe**), überarbeitet diesbezüglich die Stellungnahme und verwendet die Korrekturzeichen:
– Wird die Textstelle wiedergegeben und erläutert?
– Wird der eigene Standpunkt deutlich?
– Sind die Argumente stichhaltig und nachvollziehbar?
– Werden Textbelege herangezogen?

Seite 321

4 Präsentiert anschließend einzelne Stellungnahmen in der Klasse und gebt euch eine Rückmeldung dazu, inwiefern eure Stellungnahmen stichhaltig sind.

> **⚠ LERNBOX**
>
> **So nimmst du zu einer Textstelle Stellung:**
> 1. Lies die **Textstelle**, zu der du Stellung nehmen sollst, und erkläre sie im Handlungszusammenhang.
> 2. Beginne deine Stellungnahme damit, dass du diese **Textstelle mit eigenen Worten** wiedergibst und erklärst.
> 3. Stelle **deine Meinung** dar und **begründe** sie stichhaltig und nachvollziehbar. Beziehe dich dabei auf deine eigenen Erfahrungen und auf den Text, indem du **Textbelege** zur Veranschaulichung heranziehst.

„Drei Jahre sind genug" – eine Textuntersuchung planen und schreiben

Seite 326

1 Stellt euch vor, ihr seht einen Freund nach langer Zeit wieder: Spielt zu zweit in einer Art **Improvisationstheater** nach, wie das Wiedersehen ablaufen könnte.

Seite 329
Folie

2 Erschließe die Kurzgeschichte von Gertrud Schneller mithilfe der **Lesemethode für erzählende Texte**.

Das Wiedersehen
Gertrud Schneller, 1948

> Gertrud Schneller wurde 1917 in Zürich geboren und lebt in der Schweiz.

Peters Hand zittert leicht, als er sie auf die Türklinke legt. Rascher als nötig geht er auf den hintersten, in der rechten Ecke des Cafés stehenden Tisch zu. Dann bleibt er stehen und sagt: „Ich wusste, dass ich dich hier finden werde."
Der Angeredete blickt überrascht hinter dem großen Zeitungsblatt hervor. Als
5 er Peter sieht, lässt er das Blatt fallen und ruft: „Du! Bist du schon wieder ..." Das letzte Wort lässt er unausgesprochen. Aus Pietätsgründen[1], wie der andere vermutet.
„Drei Jahre sind genug", meint Peter leise.
Jean nickt, rückt den Stuhl zurecht und heißt ihn Platz nehmen. „Trinkst du
10 einen Schwarzen[2]?"
„Gerne."
Der Kellner kommt. Sein Blick richtet sich suchend auf den Gast. Dann plötzlich scheint ein Erinnern auf sein Gesicht zu kommen.
„Der wusste es auch, nicht wahr?", sagt Peter.
15 „Ach", erwidert Jean, „Kellner wissen alles. Mach dir nichts daraus."
Sie schweigen.
Dann sagt Peter leise: „Bist du noch immer auf der Bank?"
„Ja."
„Ich wusste es. So sicher, wie ich wusste, dich zu dieser Tageszeit hier beim Le-
20 sen der Zeitung antreffen zu können."
„Hast du schon Arbeit?", fragt der andere.
„Ja, ja. Dafür hat man gesorgt. Morgen kann ich bereits anfangen. Und du ..., du bist Prokurist[3] geworden, nicht wahr?"
Jean nickt.
25 „Ich würde es nie mehr tun", sagt Peter leise. „Nie mehr."
Jean nickt wieder.

„Wirst du wieder bei Frau Ruegg wohnen?"

„Nein! Ich wollte. Aber sie hatte alle möglichen Ausreden, als ich heute Morgen bei ihr vorbeiging. Die wirkliche Strafe, weißt du, die kommt erst jetzt".

30 „Nein, nein. Das ist es sicher nicht", sagt Jean rasch.

„Bedenke, es herrscht ein großer Zimmermangel."

Sie schweigen wieder. Jean zündet eine Zigarette an und spielt mit dem Blatt der Zeitung, während Peter nachdenklich in seinem Schwarzen rührt. Plötzlich blickt Jean auf die Uhr, ruft den Kellner und zahlt.

35 „Ich muss jetzt gehen. Verzeih bitte. Mein Zug fährt in einer halben Stunde. Ich fahre für drei Wochen aufs Land. Meine langweilige Bronchitis[4], du weißt ja."

Peter wird blass. Auch der, denkt er bitter, auch der hat Ausreden. Mein einziger Freund. Er gibt Jean die Hand und wünscht ihm gute Erholung. Obwohl er nicht an diese Reise und nicht an seine Erholung glaubt.

40 Peter sitzt nun allein am Tisch. Seine Rechte spielt zitternd auf dem Blatt der Tageszeitung. Sein Blick ist gesenkt. Er sieht deshalb nicht, wie Jean sich bei der Tür entschlossen umwendet und auf den hintersten, in der rechten Ecke stehenden Tisch zusteuert. Erst als er dicht vor ihm steht, blickt er überrascht auf.

„Hast du etwas vergessen?", fragt Peter.

45 „Ja! Ich habe vergessen, dir den Schlüssel zu geben."

„Den Schlüssel. Welchen Schlüssel?"

„Den Schlüssel zu meiner Wohnung. Du kannst, solange ich weg bin, bei mir wohnen."

[1] aus Pietätsgründen: aus Rücksicht; [2] der Schwarze: starker, süßer schwarzer Kaffee in Österreich; [3] der Prokurist: z. B. stellvertretender Geschäftsführer; [4] die Bronchitis: Krankheit, bei der z. B. die Schleimhäute der Luftröhre entzündet sind

3 Lies die Aufgaben im Kasten unten und erschließe sie, indem du Operatoren und Schlüsselwörter markierst.

> **Untersuche** die Kurzgeschichte „Das Wiedersehen" von Gertrud Schneller und **stelle** deine Ergebnisse in einem zusammenhängenden Text **dar**.
> **a)** **Formuliere** eine kurze Einleitung, in der du Textart, Autorin, Titel, Thema und Erscheinungsjahr **benennst** (TATTE).
> **b)** **Fasse** den Inhalt der Kurzgeschichte mit eigenen Worten **zusammen**.
> **c)** **Beschreibe** Peters und Jeans Gefühlslage und **stelle** ihr Verhältnis zueinander **dar**. Beziehe dabei auch die formale Gestaltung des Textes ein (z. B. Erzählform, Erzählhaltung, Wortwahl, Satzbau) und stütze deine Aussagen durch Textbelege.
> **d)** **Erläutere**, woran deutlich wird, dass die Freundschaft letztendlich positiv verläuft. Stütze deine Aussagen durch Textbelege.
> **e)** Im Text sagt Peter: *„Die wirkliche Strafe, weißt du, die kommt erst jetzt."* (Z. 29) **Erläutere**, was er damit meint, und **nimm Stellung** zu dieser Aussage. Beziehe dich auf den Text.

4 Plane deine Textuntersuchung:
  a) Übertrage den Schreibplan von Seite 182 in dein Heft.
  b) Ergänze links die fehlenden Arbeitsschritte und rechts die Ergebnisse zu den Teilaufgaben **a)** bis **e)**.

Teilaufgaben	meine Ergebnisse in Stichpunkten
a) Einleitungssatz formulieren (TATTE)	<u>Textart</u>: Kurzgeschichte <u>Autorin</u>: Gertrud Schneller <u>Titel</u>: … <u>Thema</u>: … <u>Erscheinungsjahr</u>: …
b) Inhalt zusammenfassen	– Peter trifft besten Freund Jean, den er drei Jahre lang nicht gesehen hat, im Café – Jean ist auf das Wiedersehen nicht vorbereitet – …
c) …	– Peter ist sehr nervös („Peters Hand zittert leicht […]", Z. 1), muss anscheinend ganzen Mut zusammennehmen, um sich Jean zu nähern („Rascher als nötig […]", Z. 1) – Jean … – <u>Er-/Sie-Erzählform</u>: „Peters Hand zittert leicht […]" (Z. 1) → … – <u>Erzählhaltung</u>: … – <u>Wortwahl</u>: „meine langweilige Bronchitis" (Z. 36) → … – <u>Satzbau</u>: … – …
d) …	– …
e) …	– …

5 Formuliere mithilfe des Schreibplans einen Entwurf deiner Textuntersuchung. Orientiere dich an den Hinweisen in der **LERNBOX**.

Seite 188

> [!] **LERNBOX**
>
> **So schreibst du eine Textuntersuchung zu einer Kurzgeschichte:**
> **Inhalt**
> 1. Schreibe eine Einleitung mit einem **TATTE-Satz** (Textart, Autor, Titel, Thema, Erscheinungsjahr). Das Thema soll sich auf den ganzen Text beziehen.
> 2. Fasse den **Inhalt** des Textes mit eigenen Worten und im Präsens **ohne wörtliche Rede** zusammen.
> 3. Formuliere deine Ergebnisse zu den Teilaufgaben **c)** und **d)**. Belege deine Ergebnisse mit **geeigneten Textstellen**: *Dabei ist noch nicht einmal eindeutig klar, inwieweit der Kellner Peter wirklich erkennt, da es heißt, „plötzlich scheint ein Erinnern auf sein Gesicht zu kommen" (Z. 12f.).* Achte auf die korrekte Zeichensetzung bei Zitaten. Formuliere zu jeder Aufgabe ein eindeutiges Fazit mit Paraphrasierung der Aufgabe.
> 4. Gib die Aussage, zu der du **Stellung nimmst**, wieder und erläutere sie. Formuliere deinen Standpunkt, begründe ihn und beziehe dich auf den Text.
>
> **Darstellung**
> 1. Formuliere deine Textuntersuchung im **Präsens**.
> 2. Mache nach der Bearbeitung einer Teilaufgabe und zu Beginn eines neuen Gedankens jeweils einen **Absatz**.
> 3. Achte auf korrekte **Rechtschreibung** und **Zeichensetzung**.

Wiedersehen macht sprachlos – eine Textuntersuchung überarbeiten

1 Überprüfe mithilfe der Aufgabenstellung (Kasten, Seite 181), ob alle Teilaufgaben in der folgenden Textuntersuchung eines Schülers richtig bearbeitet wurden. Setze dazu Sinnabschnitte und nummeriere die Aufgaben am Rand.

▶ Folie

In der Kurzgeschichte „Das Wiedersehen" von Gertrud Schneller geht es um Peters Angst vor der Vorverurteilung durch die Gesellschaft aufgrund eines Gefängnisaufenthaltes.

TATTE–Satz unvollständig
Thema unpräzise
Teilaufgabe a)

Peter suchte seinen Freund Jean in dem Café auf, in dem die beiden anschei-
5 nend oft zusammengesessen haben. Jean ist überrascht, seinen Freund zu sehen, lädt ihn aber ein, sich zu ihm zu setzen und mit ihm einen Kaffee zu trinken. Als auch der Kellner Peter wiedererkennt, reden Peter und Jean darüber, wie es ihnen inzwischen jeweils geht. Peter leidet darunter, dass die Leute mit ihm nichts mehr zu tun haben wollen. So kann er nicht mehr
10 bei seiner früheren Vermieterin wohnen, was Jean aber mit dem Einwurf „es herrscht ein großer Zimmermangel" zu erklären versucht. Dann musste Jean aufbrechen und Peter allein lassen, um seinen Zug zu erreichen. Er kommt aber noch einmal zurück, um Peter den Schlüssel für seine Wohnung zu geben, damit Peter in Jeans Abwesenheit dort wohnen kann.

[sucht]

15 Die Kurzgeschichte beschäftigt sich mit den Vorurteilen, denen Peter, der nach „drei Jahren" (Z. 6-8) aus dem Gefängnis entlassen wurde, begegnet. Bereits der erste Satz, der aussagt, Peters Hand zittere leicht (Z. 1), zeigt Peters völlige Verunsicherung angesichts der Situation. Er musste seinen ganzen Mut zusammennehmen, um sich seinem besten Freund Jean zu
20 nähern, wie die Verwendung des Komparativs („rascher") unterstreicht. So wird verdeutlicht, dass die Freundschaft gelitten zu haben scheint. Die Er-/Sie-Erzählform (z. B. Z. 1) ermöglicht es dem Leser in Verbindung mit der personalen Erzählhaltung, sich in Peters Situation einzufühlen und auf diese Weise die Vorurteile der Gesellschaft wahrzunehmen.
25 Das Wiedersehen selbst ist von Missverständnissen und der darin zum Ausdruck kommenden Unsicherheit geprägt. So zeigt die Ellipse Bist du schon wieder ... (Z. 5), dass Jean nicht so richtig weiß, wie er mit Peter bei dessen unerwartetem Auftauchen umgehen soll. Die Hypotaxe, die sich in diesem Abschnitt findet, offenbart diese Unsicherheit zusätzlich, da das Vermeiden
30 längerer und komplexerer Sätze für die Sprachlosigkeit der beiden Figuren stehen könnte. Zwar scheinen sich die beiden immer noch gut zu kennen, denn Peter wusste, dass er Jean in dem Café finden würde, und Jean weiß noch, dass Peter gern einen Schwarzen trank (Z. 9-11). Doch schon das wortlose Wiedererkennen Peters durch den Kellner bringt die Gedanken der bei-
35 den Freunde auf den vergangenen Gefängnisaufenthalt Peters zurück, der die Freundschaft der beiden offensichtlich auf eine Probe gestellt hat. Dabei ist noch nicht einmal eindeutig klar, inwieweit der Kellner Peter wirklich

c) und d) inhaltlich nicht eindeutig getrennt

Recht und/oder Gerechtigkeit | 3.2.1 Schreibprozess: Textüberarbeitung

183

erkennt, da es heißt, das Erinnern scheint nur „auf sein Gesicht zu kommen" (Z. 13). Doch die Tatsache, dass Jean seinen Freund mit einer Floskel zu beruhigen versuchte („Mach dir nichts draus", Z. 15), zeigt, dass es den beiden nicht gelingt, die Dinge offen anzusprechen, die ihr Verhältnis zueinander belasten. Stattdessen schweigen sie sich in der Folge an, wobei die Stille durch den nur aus Subjekt und Prädikat bestehenden Satz Sie schweigen ausgedrückt wird.
Die Unsicherheit Peters wird auch durch die Art und Weise, wie er spricht, offensichtlich. So stellt er die Frage nach Jeans gegenwärtigem Beruf leise (Z. 17), wobei dies und die äußerst knappe Antwort Jeans deutlich machen, dass die beiden nicht wirklich miteinander sprechen können. Zusätzlich wird die Frage als rhetorisch deutlich, da Peter zugibt, dass er es „wusste" (Z. 19), was offenbart, dass die Frage nur dazu diente, das Schweigen zwischen den Freunden zu überbrücken.
Ich finde, dass Peter mit seiner Befürchtung nicht recht hat, da Jean ihm ja eine Wohnung anbietet.

Seite 189
Folie

2 a) Überarbeite die Textuntersuchung mithilfe der **CHECKLISTE**.
Setze dazu die Randbemerkungen fort und verwende die Korrekturzeichen.
b) Markiere Formulierungen, die gelungen sind. Diese kannst du für deine eigene Textuntersuchung nutzen.

3 Überarbeite deine Textuntersuchung von Seite 182 auf die gleiche Weise.

☑ CHECKLISTE

Eine Textuntersuchung zu einer Kurzgeschichte überarbeiten
Inhalt
1. Wurden alle **Teilaufgaben** bearbeitet?
2. Enthält die **Einleitung** alle notwendigen Angaben (Textart, Autor, Titel, Thema, Erscheinungsjahr) und bezieht sich das Thema auf den ganzen Text?
3. Ist die **Zusammenfassung** mit eigenen Worten und im Präsens verfasst?
4. Werden die Ergebnisse zu den Teilaufgaben **c)** und **d)** mit **geeigneten Textstellen** belegt? Werden die Erzählform und die sprachliche Gestaltung sinnvoll auf die Deutung des Inhalts bezogen? Findet sich jeweils ein Fazit zu den Teilaufgaben?
5. Wird in der **Stellungnahme** die Aussage bzw. Textstelle wiedergegeben und hinreichend erläutert? Wird die eigene Meinung dazu **stichhaltig** und **nachvollziehbar begründet** formuliert und anhand von Textbelegen veranschaulicht?

Darstellung
1. Wird die Textuntersuchung durchgehend im **Präsens** formuliert?
2. Werden nach den einzelnen Teilaufgaben und jeweils zu Beginn eines neuen Gedankens **sinnvolle Absätze** gesetzt?
3. Wurde auf die korrekte **Rechtschreibung** und **Zeichensetzung** geachtet?

Kompetenz-Check: eine Erzählung untersuchen

Eine sonderbare Wirtszeche[1]
Johann Peter Hebel, 1811

Manchmal gelingt ein mutwilliger Einfall, manchmal kostet's den Rock[2], oft sogar die Haut[3] dazu. Diesmal aber nur den Rock.
Denn obgleich einmal drei lustige Studenten auf einer Reise keinen roten Heller[4] mehr in der Tasche hatten, alles war verjubelt, so gingen sie doch noch einmal
5 in ein Wirtshaus und dachten, sie wollten sich schon wieder hinaushelfen und doch nicht wie Schelmen[5] davonschleichen, und es war ihnen gar recht, dass die junge und artige Wirtin ganz allein in der Stube war. Sie aßen und tranken guten Mutes und führten miteinander ein gar gelehrtes Gespräch, als wenn die Welt schon viele tausend Jahre alt wäre und noch ebenso lang stehen würde,
10 und dass in jedem Jahr, an jedem Tag und in jeder Stunde des Jahrs alles wieder so komme und sei, wie es am nämlichen[6] Tag und in der nämlichen Stunde vor sechstausend Jahren auch gewesen sei.
„Ja", sagte endlich einer zur Wirtin, die mit einer Stickerei seitwärts am Fenster saß und aufmerksam zuhörte, „ja, Frau Wirtin, das müssen wir aus unsern ge-
15 lehrten Büchern wissen."
Und einer war so keck[7] und behauptete, er könne sich wieder dunkel erinnern, dass sie vor sechstausend Jahren schon einmal da gewesen seien, und das hübsche, freundliche Gesicht der Frau Wirtin sei ihm noch wohlbekannt. Das Gespräch wurde noch lange fortgesetzt, und je mehr die Wirtin alles zu glauben
20 schien, desto besser ließen sich die jungen Schwenkfelder[8] den Wein und Braten und manche Bretzel schmecken, bis eine Rechnung von 5 Florin und 16 Kreuzer[9] auf der Kreide stand[10]. Als sie genug gegessen und getrunken hatten, rückten sie mit der List heraus, worauf es abgesehen war[11].
„Frau Wirtin", sagte einer, „es steht diesmal um unsere Batzen[12] nicht gut, denn
25 es sind der Wirtshäuser zu viele an der Straße. Da wir aber an Euch eine verständige[13] Frau gefunden haben, so hoffen wir als alte Freunde hier Kredit zu haben, und wenn's Euch recht ist, so wollen wir in sechstausend Jahren, wenn wir wiederkommen, die alte Zeche samt der neuen bezahlen."

Die verständige Wirtin nahm das nicht übel auf, war's vollkommen zufrieden
30 und freute sich, dass die Herren so vorliebgenommen, stellte sich aber unvermerkt[14] vor die Stubentüre und bat, die Herren möchten nur so gut sein und jetzt die 5 Florin und 16 Kreuzer bezahlen, die sie vor sechstausend Jahren schuldig geblieben seien, weil doch alles schon einmal so gewesen sei, wie es wiederkomme. Zum Unglück trat eben der Vorgesetzte des Ortes mit ein paar braven Män-
35 nern in die Stube, um miteinander ein Glas Wein in Ehren zu trinken. Das war den gefangenen Vögeln gar nicht lieb. Denn jetzt wurde von Amts wegen das Urteil gefällt und vollzogen: „Es sei aller Ehren wert, wenn man sechstausend Jahre lang geborgt habe. Die Herren sollten also augenblicklich ihre alte Schuld bezahlen oder ihre noch ziemlich neuen Oberröcke in Versatz geben[15]." Dies
40 Letzte musste geschehen, und die Wirtin versprach, in sechstausend Jahren, wenn sie wiederkommen und besser als jetzt bei Batzen seien, ihnen alles, Stück für Stück, wieder zuzustellen.
Dies ist geschehen im Jahre 1805 am 17. April im Wirtshause zu Segringen.

[1] die Wirtszeche: die Rechnung für Speisen und Getränke; [2] der Rock, hier: Kleidung; [3] die Haut, hier: das Leben; [4] der Heller: kleine Münze aus Kupfer oder Silber; [5] der Schelm: jemand, der anderen gern Streiche spielt; [6] nämlichen: diesen; [7] keck, hier: frech, vorlaut; [8] die Schwenkfelder, hier: Bezeichnung für die Studentengruppe; [9] der Florin, der Kreuzer: alte Währungsbezeichnungen; [10] auf der Kreide stehen, hier: zahlen müssen; [11] worauf es abgesehen war: was ihr Ziel war; [12] der Batzen, hier: vorhandenes Geld; [13] verständig: klug; [14] unvermerkt: unbemerkt; [15] in Versatz geben: als Pfand geben

Untersuche die Kalendergeschichte „Eine sonderbare Wirtszeche" von Johann Peter Hebel und stelle deine Ergebnisse in einem zusammenhängenden Text dar.
a) Formuliere eine kurze **Einleitung**, in der du Textart, Autor, Titel, Thema und Erscheinungsjahr **benennst** (TATTE).
b) Fasse den Inhalt der Kalendergeschichte mit eigenen Worten **zusammen**.
c) Beschreibe das Verhalten der Figuren und **stelle** ihr Verhältnis zueinander **dar**. Beziehe dazu die Erzählweise (Erzählform, Erzählhaltung und sprachliche Gestaltung) mit ein. Stütze deine Ergebnisse durch Textbelege.
d) Erläutere, warum die Geschichte für den Leser lehrreich ist. Beziehe dich dabei auf den Text.
e) In Zeile 1f. heißt es: *„Manchmal gelingt ein mutwilliger Einfall, manchmal kostet's den Rock, oft sogar die Haut dazu."* **Erläutere**, was damit gemeint ist, und **nimm Stellung**, inwieweit du dieser Aussage zustimmst. **Begründe** deine Einschätzung und beziehe dich dabei auf den Text.

Folie
Seite 329

1 Plane deine Textuntersuchung. Gehe dazu so vor:
  a) Erschließe die einzelnen Teilaufgaben.
  b) Erschließe den Text mithilfe der **Lesemethode für erzählende Texte**.
  c) Lege dir eine Tabelle als Schreibplan an. Folge bei der Anlage der Tabelle jeweils den Teilaufgaben **a)** bis **e)** im Kasten oben. Trage deine Ergebnisse aus den Vorarbeiten in deinem Schreibplan zusammen. Notiere zudem Textstellen, die du für deine Untersuchung verwenden willst.

2 Verfasse mithilfe des Schreibplans einen Textentwurf.

3 Überarbeite deinen Entwurf mithilfe der **CHECKLISTE** von Seite 184.

Lernbegleitbogen *Recht und/oder Gerechtigkeit*: aufgabengeleitet einen literarischen Text untersuchen

Kompetenz / Inhalt Ich kann ...	Selbsteinschätzung ☺ 😐 ☹	Fremdeinschätzung ☺ 😐 ☹	Bemerkungen	Hier kannst du weiterüben:
Begriffe anhand verschiedener Materialien eingrenzen und definieren (S. 162–163)				
das Thema einer Erzählung mithilfe eines Standbilds erfassen (S. 165)				
die Merkmale einer Kalendergeschichte erkennen und überprüfen (S. 164–165)				
den Inhalt und die Aussageabsicht einer Kurzgeschichte verstehen (S. 166–167)				
die Merkmale einer Kurzgeschichte an einem Text überprüfen (S. 166–167, 170)				
den Inhalt einer Kurzgeschichte zusammenfassen (S. 168–170)				
die Erzählweise (Erzählform, Erzählhaltung, sprachliche Gestaltung) ermitteln und deren Wirkung erkennen/erklären (S. 171–174)				
Textstellen indirekt wiedergeben (S. 175)				AH, S. 50
Aufgaben zu einem Text bearbeiten (S. 176–177)				
die Zeichensetzung beim Zitieren richtig anwenden (S. 178)				AH, S. 77
zu einer Textstelle Stellung nehmen (S. 179)				
eine Textuntersuchung planen und schreiben (S. 180–182)				AH, S. 33–34
eine Textuntersuchung überarbeiten (S. 183–184)				AH, S. 35
Ich habe folgende Aufgaben aus dem Freiraum (S. 188) bearbeitet:				

AH = Arbeitsheft, SB = Schülerband

Überprüfe dein Wissen und Können, indem du den **Kompetenz-Check** auf Seite 185–186 bearbeitest. Vergleiche dein Ergebnis anschließend mit dem Mustertext im Lösungsheft.

Freiraum: So kannst du weiterarbeiten

Wähle eines der folgenden Sprichwörter aus und schreibe dazu eine Kalendergeschichte, die in der heutigen Zeit spielt. Beachte dabei die typischen Merkmale einer Kalendergeschichte.

A: Der Klügere gibt nach. **B:** Wer einmal lügt, dem glaubt man nicht.

Seite 165

Der hilflose Knabe
Bertolt Brecht, 1948

Herr K. sprach über die Unart, erlittenes Unrecht stillschweigend in sich hineinzufressen, und erzählte folgende Geschichte: „Einen vor sich hin weinenden Jungen fragte ein Vorübergehender nach dem Grund seines Kummers. ‚Ich hatte zwei Groschen für das Kino beisammen', sagte der Knabe, ‚da kam ein Junge und riß mir einen aus der Hand'
5 und er zeigte auf einen Jungen, der in einiger Entfernung zu sehen war. ‚Hast du denn nicht um Hilfe geschrien?', fragte der Mann. ‚Doch', sagte der Junge und schluchzte ein wenig stärker. ‚Hat dich niemand gehört?', fragte ihn der Mann weiter, ihn liebevoll streichelnd. ‚Nein', schluchzte der Junge. ‚Kannst du denn nicht lauter schreien?', fragte der Mann. ‚Nein', sagte der Junge und blickte ihn mit neuer Hoffnung an. Denn der
10 Mann lächelte. ‚Dann gib auch den her', sagte er, nahm ihm den letzten Groschen aus der Hand und ging unbekümmert weiter."

Bertolt Brecht hat zahlreiche Geschichten mit der Figur des Herrn Keuner geschrieben. Herr Keuner setzt sich darin mit gängigen Denk- und Verhaltensweisen auseinander und liefert Impulse für ein anderes Verhalten.
- Überlege dir, inwiefern auch diese Kalendergeschichte einen Denkanstoß liefert, und begründe dein Ergebnis mithilfe von Textbelegen.
- Schreibe die Geschichte so um, dass sie ein für den Knaben besseres Ende hat.

Seite 173

- Am Ende der Geschichte erschlägt der Schuhputzer den Diktator und nimmt dessen Platz ein. Stelle mögliche Gründe für dieses Verhalten dar und nimm Stellung dazu, ob sein Verhalten gerechtfertigt ist.
- Informiert euch über den Film „Der Diktator" (2012) mit Sacha Baron Cohen und seht euch den Trailer dazu an. Welche Eigenschaften eines Diktators werden im Film dargestellt? Bezieht euch dabei auch auf das Filmplakat. Ihr findet es im Internet.

Seite 177

Nach dem Urlaub kehrt Jean in seine Wohnung zurück und trifft dort auf Peter, der Jeans Angebot angenommen und die vergangenen drei Wochen dazu genutzt hat, seinem Leben Normalität zurückzugeben. Verfasse eine Fortsetzung der Erzählung, in der du das erneute Wiedersehen beschreibst. Beginne so: *Nach Jeans Rückkehr ist alles anders …*

Seite 182

Tipps 💡

Seite 165 3 d)

Du kannst aus folgenden Formulierungen wählen:
- *In der Kalendergeschichte geht es um eine richterliche Entscheidung, die einem trickreich betrogenen Finder ...*
- *In der Kalendergeschichte geht es darum, dass Ehrlichkeit auch unter schwierigen Bedingungen ...*
- *In der Kalendergeschichte geht es um einen ehrlichen Finder, der ...*

Seite 170 3 b)

Du kannst aus folgenden Überschriften für die Sinnabschnitte wählen (die Reihenfolge ist ungeordnet):
- *Der Wunsch nach Geborgenheit und der Gedanke an das Unfallopfer*
- *Dem Opfer helfen und sich zu erkennen geben*
- *Knirschende Getriebe weckt Gedanken an den Unfall*
- *Die Entscheidung zur Rückkehr an den Unfallort*
- *Ellebrachts Nachdenken über den Unfall wird zur Gefahr*
- *Das Kreuz als Zeichen*
- *Ellebrachts Versuch, seine Fahrerflucht zu rechtfertigen*

Seite 173 6 b)

Folgende Aspekte zur Sprache kannst du bei der Analyse z. B. genauer untersuchen:
- drastische Wortwahl (z. B. „Schlampe", Z. 44)
- Metaphern

Beachte auch die Namen.

Seite 179 2 d)

Achte darauf, dass sich deine Stellungnahme genau auf die Fragestellung und die Kurzgeschichte bezieht. So kannst du deine Stellungnahme beginnen:
Die Textstelle „Aus Notwehr habe er ihn [...] getötet" (S. 176, Z. 21f.) ist eine Aussage des Schuhputzers, nachdem er den Diktator umgebracht hat. Er hat in diesem Moment bereits die Position des Diktators eingenommen, denn er behauptet selbst, den Schuhputzer getötet zu haben. Während die Tötung des Diktators zwar auf den ersten Blick keine Notwehr zu sein scheint, da der Schuhputzer den Diktator „weckt" (S. 176, Z. 16) und dann erschlägt, gibt es dennoch mögliche Gründe, die für Notwehr sprechen würden. So ist die Situation des Schuhputzers vor der Tötung des Diktators ...

Seite 184 2 a)

Folgende Fehler im Text musst du u. a. korrigieren:
TATTE-Satz unvollständig: Erscheinungsjahr, Thema nicht präzise; Zeitfehler; falscher Fachbegriff (Z. 28); Fehler im Modus; Fehler in der Zitierweise (Zeilenangabe, grammatische Richtigkeit); Zeichensetzungsfehler beim Zitieren; Teilaufgaben **c)** und **d)** inhaltlich nicht eindeutig getrennt, Fazit fehlt jeweils; Stellungnahme zu kurz.

Fast
Ulla Hahn

Abend im März. Glückselige Musik
von Amseln und alten Meistern.
Er rief an. Ich hätte ihm fast
die verbotenen Drei Wörter gesagt.

Von Nähe und Ferne

1 **a)** Beschreibe das Bild: Welche Situationen erkennst du? Wo befinden sich die Personen?
b) Tauscht euch darüber aus, an welchem dieser Orte ihr gerne wärt.

2 **a)** Wähle einen Bildausschnitt aus, mit dem du weiterarbeiten möchtest:
b) Stell dir vor, du wärst an diesem Ort:
Wie fühlst du dich? Was machst du dort? Wie ist das Wetter?
Wie lange bleibst du? Wen triffst du? Möchtest du wieder fort?
Notiere deine Antworten.
c) Setze dich mit einem Partner, der denselben Ausschnitt ausgewählt hat, zusammen und vergleicht eure Antworten zu den Fragen.
d) Stellt einige Ergebnisse in der Klasse vor.
e) Überlegt gemeinsam, inwiefern eure Ideen mit dem Titel des Kapitels „Von Nähe und Ferne" in Zusammenhang stehen.

Ohne Titel
Frantz Wittkamp

Natürlich bedeutet, fliegen zu lernen,
ein unvorstellbares Glück.
Wir machen uns auf den Weg zu den Sternen
und wollen nicht mehr zurück.

Ich stehe am Meer und warte darauf,
dass das Schiff anlegt,
mit dem …

3 a) Lies die beiden Gedichte. Erkläre, inwiefern diese das Thema des Kapitels aufgreifen.
b) Wähle für jedes Gedicht eine Situation im Bild aus, zu der es deiner Meinung nach am besten passt.
c) Tauscht euch über eure Zuordnungen aus und begründet eure Wahl.

4 Werde selbst zum Dichter. Du kannst dich für eine oder mehrere Möglichkeiten entscheiden:
  A Schreibe das Gedicht von Frantz Wittkamp weiter. Suche dir dazu genauere Flugziele aus, z. B.: *Wir landen auf der Venus …*
  B Schreibe ein Gegengedicht zu Ulla Hahns Gedicht. Verändere dazu die positive Stimmung in eine negative oder neutrale Stimmung, z. B.: *Morgen im März …*
  C Schreibe zu einer im Bild dargestellten Situation ein eigenes Gedicht. Dazu kannst du auch den Gedichtanfang fortführen.

Von Nähe und Ferne | 3.3.9 Lyrische Formen selbst anwenden

Fernweh – Inhalte erschließen und zusammenfassen

1 a) Betrachte das Bild und beschreibe die dargestellte Situation.
   b) Versetze dich in die Person und notiere: Woran könnte die Person denken? Was könnte sie fühlen? Wovon könnte sie träumen? Ergänze die Gedankenblase.
   c) Vergleicht eure Ideen.

2 Lies den Gedichtanfang: Welche Verbindungen zum Bild erkennst du?

> Johann Wolfgang von Goethe (1749–1832) ist einer der größten Dichter Deutschlands. Er schrieb neben Gedichten, Dramen und Romanen auch naturwissenschaftliche Abhandlungen. Goethe erlebte zahlreiche unglückliche Liebesbeziehungen und sehnte sich, wie viele seiner Zeit, nach Italien, dem Land der antiken Künste.

Mignons Lied
Johann Wolfgang von Goethe, 1795

I Kennst du das Land, wo die Zitronen blühn, — Früchte → Süden
Im dunklen Laub die Goldorangen glühn,
Ein sanfter Wind vom blauen Himmel weht, — schönes Wetter (warm)
Die Myrte still und hoch der Lorbeer steht, — Pflanzen → Süden
5 Kennst du es wohl?
Dahin! Dahin
Möcht ich mit dir, o mein Geliebter, ziehn! — Wunsch, in den Süden zu reisen

II Kennst du das Haus? Auf Säulen ruht sein Dach,
Es glänzt der Saal, es schimmert das Gemach, — privater Raum
10 Und Marmorbilder stehn und sehn mich an:
Was hat man dir, du armes Kind, getan?
Kennst du es wohl?
Dahin, dahin
Möcht ich mit dir, o mein Beschützer, ziehn!

15 III Kennst du den Berg und seinen Wolkensteg? — hoch in den Wolken
Das Maultier sucht im Nebel seinen Weg,
In Höhlen wohnt der Drachen alte Brut,
Es stürzt der Fels und über ihn die Flut:
Kennst du ihn wohl?
20 Dahin, dahin
Geht unser Weg; o Vater, lass uns ziehn!

3 a) Beantworte die Frage des lyrischen Ichs „Kennst du es wohl?" (Z. 5): In welches Land möchte das lyrische Ich ziehen?
   b) Tauscht euch darüber aus, wie die Ferne in dem Gedicht dargestellt wird: Welche Eigenschaften werden mit ihr verbunden? Welche Gefühle löst sie im lyrischen Ich aus? Belege deine Ideen durch Zitate.
   c) Lies oben im Kasten den Text zu Johann Wolfgang von Goethe. Markiere im Text Informationen, die dir helfen, den Inhalt des Gedichts zu verstehen.

A Goethe schreibt über ein lyrisches Ich, das sich nach der Ferne sehnt.
B Der Dichter thematisiert den sehnlichen Wunsch des lyrischen Ichs, in den Süden zu reisen.
C Das lyrische Ich hofft, von seinem Vater die Erlaubnis für eine Reise zu erhalten.

4 a) Untersuche die Vorschläge A bis C zur Formulierung des Themas: Welche Formulierung passt deiner Meinung nach am besten?
   b) Formuliere eine Einleitung (TATTE) mit einem eigenen Thema. Orientiere dich dabei am ersten Hinweis in der **LERNBOX**.

5 Schreibe eine Zusammenfassung zum Gedicht (**LERNBOX**):
   a) Erschließe das Gedicht mithilfe der **Lesemethode für Gedichte** (Folie). 📄 Seite 329
   b) Übertrage die Tabelle in dein Heft. Ergänze zu den weiteren Strophen deine Notizen.
   c) Schreibe mithilfe deiner Tabelle die Zusammenfassung, indem du aus den Stichworten ganze Sätze formulierst. 💡 Seite 211

Strophe	Notizen zum Inhalt	Ausformulierungen
I	südliche Früchte / schönes Wetter / südliche Pflanzen / Wunsch, mit Geliebtem, in den Süden zu reisen	Das lyrische Ich träumt vom Süden. Es möchte die Früchte und Pflanzen bei schönem Wetter genießen und äußert deshalb den Wunsch, mit dem Geliebten dorthin zu reisen.
II	...	

⭐ Seite 209

❗ LERNBOX

So fasst du Inhalte zusammen:

1. Formuliere eine **Einleitung**, in der du die **T**extart, den **A**utor, den **T**itel, das **T**hema und das **E**ntstehungsjahr (**TATTE**) benennst. Das Thema drückt aus, worum es geht, und bezieht sich auf alle Strophen des Gedichts: *In dem Gedicht ... geht es darum, dass ... Das Gedicht ... von ... thematisiert ...*

2. **Fasse** den Inhalt **strophen- bzw. abschnittsweise** mit eigenen Worten **zusammen**. Manchmal reicht es, pro Strophe einen Satz zu formulieren. Die Zusammenfassung sollte nicht länger als der Text sein.
   a) Löse **die bildliche Sprache** (Personifikationen, Vergleiche, Metaphern) auf: D. h., du gibst nicht wieder, was bildlich beschrieben wird, sondern was eigentlich gemeint ist: *„das Land, wo die Zitronen blühn"* = Italien.
   b) **Gib** wichtige Aussagen **indirekt wieder**:
      „Dahin möcht ich mit dir, o mein Geliebter, ziehn!"
      → *Das lyrische Ich wünscht sich eine gemeinsame Reise mit seinem Geliebten nach Italien.*

3. Verwende das Präsens.

📄 Seite 261

Verzögerte Reise – motivgleiche Gedichte erkennen

1 Betrachte den Bildausschnitt und lies die Überschrift bzw. den ersten Vers des Gedichts. Worum könnte es im Gedicht gehen?

> Frank Schmitter, 1957 in Nordrhein-Westfalen geboren und dort aufgewachsen, betreut seit 2005 das Literaturarchiv in München. Er schreibt Gedichte, Kurzgeschichten und Krimis.

GEGEN ABEND GERIETEN WIR
Frank Schmitter, 2013

in einen stau die alpen eine kreidezeichnung am horizont
irgendwann war das letzte auto verstummt
die kleine weiße kirche auf dem hügel
hielt die welt fest die türen öffneten sich
5 in das leben der anderen die kinder
tauschten spiele proviant wanderte von hand
zu hand aus reisenden wurden siedler
die namen und herkunft tauschten
bis plötzlich ohne sichtbaren grund das vielstimmige
10 summen der karawane wieder einsetzte
eine endlose kette aus licht uns mitzog wir wussten
längst nicht mehr wohin

2 a) Klärt gemeinsam die Bedeutung der Begriffe „Siedler" und „Karawane" im Textzusammenhang.
b) Überlegt, welche der beschriebenen Erfahrungen ihr auch schon gemacht habt.

Folie

3 a) Lies das Gedicht mit einem Stift und ergänze die Zeichensetzung und überarbeite die Großschreibung.
b) Vergleiche dein Ergebnis mit dem eines Partners: Besprecht, was sich durch die neue Form verändert hat.

4 a) Erläutere, warum es sich bei dem Gedicht um ein modernes Gedicht handelt. Lies dazu den dritten Hinweis in der **LERNBOX** auf Seite 197 und überprüfe, welche Merkmale zutreffen. Notiere deine Ergebnisse und belege sie mit Zitaten.
b) Erkläre die Wirkung dieser Merkmale: *Die fehlenden Satzzeichen haben mich beim Lesen irritiert. Sie bewirken, dass …*
c) Sammelt eure Ergebnisse in der Klasse.

5 Um Gedichte miteinander vergleichen zu können, musst du mit deren Inhalten vertraut sein.
Formuliere eine Zusammenfassung des Inhalts von Frank Schmitters Gedicht:

Folie

a) Erschließe das Gedicht genau und schreibe deine Notizen an den Rand.
b) Fasse den Inhalt zusammen und orientiere dich dabei an der **LERNBOX** auf Seite 193.

6 Vergleicht die Aussagen der Gedichte von Schmitter und Goethe im Partnerpuzzle:
   a) Entscheidet, wer welches Gedicht bearbeitet.
   b) Übernimm die Tabelle in dein Heft und ergänze sie. Trage deine Ergebnisse zu folgenden Fragen in der entsprechenden Spalte ein. Notiere auch Versangaben als Textbelege.
   – Wohin möchte das lyrische Ich reisen?
   – Warum möchte das lyrische Ich reisen?
   – Welche Gefühle empfindet es vor bzw. während der Reise?
   – Wie wird die Umgebung wahrgenommen?
   – Welche Reisemöglichkeiten stehen zur Verfügung? Wie haben sich die Möglichkeiten zu reisen verändert?
   – Wie endet die Reise? Wird das Ziel erreicht?
   c) Vergleiche dein Ergebnis mit dem eines Partners, der dasselbe Gedicht bearbeitet hat, und ergänze oder korrigiere deine Notizen, falls nötig.
   d) Trage dein Ergebnis einem Partner vor, der das andere Gedicht bearbeitet hat. Dieser füllt die freie Spalte stichpunktartig aus.
   e) Tauscht die Rollen, sodass die Tabelle vervollständigt wird.

Vergleichsaspekt	A „Mignons Lied" (Goethe)	B „Gegen Abend gerieten wir" (Schmitter)
Ziel der Reise	...	...
Grund für die Reise	...	...
Gefühle vor/ während der Reise	...	...
...	...	...

   f) Informiere dich in der **LERNBOX** über das Motiv in der Literatur und erkläre, warum das Motiv „Reise in den Süden" in Schmitters Gedicht und Goethes Gedicht „Mignons Lied" (Seite 192) im Mittelpunkt steht.
   g) Schlussfolgert anhand der Ergebnisse, was das moderne Gedicht inhaltlich vom klassischen Gedicht unterscheidet und was sie gemeinsam haben.

☆ **Seite 209**

! **LERNBOX**

Was bezeichnet man in der Literatur als Motiv?
1. In der Literatur gibt es in den verschiedenen Gattungen (Lyrik, Epik, Dramatik) bestimmte Motive, die für diese typisch sind. So sind **lyrische Motive** beispielsweise unerfüllte Liebe, Naturerscheinungen, Abschied …
2. Ein Motiv wird vom Dichter bewusst eingesetzt, um **Bedeutungen**, **Atmosphären** oder **Stimmungen** zu vermitteln. Bei bestimmten Dichtern oder in bestimmten Zeilen werden oft gleiche Motive verwendet.

Aus der Fremde – die Gestaltung eines Gedichts und deren Wirkung ermitteln

Schweizerheimweh
Johann Rudolf Wyß, 1811

Johann Rudolf Wyß (1782–1830) war ein Schweizer Dichter und Professor für Philosophie. Daneben war er journalistisch tätig und verlegte ein Buch seines Vaters, der Pfarrer war.

Herz, mein Herz, warum so traurig,	a x́x x́x x́x x́x	Personifikation
Und was soll das Ach und Weh?	b x́x x́x x́x x́	zwei Fragen
's ist so schön im fremden Lande,	c x́x x́x x́x x́x	
Herz, mein Herz, was fehlt dir mehr?	b (unrein) x́x x́x x́x x́	Wiederholung
	→ unregelmäßiger Kreuzreim	

5 Was mir fehlt? Es fehlt mir alles,
　Bin ja wie verloren hier!
　Ist's auch schön im fremden Lande,
　Wird's doch nie zur Heimat mir.

　In die Heimat möcht' ich wieder,
10 Aber bald, ich bitte, bald!
　Möcht' zum Vater, möcht' zur Mutter,
　Möcht' zu Berg und Fels und Wald!

　Möcht' auf Flüh¹ und Hörner² steigen,
　Möcht' am heiterblauen See,
15 Wo der Bach vom Felsen schäumet,
　Unser Dörflein wiedersehn!

　Wiedersehn die alten Häuser
　Und vor allen Türen frei
　Nachbarsleut', die freundlich grüßen,
20 Möchte in mein Dörflein heim.

　Möcht' die Freunde wiedersehen,
　Mit der Liebsten Hand in Hand
　Über Almenwiesen gehen
　Im geliebten Schweizerland.

25 Herz, mein Herz, in Gottes Namen,
　s' ist ein Leiden, gib dich drein!
　Will's der Herr, so kann er helfen,
　Werd' ich bald zu Hause sein!

¹ die Flüh (Plural von Fluh): schweizerisch für Felswand, Felsbrocken

² die Hörner: Bezeichnung für die Berge, da viele Bergnamen auf -horn enden, z. B. Matterhorn

1 a) Kennst du das im Gedicht beschriebene Gefühl des Heimwehs? Tausche dich mit einem Partner über dieses Gefühl aus.
b) Markiere Formulierungen, die verdeutlichen, dass das lyrische Ich sich nach der Schweiz sehnt. Berücksichtige auch den Titel des Gedichts.

2 Bereitet das Gedicht zu zweit für einen Vortrag vor:
  a) Erschließt dazu den Inhalt und markiert wichtige Textstellen.
  b) Setzt die Untersuchung fort. Beachtet das Metrum, das Reimschema usw. und die dadurch vorgegebene Lesart der Verse (**LERNBOX**, erster Hinweis).

Seite 338
Folie

3 Tragt euch das Gedicht gegenseitig vor und sprecht anschließend darüber, ob der Vortrag zum Inhalt passte.

Seite 209

4 Das Motiv „Heimweh" wird von dem Dichter sehr gefühlvoll veranschaulicht. Untersuche anhand der Form und der Sprache des Gedichts, wie dies gelingt:
  a) Übertrage die Tabelle. Lies die **LERNBOX** und ergänze die Merkmale des Aufbaus und der sprachlichen Gestaltung wie im Beispiel.
  b) Notiere rechts, wie diese Gestaltung wirkt.
  c) Erläutere anhand deiner Ergebnisse, wie der Dichter das Gefühl des Heimwehs vermittelt. Formuliere dazu aus den Notizen einen zusammenhängenden Text.

Seite 211
Seite 211
Seite 320

Merkmale	Textbelege	Wirkung
Aufbau: Strophen: …		regelmäßiger Aufbau wirkt ruhig und harmonisch
Sprachliche Gestaltung: Wortwahl: Natur …	Berg, Fels, Wald (V. 12)	Schönheit der Heimat

⚠ LERNBOX

Merkmale eines Gedichts und deren Wirkung

1. Ein klassisches Gedicht weist häufig einen **regelmäßigen Aufbau** auf.
   a) Es ist in **Strophen** und **Verse** unterteilt, wobei die Anzahl der Verse in den Strophen meist gleich ist.
   b) Die Verse sind durch einen **Endreim** miteinander verbunden. Dazu werden diese **Reimschemata** verwendet: Paarreim *aabb*, Kreuzreim *abab*, umarmender Reim *abba*, Schweifreim *aabccb*. Reimen sich die Wörter nur ungefähr, spricht man von einem **unreinen** Reim: *Weh (V. 2) – mehr (V. 4)*.
   c) Es findet sich häufig ein gleichmäßiger Rhythmus (**Metrum**): **Jambus** (x x́), **Trochäus** (x́ x), **Anapäst** (x x x́), **Daktylus** (x́ x x).
2. Die **sprachliche Gestaltung** unterstützt die Wirkung eines Gedichts.
   a) Überprüfe die **Wortwahl**. Beachte Wörter aus einem Themenbereich, z. B. „Natur und deren Wirkung": *Flüh (V. 13), Dörflein (V. 16) …*
   b) Untersuche die **sprachlichen Mittel: Wiederholungen, Anaphern** und **Parallelismen** heben Verse besonders hervor und betonen deren Inhalte: *Möcht' zum Vater, möcht' zur Mutter, / Möcht' zu Berg … (V. 11–12)* **Personifikationen, Vergleiche** und **Metaphern** veranschaulichen Inhalte durch eine bildhafte Sprache: *Herz, mein Herz, warum so traurig (V. 1)*.
3. Moderne Gedichte haben oft keinen regelmäßigen Aufbau. Die Autoren spielen mit Sprache, indem sie z. B. die Rechtschreibregeln durchbrechen.

Von Nähe und Ferne | 3.3.9 Lyrische Texte untersuchen: formale Merkmale und ihre Wirkung

Fachsprache richtig verwenden

Johann Rudolf Wyß verfasst sein Gedicht in sieben Abschnitten mit jeweils vier Zeilen. Als Reimmuster wählt er einen unvollständigen Reim (abcb). Die Betonungen wechseln in jeder Zeile viermal von betont auf unbetont. Das Gedicht wirkt durch den regelmäßigen Aufbau ruhig und harmonisch, auch
5 wenn es einige Wörter gibt, die sich nicht richtig reimen.
  Im Gedicht verwendet der Autor viele Begriffe aus dem Themenbereich Natur („Berg", „Fels", „Wald", V. 12). Auch nutzt er Schweizer Wörter wie „Flüh" (V. 13) und „Hörner" (V. 13), um zu verdeutlichen, dass das lyrische Ich sich besonders nach der Schweizer Bergwelt sehnt. Durch die Verniedlichung
10 „unser Dörflein" (V. 16) wird die kindliche Liebe zu seinem Heimatort hervorgehoben.
  Es finden sich im Gedicht auch Wörter, die diese Liebe des lyrischen Ichs zu seiner Heimat direkt bezeichnen. Im sechsten Abschnitt wird die „Liebste" (V. 22) erwähnt, zu der das lyrische Ich zurück will. Sein Heimweh wird auch
15 noch einmal betont durch das Wort „geliebt" (V. 24), das dem Nomen „Schweizerland" vorangestellt ist.
  Diese Liebe wird auch durch die wiederholte Ansprache „Herz, mein Herz" (V. 1 und 4) deutlich. Da die Person mit ihrem Herz spricht, ist das auch eine Vermenschlichung. Es scheint, als habe sie in der Fremde keine Freunde und
20 muss deshalb mit sich selbst sprechen. Das hebt ihr Heimweh hervor.
  Um die Sehnsucht des lyrischen Ichs nach der Heimat zu betonen, verwendet Johann Rudolf Wyß am Zeilenanfang oft das Wort „Möcht'" (V. 11–14, 21). Dies macht dem Leser eindringlich deutlich, wie sehr es die Heimat und die Menschen dort vermisst. Diese Sätze sind auch gleich aufgebaut.
25 Dadurch werden die beschriebenen Sehnsüchte hervorgehoben, das Gefühl wirkt eindringlicher.
  Im letzten Abschnitt wird Gott darum gebeten, dem lyrischen Ich zu helfen. Durch den anschließenden Spruch („Werd' ich bald zu Hause sein!", V. 28) unterstreicht der Dichter die Hoffnung des lyrischen Ichs auf eine baldige
30 Wiederkehr in die geliebte Heimat.

1 Untersucht den Text eines Schülers zum Gedicht „Schweizerheimweh" (Seite 196) zu zweit:
   a) Vergleicht eure Analyseergebnisse (Seite 197, Aufgabe **4 c)**) mit denen des Schülers:
   – Passt der Text zur gestellten Aufgabe?
   – Wird ein eindeutiges Fazit formuliert?
   – Wird jeweils die Wirkung angegeben?

Seite 211

   b) Die Markierungen kennzeichnen die Textstellen, an denen der Schüler präziser hätte formulieren können. Ersetze diese Stellen durch korrekte Fachsprache.
   c) Schreibe den überarbeiteten Text sauber ab.

2 Vergleiche deinen überarbeiteten Text mit dem Originaltext. Erkläre, welche Vorteile die Verwendung von Fachsprache hat.

Seite 209

Meine Welt – Aufgaben zu einem Gedicht bearbeiten

Rückenfigur

Blick ins Tal

1 Betrachte das Bild und notiere deine Assoziationen dazu rundherum. **Folie**

2 a) Lies das Gedicht und versetze dich in das lyrische Ich. **Folie**
In welcher Welt lebt es? Markiere dazu passende Aussagen.
b) Beschreibe die Stimmung, in der sich das lyrische Ich befindet. Berücksichtige dabei die Bilder, die durch die Beschreibung im Kopf des Lesers entstehen (Cluster). Halte deine Notizen am Rand des Textes fest. **Folie**

> Bettina von Arnim (1785–1859) ist eine bedeutende Vertreterin der Romantik. Neben ihrer literarischen Arbeit ist sie für ihr soziales Engagement bekannt. Ihr Porträt war bis 2002 auf dem Fünf-DM-Schein abgebildet.

Auf diesem Hügel übersch ich meine Welt!
Bettina von Arnim, 1835

I Auf diesem Hügel übersch ich meine Welt!   *überblicken*
Hinab ins Tal, mit Rasen sanft begleitet,
Vom Weg durchzogen, der hinüberleitet,
Das weiße Haus inmitten aufgestellt,
5 Was ist's, worin sich hier der Sinn gefällt?

II Auf diesem Hügel übersch ich meine Welt!
Erstieg ich auch der Länder steilste Höhen,
Von wo ich könnt die Schiffe fahren sehen
Und Städte fern und nah von Bergen stolz umstellt,
10 Nichts ist's, was mir den Blick gefesselt hält.

III Auf diesem Hügel übersch ich meine Welt!
Und könnt ich Paradiese überschauen,
Ich sehnte mich zurück nach jenen Auen,   *Wiesen*
Wo Deines Daches Zinne meinem Blick sich stellt,
15 Denn der allein umgrenzt meine Welt.

⭐ **Seite 209**

Von Nähe und Ferne | 3.3.9 Gedichte untersuchen: die Stimmung ermitteln

3 Untersuche, wie das lyrische Ich zu seiner Heimat steht. Bearbeite hierzu die folgenden Aufgaben zum Gedicht:

– Beschreibe, welche Eindrücke und Gefühle das lyrische Ich mit der Ferne verbindet.
– Erläutere, was für das lyrische Ich Heimat („Meine Welt") bedeutet. Erkläre, wie diese Sichtweise durch den Aufbau und die sprachliche Gestaltung (z. B. Satzbau, Wortwahl, Wiederholung …) veranschaulicht wird.

Folie
Folie

a) Lies die **LERNBOX** und mache dir klar, wie du vorgehen musst.
b) Erschließe die Aufgabenstellung (erster Hinweis).
c) Bearbeite die Aufgaben jeweils in einem zusammenhängenden Text (zweiter bis vierter Hinweis). So kannst du beginnen:
Im Gedicht beschreibt das lyrische Ich Nähe und Ferne. In der Ferne hat es … erlebt. Es wird deutlich, dass … Daraus kann man schließen, dass … Das lyrische Ich hat eine sehr enge Beziehung zu seiner Heimat. Dies erkennt man am Aufbau des Gedichts. Das Gedicht besteht aus …

4 Vergleicht eure Ergebnisse in einer Schreibkonferenz:
a) Teilt folgende Aspekte zum vierten Hinweis in der **LERNBOX** unter euch auf: 1. Aufgabenstellung, 2. Textbelege, 3. Fazit, 4. Präsens.
b) Reicht eure Texte im Uhrzeigersinn weiter.
c) Jeder notiert in den Texten der anderen zu seinem Aspekt Verbesserungsvorschläge oder positive Rückmeldungen.

Seite 211

5 Vergleiche die Beziehung des lyrischen Ich zur Heimat im Gedicht Bettina von Arnims und im Gedicht „Schweizerheimweh" von Johann Rudolf Wyß (Seite 196).

⚠ LERNBOX

So bearbeitest du Aufgaben zu einem Gedicht:
1. **Erschließe** die Aufgabenstellung und unterstreiche wichtige **Verben (Operatoren)** und **Schlüsselwörter**.
2. **Markiere** im Text die **Stellen**, die Informationen zur **Lösung der Aufgabe** enthalten.
3. Mache dir mithilfe deiner Markierungen **Notizen** zum Text am Rand. *Aufbau: Harmonie durch regelmäßigen Aufbau (drei Strophen à fünf Verse) …, Wiederholung des Titels …, Ausrufe …*
4. Formuliere deine Lösung in einem **zusammenhängenden Text**:
   a) Gib zunächst die **Aufgabenstellung mit eigenen Worten** wieder.
   b) Formuliere dann deine Ergebnisse mithilfe deiner **Notizen**. Nutze dazu die markierten **Schlüsselwörter**: *Das lyrische Ich beschreibt in dem Gedicht „Nähe und Ferne" … Die Nähe bewerte es …*
   c) Gib die **Textbelege** an und ergänze die Versangabe. Nutze dafür die markierten Textstellen.
   d) Beende deinen Text mit einem **Fazit**: *Abschließend kann man feststellen, … Folglich bewertet das lyrische Ich die Nähe … und die Ferne …*
   e) Schreibe mit **eigenen Worten** und verwende das **Präsens**.

Angekommen – zu einer Aussage Stellung nehmen

1 a) Was erwartest du von einem Gedicht zum Thema „Heimat", das 2015 entstanden ist? Sammle deine Ideen in einem Cluster.
b) Vergleiche deine Vorstellungen mit denen von Johannes Oerding.

Heimat
Johannes Oerding, 2015

> Johannes Oerding ist Singer-Songwriter, wurde 1981 in Münster geboren und wuchs am Niederrhein auf. Zurzeit lebt er in Hamburg. Zwei seiner Alben haben eine Goldene Schallplatte bekommen.

I Dein Gesicht
Es spiegelt sich in Regenpfützen
Ey sogar Grau kannst du tragen
Und wenn ich wieder mal
5 Nicht in deiner Nähe bin
Dann wartest du mit offenen Armen
In deinen Straßen kann ich mich
So wunderbar verlieren
Und was immer ich gerade such
10 Ich find' es hier

II Oh Heimat, schön wie du mich anlachst
Du bist immer da
Wenn ich keinen zum Reden hab

III Oh Heimat, und wie du wieder aussiehst
15 Ich trag dich immer, immer bei mir
Wie'n Souvenir[1]

IV Du und ich
Nachts allein im Neonlicht
Manchmal tanze ich mit dir
20 Komm tu nicht so
Ich kenn' dich in- und auswendig
Und du weißt viel zu viel von mir
Mal bist du laut, mal bist du leise
Mal müde, doch nie allein
25 Und wenn du willst, kannst du mich wärmen
Oder eiskalt sein

Oh Heimat, schön wie du mich anlachst …

[1] das Souvenir: Reiseandenken

2 Erarbeite die folgenden Aufgaben mit einem Partner.
a) Mit wem spricht das lyrische Ich? Begründet eure Meinungen am Text.
b) Erklärt, wie die Beziehung zwischen dem lyrischen Ich und seiner Heimat durch das Gespräch wirkt.
c) Nennt Beispiele dafür, was das lyrische Ich an seiner Heimat liebt.
d) Vermutet, von welcher Stadt Oerding singt. Nutzt die Informationen zum Autor.

3 In einer Gedichtuntersuchung nimmst du auch zu einer Aussage zum Gedicht Stellung, indem du dein Textverständnis und deine Meinung dazu verdeutlichst.

Johannes Oerding sagt über sein Lied: „*Ursprünglich hieß der Song ‚Hamburg', aber während eines Besuchs bei meinen vier Geschwistern am Niederrhein wurde mir klar, dass nicht nur eine Stadt Heimat sein kann.*"
Nimm Stellung zu dieser Aussage. Nutze Textbelege und eigene Erfahrungen, um deine Meinung zu begründen.

a) Lies die Aufgabe im Kasten und fasse mit eigenen Worten zusammen, wie Oerding den Titel „Heimat" begründet. Stelle dein Ergebnis einem Partner vor.
b) Tauscht euch darüber aus, ob ihr die Begründung nachvollziehen könnt.

Johannes Oerding sagt zu seinem Lied „Heimat", dass es zuerst „Hamburg" hieß. Er habe dann aber festgestellt, dass Heimat mehr ist als nur eine Stadt. Das kann ich bestätigen. Ich bin nämlich schon häufig umgezogen. Also hat Oerding mit seiner Aussage, dass nicht nur eine Stadt Heimat sein kann, recht. (Melek)

Folie **4** Untersuche Meleks Stellungnahme mithilfe der **LERNBOX**. Markiere gelungene und weniger gelungene Passagen in unterschiedlichen Farben.

Folie **5** Bearbeite diese Aufgabe selbst. Gehe so vor:
a) Bereite deine Stellungnahme vor (**LERNBOX**, erster und zweiter Hinweis).
b) Schreibe deine Stellungnahme und berücksichtige dabei den Aufbau (**LERNBOX**, dritter Hinweis).

6 Tausche deine Stellungnahme mit einem Partner aus und überarbeite seine nach den Kriterien der **LERNBOX**.

Seite 209–210

❗ LERNBOX

So nimmst du zu einer Aussage Stellung:
1. **Erschließe**, wozu du Stellung nehmen sollst, indem du in der Aufgabenstellung Wichtiges markierst (Schlüsselwörter).
2. **Bilde** dir anhand deiner Vorarbeiten **eine eigene Meinung** und notiere Begründungen, die sich auf den Text oder eigene Erfahrungen beziehen.
3. Schreibe deine Stellungnahme in einem **zusammenhängenden Text**:
   a) **Gib** noch einmal **wieder**, wozu du Stellung nehmen sollst:
   Johannes Oerding sagt über den Liedtext, dass …
   b) **Erkläre**, was mit der Aussage gemeint ist:
   Er möchte damit verdeutlichen, … / Damit meint er, dass …
   c) Nenne deinen **eigenen Standpunkt**:
   Ich stimme dieser Einschätzung (nicht) zu, weil …
   d) **Begründe deine Meinung.** Nutze dazu Textbelege und eigene Erfahrungen: *Aus Erfahrung weiß ich, … / Deshalb meine ich, … / Im Lied heißt es ja …*
   e) Beende deine Stellungnahme mit einem **Fazit**: *Daher denke ich, dass …*

Heimat – Rechtschreibung und Zeichensetzung in einer Stellungnahme korrigieren

Johannes Oerding hat einmal erklärt, warum er seinem Lied den Tietel „Heimat" gegeben hat. Erst sollte es „Hamburg" heissen, aber nach einem Besuch des Ortes, an dem er aufgewachsen ist, stellte er fest, das man nicht nur eine Heimat haben kann.	R1, R2 R3 R4
5 Ich kann gut verstehen, das man sich an mereren Orten zu Hause fühlen kann. Ich bin schon drei mal in andere Städte gezogen und habe noch Kontackt zu meinen Freunden dort. Deshalb sind die alten Wohnorte auch noch ein Stück Heimat für mich.	R5, R6 R7 R8
Aber ich denke, dass in dem Lied deutlich wird, das es eine ganz Besondere Beziehung zwischen dem lyrischen ich und der Stadt gibt. Die Stadt wartet „mit offenen Armen (V. 6) auf es. Das hört sich so an, als würde ein guter Freund auf jemanden warten und ihn Herzlich begrüssen. Das ist in Bezug auf eine Stadt meiner Meinung nach übertrieben. Auch im Refrain wird die Freundschaft noch betohnt (Oh Heimat, schön wie du mich an- 15 lachst" V. 11). Ich habe auch schon in einer Großstadt gelebt und habe mich auch immer gefreut, wenn ich aus den Ferien wieder zurückkahm. Aber das hatte weniger etwas mit der Stadt zu tun als mit meinen Freunden die mich frölich empfangen haben.	R9, R10 R11 Z12 R13, R14 R15 R16, Z17 Z18 R19 Z20, R21
Was aber auch für mich zur Heimat gehört, so wie Oerding es beschreibt, 20 ist, dass alle Wünsche in der Heimat erfüllt werden „Und was immer ich gerade such/Ich find' es hier", V. 9, 10)	Z22 Z23
Abschliessend möchte ich noch einmal sagen, das ich nachvollziehen kann, warum Oerding sein Lied Heimat genannt hat. Er fühlt sich dort wohl und alles ist ihm vertraut. Ich hätte aber den Titel Hamburg trefender gefun- 25 den weil von einer Großstadt gesungen wird, in der viel los ist. Mit „Heimat" habe ich vor dem Hören des Lieds etwas anderes verbunden.	R24, R25 Z26 Z27, R28

1 Vergleiche diese Stellungnahme mit deinem Text (Seite 202, Aufgabe **5**): Stimmst du mit allen Aussagen überein? Was kannst du nicht nachvollziehen?

2 Ein Schüler hat die Stellungnahme seines Partners sprachlich überarbeitet und die Rechtschreib- und Zeichensetzungsfehler am Rand gekennzeichnet.
a) Überarbeite im Text die gekennzeichneten Fehler.
b) Ermittle die Fehlerschwerpunkte, damit der Schüler gezielt üben kann. Übertrage dazu die Tabelle und ordne die Fehler ein. Formuliere abschließend einen Tipp, worauf der Schüler besonders achten muss.

Folie

Seite 300-301

Fehlerart	Fehlerart	
Groß- und Kleinschreibung	Getrennt- und Zusammenschreibung	
Schreibung der s-Laute	Lernwörter, Fremdwörter	
Doppelkonsonanten (außer ss)	das/dass	
Schreibung von ä/äu	Zeichensetzung beim Zitieren	
Wörter mit Dehnungszeichen (h, ie)	Komma in Relativsätzen	

Immer bei dir – eine Gedichtuntersuchung planen und schreiben

Nähe des Geliebten
Johann Wolfgang von Goethe, 1795

I Ich denke dein, wenn mir der Sonne Schimmer
Vom Meere strahlt;
Ich denke dein, wenn sich des Mondes Flimmer
In Quellen malt.

5 II Ich sehe dich, wenn auf dem fernen Wege
Der Staub sich hebt;
In tiefer Nacht, wenn auf dem schmalen Stege
Der Wandrer bebt.

10 III Ich höre dich, wenn dort mit dumpfem Rauschen
Die Welle steigt.
Im stillen Haine geh ich oft zu lauschen,   *Wäldchen*
Wenn alles schweigt.

IV Ich bin bei dir, du seist auch noch so ferne,
15 Du bist mir nah!
Die Sonne sinkt, bald leuchten mir die Sterne.
O wärst du da!

1 Formuliere mit eigenen Worten, was das lyrische Ich fühlt.

2 Bereite das Gedicht für eine Textuntersuchung vor und erschließe es mithilfe der **Lesemethode für Gedichte** (Folie).

Seite 329

Folie

3 a) Erschließe die Aufgaben zum Gedicht im Kasten.
b) Überprüfe dein Verständnis, indem du einem Partner mit eigenen Worten die einzelnen Arbeitsschritte erklärst.

Untersuche das Gedicht „Nähe des Geliebten" in einem zusammenhängenden Text:
a) Formuliere einen Einleitungssatz (TATTE).
b) **Fasse** den Inhalt des Gedichts mit eigenen Worten **zusammen**.
c) **Beschreibe**, wie und was das lyrische Ich in den ersten Versen einer jeden Strophe wahrnimmt.
d) **Erkläre**, wie sich die „Nähe des Geliebten" im Verlauf des Gedichts verändert. Beziehe hierzu den Aufbau und sprachliche Mittel (z. B. Anapher, Parallelismus, Personifikationen) mit ein.
e) *„Das lyrische Ich versetzt sich in die Situation einer Frau, die sich nach dem Geliebten sehnt."* **Nimm** auf der Grundlage des Gedichts **Stellung** zu diesem Internetforumeintrag.

4 Plane deine Gedichtuntersuchung: Lege dazu einen Schreibplan an und trage deine Ergebnisse zu den Teilaufgaben ein.

Teilaufgabe	Arbeitsschritte	meine Ergebnisse in Stichpunkten
a)	Einleitung	T = A = …
…	…	…

5 Verfasse auf der Grundlage des Schreibplans deinen Text.

Immer bei dir – eine Textuntersuchung überarbeiten

1 Überprüfe, ob alle Teilaufgaben bearbeitet wurden. Vergleiche den Text dazu mit der Aufgabe im Kasten (Seite 204) und kennzeichne die Teilaufgaben am Rand.

Folie

In dem 1795 von Johann Wolfgang von Goethe verfassten Gedicht „Nähe des Geliebten" wünscht sich das lyrische Ich die Nähe des Menschen, den es liebt, denn es sehnt sich sehr nach ihm.

Teilaufgabe a)

Das lyrische Ich fült die Nähe mit all seinen Sinnen. Es denkt an ihr Tag
5 und Nacht beim Anblick der Sonne und des Mondes. Es sieht ihn wenn andere Leute in der Umgebung sind. In den Tönen der Natur hört dass lyrische Ich die Stimme des Geliebten. Zum Schluss macht es deutlich, das es sich ihm immer verbunden fühlt und sich nach Nähe der beiden sehnt.
In den ersten Versen einer jeden Strofe beschreibt Goethe, dass dass
10 lyrische Ich sich nur noch in Verbindung mit dem Geliebten warnimmt. Es ist in Gedanken bei ihm, es sieht und hört ihn überall und wäre am liebsten imer bei ihm. Da die ersten Verse alle mit „Ich" beginnen und erst in der letzten Strophe das „du" verwendet wird, erhält man den Eindruck, dass die sehnsucht nur vom lyrischen Ich ausgeht. Es wird nicht deutlich, ob das
15 lyrische Ich mit dem Geliebten zusammen ist. Die Situation wirkt, als würde das lyrische Ich nur an sich und sein Glück denken, d. h., die Gefühle sind übermächtig.
Das Gedicht besteht aus drei Strophen mit jeweils vier Zeilen. Die Zeilen sind gleich lang. Es wechseln sich dadurch fünfhebige und zweihebige
20 Verse mit unbetonten und betonten Silben ab. Goethe verwendet in allen Strophen einen regelmäßigen Reim (abab). Die Regelmäßigkeiten in der Form betonen die Haarmonie zwischen den Liebenden.
Jede Strophe fängt immer gleich an. Am Anfang steht immer das „Ich", das mit den Adjektiven denken (V. 1), sehen (V. 5), hören (V. 9) und
25 sein (V. 13) die Verbundenheit zum Geliebten ausdrükt. Dies ist mit allen Sinnen bei der anderen Person. Der Leser erfährt nur, wie das Ich fühlt, und nicht, ob diese Liebe erwiedert wird.
Die Gefühle des lyrischen Ichs werden im weiteren Verlauf immer schwächer. In den ersten drei Strophen verwendet Goethe noch zusätzlich einen
30 gleichen Satzbau, da die ersten Verse immer gleich aufgebaut sind (Ich denke dein, wenn (V. 1) ...; Ich sehe dich, wenn (V. 5) ...; Ich höre dich, wenn (V. 9) ... Durch den gleichen Satzbau werden die Strophen miteinander verbunden und der andere erscheint allgegenwärtig.
Die letzte Strophe zeigt die grösste Nähe zu dem Geliebten. Das erkennt
35 man auch an dem unterschiedlichen Satzbau Ich bin bei dir; du ... (V. 13) im ersten Vers. Aber auch die Ausrufe Du bist mir nah! (V. 14) und O wärst du da! (V. 16) betonen die große Sehnsucht, die Goethe verspürt.
In der ersten Strophe zeigen die Ausdrücke „Sonne Schimmer" (V. 1) und „Mondes Flimmer" (V. 3), dass das lyrische Ich bei Tag und Nacht an den

R
den geliebten Menschen

Absatz
R

Anzahl?
Fachbegriff?

Widerspruch

Von Nähe und Ferne | 3.2.1 Schreibprozess: Textüberarbeitung 205

40 geliebten Menschen denkt. Die Liebe und die Sehnsucht sind so gross, das es immer an ihn denken muß. Goethe verwendet auch noch menschliche Eigenschaften, die alle etwas mit der Natur zu tun haben: Der Staub hebt sich (V. 6), Die Welle steigt (V. 10), Die Sonne sinkt (V. 15), bald leuchten mir die Sterne (V. 15). Dadurch wird die Verbundenheit zwischen Mensch
45 und Natur gezeigt, in der der geliebte Mensch für das lyrische ich stets anwesend ist.
Abschliessend kann ich sagen, dass die Sensucht anschaulich beschrieben wird.
Im Internet wird gesagt, das das lyrische Ich eine Frau ist, die ihre Sehn-
50 sucht nach dem Geliebten ausdrückt. Ich bin der Meinung, dass das lyrische Ich auch ein Mann sein könnte, da sowohl Männer als auch Frauen lieben und Sehnsucht haben. Es wäre meiner Meinung nach schade, wenn man die Sichtweiße auf die der Frau beschrenken würde. Ich habe beim Lesen eher an einen Mann gedacht und fand es schön, wie gefühlvoll und
55 bildlich die Sehnsucht beschrieben ist Mondes Flimmer (V 4). Auch wenn Goethe das Gedicht wirklich aus der Sicht einer Frau verfasst hat, denke ich, dass die andere Lesart auch möglich ist.

Seite 211 Folie

2 a) Überarbeite die Textuntersuchung mithilfe der **CHECKLISTE**.
Setze dazu die Randbemerkungen fort und verwende die Korrekturzeichen. Achte dabei auch auf korrekte Rechtschreibung und Zeichensetzung, insbesondere bei der Verwendung von Textbelegen.

Folie

b) Markiere Formulierungen, die gut gelungen sind. Diese kannst du für deine eigenen Textuntersuchungen nutzen.

3 Überarbeite deine Gedichtuntersuchung von Seite 204 (Aufgabe **5**) auf die gleiche Weise.

☑ CHECKLISTE

Eine Gedichtuntersuchung überarbeiten
Inhalt
1. Wurden alle Teilaufgaben bearbeitet?
2. Enthält die **Einleitung** alle Informationen (TATTE-Satz)?
   Wird ein übergreifendes Thema formuliert?
3. Wird der **Inhalt** richtig und mit eigenen Worten **zusammengefasst**?
4. Werden die **Teilaufgaben c) und d) vollständig** und mithilfe geeigneter Textbelege bearbeitet? Wird aus der Beobachtung die Wirkung abgeleitet?
5. Wird in der **Stellungnahme** die Aussage wiederholt und erläutert?
   Wird die eigene Meinung genannt und **stichhaltig begründet**?

Darstellung
1. Wird durchgängig präzise **Fachsprache** verwendet?
2. Wird im **Präsens** formuliert?
3. Werden die einzelnen Teilaufgaben durch **Absätze** voneinander getrennt?
4. Wurde auf die korrekte **Rechtschreibung** und **Zeichensetzung** geachtet?

Kompetenz-Check: ein Gedicht untersuchen

Besonderer Tag
Ulla Hahn, 1988

Aufstehn ins Bad Frühstück mit Tee
Aus dem Fenster schaun
und sich warm anziehn hochgestiefelt
durchs Laub. In der Bibliothek
5 das Richtige finden dem
Nachbarskind den Schnürsenkel binden
Mittags Wiener Wurst aus der Hand
Dann mit hochgeschlagenem Mantelkragen
dösen auf einer herbstwarmen Bank
10 Nachmittags lesen Notizen machen
festhalten die Zeit
scheint sich zu weiten wir waren
den ganzen Tag zu zweit.

    Untersuche das Gedicht „Besonderer Tag" in einem zusammenhängenden Text:
    a) **Formuliere** einen Einleitungssatz (TATTE).
    b) **Fasse** den Inhalt des Gedichts mit eigenen Worten **zusammen**.
    c) **Beschreibe** anhand des Tagesverlaufs die Lebenssituation des lyrischen Ichs.
    d) **Erkläre**, wie es der Dichterin gelingt, das Besondere dieses Tages hervorzuheben und die Stimmung des lyrischen Ichs zu vermitteln. Beachte hierzu die Merkmale eines modernen Gedichts (Aufbau, Satzbau) und die sprachliche Gestaltung (z. B. Wortwahl, Alliteration, Metapher).
    e) Ulla Hahn sagt: *„Gedichte werden aus Silben gemacht, nicht aus Sensationen."* **Nimm** auf der Grundlage des Gedichts **Stellung** zu dieser Aussage.

1 Plane deine Textuntersuchung. Gehe dazu so vor:
    a) Erschließe die einzelnen Teilaufgaben.
    b) Erschließe das Gedicht mithilfe der **Lesemethode für Gedichte** (Folie).   📄 **Seite 329**
    c) Lege einen Schreibplan an. Orientiere dich dazu an den Teilaufgaben **a)** bis **e)** und trage deine Ergebnisse aus den Vorarbeiten ein. Notiere zu den Textstellen, die du für deine Untersuchung verwenden willst, jeweils Versangaben.

2 Verfasse mithilfe deines Schreibplans einen Textentwurf:
    Ulla Hahn beschreibt ... Sie schildert alltägliche Handlungen wie z. B. ...
    Erst am Ende des Gedichts ...
    Die Lebenssituation des lyrische Ichs ist besonders, denn ... Ulla Hahn gelingt es, das Besondere im Alltag hervorzuheben, indem sie ...
    Die Dichterin sagt zu ihrer Art des Schreibens, dass ... Damit meint sie, dass ... Ich sehe es auch (nicht) so, weil ...

3 Überarbeite deinen Entwurf mithilfe der **CHECKLISTE** von Seite 206.

Lernbegleitbogen *Von Nähe und Ferne*: aufgabengeleitet einen literarischen Text untersuchen

Kompetenz / Inhalt Ich kann …	Selbstein- schätzung ☺ 😐 ☹	Fremdein- schätzung ☺ 😐 ☹	Bemer- kungen	Hier kannst du weiter- üben:
zu einem Gedicht (Parallelgedicht, Gegengedicht) oder Bild kreativ schreiben (S. 191)				
den Inhalt eines Gedichts zusammenfassen (S. 193)				AH, S. 36
literarische Motive erkennen und erläutern (S. 195)				
Gedichte inhaltlich vergleichen (S. 195)				
Inhalt und Wirkung eines Gedichts durch den Vortrag zum Ausdruck bringen (S. 197)				
die Gestaltung eines Gedichts beschreiben und deren Wirkung ermitteln (S. 197)				
Fachsprache richtig verwenden (S. 198)				AH, S. 61
Aufgaben zu einem Gedicht in einem zusammenhängenden Text bearbeiten (S. 200)				
zu einer Aussage zum Gedicht begründet und strukturiert Stellung nehmen (S. 202)				
Fehlerschwerpunkte in Zeichensetzung und Rechtschreibung ermitteln (S. 203)				AH, S. 79–80 SB, S. 300-301
die Aufgaben einer Gedichtuntersuchung erschließen (S. 204)				AH, S. 37
eine Gedichtuntersuchung planen und schreiben (S. 204)				AH, S. 38–39
eine Gedichtuntersuchung überarbeiten (S. 205–206)				
Ich habe folgende Aufgaben aus dem Freiraum (S. 209–210) bearbeitet:				

AH = Arbeitsheft, SB = Schülerband

Überprüfe dein Wissen und Können, indem du den **Kompetenz-Check** auf Seite 207 bearbeitest. Vergleiche dein Ergebnis anschließend mit dem Mustertext im Lösungsheft.

Freiraum: So kannst du weiterarbeiten

- Recherchiere Informationen zu Johann Wolfgang von Goethes Italienreisen im Internet. Stelle sie auf einem Plakat dar, das du mit Bildern und Zeichnungen zum Reiseweg oder eigenen Ideen gestalten und in der Klasse aushängen kannst.

  Seite 193

- Gestalte einen Gedichtband mit motivgleichen Gedichten:
  - Wähle zuerst ein passendes Format aus. Du kannst die Texte mit dem PC schreiben und ausdrucken oder ein Schulheft (DIN-A4- oder DIN-A5-Format) nutzen.
  - Wähle dann Gedichte zu einem Thema, z. B. „Nähe und Ferne", oder eines Dichters aus, die dir besonders gut gefallen. Schreibe sie ab oder drucke sie aus.
  - Gestalte deinen Gedichtband mit Bildern, eigenen Zeichnungen, Collagen, deinen Leseeindrücken, Gedanken zu den Gedichten usw. Achte aber darauf, dass die Gedichte durch die Gestaltung nicht in den Hintergrund rücken.

  Seite 195

- Ihr könnt euren Vortrag mit passender Musik untermalen oder das Gedicht als Rap vortragen.

  Seite 197

- Lege dir eine Fachwörterliste mit Begriffen an, die du zur Untersuchung von Gedichten benötigst (z. B. **LERNBOX**, Seite 197, oder Basiswissen, Seite 325).

  Seite 198

- Schreibe ein Parallelgedicht. Beschreibe darin, was du von diesem Hügel aus siehst, d. h., was zu deiner Welt gehört. Oder: Zeichne ein Bild zum Gedicht.

  Seite 199

- So kannst du allein weiterarbeiten:
  - Untersuche die Darstellung der Stadt genauer.
    a) Markiere Textstellen, in denen du Aussagen dazu findest, was das lyrische Ich macht und welche Handlungen es der Stadt zuspricht (Folie).
    b) Erkläre die Besonderheiten in der Beziehung zwischen dem lyrischen Ich und der Stadt.
    c) Untersuche, wie dies durch die sprachliche Gestaltung dargestellt wird.

Handlungen des lyrischen Ichs	Handlungen der Stadt
verliert sich in den Straßen	trägt grau
...	...

  - Bearbeite die folgende Aufgabe mit einem Partner:
    a) Erklärt, was für das lyrische Ich „die Heimat" ausmacht.
    b) Tauscht euch darüber aus, ob dieser Heimatbegriff auch auf euch zutrifft.
    c) Wie hat sich das Motiv „Heimat" bei Oerding im 21. Jahrhundert im Vergleich zu Johann Rudolf Wyß' Gedicht „Schweizerheimweh" (Seite 196) und Bettina von Arnims Gedicht „Auf diesem Hügel übersehe ich meine Welt!" (Seite 199) verändert? Nutzt eure Arbeitsergebnisse zu den beiden Gedichten und achtet besonders auf die Darstellung der Umgebung, der Menschen und der Gefühle.

  Seite 202

Heimat ist ein sehnsuchtsvolles Ding
Alice Bota, 2012

[...] Es gibt viele Arten, das Wort Heimat zu verstehen. Auf Polnisch heißt es *mała ojczyzna*, „kleines Vaterland", auf Türkisch *anavatan*, „Mutterland", und auf Vietnamesisch *que*, „Dorf". Obwohl sich die Begriffe unterscheiden, spielen sie alle auf die Verbindung zwischen Biografie und Geografie an: Heimat ist der Ursprung von Körper und Seele,
5 der Mittelpunkt einer Welt. Die Kultur eines Landes prägt das Wesen der Menschen, die dort aufwachsen. Sie macht die Deutschen diszipliniert, die Franzosen charmant und die Japaner höflich. Aber was bedeutet das für die, die in zwei Ländern aufgewachsen sind: Haben die überhaupt eine Heimat? Oder haben sie zwei? Wieso fällt uns kein Plural zu diesem Wort ein?
10 Die gebrochenen Geschichten unserer Familien machen es schwer, eindeutig zu sagen, woher wir kommen. Wir sehen aus wie unsere Eltern, sind aber anders als sie. Wir sind allerdings auch anders als die, mit denen wir zur Schule gingen, studierten oder arbeiten. Die Verbindung von Biografie und Geografie ist zerrissen. Wir sind nicht, wonach wir aussehen. Oft haben wir uns gefragt, ob unser Humor, unser Familiensinn, unser Stolz aus
15 dem einen Land kommen oder dem anderen. Haben wir diese Eigenschaften von unseren Eltern geerbt? Oder in der deutschen Schule gelernt? Von Freunden abgeschaut?
Uns fehlt etwas, das unsere deutschen Freunde haben: ein Ort, wo sie nicht nur herkommen, sondern auch ankommen. Wo sie andere treffen, die ihnen ähnlich sind – so stellen wir es uns zumindest vor. Wir hingegen kommen nirgendwoher und nirgendwo an. Wenn
20 wir mit unseren deutschen Bekannten und Kollegen zusammensitzen, fragen wir uns oft: Gehöre ich wirklich dazu? Und wenn wir mit unseren polnischen, türkischen und vietnamesischen Verwandten zusammensitzen, fragen wir uns dasselbe. Wir sehnen uns nach einem Ort, an dem wir sein können, statt das Sein vorzuspielen. Gleichzeitig wissen wir: Das ist kein Ort, sondern ein Zustand.
25 Unser Lebensgefühl ist die Entfremdung. Sie wird begleitet von der Angst, als Fremdkörper wahrgenommen zu werden. Selten reden wir über dieses Gefühl. Wir wollen normal sein, und wenn das nicht geht, wollen wir wenigstens so tun, als ob. [...]

- Bearbeite die folgenden Aufgaben zum Text:

  a) Kreuze die richtigen Aussagen an (Folie) und korrigiere drei falsche Aussagen.

Für das Wort *Heimat* gibt es in verschiedenen Sprachen verschiedene Begriffe.	*
Alle Begriffe haben etwas mit Biologie und Geografie zu tun.	*
Die Menschen werden von der Kultur ihrer Heimat geprägt.	*
Die Sprache ist dafür verantwortlich, dass ein Volk höflich, ein anderes charmant ist.	*
Die Autorinnen fühlen sich in Deutschland zu Hause.	*

  b) Erkläre die folgende Aussage aus dem Text: *„Heimat ist der Ursprung von Körper und Seele [...]."* (Z. 4)

  c) Nenne Probleme, die die Autorinnen haben, weil sie in einem anderen Land geboren sind als ihre Eltern.

  d) Beschreibe die unterschiedlichen Bedeutungen des Wortes *Heimat* in der deutschen Übersetzung. Recherchiere nach Bedeutungen in weiteren Sprachen.

Seite 202

Tipps

Seite 193 5 c)

Diese Formulierungshilfen kannst du nutzen:
Strophe II:
Das lyrische Ich beschreibt einen Palast, in dem ... In einem Haus glänzt alles und die Marmorbilder ...
Strophe III:
Auf dem Berg möchte es ... Es erzählt von Höhlen, in denen ... Der Berg ist besonders, weil ...

Seite 197 4 a)

Aufbau: Anzahl der Strophen und Verse nennen; Reimschema mit Auffälligkeiten beschreiben; Metrum und Hebungen pro Vers nennen;
Sprachliche Mittel:
Wiederholungen: V. 1/4, 5, 10, 12, 16/17/21;
Anaphern: V. 11 bis 14, 21;
Parallelismus: V. 11/12;
Personifikation: V. 1, 4, 25;
Vergleiche und Metaphern finden sich nicht.

Seite 197 4 b)

Gehe zur Beschreibung der Wirkung auf die Atmosphäre und auf die Stimmung des lyrischen Ichs ein:
„Herz" → Wiederholung und Personifikation: Schmerz wird hervorgehoben
Verb „fehlen" → das lyrische Ich vermisst etwas
„Dörflein" → Liebe zum Wohnort
Anapher mit dem Verb „Möcht'"→ Wünsche werden hervorgehoben
Parallelismus „Möcht' zum/zu" → Eindringlichkeit des Wunsches

Seite 198 1 b)

Verwende diese Fachwörter:
Strophe, Adjektiv, Anapher, Parallelismus, Personifikation, Nomen, Vers, unrein, Reimschema, Kreuzreim, Diminutiv, das lyrische Ich, Ausruf, Trochäus

Seite 200 5

Orientiere dich an diesen Fragen:
Von wo aus wird jeweils die Heimat beschrieben?
Was gefällt dem lyrischen Ich an der Heimat?
Wer oder was gehört zur Heimat?

Seite 206 2

Darauf musst du beim Überarbeiten achten:
– Prüfe die Rechtschreibung und Zeichensetzung, insbesondere beim Zitieren.
– Ergänze präzise Fachwörter.
– Es gibt inhaltliche Widersprüche. Du musst an diesen Stellen klare Aussagen formulieren.
– Absätze zwischen Teilaufgaben fehlen.
– Zu den Teilaufgaben **c)** und **d)** muss ein eindeutiges Fazit formuliert werden.

(Ein)Blick in die Arbeitswelt

Auszubildende gesamt / **Auszubildende mit Studienberechtigung**

- Verwaltungsfachangestellte/-r
- Kaufmann/Kauffrau für Spedition und Logistikdienstleistung
- Kaufmann/Kauffrau für Versicherung und Finanzen
- Steuerfachangestellte/-r
- Kaufmann/Kauffrau im Einzelhandel
- Fachinformatiker/-in
- Kaufmann/Kauffrau im Groß- und Außenhandel
- Bankkaufmann/-kauffrau
- Kaufmann/Kauffrau für Büromanagement
- Industriekaufmann/-kauffrau

Skala: 40 000 – 30 000 – 20 000 – 10 000 – 0

Quelle: BIBB 2017

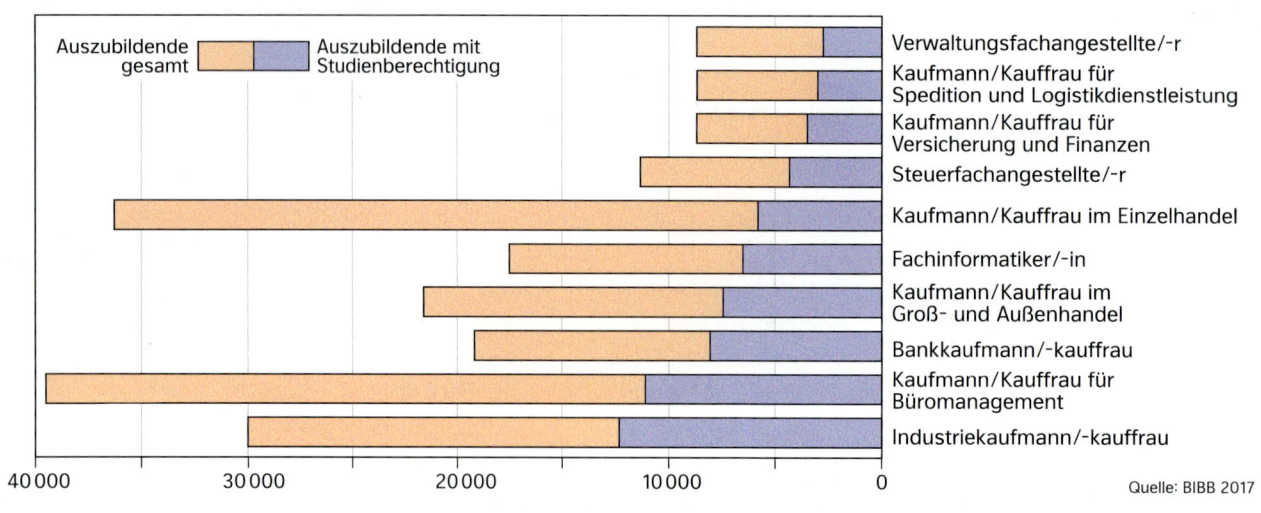

1 a) Betrachtet die Bilder oben und beschreibt, in welchen Berufen die Schülerinnen und Schüler ihr Praktikum absolvieren.
b) Überlegt, welche Interessen und Fähigkeiten man mitbringen muss, um in diesen Berufen arbeiten zu können.
c) Welcher dieser Berufe könnte auch für dich interessant sein? Begründe deine Antwort, indem du dich auf die für den Beruf benötigten Fähigkeiten beziehst.

Seite 332

2 Erstellt in Vierergruppen eine Liste mit Kriterien, die ihr bei der Wahl des Praktikumsplatzes für besonders wichtig haltet. Arbeit dazu im **Placemat-Verfahren**:
a) Jeder schreibt zunächst in Einzelarbeit in seinem Feld fünf Kriterien auf, die für ihn selbst wichtig sind (z. B. *im Freien arbeiten*).
b) Dreht dann das Blatt im Uhrzeigersinn und kommentiert in Stillarbeit die Vorschläge der anderen. Wiederholt den Vorgang, bis jeder alle Vorschläge einmal kommentiert hat.
c) Einigt euch dann auf die fünf wichtigsten Kriterien, die ihr in die Mitte schreibt. Stellt sie danach in der Klasse vor.

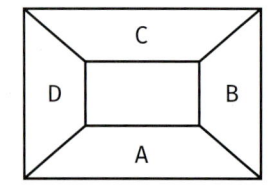

Die beliebtesten Studienfächer von ...

Frauen	Männern
1. Betriebswirtschaftslehre	1. Betriebswirtschaftslehre
2. Rechtswissenschaft	2. Maschinenbau/-wesen
3. Germanistik/Deutsch	3. Informatik
4. Medizin (Allgemein-Medizin)	4. Elektrotechnik/Elektronik
5. Erziehungswissenschaften (Pädagogik)	5. Rechtswissenschaft
6. Psychologie	6. Wirtschaftswissenschaften
7. Wirtschaftswissenschaften	7. Wirtschaftsingenieurwesen
8. Anglistik/Englisch	8. Wirtschaftsinformatik
9. Biologie	9. Bauingenieurwesen/Ingenieurbau
10. Soziale Arbeit	10. Physik

3 a) Wähle einen Beruf für dein Tagespraktikum aus. Begründe deine Entscheidung mithilfe der Ergebnisse aus eurem Placemat (s. Aufgabe **2**).
b) Sammelt eure gewählten Berufe in der Klasse in Form eines Blitzlichts. Haltet sie an der Tafel in einer Rangliste fest, wobei ihr zwischen Jungen und Mädchen unterscheidet.
c) Wertet eure Ranglisten aus: Gibt es Berufe, die besonders häufig gewählt wurden? Stellt ihr Unterschiede zwischen den Jungen und den Mädchen fest?

Seite 323

Seite 234

4 a) Erschließt das Balkendiagramm auf Seite 212 und die Übersicht zu den beliebtesten Studienfächern auf dieser Seite. Vergleicht sie mit euren Ergebnissen.
b) Überlegt, welche Gründe es dafür geben könnte, dass sich eure Ergebnisse von denen im Balkendiagramm und denen in der Übersicht unterscheiden.
c) In einigen Berufen ist ein Praktikum in Klasse 8 noch nicht möglich: Benennt diese Berufe und gebt mögliche Gründe dafür an. Welche Alternativen könntet ihr in Betracht ziehen?

Seite 235

Speed-Dating mal anders – ein Persönlichkeitsprofil anlegen

1 Überlegt, welche Mittel und Wege es gibt, um sich über Berufe zu informieren (z. B. im BiZ der Agentur für Arbeit). Haltet eure Überlegungen stichpunktartig fest.

2 a) Eine noch relativ neue Methode ist das sogenannte Job-Speed-Dating. Lest den folgenden Zeitungsartikel und stellt in einem Flussdiagramm dar, wie eine solche Veranstaltung abläuft.
b) Erklärt einem Partner mithilfe eures Flussdiagramms den Ablauf eines Job-Speed-Datings. Wendet dabei die Methode *Fehler finden* an, indem ihr in eure Erklärung einen Fehler einbaut, den euer Partner euch anschließend nennen muss. Tauscht dann die Rollen.

Beim Job-Speed-Dating gibt's den Traumberuf in acht Minuten
Johannes Ihle

Auszubildende zu finden, wird immer schwieriger. Das bestätigen einige der Firmen, die sich beim Job-Speed-Dating den Fragen der Schüler stellten, die den Weg in die Stadthalle gefunden haben. Innerhalb weniger Minuten hatten die Schüler die Gelegenheit, ihren Traumberuf zu finden. „Ich weiß noch nicht,
5 was ich später einmal machen will. Daher finde ich es gut, dass uns hier viele Berufe vorgestellt werden", sagt Sarah, eine 14-jährige Schülerin der benachbarten Gesamtschule. Rund 20 Unternehmen stellten mit ihren Auszubildenden etwa 30 verschiedene Berufe vor. Sämtliche Branchen wurden abgedeckt: Handwerk, Technik, soziale und kaufmännische Berufe, auch Gastronomen[1]
10 waren vertreten.

[1] Gastronom: Gastwirt

In Zweier- und Dreiergruppen eingeteilt haben sich die Schülerinnen und Schüler im Acht-Minuten-Takt auf den Weg gemacht, sich über mögliche Ausbildungsberufe zu informieren. Sechs Pflichtrunden galt es zu absolvieren. Danach durften sich die Schüler in zwei weiteren Runden Berufe aussuchen, die sie noch
15 nicht gesehen haben, aber für die sie sich interessieren. An den Tischen konnten die Schüler den Auszubildenden der Firmen Fragen stellen, Dinge ausprobieren und erste Kontakte knüpfen.

Ein Beispiel dafür, dass das Job-Speed-Dating erfolgreich sein kann, ist Sabrina Mattevic. Vor drei Jahren nahm die heute 18-Jährige selbst als Schülerin an der
20 Veranstaltung teil. In diesem Jahr saß sie auf der anderen Seite und beriet als Auszubildende zur Arzthelferin die Schüler. „Eigentlich wollte ich immer ins Büro. Doch beim Job-Speed-Dating kam ich an den Stand der Praxisgemeinschaft Herzig und war direkt überzeugt", erzählt Sabrina von ihren Erfahrungen. Zwei Wochen später absolvierte sie ein Praktikum in der Praxis. „Irgend-
25 wann rief der Chef an und fragte, ob ich nicht eine Ausbildung machen möchte. Zwei Tage später habe ich dann zugesagt." Jetzt ist sie im zweiten Lehrjahr und immer noch von ihrer damaligen Entscheidung überzeugt: „Die Kollegen sind sehr freundlich und die Arbeit macht viel Spaß."

3 Besprecht mögliche Vor- und Nachteile eines Job-Speed-Datings und überlegt, ob ihr daran teilnehmen würdet.

4 Informiert euch über Maßnahmen zur Berufswahlorientierung, die an eurer Schule oder in eurer Stadt durchgeführt werden, wie z. B. eine Ausbildungsmesse. ☆ Seite 234

5 a) Um einen passenden Beruf zu finden, solltest du deine Stärken, Fähigkeiten und Interessen kennen. Übernimm dazu die Tabelle unten. Trage deine Einschätzung über dich in das obere Feld der linken Spalte ein. Notiere im Feld darunter Eigenschaften oder Fähigkeiten, an denen du noch arbeiten möchtest.
b) Falte das Blatt so, dass nur noch die rechte Spalte der Tabelle zu sehen ist. Tausche das Blatt dann mit deinem Partner und fülle die rechte Spalte über ihn aus. Achte darauf, dass du deine Kritik konstruktiv und nicht verletzend äußerst. 💡 Seite 235

Meine Stärken/Fähigkeiten/Interessen:	**Deine** Stärken/Fähigkeiten/Interessen:
– Ausdauer/Optimismus: Ich lasse mich von schlechten Ergebnissen nicht unterkriegen. – …	– …
Daran muss **ich** noch arbeiten:	Daran musst **du** noch arbeiten:
– Selbstdisziplin: Ich lasse mich leicht ablenken und arbeite oft unkonzentriert. – …	– …

c) Lies die Einschätzung deines Partners und stelle Rückfragen, falls dir etwas unklar ist. Vergleiche sie dann mit deiner Selbsteinschätzung: Welche Einschätzungen stimmen überein, welche unterscheiden sich?

6 Lege ein Persönlichkeitsprofil von dir an, indem du deine Ergebnisse in einem Text zusammenfasst. Orientiere dich dabei an der **LERNBOX**. Übernimm die Aussagen deines Lernpartners, wenn du denkst, dass sie auf dich zutreffen.

> **⚠ LERNBOX**
>
> **So legst du ein Persönlichkeitsprofil an:**
> Ein Persönlichkeitsprofil hilft dabei, sich die eigenen Stärken und Schwächen bewusst zu machen:
> 1. Notiere deine größten **Stärken**: Halte fest, was du besonders gut kannst (**Fähigkeiten**), aber auch deine **positiven Eigenschaften** und sogenannte **Soft Skills**, wie zum Beispiel Zuverlässigkeit, Pünktlichkeit, Belastbarkeit, Motivationsfähigkeit, Selbstdisziplin oder eine strukturierte Arbeitsweise.
> 2. Schreibe **Dinge** auf, **an denen du noch arbeiten musst**, wie zum Beispiel Teamfähigkeit oder Höflichkeit.
> 3. Sei **ehrlich zu dir selbst**. Du musst deine Einschätzung vertreten oder auch **durch passende Beispiele** belegen können.

„Jobmesse" – eine anschauliche Präsentation zu einem Berufsbild vorbereiten

1 a) Das Bild oben zeigt eine Jobmesse. Betrachtet es und beschreibt, was ihr darauf erkennen könnt.

Seite 235

b) Wozu dient eine Jobmesse? Überlegt, was die Besucher einer solchen Messe besonders interessieren könnte und was sie vor allem in Erfahrung bringen möchten. Sammelt eure Ideen in Form von möglichen Fragen der Besucher gemeinsam an der Tafel.

2 Organisiert in eurer Klasse eine eigene kleine Jobmesse, auf der ihr mithilfe von Plakaten Berufsbilder in einem Vortrag präsentieren sollt. Bereitet euch jeweils zu zweit auf die Präsentation vor:

Seite 235

a) Entscheidet euch zunächst für einen Beruf, der euch interessiert und den ihr gerne bei eurer Jobmesse vorstellen möchtet. Wichtig: Achtet in der Klasse darauf, dass jeder Beruf nur einmal vorkommt. Ihr behaltet den Überblick, wenn ihr eine gemeinsame Liste anlegt und darin festhaltet, wer welchen Beruf vorstellt.

b) Was sollten die Besucher über euren Beruf unbedingt erfahren? Erstellt dazu eine Mindmap mit verschiedenen Aspekten, die für eure „Besucher" am wichtigsten sein könnten. Nutzt dazu auch eure Fragen aus Aufgabe **1 b)**. Formuliert in Stichworten (Oberbegriffen), die ihr auf die Äste eurer Mindmap schreibt:

- Voraussetzungen
- Tätigkeiten
- Berufsbild des Bankkaufmanns
- Arbeitsplatz
- Gehalt

c) Macht euch nun zu Experten und recherchiert alle notwendigen Informationen zu eurem Berufsbild. Nutzt dazu z. B. Internetsuchmaschinen, das Lexikon „Beruf aktuell" oder Seiten wie www.planet-beruf.de. Achtet dabei auf Textstellen, die Informationen zu den Oberbegriffen in eurer Mindmap enthalten, und markiert sie.

d) Füllt eure Mindmap aus, indem ihr die markierten Informationen aus den Texten stichpunktartig notiert. Formuliert in eigenen Worten.

3 Entwerft ein Präsentationsplakat für euren Stand, auf dem ihr die wichtigsten Informationen zu eurem Berufsbild anschaulich und informativ zusammenfasst:
a) Informiert euch in der **LERNBOX** über den Aufbau und den Inhalt eines Präsentationsplakats.
b) Teilt euer Plakat zunächst grob ein: Wo sollen welche Informationen und Bilder platziert werden? Überprüft dabei die Wirkung auf den Betrachter.
c) Gestaltet mithilfe eurer Vorarbeit das Plakat. Geht dabei so vor, wie in der **LERNBOX** beschrieben.

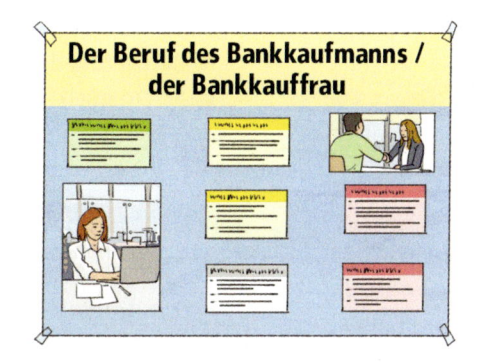

4 Übt nun die Präsentation eures Berufsbildes für euren Stand auf der Jobmesse. Präsentiert euch dazu gegenseitig euren Vortrag und gebt euch jeweils eine Rückmeldung. Achtet dabei auf folgende Aspekte:
– Sprecht in vollständigen Sätzen und tragt eure Informationen flüssig vor.
– Haltet euren Vortrag möglichst frei. Nutzt euer Plakat als Gedächtnisstütze und bezieht es aktiv in euren Vortrag ein, ohne einfach den Inhalt abzulesen oder ihn zu wiederholen.

Seite 235

⚠ LERNBOX

So gestaltet ihr ein Plakat zu eurer Präsentation:
1. Strukturiert das Plakat so, dass die **Informationen übersichtlich** präsentiert werden. So sollten die **Überschrift und Unterüberschriften klar erkennbar** sein, damit sich der Betrachter schnell zurechtfindet.
2. Notiert die **wesentlichen Informationen** auf dem Plakat. Orientiert euch an den Notizen in eurer Mindmap. Beschränkt euch dabei auf drei bis vier erläuternde Stichpunkte pro Oberbegriff.
3. **Formuliert präzise**, um mit möglichst wenig Text genau informieren zu können. **Verwendet** dazu **fachsprachliche Begriffe**.
4. **Schreibt euren Text vor.** Überprüft, ob Rechtschreibung und Zeichensetzung korrekt sind, bevor ihr ihn auf das Plakat übertragt.
5. Achtet auf eine **angemessene Verteilung des Textes**. Ihr könnt euren Text auch auf Karteikarten schreiben, die ihr dann auf das Plakat klebt.
6. Wählt eine **Schriftfarbe und -größe**, die **angenehm zu lesen** und gut zu erkennen ist. Die Schriftfarbe sollte sich zudem gut vom Hintergrund abheben.
7. Verwendet auch **Bilder und Diagramme**. Überlegt dazu, welche Informationen zu eurem Beruf ihr damit besonders veranschaulichen könnt. Achtet dabei darauf, dass alle **Details** gut erkennbar sind.

Seite 302

Jetzt wird's ernst – die Berufsbilder auf der Jobmesse präsentieren und bewerten

1. Ihr sollt eure „Jobmesse" in der Klasse als Museumsgang mit Experten gestalten. Informiert euch über diese Methode in der **LERNBOX**.

2. Um den Experten eine Rückmeldung zu geben, füllt ihr nach jedem Besuch an einem Stand zwei Rückmeldebögen aus:
   a) Betrachtet die beiden Rückmeldebögen: Was soll jeweils beurteilt werden?
   b) Macht euch die Beurteilungskriterien klar: Worauf kommt es jeweils an?

Präsentationsplakat von ...

Kriterien	Punkte (1–5)
Auswahl der Informationen	
Verwendung von Fachsprache	
Verständlichkeit	
Übersichtlichkeit	
angemessene Schrift	
treffende Bildauswahl	
Anmerkungen/Tipps	

Expertenvortrag von ...

Kriterien	Punkte (1–5)
freier Vortrag in ganzen Sätzen	
gelungene Einbindung des Plakats	
passende Lautstärke	
angemessenes Sprechtempo	
direkte Ansprache der Zuhörer/Blickkontakt	
angemessene Mimik und Gestik	

3. Führt eure Jobmesse durch, wie in der **LERNBOX** beschrieben. Besucht mindestens fünf Stände und tauscht danach in eurer Expertengruppe die Rollen.

4. a) Lest euch die Rückmeldungen, die ihr zu eurem Präsentationsplakat und eurem Vortrag erhalten habt, genau durch. Stellt gegebenenfalls Rückfragen.
   b) Zieht Rückschlüsse aus euren Rückmeldungen und überlegt, was ihr bei der nächsten Präsentation besser machen könntet.

5. Wertet eure Jobmesse aus. Überlegt, was euch gut gefallen hat und was ihr ändern würdet: Ist eine solche Jobmesse hilfreich für die eigene Berufswahl?

> **! LERNBOX**
>
> **So führt ihr einen Museumsgang mit Experten durch:**
> 1. Verteilt euch in der Klasse so, dass **jede Expertengruppe einen eigenen Stand** besitzt, an dem sie ihr Berufsbild präsentieren kann.
> 2. **Hängt** eure **Präsentationsplakate** an eurem Stand **auf**. Daneben befinden sich jeweils **zwei Rückmeldebögen** mit festgelegten Kriterien.
> 3. Teilt euch in eurer **Expertengruppe in zwei Schichten** ein: Experte I bleibt zunächst am Stand. Hier **präsentiert** er den Besuchern euer **Berufsbild in** einem **kurzen Vortrag** und steht für **Fragen** zur Verfügung. Experte II **informiert sich** währenddessen über andere Berufe. Wechselt euch dann ab.
> 4. Nach jedem Vortrag füllt ihr die **Rückmeldebögen** aus, um eure Eindrücke festzuhalten. Vergebt dazu Punkte von 1 bis 5 (5 = Höchstbewertung).

Wer nicht fragt ... – Informationen höflich und ergebnisorientiert erfragen

Text A: Frischespezialist/-in (IHK)

Was macht man da aus sich?

Werde zum Alleskönner. Diese Ausbildung [...] verbindet Kreativität, Kontaktfreudigkeit und kaufmännisches Talent mit Fach- und Sozialkompetenz. Neben den Abläufen in Wareneingang und Verkauf bringen wir dir die wichtigsten betriebswirtschaftlichen Prozesse im Handel bei – dazu zählt auch die Sortimentsgestaltung und die Planung von Marketingaktionen. Diese fordern ein hohes Maß an Fachkenntnissen über unsere große Sortimentsvielfalt. [...]
- Du bist verantwortlich für Einkauf, Marketing und Warenpräsentation bis zum Verkauf.
- Du bedienst und berätst Kunden in unseren hochwertigen Frischebereichen.
- Du bringst eigene Kreationen ein.
- Du beaufsichtigst die Warenwirtschaft/Geschäftsprozesse im Einzelhandel.
- Du lernst sämtliche Tätigkeiten im Einzelhandel mit dem Schwerpunkt in den frische- und serviceorientierten Lebensmittelbereichen kennen.
- Du erfährst alles über die Einhaltung und Kontrolle der Hygienevorschriften.

Was sollte man dafür mitbringen?

Freude am Kundenkontakt; gutes Ausdrucksvermögen und angenehmes Auftreten; rasche Auffassungsgabe; Selbstständigkeit und Verantwortungsbewusstsein; Organisationstalent; Interesse an betriebswirtschaftlichen Zusammenhängen; Kreativität; Bereitschaft zur Teamarbeit; Freude am Umgang mit frischen Lebensmitteln [...]

Text B: Kaufmann/-frau im Einzelhandel

Kaufleute im Einzelhandel verkaufen Waren aller Art. Dabei ist die freundliche Beratung ihr oberstes Prinzip. Sie bleiben immer höflich und ansprechbereit, auch wenn ein Kunde zunächst zurückweisend reagiert oder im Stress ist. Im Verkaufsgespräch ermitteln sie die Wünsche der Kunden und schlagen mit passenden Argumenten Waren zum Kauf vor. Dazu ist Fachwissen über die angebotenen Produkte unabdingbar. Außerdem planen sie den Einkauf, bestellen Waren und nehmen Lieferungen entgegen. Anschließend prüfen sie die Qualität der gelieferten Ware und sorgen für eine fachgerechte Lagerung. Sie zeichnen die Ware aus und helfen beim Auffüllen der Verkaufsregale und -theken sowie bei der Gestaltung der Verkaufsräume. Auch bei der Planung und Umsetzung von werbe- und verkaufsfördernden Maßnahmen wirken Kaufleute im Einzelhandel mit. Dazu beobachten sie den Markt und planen die Sortimentsgestaltung.

1 Um sich für seine Bewerbung vorzubereiten, hat Julian erste Informationen zu dem Beruf des Frischespezialisten recherchiert:
a) Verschaffe dir einen Überblick über diesen Beruf: Welche persönlichen Fähigkeiten, Interessen und Stärken erfordert er?
b) Erstelle ein Profil für den Beruf des Frischespezialisten. Nutze dazu die Gliederung, die ihr in Aufgabe **2 b)** auf Seite 216 entwickelt habt.

2 Julian möchte sein Tagespraktikum im Supermarkt Meier absolvieren und sich deshalb telefonisch genauer erkundigen:
   a) Welche Informationen sollte Julian einholen? Notiert euch Fragen.
   b) Gibt es auch Angaben, die der Supermarkt von Julian benötigen könnte? Macht euch auch dazu entsprechende Notizen.
   c) Lest nun das folgende Telefongespräch mit verteilten Rollen laut vor.

Frau Pfeffer: Supermarkt Meier, Pfeffer am Apparat. Hallo. Was kann ich für Sie tun?
Julian: Hey, Julian hier. Ich will ein Tagespraktikum bei Ihnen machen.
5 **Frau Pfeffer:** Wann soll es genau stattfinden?
Julian: So kurz vor den Sommerferien. Wann genau, habe ich vergessen, da muss ich meinen Lehrer noch mal fragen. Ist das denn wichtig?
10 **Frau Pfeffer:** Auf jeden Fall. Wir müssen Ihr Praktikum schließlich vorbereiten, damit Sie einen guten Einblick in unseren Betrieb erhalten.
Julian: Oh, wusste ich nicht. Tschuldigung.
15 **Frau Pfeffer:** Ich nehme an, Sie sind noch Schüler. Welche Klasse besuchen Sie denn?
Julian: Die 8. Klasse des Gymnasiums.
Frau Pfeffer: Gibt es einen bestimmten Beruf, für den Sie sich interessieren?
20 **Julian:** Stimmt, das wollte ich zuerst fragen: Ich möchte wissen, wie der Berufsalltag eines Frischespezialisten aussieht. Ist das möglich?
Frau Pfeffer: Da haben Sie Glück. Es ist noch ein neuer Berufszweig. Aber wir bilden seit letztem Sommer zum Frischespezialisten aus.

Julian: Cool! Gibt es Voraussetzungen?
Frau Pfeffer: Du solltest Freude am Umgang mit Menschen haben. Auch ein Vorwissen über unsere Produkte ist von Vorteil.
30 **Julian:** Was heißt das denn?
Frau Pfeffer: Es wäre gut, wenn Sie z. B. wüssten, wie die Produkte heißen und wo sie stehen.
Julian: Und wie sind Ihre Arbeitszeiten so?
35 **Frau Pfeffer:** Wir arbeiten bei uns im Markt nach einem Schichtsystem. Das heißt, wir arbeiten mal von 7 – 15 Uhr, mal von 15 – 22 Uhr.
Julian: Puh, das ist ja ganz schön lange. Ist das nicht sehr anstrengend?
40 **Frau Pfeffer:** Das kann vorkommen, aber Sie werden sehen, dass so ein Arbeitstag schnell vergeht, wenn der Beruf einem Freude bereitet.
Julian: Vielen Dank für die geduldige Beantwortung meiner ganzen Fragen.
45 **Frau Pfeffer:** Gern geschehen. Sie müssten sich noch schriftlich bei uns bewerben. Richten Sie Ihre Bewerbung bitte an unseren Geschäftsführer, Herrn Rosenstolz.
Julian: Moment, ich habe gerade nichts zum 50 Schreiben da …

3 a) Ist das Gespräch gelungen? Tauscht euch über euren ersten Eindruck aus.
   b) Untersucht das Gespräch genauer: An welchen Stellen hat Julian sich nicht genau oder unangemessen ausgedrückt? Was müsste er noch erfragen?
   c) Schreibt das Telefongespräch neu. Berücksichtigt dabei die **LERNBOX**.

> **! LERNBOX**
>
> **So führst du ein Gespräch höflich und ergebnisorientiert:**
> 1. **Notiere** dir vor dem Gespräch, **was du erfragen und sagen möchtest**. Lege dir **Zettel** und **Stift** für weitere **Notiz**en bereit.
> 2. Stelle dich mit **vollständigem Namen** vor und **begrüße** den Gesprächspartner **höflich**.
> 3. Gehe auf deinen Gesprächspartner ein und **nutze** deine zuvor gemachten **Notizen**, damit du nichts vergisst. **Frage nach**, wenn dir etwas unklar ist.
> 4. Achte darauf, dass du deine Fragen **inhaltlich** und **sprachlich angemessen** formulierst *(vollständige Sätze, keine Jugendsprache)*.

Frisch auf den Tisch – ein Anschreiben für eine Bewerbung untersuchen und verfassen

Julian Kaspers **A**
Auf dem Föhn 10
59555 Lippstadt
Telefon: 0 29 41/55 001 405
5 E-Mail: julian.kaspers@mail.de

Supermarkt Meier GmbH **B**
Herr Rosenstolz
Hans-Dieter-Mackewitz-Allee 13
59555 Lippstadt

10   Lippstadt, 08.01.2018 **C**

Bewerbung um einen Praktikumsplatz **D**

Sehr geehrter Herr Rosenstolz, **E**

wie mit Frau Pfeffer am Mittwoch telefonisch besprochen, möchte ich mich **F**
um ein Tagespraktikum am 15.06.2018 in Ihrem Supermarkt bewerben.
15 Zurzeit besuche ich die 8. Klasse des Städtischen Gymnasiums in Lippstadt. **G**
Meine Lieblingsfächer sind Englisch und Mathematik.

Schon seit ich denken kann, erledige ich mit meinen Eltern die Wochenein- **H**
käufe bei Ihnen. Nun würde ich Ihren Supermarkt gerne einmal aus einem
anderen Blickwinkel kennenlernen. Da ich häufig backe, bin ich bereits mit
20 vielen Waren Ihres Sortiments vertraut. Gerne würde ich aber noch mehr
über die Vielfalt an Produkten in Ihrem Supermarkt erfahren.
Vor allem würde ich gerne mehr über das Berufsbild des Frischespezialisten
wissen. Es hat mich daher sehr gefreut, als ich von Frau Pfeffer gehört habe,
dass Sie in diesem Berufszweig ausbilden. Es wäre schön, wenn ich bei Ih-
25 nen die unterschiedlichen Seiten dieses Berufs kennenlernen könnte.

Ich bin freundlich und sehr belastbar. Meine Lehrerinnen und Lehrer bestä- **I**
tigen mir, dass ich pünktlich und zuverlässig meine Aufgaben erledige. In
meiner Freizeit helfe ich meinem Vater dabei, die Kiddies-Mannschaft in
unserem Sportverein zu betreuen. Das zeigt, dass ich gerne mit Menschen
30 umgehe und Verantwortung übernehmen kann.

Über eine Einladung zu einem persönlichen Gespräch freue ich mich. **J**

Mit freundlichen Grüßen **K**
Julian Kaspers

Anlage: Lebenslauf **L**

Folie

1 Ein Bewerbungsanschreiben ist ein offizieller Brief mit einer festen Form:
a) Lies Julians Anschreiben auf Seite 221 und benenne die Abschnitte A–L.
b) Überprüfe deine Zuordnungen mithilfe der **LERNBOX**.

Folie

2 Untersuche Julians Anschreiben genauer:
a) Markiere die Stellen, an denen Julian Angaben über sich gemacht hat.
b) Julian hat sich informiert, welche Fähigkeiten und Stärken ein Frischespezialist besitzen sollte. Überprüfe, ob Julian in seinem Anschreiben auf diese Fähigkeiten und Stärken Bezug nimmt und ob er sie glaubhaft mit seiner Person verbindet. Vergleiche dazu die von Julian erwähnten Fähigkeiten, Interessen und Stärken mit denen, die du in Aufgabe **1 b)** auf Seite 219 herausgearbeitet hast.

Seite 234 **Seite 235**

3 Verfasse mithilfe der **LERNBOX** eine Praktikumsbewerbung wie auf Seite 221. Du kannst dich z. B. bei der Bielefelder Tafel e. V. (Anschrift: Rabenhof 22, 33609 Bielefeld) bewerben, die Lebensmittel einsammelt und sie an Bedürftige weitergibt. Berücksichtige dabei dein Persönlichkeitsprofil von Seite 215 (Aufgabe **6**) und nutze gelungene Formulierungen aus Julians Anschreiben.

4 Wenn eure Bewerbung den Arbeitgeber überzeugt hat, lädt er euch zu einem Vorstellungsgespräch ein, um einen persönlichen Eindruck von euch zu gewinnen. Bereitet in Vierergruppen ein solches Bewerbungsgespräch vor:
a) Erstellt gemeinsam Stichwortkarten für den Bewerber und den Personalchef mit den Informationen, die sie ihrem Gesprächspartner geben bzw. im Gespräch erfragen möchten.

Seite 277

b) Legt fest, wer welche Rolle übernimmt (A ist der Bewerber, B ist der Personalchef, C und D beobachten das Gespräch) und führt das Gespräch durch.
c) Wertet das Gespräch aus und überlegt gemeinsam, was euch bereits gut gelungen ist und was ihr im Bewerbungsgespräch noch verbessern könnt.
d) Tauscht die Rollen und übt das Gespräch erneut in eurer Gruppe.

! LERNBOX

So formulierst du eine Bewerbung für einen Praktikumsplatz:
1. Beachte die **Form einen offiziellen Briefs** mit folgenden Textelementen: Absender, Empfänger, Datum, Betreff, Anrede, Brieftext (vgl. Hinweis 2), Grußformel, Unterschrift, Anlage.
2. Gliedere deinen **Brieftext** so:
   a) Erläutere **zunächst** kurz den **Grund deines Schreibens**. Mache dabei genaue Angaben zum Praktikumszeitraum. Falls du ein **telefonisches Vorgespräch** geführt hast, kannst du darauf verweisen.
   b) Gib an, welche **Schule** du besuchst und in welcher **Klasse** du gerade bist. Du kannst auch auf deine **Lieblingsfächer** eingehen.
   c) Stelle dann dar, welche **Fähigkeiten**, **Stärken** und **Interessen** dich für diesen Beruf auszeichnen. Dafür solltest du glaubhafte Belege anführen.
   d) Bitte um Rückmeldung bzw. um ein persönliches Gespräch.

Seite 262

3. Formuliere durchgehend **höflich**, indem du **Modalverben** *(dürfen, möchten, können)* und den **Konjunktiv II** verwendest.
4. Sprich deinen Adressaten in der **Höflichkeitsform** an *(Sie, Ihnen, Ihren …)*.

Wann bin ich groß? – Nominalisierung von Verben und Adjektiven

Sehr geehrte Frau Decius, Lippstadt, 09.01.2018

am Ende dieses Schuljahres erwartet mich als Schülerin der 8. Klasse des Leopold-Gymnasiums ein Praktikum. Dieses würde ich gerne bei Ihnen absolvieren, da das arbeiten mit Kindern mir Große Freude bereitet. Daher bewerbe ich mich für ein Tagespraktikum am 15.06.2018 in Ihrer KITA. Abwechslungsreiches spielen und geduldiges Aufpassen gehören zu meinen Stärken. Dieses fürsorgliche im Umgang mit kleinen Kindern bestätigen mir meine Eltern immer wieder, wenn ich auf meinen Bruder Leo aufpasse. Mein schaukeln ist nicht umsonst hervorragend. Auch in der Schule gibt es einiges positive über mich zu berichten, denn in meiner Klasse bin ich die kreativste. In meiner Freizeit freue ich mich immer darauf, mir mit meinen Freunden etwas besonderes zu überlegen, wie z. B. neue sportliche Aktivitäten zum ausprobieren. Ich übernehme aber auch gerne Verantwortung. So ist das leiten einer Turngruppe im Sportverein eine Aufgabe, der ich seit letztem Jahr nachgehe und die mir viel Freude macht. Zwar mag ich das wegräumen der Geräte nicht, aber üben mit den Kindern macht mir umso mehr Spaß. Das gute an mir ist auch, dass ich sehr kommunikativ bin und offen auf Menschen zugehe ...

das Arbeiten

1 Sabrina möchte ihr Praktikum beim städtischen Kindergarten machen und hat dazu ein Anschreiben verfasst: Für welchen Beruf hat sie sich beworben?

2 a) Lies die **LERNBOX** und markiere die Fehler, die Sabrina in ihrem Anschreiben bei der **Groß- und Kleinschreibung von Verben und Adjektiven** gemacht hat.
b) Schreibe die falschen Wörter mit ihren Signalwörtern korrigiert in dein Heft. Unterstreiche die Nominalisierungen und kreise die Signalwörter ein.
c) Vergleiche deine Ergebnisse mit denen eines Lernpartners.

Folie Seite 235

Seite 282

⚠ LERNBOX

Nominalisierung von Verben und Adjektiven
1. Verben und Adjektive werden nur dann großgeschrieben, wenn sie **wie Nomen verwendet** werden (**Nominalisierung**). Signalwörter dafür sind:
   - **Artikel** (z. B. *das Aufräumen*),
   - **Possessivpronomen** (z. B. *mein Musizieren*),
   - **Präpositionen**, die **mit einem Artikel** verschmolzen sind (z. B. *aufs Spielen*),
   - **Adjektive** (z. B. *gutes Gelingen*),
   - **Numerale** (z. B. *wenig Neues*),
   - **Demonstrativpronomen** (z. B. *dieses Spielen*).
2. Sollte kein Signalwort vorhanden sein, führe die **Artikelprobe** durch: Kannst du einen Artikel hinzufügen, so handelt es sich um ein Nomen.

Tagein, tagaus – ein Protokoll anfertigen

Marians Tagesprotokoll

Datum: 15.06.2018 Uhrzeit	Ort der Tätigkeit	Tätigkeiten	Materialien und Werkzeuge
09.00–09.15	Büro von Herrn Hellweg	– Begrüßung – Kennenlernen von Herrn Lutz (mein Betreuer) und Herrn Hellweg (der Geschäftsinhaber)	
09.15–09.30	Büro	– Vorstellung der Arbeitskollegen – Führung durch den Betrieb	
10.30–11.30	Büro	– Einführung in das Computerzeichenprogramm Vektorworks – Abzeichnen einer vorliegenden Strichgrafik (langweilig ☹)	PC, Vektorworks, Papier, Stift
11.30–12.30	Büro	– Gelernt, wie man mit dem Programm einen räumlichen Körper zeichnet, sodass er in drei verschiedenen Ansichten zu sehen ist – Nachzeichnen mehrerer Körper zur Übung	PC, Vektorworks
12.30–13.30	Pommesbude	Endlich Mittagessen mit den Arbeitskollegen	Pommes mit Ketchup
13.30–15.00	Besprechungsraum	Teilnahme an Kundengespräch mit Familie Bauer über die Planungen für den Neubau eines Hauses (Themen: mögliche Probleme beim Bezahlen ihres Hauses; Feuerbeständigkeit der Baumaterialien) → mega unsympathisch die Leute	Papier, Stift
15.00–16.00	Büro	schwierige dreidimensionale Zeichnung meines eigenen Traumhauses (mit genauer Innen- und Außenansicht) am Computer	Vektorworks
16.00–17.00	Büro	Erklärung, wie die Pläne eines Hauses gelesen werden → Vorbereitung für Baustellenbesuch morgen (wird bestimmt spannend ☺)	Pläne, Stift, Papier

17 Uhr: Endlich mal Mathe. Eine Stunde soll ich jetzt noch für ein geplantes Haus die Flächen aller Wände berechnen. Gut, dass ich damals im Unterricht aufgepasst habe.

Morgens halb 10 und ich falte Pläne nach DIN-Norm, sodass sie gut in den Ordner passen und noch ausgeklappt werden können. Das kann ja heiter werden …

1 Marian hat sein Praktikum in einem Architekturbüro gemacht. Wie stellst du dir die Arbeit beim Architekten vor? Beziehe auch das Bild in deine Überlegungen ein.

2 a) Lies Marians Tagesprotokoll auf Seite 224 und gib wieder, was er bei seinem Praktikum erlebt hat.
b) Vergleiche Marians Praktikumstag mit euren Erwartungen aus Aufgabe **1**: Was hat euch überrascht? Begründet eure Meinung.

3 a) Untersuche nun genau, wie Marian das Protokoll gestaltet hat:
– Wie hat Marian das Protokoll aufgebaut?
– Was hat er in seinem Protokoll notiert?
– In welcher Form hat er die Informationen im Protokoll notiert?
b) Überprüfe mithilfe der **LERNBOX**, was Marian in seinem Tagesprotokoll gut gelungen ist und was er beim nächsten Mal besser machen könnte.   Seite 235
c) Streiche die Informationen aus dem Tagesprotokoll, die überflüssig sind.   Folie

4 a) Verbessere in Marians Tagesprotokoll die Stellen, die noch nicht gelungen sind.   Folie
b) Marian hat in seinem Protokoll einige Tätigkeiten vergessen. Schau dir dazu seine Notizzettel auf Seite 224 unten an und ergänze mit ihrer Hilfe sein Tagesprotokoll. Beachte dabei die Hinweise in der **LERNBOX**.

5 Tauscht euch mit einem Partner über eure Eindrücke zu Marians Praktikum aus: War sein Praktikumstag aus eurer Sicht interessant? Nehmt dazu Stellung, ob ihr euch ein Praktikum in einem Architekturbüro auch vorstellen könnt.   Seite 234

! LERNBOX

So fertigst du ein Tagesprotokoll an:
Das **Tagesprotokoll** dient als **Schreibplan** und Hilfe **für** den **Tagesbericht**, den du zu deinem Praktikum anfertigen wirst.
Auf folgende Dinge solltest du dabei achten:
1. Fertige vor dem Praktikum eine Tabelle an, in der du **Uhrzeit, Ort der Tätigkeit**, durchgeführte **Tätigkeiten** und verwendete **Werkzeuge** oder **Materialien** festhalten kannst. Führe das Tagesprotokoll immer mit dir, damit du dir jederzeit Notizen machen kannst.
2. Notiere deine Tätigkeiten und Aufgaben **stichpunktartig** und verwende **Nominalisierungen**, um möglichst viele Informationen mit wenigen Worten in der Tabelle darzustellen, z. B. *Skizzieren meines Traumhauses*.
3. Frage genau nach, wie Materialien, Werkzeuge, Maschinen oder Tätigkeiten bezeichnet werden. **Notiere** diese **Fachbegriffe**, um sie später wieder verwenden zu können. Erkläre wichtige Fachbegriffe, die der Leser nicht kennen kann. Ergänze dazu in der Fußzeile oder im Glossar entsprechende Worterklärungen.   Seite 226
4. **Streiche**, falls nötig, **Überflüssiges**, wie Kommentare oder Informationen, die nichts mit der Arbeit zu tun haben (z. B. *Angaben zur Mittagspause*).

Jetzt wird es fachlich – Fachsprache erkennen und anwenden

Begriff	Definition
Dreitafelprojektion	schnelle Strichgrafik
Skizze	eine stark verkleinerte maßstäbliche Darstellung z. B. eines Gebäudeentwurfs
Bemaßung	Abmessung eines Einzelteils oder einer Baugruppe z. B. in technischen Zeichnungen
Modell	abstrakte Daten werden in eine grafische Form gebracht, um sie sichtbar zu machen und damit zu veranschaulichen
Finanzierung	*computer-aided design*; ein Software-Programm für den Computer zur Konstruktion und Arbeitsplanung
Rendering	Verfahren, um räumliche Objekte zeichnerisch in drei verschiedenen Ansichten darzustellen
CAD	detailgetreue dreidimensionale Darstellung z. B. von Innen- und Außenansichten eines Gebäudes
Visualisierung	Bezahlung z. B. eines Gegenstands oder einer Dienstleistung mittels Eigen- oder Fremdkapital

Folie

1 a) Das Protokoll auf Seite 224 enthält einige Umschreibungen, die man präziser ausdrücken kann. Ordne die Fachbegriffe aus dem Bereich *Architektur* in der ersten Spalte der jeweiligen Definition zu. Verbinde sie dazu mit einem Pfeil.
b) Vergleicht eure Zuordnungen in der Klasse: Gab es Schwierigkeiten? Überlegt, woran das liegen könnte und wie sich diese Schwierigkeiten beheben lassen.
c) Welche Vorteile bringen die Fachbegriffe im Vergleich zu den Erklärungen?

Folie
Seite 235

2 Überarbeite Marians Tagesprotokoll:
a) Markiere Ausdrücke und Stellen, an denen er verkürzt oder präziser schreiben könnte, was er in seinem Praktikum erlebt hat (s. **LERNBOX**).
b) Vergleiche deine Korrekturen mit denen eines Partners.

⚠ LERNBOX

So verwendest du Fachsprache in einem Tagesbericht:
1. Fachsprache ist eine spezifische Sprache z. B. für **bestimmte Berufe**. Durch ihre Verwendung zeigst du nicht nur, dass du Kenntnisse über den jeweiligen Beruf hast, sondern du kannst einen Praktikumsbericht auch **präziser** gestalten:
→ *Dreitafelprojektion* statt *ein Verfahren, um räumliche Objekte zeichnerisch in drei verschiedenen Ansichten darzustellen*.
2. Fachsprache enthält z. B. **Begriffe** zur genauen Benennung von **Werkzeugen, Geräten, Materialien** und **Tätigkeiten** (z. B. *Visualisierung*).
3. Du solltest nur so viel Fachsprache verwenden, dass dein Adressat es auch verstehen kann. Im Zweifelsfall musst du **Fachbegriffe erklären**.

Das war mein Tag – einen Tagesbericht verfassen

Für sein Tagespraktikum hat Marian begonnen, einen Tagesbericht zu verfassen:

<u>Mein Tag als Architekt – ein Tagesbericht von Marian G.</u>
Am 15. Juni 2018 absolvierte ich mein Tagespraktikum im Architekturbüro Hellweg.
Der Arbeitstag begann zunächst damit, dass ich meinen Betreuer Herrn Lutz
5 und den Geschäftsinhaber Herrn Hellweg kennenlernte. Sie begrüßten mich nicht nur herzlich, sondern zeigten mir auch die Räumlichkeiten des Architekturbüros und stellten mir die Kollegen vor. Anschließend erhielt ich eine Einweisung in das Programm <u>Vektorworks</u>, das ich dann auch gleich anwenden durfte, um eine Strichgrafik abzuzeichnen. Das war langweilig!
10 Danach erklärte mir Herr Lutz außerdem, wie ich mit dem Programm einen räumlichen Körper zeichnen kann, sodass man ihn in drei Ansichten sieht. Auch das sollte ich dann anhand einiger Beispiele ausprobieren. Total öde! ...

gute Überschrift! sachlicher Einleitungssatz!

Fachbegriff für den Leser erläutern

1 a) Vergleiche den Auszug aus dem Tagesbericht mit dem Tagesprotokoll von Seite 224. Hat Marian alles Wichtige übernommen?
b) Kontrolliere den Aufbau von Marians Tagesbericht mithilfe der **LERNBOX**.
c) Überprüfe, inwiefern der Tagesbericht sprachlich gelungen ist. Orientiere dich an der **LERNBOX** und verwende die Korrekturzeichen.

Folie

2 Überarbeite Marians Tagesbericht und schreibe ihn mithilfe des Tagesprotokolls von Seite 224 zu Ende.

⚠ LERNBOX

So verfasst du einen Tagesbericht:
1. Beginne den Tagesbericht mit einem **Einleitungssatz**. Er enthält das Datum deines Tagespraktikums, den Beruf, den du kennengelernt hast, sowie die Bezeichnung und den Namen des Betriebs (z. B. *Architekturbüro Hellweg*).
2. Berichte **chronologisch**, d. h. in der richtigen zeitlichen Reihenfolge, von allen **relevanten Tätigkeiten**, die du kennengelernt oder ausgeübt hast.
3. Formuliere **sachlich** und **präzise**. Verzichte also auf persönliche Kommentare und Wertungen.
4. Benenne Tätigkeiten mit **treffenden Verben** und benutze die richtigen **Fachbegriffe**, um genaue Angaben in deinem Bericht zu machen.
5. Verwende unterschiedliche **Satzanfänge**, um den Zusammenhang und die zeitliche Abfolge von Tätigkeiten darzustellen (z. B. *Nachdem ich den Plan fertiggezeichnet hatte, lernte ich ... kennen.*).
6. Schreibe im **Präteritum**. Das **Präsens** verwendest du für allgemeingültige Aussagen (z. B. über den Betrieb: *Die Firma stellt ... her.*).

Hier ist Anpacken angesagt … – einen Tagesbericht überprüfen und überarbeiten

Peter hat nach seinem Praktikum in einer Gärtnerei einen Tagesbericht verfasst:

1 Vergleiche Peters Tagesprotokoll mit seinem Tagesbericht auf Seite 229/230:
- Hat er alles richtig dargestellt?
- Werden die Tätigkeiten von ihm in der richtigen Reihenfolge aufgeführt?

Seite 235 Folie
Seite 325

2 Überarbeite Peters Tagesbericht mithilfe der **CHECKLISTE** auf Seite 230. Wende dazu das **ESAU-Verfahren** an: Setze die Randbemerkungen fort und notiere dir Verbesserungsvorschläge mithilfe der Korrekturzeichen. Nutze auch die Fachwortliste auf Seite 230, um ungenaue Textstellen präzise zu formulieren.

Peters Tagesprotokoll

Datum: 15.06.2018 Uhrzeit	Ort der Tätigkeit	Tätigkeiten	Materialien und Werkzeuge
7.00 Uhr	Büro	Freundliche Begrüßung durch die Chefin Frau Adelholz	
7.15 Uhr	Außenbereich	Gießen der Blumen, die nicht tröpfchenweise gegossen werden	Schlauch
9.00 Uhr	Lieferrampe, Lagerraum des Geschäfts, Außenbereich	Anlieferung von Torf, Blumenerde und Rindenmulch → Helfen beim Ausladen des LKWs und Stapeln der Säcke (netter Typ, aber Arbeit total anstrengend)	Sackkarre, Arbeitshandschuhe
11.00 Uhr	Verkaufsraum	Sortieren und Anbringen neuer Preisschilder → schwierig, da ich nicht alle Blumen kannte; Saskia hat mir aber geholfen (voll süß!)	Preisschilder, Blumentöpfe
11.30 Uhr	Kassenbereich, Lagerraum	Einräumen und Nachfüllen verschiedener Produkte aus dem Lager ins Regal an der Kasse (nervig diese Lauferei)	Glückwunschkarten, Kaugummi …
12.30 Uhr	Verkaufsraum	Binden von Blumensträußen	Schnittblumen, Blumenband, Draht, Gartenschere
13.00 Uhr	Dönerimbiss	Mittagspause	
13.30 Uhr	Außenbereich	Beseitigen verschütteter Blumenerde (Fegen dauerte sehr lange)	Besen
15.00 Uhr		Feierabend	

Mein Tag als Gärtner

Nachdem ich schon mega früh aufstehen musste, war ich um 7 Uhr in der der Gärtnerei Adelholz. Die Chefin war ~~supet~~ nett und gibt mir sofort die Aufgabe, die vielen schönen, gut und weniger gut riechenden Pflanzen im gesamten Außenbereich zu gießen, also zumindest die, die nicht eh schon anders Wasser kriegen, also irgendwie direkt mit einem Schlauch. Das gießen dauerte endlos lange, weil es so viele Blumen waren.
Dann kam etwas anstrengendes auf mich zu. Ich helfe dem noch jungen Lieferanten, der die ganze neue Ware bringt, beim ausladen seines LKWs. Ich glaube, er war ungefähr so alt wie mein Bruder. Er hatte ganz viele Säcke mit Torf, Blumenerde und zerkleinerter Baumrinde in seinem LKW, die wir nach hinten in den Laden schleppen mussten. Immerhin konnte man mit ihm quatschen, weil er auch so gerne FIFA spielt wie ich. Wir hatten einiges zu tragen, das kann ich euch sagen. Schließlich wurden die Säcke im Außenbereich an unterschiedlichen Stellen übereinandergestapelt. Ich war echt froh, als das geschafft war.
Dann ging es an das sortieren der neuen Preisschilder, die ich vor die Produkte reinmachen sollte. Meine Chefin hat mir das vorher gezeigt. Trotzdem musste ich manchmal nachfragen, weil ich nicht wusste, welches Schild zu welcher Blume gehörte. Saskia, eine echt süße Kollegin, konnte mir aber immer weiterhelfen und mir sagen, was welche Blume ist. Frau Adelholz war es übrigens, die mir gezeigt hatte, wo der Torf und die Blumenerde hinsollten und wo der Rindenmulch aufzustapeln war. Sonst hätte ich ja gar nicht gewusst, wo ich die ganzen Sachen hinbringen sollte, als wir die aus dem LKW geholt haben. Zwischendurch hat mir Frau Adelholz etwas interessantes erklärt. Und zwar berät die Gärtnerei die Kunden dahingehend, dass sie nicht zu viel Torf kaufen. Das klingt erst mal komisch, da die ja Geld verdienen wollen. Das hat aber mit dem Naturschutz zu tun, denn viele Tiere und Pflanzen verlieren ihren Lebensraum, weil das Mohr beim Torfabbau zerstört wird.
Um 11.30 Uhr musste ich mich wieder um etwas organisatorisches kümmern. Es stand das auffüllen des Regals an der Kasse auf dem Programm. Dauernd musste ich dafür wieder ins Lager und zurück laufen, um die ganzen Sachen zu holen und wieder wegzubringen. Das war irgendwie nervig. Es waren ganz verschiedene Dinge, die man in dem Regal so finden konnte. Blumendünger, Glückwunschkarten, aber sogar auch Kaugummis waren dabei.
Danach wollte man mir noch das binden eines Blumenstraußes beibringen, wie Mama ihn immer von Papa zum Geburtstag bekommt. Also nicht die von der Tanke, die er ihr sonst immer mitbringt. Das war aber echt viel schwerer, als ich gedacht habe. Lag aber auch daran, dass ich schon so langsam Hunger bekommen hatte. Sarah, die das da immer macht, versuchte mich zwar zu motivieren, es weiter zu probieren, aber irgendwie sahen meine Blumensträuße doch ziemlich traurig aus. Da wären selbst die von der Tanke besser. Nach einer halben Stunde haben Sarah und ich beide aufgegeben, weil es irgendwie nicht besser wurde.
Dann war auch endlich mal Mittagspause und ich konnte mir nebenan mal einen Döner holen. Ich habe extra einen ohne Zaziki genommen, damit Saskia von meinem Atem nicht umfällt.

Als ich dann wieder zurück war, musste ich noch den ganzen Lagerbereich bei der Blumenerde fegen, weil uns beim ausladen wohl etwas ungeschicktes passiert war. Es musste ein Sack kaputtgegangen sein, sodass sich die Erde überall verteilt hatte. Vielleicht war ich irgendwo gegengekommen und hatte ein Loch in den Sack gemacht, aber ich wusste ja nicht, dass das so schlimm ist. Das war vielleicht eine Sauerei und meine Finger taten nachher ganz schön weh vom vielen fegen.

Ich war echt froh, als um 15 Uhr Feierabend war, auch wenn ich sagen muss, dass die Leute alle super nett und hilfsbereit waren. Trotzdem wäre der Job nichts für mich. Allein das frühe aufstehen ist doch der Wahnsinn.

Fachwortliste: Gartenbau und Floristik

Display: ein dekorativer Karton oder ein Regal, mit dem Ware werbewirksam präsentiert werden kann; Displays gibt es unter anderem im Kassenbereich.

Rindenmulch: zerkleinerte Baumrinde, die man zur Abdeckung des Bodens verwendet; damit soll verhindert werden, dass sich unerwünschte Pflanzen ausbreiten.

Torf: organische Ablagerung, die wie Erde aussieht; entsteht im Moor (ein sumpfähnliches Gelände) aus abgestorbenen Pflanzenresten, die sich zersetzen; durch den Abbau werden die Moore jedoch zerstört, die ein wichtiger Lebensraum für Tiere und Pflanzen sind.

Tröpfchenbewässerung: Bewässerungsmethode; dafür befinden sich an Schläuchen in regelmäßigen Abständen Öffnungen, über die nur geringe Wassermengen tröpfchenweise abgegeben werden.

3 Schreibe den Tagesbericht mithilfe deiner Anmerkungen und Verbesserungsvorschläge neu.

☑ CHECKLISTE

Einen Tagesbericht überarbeiten

Inhalt:
1. Beginnst du den Tagesbericht mit einem **Einleitungssatz**, der alle wichtigen Informationen enthält (Datum, Beruf, Bezeichnung/Name des Betriebs)?
2. Stellst du deine kennengelernten oder ausgeübten **Tätigkeiten in chronologischer Reihenfolge** dar?

Darstellung:
1. Verwendest du das **Präteritum** bzw. das **Präsens** für allgemeingültige Aussagen?
2. Schreibst du **sachlich** und **präzise** ohne persönliche Kommentare oder Wertungen?
3. Erklärst du **Fachbegriffe**, die für den Leser nicht verständlich sind?
4. Sind deine **Satzanfänge abwechslungsreich** und machen sie Zusammenhänge oder die Reihenfolge der Tätigkeiten deutlich *(zuerst, anschließend)*?
5. Sind **Rechtschreibung** und **Zeichensetzung** korrekt?

Kompetenz-Check: einen Tagesbericht überarbeiten

Taynaras Tagesprotokoll

Uhrzeit Datum: 01.07.2018	Ort der Tätigkeit	Tätigkeiten	Werkzeuge und Materialien
8.00 Uhr	Anmeldung	– Begrüßung durch die Arzthelferin Frau Dries – Erklärung, was eine Fango-Behandlung ist	
8.15 Uhr	Therapieküche	Anrühren der Schlammpackung für die Fango-Behandlung und Vorbereiten der Materialien für die Behandlung	Gesteinspulver, Wasser, Wärmekissen, Bänder, feuchte Leinentücher
9.15 Uhr	Fango-Raum	Physiotherapeut Herrn Mälzer beim Behandeln der Patienten beobachtet und ihm Materialien gebracht	Fango-Creme, Wärmekissen, Bänder, feuchte Leinentücher
12.00 Uhr	Personalraum	Mittagspause; mit Physiotherapeut Thomas Binder über die Berufsausbildung und den Berufsalltag gesprochen	leckere Brötchen vom Bäcker nebenan
12.30 Uhr	sportmedizinische Räume	T. Binder hat mir die Rückenmuskulatur erklärt und Patienten einfache Übungen machen lassen, mit denen man diese stärken kann	Fitnessmatte, Medizinball
14.00 Uhr	EMS-Raum	– Herr Mälzer hat mir erklärt, was EMS eigentlich ist und was es bewirkt – Helfen beim Vorbereiten und Anschließen der Patienten	Elektroden
16.00 Uhr		Feierabend	

Ein Tag in der physiotherapeutischen Praxis
Taynara M.

Am 1. Juli 2018 habe ich mein Tagespraktikum in der Physiotherapiepraxis „Schmerzfrei" absolviert. Als ich mich um 8 Uhr in der Praxis eingefunden
5 hatte, musste ich mir erst mal die Augen reiben, weil ich noch so müde war. Viel Zeit blieb mir aber nicht, denn nachdem mich die Arzthelferin Frau

Dries begrüßt hatte, erklärte sie mir sogleich, was eine Fango-Behandlung ist. Das vorbereiten erwies sich als der blanke Horror, denn ich musste irgendein Pulver zu einem eklig braunen Brei anrühren. Als ich dann auch noch den ganzen Kram für die Behandlung der Patienten geholt hatte, konnten die so langsam kommen. Um das weitere organisieren musste ich mich zum Glück aber nicht kümmern.

Nachdem ich mir dieses therapieren eine ganze Weile angeguckt hatte, wurde es Zeit für die Mittagspause. Ich hatte mir zwischendurch ein Brötchen vom Bäcker nebenan geholt. Während ich mein Brötchen aß, kam Thomas vorbei. Der ist echt cool! Er macht den Job jetzt acht Jahre lang. Stell dir das mal vor: Das ist so lange, wie mein Bruder auf der Welt ist! Er hat mir erzählt, was er an dem Job alles toll findet, und das war schon echt spannend! Die Ausbildung ist ziemlich anstrengend, aber er macht im Alltag ganz verschiedene Aufgaben und kommt mit vielen unterschiedlichen Menschen in Kontakt, denen er helfen kann. Man merkt richtig, wie viel Spaß ihm das macht. Nach der Mittagspause bin ich dann noch mit ihm zu seinem Kurs „Rückenschule" gegangen. Thomas hat den Patienten da gezeigt, wie man mit verschiedenen Übungen die eigene Rückenmuskulatur stärken kann. Das ist etwas sehr anstrengendes, denn sie mussten sich zum Beispiel auf den Rücken legen, die Beine im 90-Grad-Winkel in der Luft halten und dann immer noch ein Stückchen weiter mit dem Oberkörper nach oben kommen. Die Patienten waren ganz schön am Schwitzen!

Danach habe ich noch beim anschließen der Patienten für die EMS geholfen, das war aber nicht so spannend. Um 16 Uhr war dann Zeit für meinen Feierabend und ich konnte wieder nach Hause gehen.

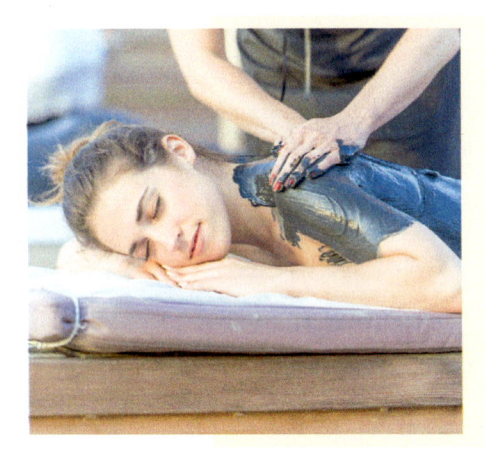

Fachwortliste: Physiotherapie

EMS: Abkürzung für Elektromyostimulation; dabei werden Muskeln mit am Körper angebrachten Elektroden durch kurze Stromstöße stimuliert, um schneller Muskeln aufbauen zu können

Fango: ein Mineralschlamm, der aus Vulkangestein und Wasser angerührt wird; erwärmt auf ca. 45 °C wird er dem Patienten auf erkrankte Körperstellen (zum Beispiel bei Rückenschmerzen) aufgetragen; um die Wärme zu speichern, werden die mit Fango behandelten Körperstellen zusätzlich in Leinentücher eingehüllt

1 Überarbeite Taynaras Tagesbericht. Gehe dabei so vor:

a) Plane deine Überarbeitung, indem du Korrekturen am Rand vornimmst. Nutze dazu die Korrekturzeichen. Achte auf die richtige Darstellung der Tätigkeiten, die Chronologie des Tagesberichts, die Verwendung von Fachsprache sowie einen sachlichen Schreibstil. Ergänze und korrigiere den Tagesbericht mithilfe von Taynaras Tagesprotokoll und der Fachwortliste.

b) Schreibe den überarbeiteten Tagesbericht auf.

c) Überprüfe deinen überarbeiteten Tagesbericht am Ende noch einmal. Nutze dazu die **CHECKLISTE** auf Seite 230.

Lernbegleitbogen *(Ein)Blick in die Arbeitswelt*: einen Tagesbericht überarbeiten

Kompetenz/Inhalt Ich kann …	Selbsteinschätzung ☺ 😐 ☹	Fremdeinschätzung ☺ 😐 ☹	Bemerkungen	Hier kannst du weiterüben:
Texten und Bildern Informationen entnehmen und zueinander in Beziehung setzen (S. 212–213)				
im Placemat-Verfahren eine Liste mit Kriterien zusammenstellen (S. 212)				
meine Stärken und Schwächen einschätzen und ein Persönlichkeitsprofil von mir anlegen (S. 214–215)				
mich selbstständig über ein Berufsbild informieren und mithilfe meiner Rechercheergebnisse eine anschauliche Präsentation mit Plakat vorbereiten (S. 216–217)				
ein Berufsbild mithilfe eines Plakats informativ und anschaulich auf einer „Jobmesse" präsentieren (S. 218)				
die Präsentationsplakate und Vorträge anderer anhand vorgegebener Kriterien angemessen bewerten (S. 218)				
Sachtexten Informationen entnehmen (S. 219)				
Informationen am Telefon höflich und ergebnisorientiert erfragen (S. 219–220)				SB, S. 277
ein Anschreiben für eine Bewerbung untersuchen und verfassen und ein Bewerbungsgespräch führen (S. 221–222)				
Nominalisierungen von Verben und Adjektiven erkennen und richtig schreiben (S. 223)				SB, S. 282, 302
ein Tagesprotokoll anfertigen (S. 224–225)				
Fachsprache erkennen und angemessen verwenden (S. 226)				SB, S. 287, 299
einen Tagesbericht verfassen (S. 227)				AH, S. 40-41
einen Tagesbericht überprüfen und überarbeiten (S. 228–230)				AH, S. 42-43
Ich habe folgende Aufgaben aus dem Freiraum bearbeitet (S. 234): Karikatur auswerten, Online-Berufswahltest durchführen …				

AH = Arbeitsheft, SB = Schülerband

Überprüfe dein Wissen und Können, indem du den **Kompetenz-Check** auf Seite 231–232 bearbeitest. Vergleiche dein Ergebnis anschließend mit dem Mustertext im Lösungsheft.

Freiraum: So kannst du weiterarbeiten

- Beschreibe die Karikatur möglichst genau.
- Was könnte die Aussage der Karikatur sein? Achte dazu auf das Wortspiel und den Zusammenhang zwischen dem Geschlecht der Schülerin und dem prognostizierten Beruf.
- Schau dir noch einmal die Liste mit den beliebtesten Studienfächern von Männern und Frauen auf Seite 213 an: Woran könnte es liegen, dass sich die Wahl der Studienfächer teilweise so deutlich unterscheidet?

Seite 213

- Führe einen Online-Berufswahltest wie zum Beispiel unter *http://www.ausbildung.de* oder unter *http://www.berufskompass.at* durch. Notiere drei Berufe, die laut Test am besten zu dir passen.
- Stellt euch eure Ergebnisse in der Klasse gegenseitig vor und vergleicht das Ergebnis des Tests mit euren vorherigen Überlegungen. Besprecht, ob euch das Ergebnis überrascht hat. Könnt ihr euch vorstellen, dass die vorgeschlagenen Berufe tatsächlich zu euch passen?

Seite 215

- Schreibe zu einem von dir gewählten Beruf eine Praktikumsbewerbung und baue möglichst viele unterschiedliche Fehler ein.
- Tausche deine Bewerbung mit einem Partner und findet gegenseitig eure Fehler.

Seite 222

Der Radiosender 1Live liefert unter der Rubrik „Mein Tag" Einblicke in verschiedene Berufsfelder:
- Recherchiere im Internet (z. B. unter YouTube), wie ein solcher Beitrag aufgebaut ist.
- Überlege, wie du Marians Praktikumstag im Radio spannend präsentieren könntest. Wähle dazu aus seinem Tagesprotokoll zwei Tätigkeiten, die sich für eine Präsentation im Radio eignen.
- Erstelle einen Regieplan für deinen Radiobeitrag. Fülle dazu die folgende Tabelle aus und überlege dir, wie du den Beitrag möglichst facettenreich und unterhaltsam gestalten könntest.

Sequenz	Inhalt	Sprecher/Personen	Aufnahmeort
1	klackernde Computertastaturen im Hintergrund, leise sprechende Menschen; Text: Einführung in den vorzustellenden Beruf, Beschreibung der Atmosphäre im Büro	Sprecher 1: Moderator	Architekturbüro

Seite 225

Tipps 💡

Seite 213 **4 c)**

Ein Praktikum als Arzt/Ärztin (Humanmedizin) ist zum Beispiel in der 8. Klasse noch nicht möglich. Ersatzweise könnte man in andere medizinische Berufe hineinschnuppern, wie z. B. Krankenpfleger/Krankenschwester, Ergotherapeut/Ergotherapeutin, Tierarzt/Tierärztin. Denke in gleicher Weise an Berufe wie Anwalt, Richter ... Welche Alternativen könnte es hier geben?

Seite 215 **5 b)**

So kannst du konstruktive Rückmeldungen geben: Anstelle von *„Du trittst viel zu forsch auf und lässt andere nie zu Wort kommen."* kannst du schreiben *„Du kannst dich sehr gut durchsetzen. Versuche aber stärker, anderen in Ruhe zuzuhören und dich auf ihre Ideen einzulassen."*

Seite 216 **1 b)**

Diese Aspekte könnten für die Besucher interessant sein. Formuliere hierzu passende Fragen: *Tätigkeiten, Ausbildung, Tagesablauf, Arbeitswerkzeuge, Produkte des Unternehmens, Arbeitskleidung, benötigte Fähigkeiten/Interessen, Situation auf dem Arbeitsmarkt ...*

Seite 216 **2 a)**

Falls dir kein passender Beruf einfällt, nutze zum Beispiel die im Kapitel genannten Berufe als erste Anregung.

Seite 217 **4**

Folgende Formulierungen können dir bei deinem Vortrag helfen: *Ich stelle euch den Beruf des ... vor. / Ein besonderer Schwerpunkt der Tätigkeiten liegt auf ... / Dazu gehört ... / Wie ihr sicher wisst ... / Ich möchte euch kurz ein Beispiel dafür geben ... / Auf dem Plakat sieht man links oben auch ... / Zum Abschluss möchte ich noch sagen ...*

Seite 222 **3**

Überlege dir, welche Stärken dich für diesen Betrieb besonders empfehlen würden: Engagierst du dich ehrenamtlich, z. B. im Sportverein? Kochst du gerne und kennst du dich mit Lebensmitteln aus? Bist du kommunikativ und aufgeschlossen anderen gegenüber?

Seite 223 **2 a)**

Es sind insgesamt 13 Fehler.

Seite 225 **3 b)**

Wertende Beschreibungen oder persönliche Kommentare sind zu vermeiden. Die Tätigkeiten sollten mit Fachbegriffen präzise und sachlich beschrieben werden, damit man eine genaue Vorstellung davon bekommt. Für den Beruf unwichtige Informationen, wie das Mittagessen, sind überflüssig, es sei denn, man erfährt dabei Interessantes über den Betrieb.

Seite 226 **2 a)**

Du kannst z. B. folgende Textstellen mithilfe von Fachbegriffen präziser ausdrücken: „Abzeichnen einer vorliegenden Strichgrafik" oder „mögliche Probleme beim Bezahlen ihres Hauses". Finde noch zwei weitere Stellen.

Seite 228 **2**

Folgende Fehler musst du überarbeiten: umgangssprachliche Wendungen, wertende Beschreibungen, überflüssige Informationen, falsche Reihenfolge der Tätigkeiten, fehlende Verwendung von Fachbegriffen, falsche Tempusformen, Rechtschreibung (Nominalisierungen).

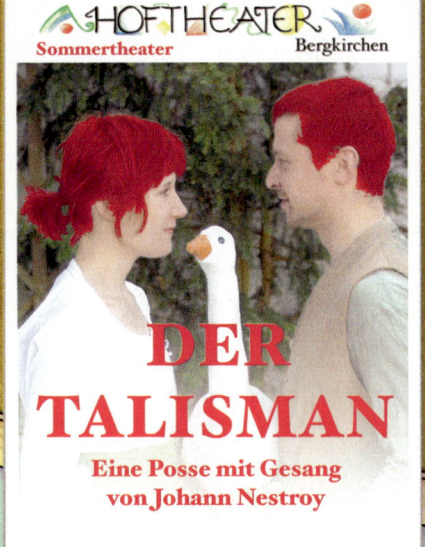

„Denn er kann die roten Haar' nit leiden"

1. Überlegt, worum es in dem Theaterstück „Der Talisman" (1840) von Johann Nestroy gehen könnte. Orientiert euch an den Bildern.

2. Ein Talisman ist ein Gegenstand, von dem man glaubt, dass er einer Person Glück bringen kann oder ihr in schwierigen Situationen Kraft gibt.
   a) Tauscht euch über folgende Fragen aus:
   – Habt ihr einen Talisman? Wenn ja, welchen?
   – In welchen Situationen nutzt ihr ihn?
   – Welche Wirkung hat er auf euch?
   b) Entscheidet begründet, welcher Gegenstand auf den Plakaten ein Talisman für eine der Figuren sein könnte.

FIGUREN

TITUS FEUERFUCHS
ein vazierender[1] Barbiergeselle[2]

FRAU VON CYPRESSENBURG
adelige Witwe

CONSTANTIA
ihre Kammerfrau[3], ebenfalls Witwe

FLORA BAUMSCHEER
Gärtnerin, ebenfalls Witwe, im Dienst der Frau von Cypressenburg

MONSIEUR MARQUIS
selbstständiger Friseur

SPUND
ein Bierversilberer[4]

KONRAD
Bedienter[5] der Frau von Cypressenburg

SALOME POCKERL
Gänsehüterin

Herren, Damen, Bauernburschen/-mädchen, Bediente, Gärtner

Die Handlung spielt auf dem Gute[6] der Frau von Cypressenburg, nahe bei einer großen Stadt. Erstaufführung auf dem Theater an der Wien am 16. Dezember 1840.

INHALT

Salome, eine Gänsehirtin, wird oft wegen ihrer roten Haare verspottet. Deshalb ist sie sehr vom ebenfalls rothaarigen Titus begeistert. Sie lernt Titus kennen, nachdem er seine Anstellung verloren hat und von seinem reichen Onkel Spund verstoßen worden ist. Während eines Gesprächs zwischen Salome und Titus geht das Pferd an der Kutsche des Friseurs Monsieur Marquis durch. Weil Titus erfolgreich hilft, schenkt ihm der Friseur eine schwarze Perücke, durch die Titus seine roten Haare verdecken kann und die ihm in der Folge eine Anstellung am Hof der Frau von Cypressenburg ermöglicht. Durch einen weiteren Wechsel der Haarfarbe gelingt Titus ein erneuter Aufstieg, sodass er Sekretär der Frau von Cypressenburg wird. Während eines Empfangs, bei dem auch der Friseur anwesend ist, wird Titus aber vom Monsieur Marquis enttarnt und hinausgeworfen. Doch dann trifft Titus, der nun eine graue Perücke trägt, auf seinen Onkel Spund, einen wohlhabenden Bierversilberer …

---

1 arbeitslos umherziehend
2 Barbier: Friseur
3 Dienerin 4 Bierhändler
5 Diener 6 Landsitz

3 Die Theaterplakate (oben links) sind für Aufführungen von „Der Talisman" gestaltet worden. Untersucht die Plakate mit der Methode **Gruppenpuzzle**. Nutzt euer Wissen aus Aufgabe **1** und **2** und macht Notizen zu folgenden Fragen: Was wird dargestellt? Wer ist zu sehen? Wann und wo spielt das Stück?

Seite 318–319

4 Im Kapitel spielt ihr Szenen aus „Der Talisman".
a) Erstellt in Gruppen eine Mindmap und schreibt auf, was ihr über das szenische Spiel wisst.
b) Sammelt Ideen, welche Aspekte für die Umsetzung von Nestroys Stück besonders wichtig sein werden. Markiert diese farbig.

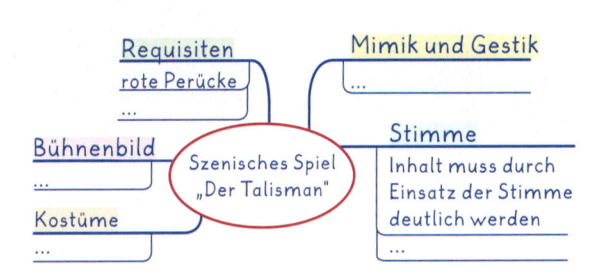

Mindmap „Szenisches Spiel „Der Talisman"":
- Requisiten: rote Perücke
- Mimik und Gestik: …
- Bühnenbild: …
- Stimme: Inhalt muss durch Einsatz der Stimme deutlich werden
- Kostüme: …

Die Rotkopfete – sich einlesen

1 a) Lest die Szene mehrfach mit einem Partner in Murmelstimme abwechselnd vor.

b) Klärt gemeinsam den Inhalt. Bedenkt, dass ihr nicht jedes Wort verstehen müsst, sondern ihr die Bedeutung aus dem Kontext erschließt.

Nachdem die Bauernmädchen und -burschen Salome, die Gänsehüterin, wieder einmal wegen ihrer Haarfarbe gehänselt haben, kommt es zu diesem Monolog.

1. Akt, 3. Szene
Johann Nestroy: Der Talisman (1840)

Umgangssprache/ Dialekt

Salome. Ich bleib halt wieder allein z'ruck! Und warum? Weil ich die rotkopfete Salome bin. Rot ist doch g'wiß a schöne Farb', die schönsten Blumen sein die Rosen, und die Rosen sein rot. Das Schönste in der Natur ist der Morgen, und der kündigt sich an durch das prächtigste Rot. Die Wolken sind doch g'wiß keine
5 schöne Erfindung, und sogar die Wolken sein schön, wann s' in der Abendsonn' brennrot dastehn au'm Himmel; drum sag ich: wer gegen die rote Farb' was hat, der weiß nit, was schön is. Aber was nutzt mich das alles, ich hab doch kein', der mich auf 'n Kirtag¹ führt! – Ich könnt' allein hingehn – da spotten wieder die Madeln über mich, lachen und schnattern. Ich geh zu meine Gäns', die schnat-
10 tern doch nicht aus Bosheit, wann s' mich sehn, und wann ich ihnen 's Futter bring, schaun s' mir auf d' Händ' und nit auf 'n Kopf. *(Sie geht rechts im Vordergrunde ab.)*

¹ Kirtag (österr.): jährliches Fest zur Erinnerung an die Einweihung einer Kirche

2 a) Notiere alle Informationen, die du über Salome direkt und indirekt erhältst.

b) Tausche dich mit einem Lernpartner über eure Ergebnisse aus.

c) Entwickelt zu zweit ein Standbild, das Salomes Gefühle und ihre Situation darstellt:
– Ein Schüler übernimmt die Rolle von Salome, einer ist der Regisseur. Dann wechselt ihr die Rollen.
– Positioniert euch und nutzt deutlich erkennbar Mimik und Gestik. Überprüft, ob die Aussageabsicht deutlich wird.

d) Präsentiert eure Ergebnisse der Klasse und wertet die Standbilder aus, indem ihr Gemeinsamkeiten und Unterschiede in der Darstellung besprecht.

e) Zieht Schlussfolgerungen zur Verfassung Salomes im Dialog.

Johann Nepomuk Eduard Ambrosius Nestroy (1801–1862) war ein österreichischer Dramatiker, Schauspieler und Opernsänger. Er gilt als einer der bedeutendsten Vertreter des sogenannten Wiener Volkstheaters. Auffallend sind in seinen Stücken neben der Umgangssprache auch der Dialekt sowie Wortneuschöpfungen und das Verwenden sprechender Namen für die Figuren.

3 a) Informiere dich über das Leben Nestroys. Lies dazu den Informationstext.

b) Markiere mithilfe einer Folie Wörter und Redewendungen, an denen du Nestroys besonderen Umgang mit Sprache erklären kannst (Dialekt, Umgangssprache …).

c) Vergleicht eure Ergebnisse und versucht zu erklären, warum Nestroys Sprache ihn zu einem Volksdichter macht. Bedenkt dabei, wer zur Zeit Nestroys so gesprochen haben könnte wie Salome.

Grad wie ich! – Rollenkarten erstellen

1 Erschließt den Text mithilfe der **Partnerlesemethode**. Lest den Text dazu mit verteilten Rollen. Klärt dabei auch unbekannte Begriffe und Ausdrücke. Gebt Fragen zu Wortbedeutungen an die Klasse weiter und erklärt sie euch gegenseitig.

Seite 331

Titus Feuerfuchs zieht arbeitssuchend als Friseurgeselle durch die Welt. Er hat weder Geld noch Freunde. Wie Salome klagt auch er die Dummheit der Menschen an. Sie meiden ihn wegen seiner roten Haare und achten nur auf Äußerlichkeiten. Sein Charakter interessiert niemanden. Salome und Titus treffen sich kurz nach dem Monolog von Salome zum ersten Mal auf dem Dorfplatz.

1. Akt, 8. Szene (Auszug)
Johann Nestroy: Der Talisman (1840)

A **Salome** *(ihn bemerkend, für sich).* Ein fremder junger Mensch // – und die schönen Haar', grad wie ich! *spricht leise murmelnd*
Titus *(für sich).* Bin neugierig, ob die auch „rote Rub'n¹!" sagt. *(Laut.)* Grüß dich Gott, wahlverwandtes² Wesen! *freundlich, lächelnd*
5 **Salome.** Gehorsamste Dienerin, schöner Herr!
Titus *(halb für sich).* Die find't, dass ich schön bin, das ist die erste unter allen –
Salome. O, hören S' auf, ich bin die letzte hier im Ort, ich bin die Ganselhüterin, die arme Salome.
Titus. Arm? Ich bedaure dich, sorgsame Erzieherin junger Gänse! Deine Kolle-
10 ginnen in der Stadt sind viel besser daran, und doch erteilen sie häufig ihren Zöglingen³ in einer Reihe von Jahren eine nur mangelhafte Bildung, während du die deinigen alle Martini⁴ vollkommen ausgebildet für ihren schönen Beruf der Menschheit überlieferst.
Salome. Ich versteh' Ihnen nit, aber Sie reden so schön daher – wer is denn Ihr
15 Vater?
Titus. Er ist gegenwärtig ein verstorbener Schulmeister.
Salome. Das ist schön! Und Ihre Frau Mutter?
Titus. War vor ihrem Tod längere Zeit verehelichte Gattin ihres angetrauten Gemahls.
20 **Salome.** Ah, das is schön!
Titus *(für sich).* Die find't alles schön, ich kann so dumm daherreden, als ich will.

---

¹ Rub'n: Rübe; rote Rübe meint Karotte
² wahlverwandt: Verwandtschaft, die sich jemand selbst auswählt, weil man sich verbunden fühlt
³ Zögling: zur Erziehung Anvertrauter
⁴ Martini: St. Martin; katholischer Feiertag, an dem traditionell Gänse gegessen werden

1. Warum fühlen sich Titus und Salome sofort verbunden?

2. Was erfährt man über Titus' Familie?

3. Was meint Titus mit der letzten Aussage des Abschnitts und wie kommt er zu der Aussage?

„Denn er kann die roten Haar' nit leiden" | 3.3.1. Einen Text erschließen und Begriffe klären

B **Salome.** Und darf man Ihren Namen wissen – wenigstens den Taufnamen?
Titus. Ich heiß Titus.
Salome. Das is ein schöner Nam'.
25 **Titus.** Paßt nur für einen Mann von Kopf[5].
Salome. Aber so selten is der Nam'!
Titus. Ja, und ich hör, er wird bald ganz abkommen. Die Eltern fürchten alle, sich in Zukunft zu blamieren, wenn sie die Kinder so taufen lassen.
Salome. Und lebendige Verwandte haben Sie gar keine?
30 **Titus.** O ja! Außer den erwähnten Verstorbenen zeigen sich an meinem Stammbaum noch deutliche Spuren eines Herrn Vetters[6], aber der tut nix für mich.
Salome. Vielleicht hat er nix.
Titus. Kind, frevele nicht, er ist Bierversilberer, die haben alle was! Das sein gar fleißige Leut'; die versilbern nicht nur das Bier, sie vergolden auch ihre
35 Kassa.
Salome. Haben Sie ihm vielleicht was getan, dass er Ihnen nit mag?
Titus. Sehr viel, ich hab ihn auf der empfindlichsten Seite angegriffen. Das Aug' ist der heiklichste[7] Teil am Menschen, und ich beleidige sein Aug', sooft er mich anschaut, denn er kann die roten Haar' nit leiden.
40 **Salome.** Der garstige[8] Ding!

[5] Mann von Kopf: intelligenter Mensch
[6] Vetter: gemeint ist hier ein Onkel
[7] heiklich (österr.): heikel, schwierig, riskant
[8] garstig: hässlich, böse

4. Wie wird der Onkel dargestellt und warum hat Titus kein gutes Verhältnis zu ihm?

5. Wie reagiert Salome jeweils auf die Informationen?

C **Titus.** Er schließt von meiner Frisur auf einen falschen, heimtückischen Charakter, und wegen diesem Schluss verschließt er mir sein Herz und seine Kassa.
Salome. Das ist abscheulich!
Titus. Mehr dumm als abscheulich. Die Natur gibt uns hierüber die zarteste
45 Andeutung. Werfen wir einen Blick auf das liebe Tierreich, so werden wir finden, dass die Ochsen einen Abscheu vor der roten Farb' haben, und unter diesen wieder zeigen die totalen Büffeln die heftigste Antipathie[9] – welch ungeheure Blöße also gibt sich der Mensch, wenn er rote Vorurteile gegen die rote Farb' zeigt!
50 **Salome.** Nein, wie Sie g'scheit daherreden! Das sähet man Ihnen gar nit an.
Titus. Schmeichlerin! Dass ich dir also weiter erzähl' über mein Schicksal! Die Zurückstoßung meines Herrn Vetters war nicht das einzige Bittere, was ich hab schlucken müssen. Ich hab in dem Heiligtum der Lieb' mein Glück suchen wollen, aber die Grazien[10] haben mich für geschmackswidrig erklärt. Ich hab in
55 den Tempel der Freundschaft geguckt, aber die Freund' sind alle so witzig, da hat's Bonmots[11] g'regnet auf mein' Kopf, bis ich ihn auf ewige Zeiten zurückgezogen hab. So ist mir ohne Geld, ohne Lieb', ohne Freundschaft meine Umgebung unerträglich word'n; da hab ich alle Verhältnisse abg'streift, wie man einen wattierten Kaput[12] auszieht in der Hitz', und jetzt steh ich in den Hemd-
60 ärmeln der Freiheit da.
Salome. Und g'fallt's Ihnen jetzt? [...] Na, wenn der Herr arbeiten will, da laßt sich Rat schaffen. Mein Bruder is Jodel[13] hier, sein Herr, der Bäck[14], hat eine große Wirtschaft, und da brauchen s' ein' Knecht –
Titus. Was? Ich soll Knecht werden? Ich? [...]

[9] Antipathie: Abneigung
[10] Grazien: Göttinnen für Freude, Charme und Anmut
[11] Bonmot (frz.): treffende, witzige Bemerkung
[12] Kaput (österr.): Mantel mit Kapuze
[13] Jodel: Geselle
[14] Bäck: Bäcker

6. Welche Sicht hat Titus auf die Farbe Rot?

7. Was meint Titus, wenn er sagt, dass die Grazien ihn „geschmackswidrig" fanden?

8. Was bietet Salome ihm an?

Folie **2 a)** Markiere im Dramenauszug Textpassagen, in denen die Beziehung von Salome und Titus zueinander sowie die Meinungen übereinander deutlich werden.

b) Bewertet auf der Grundlage eurer Markierungen die folgenden Schüleraussagen:

→ Das kann ich nachvollziehen, denn sie …

Fabio: Titus lässt sich schon gern von Salome anhimmeln. Salome will unbedingt die Aufmerksamkeit von Titus erregen.

Sophie: Die Rollenbilder, die die beiden spiegeln, sind echt nicht mehr aktuell.

Aishe: Ich glaube nicht, dass Titus ernsthaft an Salome interessiert ist, der spielt mit ihr.

Juri / Tim: Außer den roten Haaren verbindet die beiden doch echt nichts.

3 a) Lest den Auszug noch einmal zu zweit mit verteilten Rollenkarten.
b) Entwickelt jeweils mithilfe eines **Partnerpuzzles** eine Rollenkarte für Titus oder Salome. Orientiert euch dabei an der **LERNBOX**. Ihr könnt auch die Informationen zu den Figuren einbeziehen, die ihr auf den vorherigen Seiten erhalten habt.

📄 Seite 331

4 a) Tauscht euch mit eurem Partner aus, was euch wichtig ist, wenn ihr die Figur, für die ihr die Rollenkarte entwickelt habt, spielen wollt.
b) Wählt einen Abschnitt (A–C) aus der Szene aus und bereitet eine szenische Lesung vor. Konzentriert euch auf die Verwendung eurer Stimme, allerdings dürft ihr auch Gestik und Mimik verwenden. Nutzt die **Vortragszeichen** wie in Abschnitt A (vgl. S. 239).
c) Präsentiert eure Ergebnisse vor der Klasse und gebt euch Rückmeldungen, ob die szenischen Lesungen zu den Rollenkarten passen (vgl. Aufgabe 3).

✏️ Folie

📄 Seite 338

LERNBOX

So entwickelst du eine Rollenkarte:
Auf einer **Rollenkarte** sammelst du kurz und übersichtlich **alle wichtigen Informationen zu einer Figur** in einem Theaterstück. Die Informationen können im Drama **direkt genannt** oder vom **Leser/Zuschauer erschlossen werden**.
1. Halte **Angaben zur Figur** (Name, Alter, Beruf, Beziehungsstatus …) sowie zu ihren **Lebensumständen** fest.
2. Beschreibe das **Aussehen** der Figur (Haarfarbe, bestimmte Requisiten).
3. Notiere die Besonderheiten im **Handeln** und **Denken**, z. B. *Abneigung gegen rote Haare, drückt sich sehr komplex aus …*
4. Beschreibe den **Charakter**, die **Einstellung** und die **Stimmung** der Figur, z. B. *gutmütig, selbstbewusst, ängstlich, fürsorglich …*
5. Gibt es weitere **Besonderheiten**, die dir bei der Darstellung der Figur wichtig sind? (z. B. *stottern, schnelles Reden, wildes Gestikulieren …*)

Rollenkarte: Titus Feuerfuchs
- *umherziehender, arbeitssuchender Friseurgeselle*
- *hat rote Haare*
- *drückt sich sehr umständlich aus*
- *fühlt sich einsam, weil er keine Freunde hat und er ausgegrenzt wird*
- *…*

„Denn er kann die roten Haar' nit leiden" | 3.1.4 Informationen verarbeiten: Rollenkarten anlegen

Als Retter herbeigeflogen – eine Szene pantomimisch darstellen

Noch während Salome und Titus miteinander sprechen, nähert sich die luxuriöse Kutsche des Monsieur Marquis, einem reichen Friseurmeister …

1. Akt, 9.–13. Szene (Auszug)
Johann Nestroy: Der Talisman (1840)

> Diese Perücke soll von jetzt an mein Talisman sein. Meine Karriere geht an, die Glückspforte öffnet sich!

1 a) Erschließe den Inhalt der Graphic Novel auf S. 242, indem du zu jedem Bild Stichworte notierst, z. B. Bild 1: Gespräch am Brunnen. ✍ Folie
 b) Vergleiche deine Ergebnisse mit einem Partner, indem ihr euch abwechselnd die Handlung und den Handlungsverlauf auf den einzelnen Bildern erläutert.

2 Stellt das Geschehen zu viert pantomimisch dar. Geht so vor:
 a) Tauscht euch darüber aus, was ihr über Pantomime wisst.
 b) Überprüft und ergänzt euer Wissen mithilfe der **LERNBOX**.
 c) Erstellt zu den einzelnen Bildern stichwortartig ein **Storyboard**, indem ihr 📄 Seite 336
 festhaltet, wer was wann und wie tut. Beachtet dabei, dass ihr die einzelnen Handlungsschritte durch Übergänge verbinden müsst. Nutzt dazu auch eure ausgefüllten Rollenkarten zu Salome und Titus (vgl. S. 241).

Bild	Figuren	Handlung	Mimik / Gestik
1	Salome, Titus	– freundliches Gespräch, – Salome bewundert Titus …	– Lächeln, – Salome nähert sich Titus körperlich (nicht albern sein …)
2	Salome, Titus	– plötzliches Abwenden ….	
…			

 d) Probt die Szenen mehrfach, sodass jeder genau weiß, was er wann machen muss. Besprecht nach jedem Durchgang, ob ihr euch an das Storyboard (Handlung, Einsatz von Mimik und Gestik …) gehalten habt. Bei Bedarf könnt ihr auch das Storyboard ändern.
 e) Präsentiert eure Ergebnisse vor der Klasse.
 f) Gebt einander Rückmeldungen:
 – Waren die einzelnen Figuren nachvollziehbar und klar erkennbar dargestellt?
 – Wurden Mimik und Gestik gezielt eingesetzt?
 – Sind die einzelnen Handlungsschritte verständlich gespielt worden?

	Gruppe 1	…
Waren die einzelnen Figuren nachvollziehbar und klar erkennbar dargestellt?		
…		

> [!] **LERNBOX**
>
> **So stellst du eine Szene pantomimisch dar:**
> 1. Bei der **Pantomime** verzichtest du auf Wörter und lässt nur deinen Körper sprechen (= **nonverbale Sprache**).
> 2. Mit deiner **Mimik** und **Gestik** drückst du Tätigkeiten sowie Gedanken und Gefühle aus.
> 3. Du solltest für deine Darstellung den **gesamten Bühnenraum** nutzen, um Szenenwechsel sowie **Raum** und **Zeit** zu verdeutlichen.
> 4. Grundsätzlich solltest du **keine Requisiten** verwenden. Manchmal musst du aber **Gegenstände als Symbole** verwenden, sodass sich der Zuschauer die Bedeutung durch das Spiel erschließen muss (z. B. *einzelner Stuhl als Kutsche*).

Die Stärke der Stimme – Pantomime mit Off-Stimmen darstellen

Seite 328
Folie

1 Erschließe den Inhalt der Szene mit der **Lesemethode für dramatische Texte**. Setze dazu die Bearbeitung der Szene fort.

Mithilfe der schwarzen Perücke und kluger Bemerkungen kommt Titus an den Hof von Schloss Cypressenburg. Dabei macht er großen Eindruck bei den alleinstehenden Frauen am Hof, vor allem den Witwen. Er knüpft Verbindungen zu immer höher stehenden Angestellten. So wird er schließlich auch zur ebenfalls verwitweten Herrin am Hof, Frau von Cypressenburg, vorgelassen. Durch eine Verwechslung im Dunkeln setzt Titus aber an diesem Tag eine blonde Perücke anstelle seines Talismans, der schwarzen Perücke, auf.

2. Akt, 17. Szene
Johann Nestroy: Der Talisman (1840)

Titus am Ziel seiner Wünsche

TITUS *(für sich).* Ich stehe jetzt einer Schriftstellerin gegenüber, da tun's die Alletagsworte nicht, da heißt's jeder Red' ein Feiertagsg'wandel anziehn.
FRAU VON CYPRESSENBURG. Also jetzt zu Ihm, mein Freund!
TITUS *(sich tief verbeugend).* Das ist der Augenblick, den ich im gleichen Grade
5 gewünscht und gefürchtet habe, dem ich sozusagen mit zaghafter Kühnheit, mit mutvollem Zittern entgegengesehen.
FRAU VON CYPRESSENBURG. Er hat keine Ursache, sich zu fürchten, Er hat eine gute Tournüre¹, eine agreable Fasson², und wenn Er sich gut anlässt – wo hat Er denn früher gedient?
10 TITUS. Nirgends. Es ist die erste Blüte meiner Jägerschaft, die ich zu Ihren Füßen niederlege, und die Livree³, die ich jetzt bewohne, umschließt eine zwar dienstergebene, aber bis jetzt noch ungediente Individualität.
FRAU VON CYPRESSENBURG. Ist Sein Vater auch Jäger?
TITUS. Nein, er betreibt ein stilles, abgeschiedenes Geschäft, bei dem die Ruhe
15 das einzige Geschäft ist; er liegt von höherer Macht gefesselt, und doch ist er frei und unabhängig, denn er ist Verweser seiner selbst – er ist tot.
FRAU VON CYPRESSENBURG. *(für sich).* Wie verschwenderisch er mit zwanzig erhabenen Worten das sagt, was man mit einer Silbe sagen kann! Der Mensch hat offenbare Anlagen zum Literaten. *(Laut.)* Wer war also Sein Vater?
20 TITUS. Er war schülerischer Meister; Bücher, Rechentafel und Patzenferl⁴ waren die Elemente seines Daseins.

¹ Tournüre: Körperhaltung, Gestalt
² agreable Fasson: angenehme Art
³ Livree: Uniform eines Dieners
⁴ Patzenferl: Stock des Lehrers

FRAU VON CYPRESSENBURG. Und welche literarische Bildung hat er Ihm gegeben?
TITUS. Eine Art Mille-fleurs-Bildung⁵. Ich besitze einen Anflug von Geographie, einen Schimmer von Geschichte, eine Ahndung von Philosophie, einen Schein von Jurisprudenz⁶, einen Anstrich von Chirurgie und einen Vorgeschmack von Medizin.
FRAU VON CYPRESSENBURG. Scharmant! Er hat sehr viel, aber nichts gründlich gelernt! Darin besteht die Genialität.
TITUS *(für sich)*. Das is 's Erste, was ich hör'! Jetzt kann ich mir's erklären, warum's so viele Genies gibt.
FRAU VON CYPRESSENBURG. Seine blonden Locken schon zeigen ein apollverwandtes Gemüt⁷. War Sein Vater oder Seine Mutter blond?
TITUS. Keins von alle zwei! Es is ein reiner Zufall, dass ich blond bin.
FRAU VON CYPRESSENBURG. Je mehr ich Ihn betrachte, je länger ich Ihn sprechen höre, desto mehr überzeuge ich mich, dass Er nicht für die Livree passt. Er kann durchaus mein Domestik⁸ nicht sein.
TITUS. Also verstoßen, zerschmettert, zermalmt?
FRAU VON CYPRESSENBURG. Keineswegs. Ich bin Schriftstellerin und brauche einen Menschen, der mir nicht als gewöhnlicher Kopist⁹, mehr als Konsulent¹⁰, als Sekretär bei meinem intellektuellen Wirken zur Seite steht, und dazu ernenn ich Sie.
TITUS *(freudig überrascht)*. Mich? – Glauben Euer Gnaden, dass ich imstand' bin, einen intellektuellen Zuseitensteher abzugeben?
FRAU VON CYPRESSENBURG. Zweifelsohne, und es ist mir sehr lieb, dass die Stelle offen ist. Ich habe einen weggeschickt, den man mir rekommandierte, einen Menschen von Gelehrsamkeit und Bildung. Aber er hatte rote Haare, und das ist ein Horreur¹¹ für mich. Dem hab ich gleich gesagt: »Nein, nein, mein Freund, s' ist nichts, adieu!« Ich war froh, wie er fort war.
TITUS *(für sich)*. Da darf ich mich schön in Obacht nehmen, sonst endet meine Karriere mit einem Flug bei der Tür hinaus.
FRAU VON CYPRESSENBURG. Legen Sie nur die Livree sogleich ab; ich erwarte in einer Stunde Gesellschaft, der ich Sie als meinen neuen Sekretär vorstellen will.

⁵ Mille-fleurs-Bildung: Halbwissen auf allen Gebieten
⁶ Jurisprudenz: Rechtswissenschaft
⁷ apollverwandtes Gemüt: Charakter, der dem des Gottes Apoll gleicht (Gott des Lichtes und der Dichtkunst)
⁸ Domestik: Hausangestellter
⁹ Kopist: jmd. der Text abschreibt
¹⁰ Konsulent: Berater
¹¹ Horreur (frz.): Horror, Abscheu

55 **TITUS.** Euer Gnaden, wenn ich auch den Jäger ablege, mein anderer Anzug ist ebenfalls Livree, nämlich Livree der Armut: ein g'flickter Rock mit z'rissene Aufschläg'.
FRAU VON CYPRESSENBURG. Da ist leicht abgeholfen! Gehen Sie da hinein *(nach rechts deutend)*, dann durchs Billardzimmer in das Eckkabinett, da finden
60 Sie die Garderobe meines verewigten Gemahls. Er hatte ganz Ihren Wuchs. Wählen Sie nach Belieben und kommen Sie sogleich wieder hierher.
TITUS *(für sich).* Wieder der Anzug von ein' Seligen[12]. *(Sich verbeugend.)* Ich eile! *(Für sich, im Abgehen.)* Ich bring heut' ein' ganzen seligen Tandelmarkt[13] auf den Leib. *(Rechts in die Seitentüre ab.)*

[12] Seliger: hier: ein Verstorbener
[13] Tandelmarkt: Flohmarkt

2 a) Tauscht euch darüber aus, woran ihr erkennen könnt, dass Frau von Cypressenburg keine einfache Frau, sondern eine Adelige ist: Wie tritt sie Titus gegenüber auf? Gibt es Besonderheiten in ihrer Art zu sprechen?
b) Besprecht, wie es Titus gelingt, so großen Eindruck auf die Schlossherrin zu machen: Beachtet sein Verhalten und seine Wortwahl.

3 Erklärt, warum einige Textpassagen komisch wirken: Wie gelingt es dem Autor, dass das Geschehen in der Szene den Zuschauer zum Lächeln bringt, obwohl das Geschehen selbst eigentlich nicht lustig ist?

4 Bereitet zu viert eine Pantomime mit Sprechern vor, bei der der Szenentext vorgetragen wird, während andere Schüler die Handlung und das Gespräch pantomimisch spielen. Konzentriert euch dazu zunächst auf die Sprechrollen. Geht so vor:
a) Bereitet den Szenentext für einen Vortrag vor. Lest dazu die **LERNBOX**.
b) Wechselt bei der Probe die Sprechrollen, um zu entscheiden, wer welche Rolle besonders überzeugend sprechen kann. Dabei muss das Geschlecht des Sprechers nicht unbedingt dem Geschlecht der Rolle entsprechen.
c) Tauscht euch darüber aus, was euch beim Lesen leicht gefallen ist, und was nicht so einfach war. Die beiden Beobachter geben den Sprechenden jeweils Rückmeldungen (**LERNBOX**, Hinweis 4).

Folie

⚠ LERNBOX

So bereitest du einen Szenentext zum Vortrag vor:
1. Bearbeite die Sinnabschnitte des Rollentexts nacheinander für den Vortrag: Kennzeichne **Sprechpausen, Betonungen, Sprechgeschwindigkeit** und die **Lautstärke**, mit der die Figuren in der Szene sprechen sollen. Nutze dazu diese Zeichen:
/ = kurze Pause, // = lange Pause, (...) = schnell, (. . .) = langsam, (⌃) = lauter, (⌄) = leiser, ___ = Wort, das betont werden soll
2. Achtet darauf, dass euer Dialog die **Stimmung der Szene** sowie den **Charakter** und die **Gefühle der Figuren** genau wiedergibt.
3. **Probt** den Vortrag. Überprüft und überarbeitet ihn nach jeder Probe.
4. Die Beobachter machen sich Notizen zu den Vorträgen und geben den Sprechern Rückmeldungen: Passt die Darstellungsweise zu den Charakteren, zur Stimmung, zu den Gefühlen …? Wird die beabsichtigte Komik deutlich? …

5 Entwickelt in eurer Gruppe eine Pantomime, die parallel zum Vortrag die Szene auf die Bühne bringt:

a) Erstellt dazu ein Gesprächsschema, das Aktion und Reaktion (= Interaktion) deutlich macht. Nutzt dabei die kursiv gedruckten Hinweise im Szenentext (S. 244–246) sowie eure Anmerkungen.

Titus		Salome	
Wie sagt er es? (Stimme, Mimik, Gestik, Raumnutzung)	Handlungsschritt (Was sagt er?)	Handlungsschritt (Was sagt sie?)	Wie sagt sie es? (Stimme, Mimik, Gestik, Raumnutzung)
– macht sich klein – ordnet sich unter – lächelt unsicher	*Ich muss mich unbedingt richtig verhalten.* …	*Es gibt keinen Grund für Nervosität.*	

b) Probt nacheinander die Pantomime zu den einzelnen Sinnabschnitten, sodass das Spiel genau zum Vortrag passt. Manchmal muss der Sprecher Pausen machen, während der Spieler eine Aktion durchführt.

c) Führt mehrere Proben durch, bei der ihr die Pantomime mit Sprechern vollständig ohne Unterbrechung durchspielt.

6 Präsentiert eure Ergebnisse vor der Klasse und gebt euch Rückmeldungen. Nutzt dazu nach jeder Vorführung den Beobachtungsbogen. Verwendet bei der Rückmeldung die Kriterien aus den **LERNBOXEN** auf den Seiten 243 und 246. Bewertet die einzelnen Kriterien durch folgende Zeichen:

++ => *trifft voll zu*, + => *trifft zu*, o => *trifft teilweise zu*, - => *trifft gar nicht zu*.

	Gruppe 1	Gruppe 2	…
Titus			
Vortrag			
Pantomime			
Zusammenspiel			
Frau von Cypressenburg			
Vortrag			
Pantomime			
Zusammenspiel			
Gesamteindruck, ergänzende Hinweise			

Er ist rot! – Eine Szene sprachlich und inhaltlich modernisieren

1 Beschreibt das Bild und stellt Vermutungen an, wie die Handlung weitergehen könnte.

2 a) Lest zu fünft den Originaltext aus dem Drama. Verteilt dazu vorab die Sprecher.
b) Tauscht euch in der Gruppe über den Inhalt aus (Situation, Handlung …).

Titus kann sein Glück nicht fassen, noch nie ging es ihm so gut. Er wird nicht nur von den Frauen umworben, sondern muss sich am Hof der Frau von Cypressenburg auch keine Gedanken mehr um seine finanzielle Situation machen. Doch bei einer Abendgesellschaft erscheint auch Monsieur Marquis, der zuvor Titus als Dank für seine Hilfe die schwarze Perücke geschenkt hat.

2. Akt, 27. Szene
Johann Nestroy: Der Talisman (1840)

Originaltext	Modernisierung
MARQUIS. *(zur Mitte eintretend)* Und ich sage, er ist nicht schwarz und ist nicht blond! ALLE. Was denn, Herr Friseur? MARQUIS. Er ist rot! 5 ALLE *(erstaunt)*. Rot? TITUS *(für sich)*. Jetzt nutzt nix mehr! *(Aufstehend und die blonde Perücke mitten auf die Bühne werfend.)* Ja, ich bin rot! ALLE *(erstaunt vom Teetisch aufstehend)*. Was ist das? 10 FRAU VON CYPRESSENBURG. Fi donc!¹ CONSTANTIA *(zu Titus)*. Ach, wie abscheulich sieht Er aus! FLORA *(zu Titus)*. Und die rote Ruben hat mich heirat'n woll'n?	Marquis: Ich muss euch sagen, dass er weder schwarze noch blonde Haare hat. Alle: Wie meinen Sie das, Herr Friseur? …

¹ Fi donc (franz.): Pfui

15 **FRAU VON CYPRESSENBURG** *(zu Titus).* Er ist ein Betrüger, der meine treuesten Diener bei mir verleumdete! Fort, hinaus, oder meine Bedienten sollen –
TITUS *(zu Frau von Cypressenburg).* Wozu? Der Zorn überweibt Sie! – Ich gehe –
20 **ALLE**. Hinaus!
TITUS. Das ist Ottokars Glück und Ende![1] *(Geht langsam mit gesenktem Haupte zur Mitte ab.)*
CHOR DER GÄSTE. *Nein, das ist wirklich der Müh' wert. Hat man je so was gehört!*
25 *(Frau von Cypressenburg affektiert eine Ohnmacht, unter allgemeiner Verwirrung fällt der Vorhang.)*

[1] Ottokars Glück und Ende: Theaterstück von Franz Grillparzer, in dem es der Hauptfigur ebenso ergeht wie Titus.

3 a) Modernisiere die Szene, indem du den Text im Heft in heutige Sprache überträgst. Lies dazu die **LERNBOX**. Achte dabei auch auf die Stellung der Figuren.
b) Vergleiche deine Ergebnisse mit denen eines Partners und entscheidet, welche Formulierungen ihr jeweils für gelungener haltet.

4 a) Tausche dich mit einem Partner darüber aus, ob der Inhalt heute noch verständlich ist: Wären rote Haare heute auch ein möglicher Grund für Benachteiligungen? Ist die Unterscheidung zwischen Adel und Bürgertum immer noch aktuell?
b) Überlegt euch, wofür die „roten Haare" stehen könnten, und wie man diesen „Makel" heute verbergen könnte.
c) Schreibt eine zweite „Version" der Szene, in der ihr eine eurer Ideen aus Aufgabe b) berücksichtigt.

5 Vergleicht die Wirkung der unterschiedlichen Fassungen:
a) Lest den Originaltext und eine Modernisierung (4c) nacheinander laut vor.
b) Diskutiert, warum es sinnvoll ist, einen schwer verständlichen oder auch älteren Text sprachlich und inhaltlich in die Gegenwart zu übertragen. Begründet euren Standpunkt.

> **! LERNBOX**
>
> **So überträgst du einen Dramentext sprachlich und inhaltlich:**
> **Sprache:**
> 1. Überlege dir bei jedem einzelnen Redebeitrag, was die Person sagen möchte (**Aussageabsicht**) und wie du dies heute sagen würdest.
> 2. **Sprichwörter** und **Redewendungen** musst du auch übertragen, wenn sie in der Gegenwart nicht mehr verwendet oder nur schlecht verstanden werden.
>
> **Inhalt:**
> 1. Beachte in deinem Dialog, dass die **Rollen mit ihrer gesellschaftlichen Position** und die **Beziehungen** zueinander noch deutlich werden.
> 2. Entscheide, ob alle **Gegenstände** in ihrer Bedeutung heute noch ohne Erklärung verständlich sind.

Der Universalerb' – eine Szene spielen

Seite 328

1 Erschließe die Szene mithilfe der **Lesemethode für dramatische Texte**.

Der Onkel von Titus, Bierversilberer Spund, macht sich Sorgen um den Ruf seiner Familie und ist seinem Neffen nachgereist, um Titus beim Aufbau einer eigenen Existenz zu helfen. Salome schickt ihn zum Hof der Frau von Cypressenburg, die dem reichen Mann einen ehrenhaften Empfang erweist. Titus, der nun eine graue Perücke trägt, wird an den Hof geholt.

3. Akt, 18. Szene
Johann Nestroy: Der Talisman (1840)

Titus betrügt seinen Onkel, indem er vorgibt, aus Kummer grau geworden zu sein

Spund. Du Makel der Familie, du! *(Kommt näher auf ihn zu und erblickt mit Staunen die grauen Haare.)* Was is denn das!? Graue Haare?
Titus *(für sich, betroffen).* O je!
Spund. Du bist ja rotkopfet?
5 **Titus** *(sich schnell fassend).* Ich war es.
Spund. Und jetzt?
Titus. Jetzt bin ich grau.
Spund. Das is ja nicht möglich –
Titus. Wirklichkeit is immer das schönste Zeugnis für die Möglichkeit.
10 **Spund.** Du bist ja erst sechsundzwanzig Jahr'?
Titus. Ich war es gestern noch! Aber der Kummer, die Kränkung, dass ich, verlassen von meinem einzigen leiblichen Herrn Vettern, als hilfloser Durchgänger in die Welt hab müssen, hat mich um ein Jahrtausend älter gemacht: Ich bin über Nacht grau geworden.
15 **Spund** *(verblüfft).* Über Nacht?
Titus. Schlag sieben bin ich fort von z' Haus, dreiviertel Stund' später schau ich mich in den Spiegel der Unglücklichen[1], ins Wasser hinein, da war mir, als wenn meine Haare so g'wiss g'sprenglet wären […] – es war heller Morgen, und neben mir macht grad ein Rastelbinder[2] Toilette[3], er schaut sich in ein' Glasscherben, der vielleicht einst ein Spiegel war, ich tu desgleichen, und ein eisgrauer Kopf, den ich nur an dem beigefügten Gesicht für den meinigen erkenne, starrt mir entgegen.
Spund. Das wär' ja unerhört! […] *(die Arme ausbreitend).* Geh her,
25 du eisgrauer Bub! *(Umarmt ihn.)*
Titus *(ihn ebenfalls umarmend).* Vetter Spund! *(Prallt plötzlich heftig aus seinen Armen zurück.)*
Spund *(darüber erstaunt).* Was
30 springst denn weg als wie ein hölzerner Reif?
Titus *(für sich).* Bei ein' Haar hätt' er mich beim Haarzopfen erwischt. *(Laut.)* Sie haben mich
35 so druckt, mit Ihrem Ring, glaub ich.

[1] Spiegel der Unglücklichen: gemeint ist das Wasser
[2] Rastelbinder: wandernder Händler mit Drahtgeflechten
[3] Toilette machen: sich waschen

Spund. Sei nicht so heiklich! Her da an das Vetterherz! *(Umarmt ihn derb.)*
Titus *(hält während der Umarmung mit der rechten Hand seinen Zopf in die Höhe, damit er Spund nicht in die Hände kommt).*
40 **Spund** *(ihn loslassend).* So! – Übrigens, dass ich dich nicht mehr druck mit dem Ring – *(Zieht einen dicken Siegelring etwas mühsam vom Finger.)*
Titus *(währenddem beiseite).* Wenn der den Zopfen sieht, so is's aus; denn das glaubet er mir doch nicht, dass mir aus Kränkung ein Zopfen g'wachsen is.
Spund *(ihm den Ring gebend).* Da hast du ihn! Du musst wissen, dass ich da bin,
45 um dich als g'machten Mann in die Stadt zurückz'führen, dass ich dir eine prächtige Offizin[4] kauf – dass ich –

[4] Offizin: Werkstatt, Geschäft, Büro

Titus *(freudig).* Herr Vetter!
Spund. Aber wie du ausschaust, der Rock – ich muss dich der gnädigen Frau als meinigen Verwandten vorstellen, und dann is noch wer drin –
50 **Titus** *(erschrocken).* Etwan der Friseur? –
Spund. Friseur? *(Lacht mit tölpischer Schalkhaftigkeit.)* Du Bub, du, stell dich net so! Ich hab schlechte Augen, aber der Person hab ich's recht gut ang'sehn, auf was es abg'sehn is. Wenn nur der Rock –
Konrad *(tritt aus der Seitentür rechts und will durch die Mitte ab).*
55 **Spund** *(zu Konrad).* O Sie, sei'n S' so gut, haben S' keine Bürsten[5]?

[5] Bürste: Kleiderbürste zum Reinigen

Konrad. A Bürsten? Ich glaub'. *(Sich an die Tasche fühlend.)* Richtig, ich hab s' da im Sack bei mir. *(Gibt Spund die Bürste.)*
Spund. So, geben S' her! Können schon wieder gehn! *(Konrad zur Mitte ab.)*
Spund *(zu Titus).* Jetzt geh her, dass ich dich a bissl sauber mach –
60 **Titus** *(betroffen).* Was wollen S' denn?
Spund. Drah dich um –!
Titus *(in großer Verlegenheit).* Sie wer'n doch als Herr Vetter nicht Kleiderputzerdienst' an dem Neffen üben?
Spund. Ich bedien nicht den Neffen, ich bürst einer Naturerscheinung den Rock
65 aus, ich kehr den Staub ab von einer welthistorischen Begebenheit, das entehrt selbst den Bierversilberer nit! Drah dich um!
Titus *(in größter Verlegenheit, für sich).* Gott, wann der den Zopfen sieht – ! *(Laut.)* Fangen S' vorn an!
Spund. Is a recht. *(Bürstet an Titus' Kleidern.)*
70 **Titus** *(in höchster Angst, für sich).* Schicksal, gib mir eine Scher', oder ich renn mir ein Messer in den Leib!
Spund *(etwas tiefer bürstend).* Schrecklich, wie sich der Bub zug'richt't hat.
Titus *(für sich).* Is denn keine Rettung? Es muss blitzen! *(Blickt nach der ihm gegenüberstehenden Seitentür links, welche sich etwas öffnet und aus welcher nur
75 Constantias Arm mit einer Schere in der Hand sichtbar wird.)* Ha! Da blitzt ein blanker Stahl in meine Augen! Die Himmlische zeigt mir eine englische Scher'! –
Spund. Drah dich um, sag' ich!

„Denn er kann die roten Haar' nit leiden" / 3.3.1. Allgemeines Verständnis des
80 Textes entwickeln

Titus. Da stellen wir uns herüber! *(Geht, ohne seine Rückseite gegen Spund zu wenden, auf die linke Seite der Bühne, so dass er mit dem Rücken nahe an die Seitentür links zu stehen kommt.)* Da is die wahre Lichten! *(Langt zurück und nimmt aus Constantias Hand die Schere.)*
85 **Spund.** So drah dich um!

Titus. Nein, jetzt werden S' vorn noch a Menge Staub bemerken. *(Während Spund noch an den Vorderklappen des Rockes bürstet, schneidet er sich rasch den Zopf ab.)*

Spund. Nicht wahr is 's! Jetzt umdrahn amal! *(Wendet ihn herum.)*

90 **Titus** *(zieht während dieser Wendung den abgeschnittenen Zopf mit der linken Hand vorne über den Kopf herab, so dass Spund, welcher den Rücken des Rockes ausbürstet, nichts bemerken kann. Für sich).* Habe Dank, Schicksal, die Amputation is glücklich vorü-
95 ber.

Spund *(indem er bald aufhört zu bürsten).* Schau, Titus, du bist a guter Kerl, du hast dich kränkt um einen hartherzigen Vettern! Und warum war ich hartherzig? Weil du rote Haar' hast g'habt! Die hast aber
100 jetzt nicht mehr, es is also kein Grund mehr vorhanden, ich kann jetzt nit anders, ich muss weichherzig wer'n. Du bist mein einziger Verwandter, du bist – mit einem Worte, du bist so viel als mein Sohn, du bist mein Universalerb'!
105 **Titus** *(erstaunt).* Was?

2 a) Erläutert und bewertet die Gefühle und die Beweggründe der Figuren: Wieso erfindet Titus die Geschichte? Was bringt den Onkel dazu, Titus nicht nur zu helfen, sondern ihn zum Universalerben zu machen?

b) Diskutiert, ob Titus das Erbe seines Onkels verdient hat.

3 Bildet Kleingruppen und plant ein szenisches Spiel der Szene:
- Lest die Szene noch einmal und formuliert, was der Handlungskern ist.
- Überprüft gemeinsam, ob ihr den Text verändern oder kürzen wollt, damit der Handlungskern in eurem Spiel auch deutlich hervortritt.
- Ergänzt bzw. erstellt Rollenkarten für die Figuren (vgl. **LERNBOX** S. 241).
- Benennt einen Spielleiter, der keine weitere Rolle übernimmt, aber darauf achtet, dass sich alle an die Absprachen halten. Er leitet die Proben.
- Verteilt die Sprechrollen. Schüler ohne Sprechaufgaben können beim Text helfen (Souffleur) oder Mitglieder des Hofes sein.
- Erstellt eine Liste mit den benötigten Requisiten und Kostümen.

4 Probt das szenische Spiel:
- Lest den Text zunächst mehrfach in euren Rollen und macht euch Notizen, wie ihr welche Textpassage sprechen wollt (vgl. **LERNBOX** S. 246). Ihr dürft improvisieren, aber der Sinn muss erhalten bleiben.
- Wenn alle mit ihrem Text vertraut sind, probiert aus, wie ihr die Bühne nutzen möchtet: Wer steht zu welchem Zeitpunkt wo? Wie agieren die Spieler miteinander?
- Spielt die Szene mehrfach durch (mindestens zwei Mal ohne Unterbrechung).

5 Präsentiert eure Ergebnisse vor der Klasse und gebt euch Rückmeldungen (Darstellungsweise, Interaktion, Aussage …).

Die beiden Rotkopfeten – eine eigene Szene schreiben und spielen

Titus lehnt das Erbe seine Onkels ab. Er will nicht, dass jemand ihn nur wegen seines Geldes mag. Nun erst erkennt er, dass ausschließlich Salome ihn seit ihrem Kennenlernen so gemocht hat, wie er ist, mit all seinen Besonderheiten, auch den roten Haaren. Er beschließt, sie um ihre Hand zu bitten und mit ihr eine gemeinsame Zukunft ohne viel Geld und Ansehen aufzubauen.

1 Lest den zusammenfassenden Text und betrachtet das Foto: Stellt Vermutungen dazu an, wie das Drama endet.

2 Im Folgenden sollt ihr zu viert eine eigene Szene als Ende des Dramas verfassen, in der Salome und Titus direkt nach dem Gespräch zwischen Spund und Titus (vgl. S. 250–252) aufeinandertreffen. Geht so vor:
 a) Sammelt Fragen, die in der letzten Szene des Theaterstücks beantwortet werden sollten, z. B. Wie geht Titus auf Salome zu? …
 b) Plant das Gespräch zwischen den beiden Figuren. Nutzt dazu entweder ein Storyboard (vgl. S. 243) oder ein Gesprächsschema (vgl. S. 247).
 c) Schreibt den Dialogtext. Verwendet eure eigene Sprache, ihr könnt aber auch einige Wörter und Ausdrücke Nestroys übernehmen.

3 Probt das szenische Spiel:
 – Verteilt die Rollen: Titus, Salome, Spielleiter, Souffleur.
 – Lest den Text zunächst mehrfach in euren Rollen und macht euch Notizen, wie ihr welche Textpassage sprechen wollt. Der Spielleiter und der Souffleur geben jeweils Rückmeldungen.
 – Wenn alle mit ihrem Text vertraut sind, probiert aus, wie ihr die Bühne nutzen möchtet: Wer steht zu welchem Zeitpunkt wo? Der Souffleur hilft bei Textlücken und der Spielleiter achtet auf den Einsatz von Mimik und Gestik.
 – Spielt die Szene mehrfach durch (mindestens zwei Mal ohne Unterbrechung).

4 a) Präsentiert eure Szenen vor der Klasse.
 b) Die Beobachter teilen sich auf: Gruppe A gibt Rückmeldungen zum Inhalt der Szene, Gruppe B zum Schauspiel (Raumnutzung, Mimik und Gestik …).

Sprache betrachten

Nomen – den Kasus richtig verwenden

Ein Wort gibt das andere
Johann Peter Hebel (1809)

Ein reicher Herr im Schwabenland schickte (1. *der Sohn*) mit (2. *sein Segen*) nach Paris, dass er Französisch lernen sollte und ein wenig gute Sitten. Nach einem Jahr begegnete (3. *der Sohn*) (4. *der Knecht*) aus (5. *das Haus*) des Vaters in Paris. Als (6. *der junge Herr*) (7. *der Knecht*) erblickte, rief er voll Staunen und Freude aus: „Ei, Hans, wo führt dich (8. *der Himmel*) her? Wie steht es zu Hause, und was gibt es Neues?" „Nicht viel Neues, Herr Wilhelm, nur dass vor 10 Tagen (9. *der schöne Rabe*) krepiert[1] ist, den euch vor (10. *ein Jahr*) (11. *der Jägergesell*) geschenkt hat." „Oh (12. *das arme Tier*)", erwiderte Wilhelm. „Was hat ihm denn gefehlt?" „Weil er zu viel Aas[2] gefressen hat, als unsere schönen Pferde tot umfielen, eins nach dem anderen. Ich hab's gleich gesagt." „Wie! (13. *der Vater*) vier schöne Mohrenschimmel[3] sind tot?", fragte Wilhelm. „Wie ging das zu?" „Weil sie zu sehr angestrengt worden sind mit (14. *das Wasserholen*), als uns Haus und Hof verbrannte, und doch hat nichts geholfen." „Um Gottes willen!", rief Wilhelm voller Schrecken aus. „Ist (15. *das schöne Haus*) verbrannt? Wann das?" „Weil man nicht auf (16. *das Feuer*) achtgegeben hat bei (17. *die Beerdigung*) (18. *Ihr Vater*) und er ist bei Nacht begraben worden mit (19. *die Fackeln*). So ein Fünklein ist schnell verweht." „Unglückselige Botschaft!", rief voll Schmerz Wilhelm aus. „Mein Vater tot? Und wie geht's (20. *die Schwester*)?" „Weil sich Ihr Herr Vater zu Tode gegrämt[4] hat, als Ihre Schwester (21. *das Kindlein*) gebar und hatte keinen Vater dazu. Es ist ein Büblein[5]. – Sonst gibt's nicht viel Neues", setzte er hinzu.

[1] krepieren: sterben
[2] das Aas: totes Tier
[3] der Mohrenschimmel: dunkelgraues Pferd mit heller Mähne
[4] sich grämen: trauern
[5] das Büblein: kleiner Junge

1 a) Notiere, was der Knecht dem Sohn bei der Begegnung von zu Hause erzählt.
   b) Prüfe, ob die Merkmale einer Kalendergeschichte auf diesen Text zutreffen.

2 Notiere mithilfe der **LERNBOX** die Nomen im richtigen Kasus und ordne die Regeln zu. Begründe deine Schreibung, indem du passende Fragen formulierst.

Seite 165
Seite 281

⚠ LERNBOX

So ermittelst du die Kasus der Nomen:
Der **Kasus** hängt meist vom Verb ab. Du erkennst ihn an der **Endung des Nomens** und **seiner Begleiter** (Artikel, Adjektiv, Pronomen).
1. Hängt das Nomen von einem **Verb** ab, dann erfrage es zusammen mit dem Verb, z. B. <u>Wen oder was</u> schickte ein Herr? – Akkusativ: <u>den Sohn</u>.
2. Viele Nomen im Genitiv erläutern ein **anderes Nomen**:
   <u>Wessen</u> Mohrenschimmel sind tot? – Genitiv: die <u>des Vaters</u>.
3. Ist eine **Präposition** erforderlich, erfrage das Nomen mit der Präposition:
   <u>Auf wen</u> hat man nicht achtgegeben? – Akkusativ: <u>das Feuer</u>.
Du kannst auch im Wörterbuch nachschlagen, welcher Kasus folgt.

Seite 269
Seite 272
Seite 270

Pronomen – Bezüge herstellen

Als ich in das Café eintrat, bemerkte ich sofort jenen samtigen Geruch nach frisch gebrühtem Kaffee. Diejenige, die Tabletts durch die engen Tischrei-
5 hen balancierte, war dieselbe wie vor meiner Zeit im Gefängnis. Niemand beachtete mich. Man unterhielt sich. Sämtliche Besucher redeten nur mit ihrer Begleitung. Ich steuerte auf den
10 Tisch in der rechten Ecke zu. Dort saß derselbe Mann, der auch schon vor drei Jahren immer dort gesessen hatte. Er zuckte zusammen, als er mich sah, und rückte mir einen Stuhl zurecht.
15 Seiner Aufforderung, welche unmissverständlich war, kam ich gerne nach. Er trug immer noch diese Krawatte. Der Kellner, der mich bemerkt hatte, kam auf uns zu …

1 · 1

1 Ein Schüler hat zur Erzählung auf Seite 180/181 einen Text in Ich-Form verfasst.
   a) Erkläre, warum die Situation im Café so anonym wirkt.
   b) Finde mithilfe der Erzählung heraus, wie die beiden Männer heißen.

2 a) Unterstreiche die Pronomen und benenne sie, indem du die Zahlen aus der **LERNBOX** neben den Zeilen am Rand notierst: *ich = 1 (Personalpronomen)*.
   b) Klärt zu zweit, worauf sich die Pronomen im Textzusammenhang beziehen.
   c) Setze den Textanfang fort. Markiere die Pronomen, die du verwendet hast.

💡 Seite 281

⚠ LERNBOX

Pronomen
1. **Personalpronomen** können Nomen ersetzen und stellen Bezüge her:
   Singular: ich, du, er/sie/es; Plural: wir, ihr, sie. Sie können in verschiedenen Kasus verwendet werden, z. B. *mich, ihn (Akkusativ) / ihr, ihm (Dativ)*.
2. **Possessivpronomen** drücken eine Zusammengehörigkeit zwischen Personen und/oder Sachen aus: *Singular: mein/meine, dein/deine, sein/seine, ihr/ihre; Plural: unser/unsere, euer/eure, ihr/ihre.*
3. **Demonstrativpronomen** heben eine Person oder eine Sache hervor. Sie werden sprachlich stärker betont und stehen meist am Satzanfang: *der/die/das, derjenige/diejenige/dasjenige, derselbe/dieselbe/dasselbe, dieser/diese/dieses, jener/jene/jenes, solcher/solche/solches …*
4. **Relativpronomen** leiten Relativsätze ein, die ein Nomen näher erläutern: *der/die/das, welcher/welche/welches, dessen/deren …*
5. **Indefinitpronomen** stehen für Gegenstände und Personen, die nicht näher bestimmt sind: *alle, einige, keiner, niemand, sämtliche, man …*

Welcher Kasus folgt auf welche Präposition?

Vor mir liegt eine Werbung aus den 1950er-Jahren für das Waschmittel Persil. Der Blick des Betrachters fällt sofort <u>auf</u> (1. das Bild) der Familie. Auf (2. die Illustration) ist eine glückliche Familie zu sehen, die in (3. der Garten) gegangen ist, um strahlend weiße Wäsche auf (4. die Leine) zu hängen. Der Vater der Familie befindet sich in (5. die Mitte) des Bildes. Er schaut zwischen (6. die weißen Bettlaken) hindurch, die die Mutter aufhängt. Er scheint auf (7. die Tochter) zuzugehen. Diese steht im Vordergrund links hinter (8. der Wäschekorb), der auf (9. der Rasen) abgestellt ist, und hilft ihrer Mutter. Über (10. die Familie) hängt eine Wäscheleine so hoch, dass das Kind der Mutter die Wäsche nur reichen kann. Die Mutter hängt die Laken an (11. die Schnur). Mutter und Tochter tragen weiße Schürzen über (12. die Kleider).

1 a) Beschreibe das Bild und tausche dich mit einem Lernpartner darüber aus: Woran erkennt ihr, dass die Werbeanzeige bereits etwas älter ist?
b) Besprecht, wie man solch eine Werbung wohl heutzutage gestalten würde.

2 In der Bildbeschreibung stehen die Artikel und Nomen in den Klammern 1 bis 12 noch nicht im richtigen Kasus. Ermittle ihn, indem du so vorgehst:

Folie
Seite 281
a) Unterstreiche im Text alle Präpositionen wie im Beispiel.
b) Prüfe, in welchem Kasus die Artikel und Nomen 1 bis 12 stehen müssen. Formuliere dazu passende Fragen mithilfe der Fragewörter „Wo" und „Wohin".
c) Notiere, ob es sich bei den Informationen um Angaben zu einem Ort oder zu einer Richtung handelt. Gib auch an, welchen Fall du eingesetzt hast. Schreibe so: 1. Wohin fällt der Blick? <u>auf</u> das Bild (Richtung) → Akkusativ.

Seite 281
d) Formuliere mithilfe deiner Ergebnisse Regeln zur Verwendung der Kasus.
e) Vergleiche deine Regeln mit dem 2. Hinweis in der **LERNBOX**.

3 Suche dir eine Anzeige mit Bild und beschreibe sie genau, indem du Präpositionen aus der **LERNBOX** verwendest. Achte auf den richtigen Gebrauch der Kasus.

⚠ LERNBOX

Präpositionen und ihre Kasus
1. Die **Präpositionen** in, an, auf, vor, hinter, über, unter, neben, zwischen können sowohl den **Dativ** als auch den **Akkusativ** erfordern.
2. Durch die Kasus wird verdeutlicht, ob es sich bei der Angabe um einen **Ort** oder eine **Richtung** handelt:
   a) Der **Dativ** folgt auf das Fragewort *Wo?* und bezeichnet also einen **Ort**: *Auf der Illustration ist zu sehen …*
   b) Der **Akkusativ** folgt auf das Fragewort *Wohin?*, er bezeichnet also eine **Richtung**: *… der Blick fällt auf das Bild …*

Verben – Tätigkeiten/Zustände beschreiben
Zeitformen im Überblick

Verspätete Antwort aus Neuseeland
Achtjährige (1. *verschicken*) vor 21 Jahren eine Flaschenpost

Wellington (dpa). Mit acht Jahren (2. *werfen*) Courtney Stevenson in Neuseeland eine Flaschenpost ins Meer. 21 Jahre später (3. *bekommen*) sie eine Antwort: Ihre Botschaft (4. *landen*) 830 Kilometer weiter östlich an einem Strand. Stevenson (5. *können*) es kaum fassen, wie sie im Internet (6. *schreiben*): „Wirklich toll. Ich (7. *sein*) so baff, dass sie mich wirklich ausfindig (8. *machen*)!" „Dank der sozialen Medien (9. *sein*) das nicht so schwer", (10. *berichten*) der Finder der Flasche der Zeitung „The Marlborough Express". Nachdem er die Flaschenpost am Strand der Chatham-Inseln (11. *entdecken*), (12. *entziffern*) er sie erst einmal. „Bitte (13. *melden*) Sie sich bei mir, wenn Sie dies (14. *finden*)!", (15. *stehen*) in Kinderschrift auf dem Zettel, mit Courtneys Namen und Telefonnummer. Der Finder und die Absenderin (16. *treffen*) sich bald in Wellington.

1 a) Hast du schon einmal von einer ähnlichen Nachricht gehört? Erzähle davon.
   b) Schreibe eine eigene Flaschenpost und wirf sie in einen Fluss oder See.

2 Ermittle mithilfe der **LERNBOX** die richtige Zeitform für die Verben 1 bis 16:
   a) Markiere in den Sätzen die Subjekte.
   b) Schreibe den Text ab und setze die Infinitive in die richtige Zeitform. Beachte, ob das Subjekt im Singular oder Plural steht, z. B. Achtjährige verschickte ...
   c) Vergleicht eure gewählten Zeitformen: Welche Möglichkeiten gibt es?

Folie
Seite 281

⚠ LERNBOX

Zeitformen des Verbs

1. **Präsens:** *ich komme, du lachst*
   Das Präsens zeigt an, dass etwas **gerade geschieht, immer wiederkehrt** oder **allgemeingültig** ist. Du nutzt es in Zusammenfassungen, Beschreibungen oder Analysen. Du kannst **Zukünftiges** auch ausdrücken, wenn du eine Zeitangabe *(morgen ...)* machst.
2. **Präteritum:** *ich kam, du lachtest*
   Das Präteritum verwendest du meist in **schriftlichen Texten** *(z. B. Erzählung, Bericht)*, um **etwas Vergangenes** darzustellen.
3. **Perfekt:** *ich bin gekommen, du hast gelacht*
   Das Perfekt verwendest du meist in der **mündlichen Sprache,** um etwas **Vergangenes** darzustellen.
4. **Plusquamperfekt:** *ich war gekommen, du hattest gelacht*
   Das Plusquamperfekt zeigt an, dass es zu einem im **Präteritum** erzählten Vorgang, Ereignis usw. eine **vorausgehende Handlung** gibt.
5. **Futur I:** *ich werde kommen, du wirst lachen*
   Das Futur I beschreibt ein Geschehen in der **Zukunft**.

Verben | 3.4.3 Wortarten sicher und funktional verwenden: Zeitformen

Vorzeitigkeit in Texten im Präteritum ausdrücken

Zwölfjährige läuft aus Versehen Halbmarathon

Eigentlich wollte die Schülerin nur am Fünf-Kilometer-Lauf teilnehmen, doch während des Rennens **merkte** sie, dass sie sich zuvor den falschen Läufern **angeschlossen hatte**.

Die Zwölfjährige eilte hastig zur Startlinie des Rennens, nachdem sie festgestellt hatte, dass sie spät dran war. Daher schloss sie sich einer Gruppe von Läufern an, sobald diese an ihr vorbeigespurtet waren. Als sie bemerkt hatte, dass das Fünf-Kilometer-Ziel nicht in Sicht kam, lief sie weiter. Schließlich brachte sie den mehr als 21 Kilometer langen Halbmarathon mit einer Zeit von 2:43:31 h zu Ende, nachdem sie einige der anderen Läufer überholt hatte.

1 Lies den Zeitungsartikel und erkläre, was den Bericht lesenswert macht.

2 Untersuche die Zeitformen im Bericht genauer:
Folie a) Unterstreiche wie im Beispiel in jedem Satz die Satzteile, die eine vorausgehende Handlung darstellen.
Folie b) Markiere und vergleiche die Zeitformen: In welcher Zeitform stehen die Aussagen? Welche Zeitform verdeutlicht, dass etwas früher passiert ist?
c) Vergleiche dein Ergebnis mit dem ersten Hinweis in der **LERNBOX**.

Die Mutter **erklärte** nach dem Zieleinlauf, dass sie sich während des Laufes große Sorgen **gemacht hatte**. Sie (1. *erzählen*), dass sie ihre Tochter zwei Stunden an der Ziellinie des Fünf-Kilometer-Laufes (2. *suchen*). Kaum dass die beiden sich (3. *finden*), (4. *fallen*) sich Mutter und Tochter in die Arme. Nachdem die Schülerin (5. *ankommen*) und Luft (6. *holen*), (7. *erklären*) sie, dass sie auch in Zukunft Halbmarathon-Rennen laufen möchte.

3 a) Schreibe den zweiten Teil des Berichts ab und ergänze dabei die richtigen Zeitformen der Verben. Orientiere dich an der **LERNBOX** (1. und 3. Hinweis).
b) Unterstreiche die Satzteile, die eine vorausgehende Handlung darstellen. Überprüfe, ob du sie korrekt ins Plusquamperfekt gesetzt hast.

> **❗ LERNBOX**
>
> **Die Abfolge von Handlungen durch die Zeitform deutlich machen**
> 1. In Texten, die im **Präteritum** geschrieben sind (z. B. *Berichte, Erzählungen*), verwendest du für die **vorausgehende Handlung** das **Plusquamperfekt**:
> *Sie merkte, dass sie sich vorher den falschen Läufern angeschlossen hatte.*
> 2. In Texten, die im **Präsens** geschrieben sind *(z.B. Zusammenfassungen, Beschreibungen)*, drückst du die **vorausgehende Handlung** durch das **Perfekt** aus: *Sie erklärt, dass sie sich vorher Sorgen gemacht hat.*
> 3. Oft zeigt eine **Konjunktion** die vorausgehende Handlung an: *nachdem, als, sobald* oder *kaum*.

Aktiv und Passiv

1. Die Praktikantin trägt das Tablett.
2. Das Tablett wird von der Praktikantin getragen.

1 Vergleiche die Aussagen 1 und 2:
- Worin besteht der Unterschied?
- Wer oder was steht jeweils im Vordergrund?

A.1 Denise unterstützt die Patientin.   A.2 Denise goss die Blumen.

B.1 Die Patientin wird von Denise unterstützt.   B.2 Die Blumen wurden von Denise gegossen.

2 Untersuche die Beispielsätze A und B genauer: **Folie**
a) Nenne die Satzglieder, die jeweils in Satz A markiert sind.
b) Markiere jeweils in Satz B das Prädikat blau und das Subjekt rot. Was stellst du fest?
c) Fülle mithilfe deiner Vorarbeit den Lückentext unten aus. Vergleiche dann   **Seite 281**
dein Ergebnis mit der **LERNBOX** auf Seite 260 (Hinweise 1 bis 4).

Steht ein Satz im _____, steht der „Täter" im Vordergrund. Im Passiv wird der Blick auf die Person oder die _____ gerichtet.

Das _____ des Aktivsatzes wird im _____satz zum Subjekt und wandert an die _____ Stelle des Satzes. Das Passiv wird mit einer Zeitform von _____ und dem Partizip Perfekt des Verbs gebildet, z. B. *wird geholfen, wurden gegossen*. Der „Täter", der im Hintergrund steht, wird oft durch Ergänzungen mit ___ oder *durch* angegeben. Manchmal wird er aber auch nicht erwähnt.

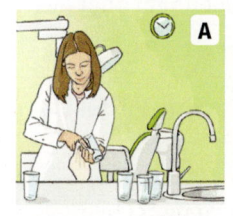

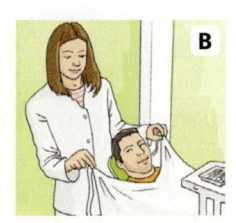

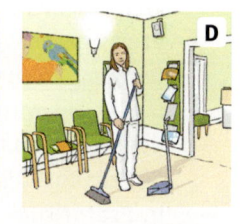

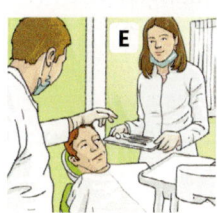

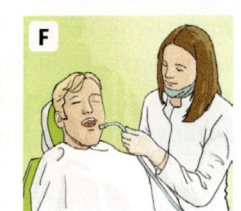

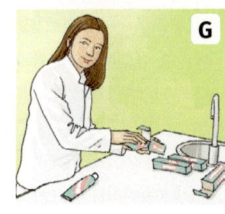

3 a) Betrachte die Bilder. Für welchen Beruf interessiert sich die Praktikantin?
b) Beschreibe, welche Aufgaben sie erledigen muss.

4 **a)** Formuliere zu den Bildern A – H (s. S. 259) Sätze, in denen du beschreibst, was die Praktikantin macht. Stelle dabei die Praktikantin in den Vordergrund, z. B.
A: Die Praktikantin säubert die Glasbecher.
b) Markiere jeweils das Subjekt, das Prädikat und das Akkusativobjekt farbig.
c) Sprecht darüber, welche Verbform ihr verwendet habt.

5 **a)** Formuliere die Sätze um, indem du in den Vordergrund stellst, was mit jemandem passiert oder was mit einem Gegenstand getan wird. Überlege vorher, welche Verbform du verwenden musst, z. B.
A: Die Glasbecher werden von der Praktikantin gesäubert.
b) Markiere auch hier jeweils das Subjekt, das Prädikat und das Objekt farbig.

6 Notiere jeweils drei Aktiv- und Passivsätze zum Thema „Berufspraktikum" und lasse sie von einem Mitschüler entsprechend umwandeln.

1. Der Biodünger wird durch Firma „Bio-fix" sehr schonend hergestellt. (__/__)
2. Die Mitarbeiterin verrührte die Düngermasse in einem Ballonglas. (__/__)
3. Der Entwicklungsraum ist abgeschlossen worden. (__/__)
4. Morgen werde ich von einer anderen Laborantin begleitet werden. (__/__)
5. Sie goss in einem Messbecher verschiedene Flüssigkeiten zusammen. (__/__)
6. Bei der Herstellung der Dünger ist auf Sauberkeit geachtet worden. (__/__)
7. Die Instrumente waren im Vorfeld akribisch gereinigt worden. (__/__)

Folie

7 **a)** Markiere in den Sätzen 1–7 die Prädikate.
b) Schreibe in die Klammern, ob die Sätze im Aktiv (A) oder Passiv (P) stehen.
c) Bestimme die Zeitform der Sätze und notiere diese ebenfalls in der Klammer. Beachte dazu den 3. Hinweis in der **LERNBOX**. Schreibe so: (P/Präs).

> **⚠ LERNBOX**
>
> **Verben im Aktiv und Passiv**
> 1. Wenn du in den Vordergrund stellen möchtest, **wer** etwas tut, verwende das **Aktiv**: Die Praktikantin sucht einen Praktikumsplatz.
> 2. Wenn du in den Vordergrund stellen möchtest, **was mit jemandem oder mit etwas getan wird**, verwendest du das **Passiv**:
> Die Temperatur wird (vom Arzt) gemessen.
> 3. Das Passiv wird mit einer **Zeitform** von **werden** und dem **Partizip Perfekt** des Verbs gebildet:
> a) **Präsens:** Die Praxis wird von vielen Patienten besucht.
> b) **Präteritum:** Die Praxis wurde von vielen Patienten besucht.
> c) **Perfekt:** Die Praxis ist von vielen Patienten besucht worden.
> d) **Plusquamperfekt:** Die Praxis war von vielen Patienten besucht worden.
> e) **Futur:** Die Praxis wird von vielen Patienten aufgesucht werden.
> 4. Im Passiv kann der „Täter" durch **Ergänzungen mit von** oder **durch** als Objekt mit Präposition genannt werden.
> 5. Wandelst du einen Aktiv- in einen Passivsatz um, wird
> – das **Akkusativobjekt** im Aktivsatz zum **Subjekt** im Passivsatz,
> – das **Subjekt** im Aktivsatz zum **Objekt mit Präposition** im Passivsatz.

Konjunktiv I – indirekte Rede in der Inhaltszusammenfassung verwenden

A „Jetzt bring das Kind", befahl der Richter.
B Er solle das Kind bringen, befiehlt der Richter.

1 a) Lies in der Erzählung „Der Augsburger Kreidekreis" auf Seite 171/172 nach, wem der Richter dies gesagt hat. Warum befiehlt er das Kind zu sich?
b) Vergleiche die Sätze sprachlich miteinander: Wie unterscheiden sie sich?
c) Der zweite Satz stammt aus einer Zusammenfassung. Dazu wurde die wörtliche Rede indirekt wiedergegeben. Markiere alle Veränderungen und notiere, was du bei der Redewiedergabe beachten musst: angeben, wer etwas tut.
d) Vergleiche deine Notizen mit den Hinweisen in der **LERNBOX**.

Folie

1. „Es ist nicht festgestellt worden, wer die rechte Mutter ist", sagte er.
2. Er fuhr fort: „[...] Man hat schon gehört, dass Väter sich oft drücken und nicht die Väter sein wollen, aber hier melden sich gleich zwei Mütter."
3. Er rief: „Gerichtsdiener, komm her und bring Kreide."
4. „Zieh mit der Kreide da auf dem Fußboden einen Kreis, in dem drei Personen stehen können", wies ihn der Richter an.
5. „Diese Probe, die jetzt vorgenommen werden wird", verkündete er, „habe ich in einem alten Buch gefunden [...]."

2 Gib die Aussagen 1 bis 5 aus der Erzählung indirekt wieder, indem du sie aufschreibst. Markiere im Heft die veränderten Wörter und notiere die Nummer der Regel aus der **LERNBOX**, z.B.: Es sei nicht festgestellt worden, ... (3)

⚠ LERNBOX

Der Konjunktiv I in der indirekten Rede
1. Mache zunächst in einem einleitenden Satz deutlich, **von wem die Äußerung stammt**: *Carsten meint, ... / Der Autor verdeutlicht, ...*
2. **Passe** bei der Redewiedergabe die **Pronomen an**: *ich → sie/er; mein → ihr/sein*.
3. Setze das Verb in den **Konjunktiv I**. Zur Bildung hängst du diese Endungen an den **Wortstamm des Infinitivs** an: *ich geb-e, du geb-est, er/sie/es geb-e, wir geb-en, ihr geb-et, sie geb-en. Nic sagt: „Dein Text klingt gut." → Nic sagt, Ninas Text klinge gut.*
4. In der Ich-, Wir- und Sie-Form ist der **Konjunktiv I identisch mit dem Präsens**. Verwende dann den **Konjunktiv II** oder die **Umschreibung mit *würden* + Infinitiv** (vgl. S. 262): *Ole sagt: „Wir reden über den Text." → Ole sagt, sie reden (K I) über den Text." → Ole sagt, sie redeten (K II) über den Text. → Ole sagt, sie würden über den Text reden (Umschreibung).*
5. Bei **Imperativen** (Befehlsform) umschreibst du den Konjunktiv I mit **sollen**: *Ein Junge meint, sie solle nach dem Weg fragen.*
6. Bei **Fragen ohne Fragewort** füge *ob* ein: *Sie fragt, ob sie kommen könne.*
7. Verändere auch die **Zeit- und Ortsangaben**: *heute → an diesem Tag; gestern → am vorigen Tag; jetzt → zu diesem Zeitpunkt; hier → da, dort ...*

Konjunktiv II – Wünsche/Vorstellungen äußern

A Peter macht das Geschehene gerne rückgängig.

B Peter würde das Geschehene gerne rückgängig machen.

1 Lies die Erzählung „Das Wiedersehen" auf Seite 180/181. Was bedrückt Peter?

2 a) Vergleiche die Aussagen A und B. Schau dir dazu an, in welcher Form die Verben verwendet wurden: Inwiefern ändern sich dadurch die Aussagen?
b) Vergleiche deine Überlegungen mit der **LERNBOX**.

(1) Ich bin so nervös, dabei ist Jean mein bester Freund. (2) Könnte ich die Tat nur rückgängig machen ... (3) Ich würde alles darum geben! (4) Wie er mich ansieht. (5) Auch der Kellner weiß Bescheid. (6) Er hat mich drei Jahre lang nicht gesehen. (7) Ich wäre gern wieder bei Frau Ruegg eingezogen, aber die hatte alle möglichen Ausreden. (8) Die wirkliche Strafe kommt erst jetzt nach der Zeit im Gefängnis. (9) Oh nein, jetzt lässt mich Jean auch noch allein, mein einziger Freund. (10) Hätte er einen Funken Mitleid, bliebe er hier bei mir. (11) Außerdem würde er mir bei der Wohnungssuche behilflich sein. (12) Was macht er jetzt? (13) Er gibt mir den Schlüssel für seine eigene Wohnung. (14) Ach, könnten doch alle so viel Verständnis aufbringen! (15) Ich hätte es dann wirklich leichter ...

3 a) Ein Schüler hat einen inneren Monolog zu der Begegnung im Café aus Peters Sicht geschrieben: Könnt ihr die Gedanken nachvollziehen? Begründet.

Folie
b) Unterstreiche die Prädikate. Erkläre, wodurch deutlich wird, an welchen Stellen Peter die Wirklichkeit darstellt und wo er Vorstellungen und Wünsche äußert. Achtung: In einigen Sätzen ist das Prädikat mehrteilig.

Seite 281
c) Steht das Prädikat im Indikativ (I), im Konjunktiv II (K II) oder in der Umschreibung mit *würden + Infinitiv* (KII W)? Notiere zu jedem Satz die Abkürzungen.

> ### ⚠️ LERNBOX
>
> **Konjunktiv II – Wünsche und Vorstellungen äußern**
> 1. Mit dem **Indikativ** verdeutlichst du, dass etwas wirklich passiert:
>   *Peter zittert, als er das Café betritt.*
>   Den **Konjunktiv II** verwendest du, um über **Wünsche**, **Träume** und **Fantasien** zu sprechen: *Er wäre am liebsten nicht hier.*
> 2. Den **Konjunktiv II** leitest du vom **Präteritumstamm** ab. Dieser wird oft durch einen **Umlaut** verändert. Hänge dazu diese Endungen an: *ich käm-e, du käm-est, er/sie/es käm-e, wir käm-en, ihr käm-et, sie käm-en.*
> 3. Du kannst den Konjunktiv II auch mit *würden + Infinitiv* umschreiben. Das machst du häufig bei regelmäßigen Verben *(Das würde er gerne rückgängig machen.)* oder wenn der Konjunktiv II altmodisch oder ungewöhnlich klingt *(er böte → er würde bieten).*

Adverbien – Aussagen genauer formulieren

LOS-Reisen – und deine Ferien können was erleben

A) Morgen starten die Ferien! Und du? Bleibst du daheim und langweilst dich dort? Hast du bereits vergebens nach Programmen für Jugendliche gesucht? Wir haben bestimmt die Lösung für dich! Ob Partys an spanischen Stränden oder Surfen an der holländischen Küste – LOS-Reisen bringt dich überallhin. Bestell schnurstracks unseren Katalog, denn nirgends wirst du ein besseres Programm entdecken. Wir liefern sofort. Du hast keinen Durchblick? Deshalb haben wir die Reiseziele nach Interessen sortiert. Damit Ferien auch für alle Geldbeutel attraktiv sind, gibt es natürlich verschiedene Unterkünfte: vom Camp bis zum Drei-Sterne-Hotel. Oder möchtest du eine Rundreise buchen? Dies ist selbstverständlich kein Problem, die schönsten Ziele werden von uns zweifelsohne immer in fünf unterschiedlichen europäischen Ländern angesteuert. Hast du was gefunden, was dich hier interessiert?

B) Dann beeile dich mit deiner Buchung. Komm (1) vorbei. Denn (2) sind die besten Angebote (3) schnell weg. Wir hoffen, dass du deine Ferien mit LOS-Reisen (4) genießen kannst. LOS geht's!

1 a) Besprecht, ob ihr den Werbetext ansprechend findet. Was würdet ihr ändern?
b) Schau dir die zwei markierten Adverbien an: Wozu dienen sie in diesen Sätzen? Vergleiche deine Überlegungen mit dem ersten Hinweis in der **LERNBOX**.
c) Markiere die weiteren Adverbien im ersten Teil des Textes (A), indem du sie mithilfe der Hinweise 2 und 3 der **LERNBOX** ermittelst.
d) Ergänze im zweiten Teil des Textes (B) Adverbien aus der **LERNBOX**.
e) Lege eine Tabelle mit fünf Spalten an und trage die Namen der Adverbien (vgl. **LERNBOX**, 2 a) bis e)) jeweils als Überschrift ein. Sortiere dann die Adverbien ein.

Seite 281 Folie
Seite 281

⚠ LERNBOX

Mit Adverbien genauer formulieren
1. Mit **Adverbien** kannst du ein Geschehen **genau beschreiben**, sodass es **eindeutig** ist. Adverbien gehören zu den **unveränderlichen Wortarten**.
2. Du unterscheidest folgende Adverbien:
   a) **Lokaladverbien (Ort):** Wo? Woher? Wohin? → *dort, überallhin, daheim …*
   b) **Temporaladverbien (Zeit):** (Seit) Wann? Wie lange? Wie oft? → *sofort, oft*
   c) **Modaladverbien (Art und Weise):** Wie? Auf welche Weise? Wie sehr?
      → *vergebens, flugs, besonders, gewiss, ziemlich, größtenteils …*
   d) **Kausaladverbien (Grund):** Warum? Weshalb? Unter welcher Bedingung?
      → *deshalb, darum, demnach, daher, somit, also, dennoch …*
   e) **Kommentaradverbien (kommentieren, bewerten):** *leider, zweifelsohne, natürlich, vielleicht.* Du kannst sie nicht mit einer Frage ermitteln.
3. Einige Adverbien haben die **Endung s**: *mittags, nirgends …*

Sätze sinnvoll verbinden

Sponsorenlauf – Sport für die gute Sache

(1. *Obwohl/Sobald*) unser Sponsorenlauf seit fünf Jahren durchgeführt wird, engagieren wir uns immer wieder gern für die gute Sache, (2. *dass/weil*) wir für ein Kinderheim in Chile laufen. Dort leben viele Waisen und Kinder, deren Eltern nur wenig Geld haben, (3. *sodass/indem*) sie ihnen keine Schulausbildung ermöglichen können. (4. *Obwohl/Indem*) wir uns für das Kinderheim engagieren, kann die SV von dem Geld Bücher, Stifte und Hefte besorgen. Wir haben festgestellt, (5. *sodass/dass*) alle motivierter rennen, (6. *weil/indem/da*) sie wissen, (7. *wenn/dass*) sie mit dem Geld anderen eine Freude machen. (8) wir den Scheck losschicken, freuen wir uns, (9) das Geld gut angelegt ist.

1 a) Für welchen guten Zweck sammelt diese Schule Sponsorengelder?
   b) Nennt Gründe dafür, warum die Schüler sich für andere engagieren.

2 a) Schreibe den Text ab und wähle dabei aus den Klammern 1 bis 7 die passenden Konjunktionen aus. Lies vorher in der **LERNBOX** die Hinweise 1 bis 3.
   b) Ergänze zu den Klammern 8 und 9 selbst passende Konjunktionen. Vergleicht eure Ergebnisse: Bleibt der Sinn der Sätze gleich oder verändert er sich?
   c) Markiere in deinem Text die Konjunktionen und unterstreiche Haupt- und Nebensätze mit verschiedenen Farben. Was fällt dir auf?

A Wir laufen für andere.   (1) Wir sind hoch motiviert.
B Einige Sponsoren sind skeptisch.   (2) Wir können sie überzeugen.
C Wir gewinnen viele Sponsoren.   (3) Es kommt viel Geld zusammen.
D Das Geld schicken wir nach Chile   (4) Sie können Bücher und Spiele kaufen.
E Das Geld reicht nicht immer aus.   (5) Wir können stolz sein.

3 a) Verbinde die gegenüberliegenden Sätze mit einem inhaltlich passenden Adverb. Lies dazu den 3. Hinweis in der **LERNBOX**.
   b) Überprüfe mit der *Ersatzprobe*, ob du ein anderes Adverb einsetzen kannst.

Seite 324

> ### ⚠ LERNBOX
>
> **Sätze durch Konjunktionen und Adverbien verbinden**
> 1. Mit **Konjunktionen** und **Adverbien** lassen sich Sätze verbinden.
> 2. a) **Nebenordnende Konjunktionen** verbinden Hauptsätze zu **Satzreihen** *(aber, denn, doch, und, oder …): Die Schüler laufen für einen guten Zweck* (HS) *und sie fühlen sich gut dabei.* (HS).
>   b) **Unterordnende Konjunktionen** in **Satzgefügen** leiten Nebensätze ein *(als, wenn, weil, obwohl, falls, indem, da, sodass …): Die Schüler organisieren einen Sponsorenlauf* (HS), *weil sie den Kindern helfen wollen* (NS).
> 3. Auch mit **Adverbien** kannst du Sätze zu **Satzreihen** verbinden. Es sind **selbstständige Satzglieder,** die du im Satz umstellen kannst *(deshalb, daher, trotzdem, dennoch …): Es begann zu regnen* (HS), *daher wurde es rutschig* (HS). **Oder:** *Es begann zu regnen (HS), es wurde daher rutschig* (HS).

A Meine Großeltern sponsern mich, weil sie soziales Engagement toll finden!

B Seit wir den Lauf das erste Mal durchgeführt haben, unterstützen mich meine Nachbarn.

C Obwohl es regnet, sind viele Zuschauer da.

D Ich trainiere vorher, damit ich möglichst viele Runden um den Sportplatz schaffe.

E Ich halte mich fit, indem ich Apfelschorle trinke.

F Wenn unser Trainer mich auch unterstützt, habe ich schon drei Sponsoren.

G Meine Eltern finden die Idee so gut, dass sie extra zum Anfeuern kommen.

4 a) Lies die Aussagen der Schülerinnen und Schüler: Worüber sprechen sie?
b) Markiere die Konjunktionen und unterstreiche die Nebensätze.
c) Lies die **LERNBOX** und bestimme, welche Funktion die Nebensätze haben. Notiere jeweils die Fachbegriffe dazu: A = *kausaler Nebensatz*.
d) Prüfe, welche Konjunktion du durch eine andere ersetzen kannst, ohne den Sinn zu verändern. Orientiere dich an den Konjunktionen der **LERNBOX**.
e) Probiere aus, in welchen Sätzen du Adverbien verwenden könntest, ohne dass sich der Sinn verändert. Manchmal musst du die Sätze umstellen.

Folie
Seite 281

5 Vervollständige den „Bandwurm"-Satz (= komplexes Satzgefüge) durch passende Konjunktionen oder Adverbien.

Seite 281

(1) er völlig entkräftet war, (2) die Regenfälle nicht aufhörten, (3) die Strecke sehr rutschig war, gab er in der achten Runde auf, (4) wenigstens seine Mitschüler noch anfeuern zu können, (5) viel Geld zusammenkam.

❗ LERNBOX

Beziehungen zwischen Sätzen verdeutlichen
Durch die Verwendung **unterordnender Konjunktionen** kannst du die Beziehungen zwischen Haupt- und Nebensätzen bestimmen und die inhaltlichen Zusammenhänge verdeutlichen. Die Funktionen der Nebensätze können sein:
1. Angabe der **zeitlichen Abfolge**: *Als ich Tim fragte*, sagte er zu. (**temporaler NS**, HS) → sobald, bis, als, bevor, während, nachdem, seit ...
2. Angabe einer **Begründung**: Er läuft gerne mit, *weil er die gute Sache unterstützen will*. (HS, **kausaler NS**) → weil, da, zumal ...
3. Angabe einer **Bedingung**: *Falls ich zehn Runden schaffe*, erhalte ich von meinen Eltern den Bonus. (**konditionaler NS**, HS) → wenn, falls, sofern ...
4. Angabe des **Zwecks** oder der **Absicht**: Ich werde mich anstrengen, *damit ich mehrere Runden durchhalte*. (HS, **finaler NS**) → damit, um, (so)dass ...
5. Angabe einer **Folge**: Ich ziehe die Regenjacke an, *sodass ich gegen Nässe geschützt bin*. (HS, **konsekutiver NS**) → dass, sodass, als dass ...
6. Angabe einer **Einschränkung**: *Obwohl ich erkältet bin*, laufe ich mit. (**konzessiver NS**, HS) → obgleich, obwohl, wenngleich ...
7. Angabe der **Art** und **Weise**: *Indem ich Pia anfeuere*, motiviere ich sie. (**modaler NS**, HS) → indem, insofern, als ob, wie ...

Prüfe dein Wissen zu den Wortarten (Teil I):

Folie

Bearbeite die Aufgaben und überprüfe deine Ergebnisse mit dem Lösungsheft.

11
9

1 a) Bestimme den Kasus der unterstrichenen Wortgruppen: (1) = ...
   b) Bestimme, welche Arten von Pronomen jeweils unterschlängelt sind: (a) = ...

„Lauf um unser Leben!" – Unter diesem (a) Motto starteten die Schüler (1) der Astrid-Lindgren-Realschule (2) gestern einen Sponsorenlauf. Sie (b) hatten sich vorgenommen, 10 000 Euro (3) zu erlaufen, die (c) einem Naturschutzpark (4) im Regenwald zugutekommen sollen. Alle (d) wollen mit dem Geld die Pflege (5) des Waldes (6) ein Jahr lang unterstützen. Dazu mussten einige (e) Sportler (7) im Vorfeld Informationen (8) einholen, um das richtige Projekt (9) zu finden. Das (f) gelang ihnen (g) auch, weil sie intensiv geforscht hatten. Mit ihrer (h) Recherche waren am Ende alle (10) zufrieden. Und so geht das Geld des Sponsorenlaufes (11), das (i) von der SV gesammelt wird, nach Brasilien.

4
2

2 a) Vervollständige die folgenden Merksätze mit den richtigen Fachwörtern zu den Kasus.
   b) Markiere im Text aus Aufgabe **1** für beide Kasus ein Beispiel.

Die Präpositionen in, an, auf ... können sowohl den _____ als auch den

_____ erfordern. Durch die Kasus wird verdeutlicht, ob es sich um

einen _____ (Wo?) oder eine _____ (Wohin?) handelt.

8

3 Notiere die Verben in der genannten Zeitform.

A 1. Pers. Sg. Präteritum von *schreiben* // **B** 2. Pers. Pl. Präsens von *können*
C 3. Pers. Pl. Perfekt von *sein* // **D** 3. Pers. Sg. Plusquamperfekt von *haben*
E 2. Pers. Sg. Futur von *müssen* // **F** 1. Pers. Pl. Präteritum von *werden*
G 2. Pers. Pl. Plusquamperfekt von *dürfen* // **H** 3. Pers. Pl. Perfekt von *fallen*

9
4

4 a) Setze die Verben im Text (Teil A) in die richtige Zeitform. Bedenke dabei auch die Abfolge der Ereignisse und beachte die wörtliche Rede.
   b) Setze auch die Verben aus Teil B in die passende Zeitform.

A Die Gewinnsumme des Sponsorenlaufes versetzte alle in Erstaunen, da sie das gewünschte Ziel sogar noch (1. *überschreiten*): 10 450 Euro. Deshalb (2. *geben*) es auch ein großes Lob von der Schulleitung für alle emsigen Läufer. Besonders (3. *loben*) sie aber das Organisationsteam, weil es sich so viel Mühe bei der Recherche (4. *geben*). „Wir (5. *bewundern*) sehr, wie selbstständig und ausdauernd sie alles (6. *planen*)", (7. *meinen*) die Schulleiterin Frau Becker. „Das (8. *zutrauen*) ich meiner Schülerschaft nicht", (9. *ergänzen*) sie.
B Frau Becker mich (10. *anstrahlen*) und meinte, dass sie ihren Schülern jetzt alles (11. *zutrauen*). Auf jeden Fall die Schule im nächsten Jahr noch so einen Sponsorenlauf (12. *durchführen*). „Und vielleicht (13. *einsammeln*) wir wieder so viel Geld für die gute Sache", schmunzelte sie.

47
Summe

266 | Sprache betrachten | Wissen zu Wortarten testen

Prüfe dein Wissen zu den Wortarten (Teil II):

Bearbeite die Aufgaben und überprüfe deine Ergebnisse mit dem Lösungsheft.

1 a) Markiere im folgenden Text alle Sätze, die im Passiv stehen.
   b) Setze diese Sätze ins Aktiv.

Praktikum im Freizeitpark – Donnerstag, 29.05.20..

Meine Arbeitszeit begann um 6.30 Uhr. Im Besprechungsraum fand die Lagebesprechung der Gärtner statt. Die ersten Aufgaben wurden durch den Chefgärtner verteilt. Ich sollte die Blumenbeete vom angefallenen Müll der Besucher befreien. Dosen, Kaugummis und Papier wurden von uns aufgenommen und in einem Eimer gesammelt, damit sich die neuen Besucher wohlfühlen. Diese Aufgabe wurde sehr gründlich erledigt. Nach der Öffnung des Parks versammelten wir uns zur Frühstückspause. Andere Aufgaben wurden vom Chefgärtner an uns weitergegeben. Wir holten unsere Arbeitsgeräte, denn wir sollten die Rosenbeete jäten und wässern. Ca. 120 000 Rosen blühen hier jährlich. Damit das so bleibt, wurden die Beete auch von uns gedüngt.

2 Schreibe die folgenden Aussagen in indirekter Rede auf.

A Mert meinte: „Das Praktikum im Freizeitpark gefällt mir außerordentlich gut."
B „Wie viele Gärtner sind hier tätig?", fragte Mert seinen Betreuer.
C „Die Instandhaltung der Grünanlagen bedeutet jeden Tag viel Arbeit. Das können sich die Besucher gar nicht vorstellen", betonte er.
D Der Lehrer wünschte Mert: „Hab weiterhin viel Freude an deiner Arbeit!"

3 Setze im folgenden Text die Verbformen 1 bis 6 in den Konjunktiv II oder verwende die Ersatzform mit *würden*.

Wenn ich mein Praktikum beim Zahnarzt (1. *absolvieren*), (2. *langweilen*) ich mich wohl, denn ich nichts (3. *machen können*). Ich (4. *sterilisieren dürfen*) die Instrumente nicht und keine Zahnfüllungen (5. *anrühren*). Ich (6. *zusehen können*) nur.

4 Markiere in den Sätzen unten die verwendeten Adverbien und bestimme sie.

A Nina teilt diese Ansicht zum Praktikum beim Zahnarzt keineswegs.
B Sie arbeitet von früh bis spät am Empfang bei Dr. Wertmann.
C Deshalb lautet ihr Berufswunsch: medizinisch-technische Assistentin.
D Vielleicht bietet er ihr einen Ausbildungsplatz an.

5 a) Verknüpfe die Sätze unten mit passenden Konjunktionen zu Satzgefügen.
   b) Bestimme, was durch den Nebensatz angegeben wird. Notiere auch die Fachbegriffe, z. B. eine Bedingung = konditionaler NS.

A Mach dir zum Tagesablauf Notizen. / Du benötigst sie zum Berichtschreiben.
B Lass dir Fachbegriffe erklären. / Du kannst sie im Bericht richtig verwenden.
C Halte die Zeiten der Tätigkeiten fest. / Du notierst sie in einer Tabelle.

Verschiedene Sprachen vergleichen – Subjekt und Prädikat untersuchen

Deutsch	...	...	...
A) Nathan ist ein braver Junge.	Nathan is a good guy.	Nathan est un bon garçon.	Nathan es un buen chico.
B) Er hat sich den Wecker auf acht gestellt, weil er den Tag nicht verplempern will.	He has set his alarm for eight o'clock, because he doesn't want to waste the day.	Il a mis le réveil à huit heures, parce qu'il ne veut pas perdre la journée.	Él ha puesto el despertador a las ocho porque no quiere perder el día.
C) Es sieht so aus, als würde Nathan heute Abend auf eine Party gehen.	It looks as if Nathan might be going to a party tonight.	On dirait que Nathan va aller à une fête ce soir.	Parece que Nathan podría ir a una fiesta esta noche.

1 Erkläre mithilfe des Textauszugs „5999. Tag" auf Seite 147, wer Nathan eigentlich ist. In welcher Beziehung steht er zu den Figuren A und Rihannon?

Folie **2 a)** Mache dir klar, in welche Sprachen der deutsche Satz aus der ersten Spalte jeweils übersetzt wurde, und notiere diese über jeder Spalte.
Folie **b)** In den Sätzen wurden zum Teil Subjekt und Prädikat markiert. Markiere die weiteren Subjekte und Prädikate mit verschiedenen Farben.
c) Vergleiche die Sprachen miteinander. Suche für jeden Hinweis in der **LERNBOX** ein passendes Beispiel aus der Tabelle heraus.

⚠ LERNBOX

Subjekt und Prädikat in verschiedenen Sprachen
1. **Satzglieder** sind die Bausteine eines Satzes. Das **Subjekt** (*Wer oder Was?* → S) bestimmt die **Personalform des Prädikats** (Verb → P).
2. Je nach Sprache ist die **Bildung oder die Schreibweise des Verbs anders**: So können Verben z. B. Vorsilben und präpositionale Ergänzungen haben *(auf*stehen / to get *up*) oder reflexiv sein *(se lever / levantarse)*.
3. Auch um **Tempus-** oder **Modusformen** auszudrücken, werden Verben **unterschiedlich zusammengesetzt** oder erhalten **andere Endungen**: *Sie ist zum Strand gegangen. / Elle est allée à la plage. // Könnte ich doch auch gehen! / Je pourrais aller aussi!*
4. Im Hauptsatz steht das **Prädikat** zumeist **an zweiter Stelle**. Ein mehrteiliges Verb kann jedoch nur im Deutschen getrennt voneinander im Satz stehen: *Nathan (S) steht (P1) früh auf. (P2). / Nathan (S) gets up (P) early. / Nathan (S) se lève (P) tôt. / Nathan (S) se levanta (P) temprano.*
5. Einige Sprachen **können auf das Subjekt verzichten**, weil es durch die **Prädikatform** angezeigt wird: *Parece que (Span.)* → *Es sieht so aus, ...*
6. Im Deutschen, Englischen, Französischen und Spanischen stehen Subjekt, Prädikat und Objekt meistens in der **Reihenfolge S-P-O**. Nur im Deutschen können diese Satzglieder umgestellt werden: *Wir können Englisch sprechen.* → *Englisch können wir sprechen.*
We can speak English. / Nous savons parler anglais. / Nosotros podemos hablar Inglés.

Satzglieder

Objekte – Satzglieder, die vom Prädikat abhängen

A Der Geflügelzüchter verleiht seine Hühner.
B Einige Menschen beschuldigen ihn der Tierquälerei.
C Anderen tut er einen großen Gefallen.

1 a) Unterstreiche in den Sätzen die Prädikate und markiere die Objekte.
b) Bestimme mithilfe der **LERNBOX**, um welches Objekt es sich jeweils handelt. Notiere dazu die passenden Fragen.

Eier wachsen nicht im Supermarkt: Geflügelzüchter vermietet Hühner

A Neuhofen (dpa). Fünf Hühner bedürfen der Pflege – so lautet das Motto von Alex P., denn der Geflügelzüchter aus Hagen vermietet lebende Hühner. Und so begegneten die gackernden Gefährten schon Kindern und Pensionären. Der Züchter klärt auf: „Die Erzieher wollten den Kindern die Herkunft des Eis nahebringen, denn manche denken, das Ei wächst im Supermarkt im Karton." Aber die Hühner erfüllten nicht ganz ihren Zweck. Allzu viele Eier legten sie nicht. Und deshalb ergänzten die Betreuer fremde Gelege, damit die Kinder dennoch Eier finden konnten. Ein Seniorenheim hat auch Alex' Hühner beherbergt und so eine ländliche Atmosphäre entstehen lassen. Die Senioren dankten der Heimleitung, sie fühlten sich an früher erinnert.
B Tierschützer bezichtigen Alex P. der Tierquälerei, sie beschuldigen ihn der Stressverursachung. Ein Laie könne eine Erkrankung nicht erkennen. P. weist die Vorwürfe zurück: Er gewährleiste eine artgerechte Unterbringung, die Tiere behielten ihr eigenes Hühnerhaus. Er nutze zudem Hühnerrassen, die den Belastungen widerstehen.

2 a) Diskutiert, ob ihr die Idee von Alex P. sinnvoll findet oder nicht.
b) Erfrage in Teil A des Textes die Objekte mit den unterstrichenen Prädikaten. Markiere und bestimme sie: *Wessen bedürfen die Hühner? → der Pflege.*
c) Unterstreiche in Teil B die Prädikate. Markiere und bestimme die Objekte.

⚠ LERNBOX

Was sind Objekte?
1. Objekte sind **Nomen und ihre Begleiter** oder **Pronomen**.
2. Das **Prädikat** (Verb) bestimmt den Kasus eines Objektes. Erfrage daher das Objekt immer mithilfe des Prädikats:
   a) **Genitivobjekt** *(Wessen?)*: *Der Fall bedarf einer Klärung.*
   b) **Dativobjekt** *(Wem?)*: *Die Hühner gehören dem Vermieter.*
   c) **Akkusativobjekt** *(Wen oder was?)*: *Das Huhn legt kein Ei.*
   d) Nach einigen Verben folgen ein **Dativ- und ein Akkusativobjekt**:
   Rudi schenkt den Rentnern (Dativ) *Freude* (Akkusativ).

Satzglieder | 3.4.5 Satzglieder unterscheiden: Objekte

Präpositionale Objekte – Prädikate mit Präposition verwenden

A Die Polizei kümmert sich ?? Temposünder, die zu schnell sind.
B Wenn diese ?? die Strafe protestieren, wird das Beweisfoto herangezogen.
C ?? den Temposündern hört man dann meist nichts mehr.

1 a) Ergänze die Lücken in den Sätzen: Welche Wortart hast du jeweils eingefügt?
b) Ermittle mit dem Prädikat und der Präposition das Objekt (s. **LERNBOX**).
c) Bestimme mit einem Lernpartner den Kasus, in dem das Objekt steht.

Papagei als Temposünder in 30er-Zone unterwegs

Meist ist die Polizei kaum kompromissbereit, wenn sie Raser erwischt. Bei einem gefiederten Missetäter sahen die Beamten jedoch (1) ab. Wer in einer Tempo-30-Zone nicht so genau (2) achtet, kollidiert schnell (3): Nur wenige Stundenkilometer mehr als 30 km/h ziehen bereits Geldbußen nach sich. Im pfälzischen Zweibrücken bereitete sich die Polizei (4) vor, um Temposünder zu ertappen. Mit 43 km/h sorgte da jemand (5).

Doch die beiden Beamten an der Kontrollstelle zweifelten zunächst (6). Sie erschrecken sich (7), denn auf der Straße konnten sie kein Fahrzeug entdecken. Dann staunten sie nicht schlecht (8): Statt eines rücksichtslosen Bleifußes war ihnen ein flatternder Papagei in die Falle gegangen. Die Polizeidienststelle lachte (9) und ein Sprecher scherzte: „Die Verfolgung konnten wir leider nicht aufnehmen. Wir warten noch (10)."

über das Blitzerfoto – auf eine Kontrolle – auf sein Tachometer – für Aufregung – auf das Begleichen des Ordnungsgeldes von 15 Euro – über die Messung – mit dem Gesetz – an ihrer Wahrnehmungsfähigkeit – von einer weiteren Verfolgung – über den Vorfall

---

Folie

2 Ergänze die fehlenden präpositionalen Objekte in dem Zeitungsartikel:
a) Unterstreiche die Prädikate und überlege, welche Präpositionen ihnen folgen.
b) Notiere, welche präpositionalen Objekte aus dem Kasten in die Lücken passen, und markiere die Präpositionen: (1) = von einer weiteren Verfolgung.
c) Bestimme, in welchem Kasus die präpositionalen Objekte stehen.

⚠ LERNBOX

Was sind präpositionale Objekte?
1. Einige **Verben** werden **zusammen mit einer Präposition** verwendet
   (für, auf, an, von, um, über, vor, mit), z. B. warten auf, sich kümmern um, ...
2. Das Objekt nach diesen Verben nennt man **präpositionales Objekt**.
   Du kannst es nur **mithilfe des Prädikats und der Präposition erfragen**.
3. Der Kasus des Objektes richtet sich nach der Präposition:
   Die Beamten kümmerten sich nicht um den Temposünder. → Um wen oder was kümmerten sich die Beamten nicht? → Akkusativ. // *Das Bußgeld hängt von der Messung ab.* → Von wem hängt das Bußgeld ab? → Dativ.

Adverbiale Bestimmungen – genaue Angaben machen: Zeit, Ort, Grund, Art und Weise

„Nun siehst du (1) <u>endlich</u> das bekannteste Werk Hoppers. Er hat es (2) <u>im Jahre 1942</u> (3) <u>mit Öl</u> (4) <u>auf Leinwand</u> gemalt. (5) <u>Bis heute</u> hängt es (6) <u>im „Art Institute of Chicago"</u>. (7) <u>Sicher</u> fällt dein Blick sofort auf die Bar im Neonlicht, (8) <u>weil rundherum alles menschenleer und dunkel ist</u>. Sie befindet sich (9) <u>in einem Eckgebäude</u>. Nur drei Besucher sitzen (10) <u>am Tresen</u>. Die Frau starrt (11) <u>mit leerem Blick</u> (12) <u>geradeaus</u>, und (13) <u>neben ihr</u> blickt der Mann auf den Tresen. Der zweite Mann sitzt (14) <u>an der vorderen Seite der Bar</u>. (15) <u>Deshalb</u> wirkt die Szene (16) <u>einsam</u>. (17) <u>Wenn du genau hinschaust</u>, siehst du, dass der Kellner (18) <u>wie ein Matrose</u> gekleidet ist …"

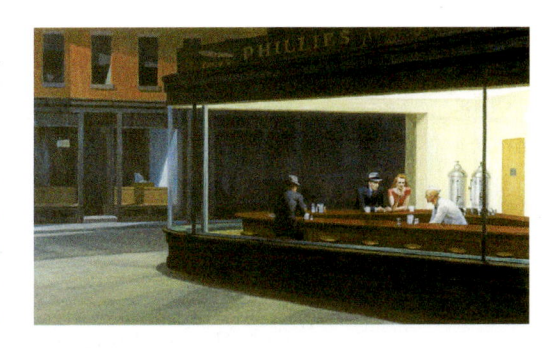

1 a) Besprecht, ob der Audioführertext zum Bild „Nighthawks" gut gelungen ist.
b) Lies den Text ohne die unterstrichenen Satzglieder: Was hat sich verändert?
c) Bestimme mithilfe der **LERNBOX**, um welche Satzglieder es sich jeweils handelt. Schreibe so: *(1) endlich → adv. Best. der Zeit: Wann?*
d) Setze den Audioführertext zu dem Bild fort.

A Hoppers Bilder inspirierten unter anderem Filmregisseure wie Alfred Hitchcock. *(+ adv. Bestimmung der Art und Weise)*
B Hitchcock wählte für das Hotel in „Psycho" das Bild „House by the Railroad" (1925) als Vorbild. *(+ adv. Bestimmung des Grundes)*
C Im Film „Casablanca" saß schon Humphrey Bogart neben der schönen Ingrid Bergmann an einer Bar. *(+ adv. Bestimmung der Zeit)*

2 Ergänze die Sätze A bis C durch passende Adverbialsätze. Wähle dazu aus den Beispielen unten aus. Manchmal musst du die Sätze umstellen:
indem er die beeindruckende Atmosphäre übernahm – noch bevor Hopper im Bild den Mann neben die schöne Frau setzte – da das abgebildete Haus seinen Vorstellungen genau entsprach

> **! LERNBOX**
>
> **Was sind adverbiale Bestimmungen?**
> 1. Adverbiale Bestimmungen sind **Satzglieder**, die eine Handlung oder ein Geschehen genauer erläutern.
> 2. Du kannst folgende Arten unterscheiden: **Adverbiale Bestimmung …**
>   a) **des Ortes:** *Wo? Woher? Wohin? Wie weit? – auf Leinwand …*
>   b) **der Zeit:** *Wann? Wie lange? Seit wann? Wie oft? – jetzt …*
>   c) **der Art und Weise:** *Wie? Woraus? Womit? Wodurch? – sicher …*
>   d) **des Grundes:** *Warum? Wozu? – deshalb, aus Trauer …*
> 3. Auch **Nebensätze** können adverbiale Bestimmungen sein (Adverbialsätze): *Sicher fällt dein Blick auf die Bar, <u>weil alles so menschenleer ist</u>. (Warum?)*

Attribute – genaue Angaben zu Nomen machen

Strom aus Windkraft

A Der schlanke (____) Turm einer Windenergieanlage (____), an dem sich drei Rotorblätter drehen (____), ist in der Regel 100 bis 150 Meter hoch. Neben so einem riesigen (____) Windrad aus Beton (____) sieht man ganz klein aus. Durch die Drehung der Rotorblätter (____) wird ein Generator angetrieben, der Strom erzeugt (____). Ein großes (____) Windrad, das 3 Megawatt Strom produziert (____), kann über 2 000 Haushalte mit Strom versorgen.

B In Deutschland gab es 2016 über 28 000 Windräder, die Strom für zahlreiche Haushalte erzeugten. Die Strommenge ist abhängig von der Windgeschwindigkeit, der Grundvoraussetzung für die Energiegewinnung. Deshalb müssen sich die Rotorblätter mit ihrer aerodynamischen Form in einer ausreichenden Höhe befinden. Da sich die Richtung des Windes immer ändert, besitzt die Anlage ein hochsensibles Windmessgerät. Ändert sich die Windrichtung, meldet das Gerät der Gondel mit den Rotorblättern, wohin sie sich drehen muss.

Folie

Seite 281

1 a) Lies den Text ohne die unterstrichenen Textteile. Wie wirkt er auf dich?
b) Bestimme in Teil **A** mithilfe der **LERNBOX** die unterstrichenen Attribute. Schreibe die passende Regel in die Klammern dahinter.
c) Finde in Teil **B** die Attribute alleine und bestimme sie. Nutze die **LERNBOX**.

In der Nordsee wird ein Offshore-Windpark gebaut. Dort bläst ein Wind. Dadurch kann fast Strom erzeugt werden wie mit vergleichbaren Anlagen. Dort stören die Geräusche nicht die Menschen. Aber das Surren ist auch nützlich: So sind Vögel gewarnt und können abdrehen. Der Windpark wird nicht im Naturschutzgebiet gebaut.

2 a) Zeitungsmeldungen sind zwar knapp, aber so knapp doch nicht. Ergänze mithilfe der Erweiterungsprobe die Attribute, die zum Verständnis wichtig sind:
neuer / eine Ansammlung von Windrädern im Meer / der fern von Wohngebieten liegt / stärkerer / doppelt so viel / der Rotorblätter / der Windräder / neue
b) Vergleiche deinen Text mit einem Partner. Es gibt verschiedene Lösungen.

⚠ LERNBOX

Was sind Attribute?
Mit Attributen machst du **genauere Angaben** zu einem Nomen. So werden deine Texte **informativer, anschaulicher** und **lebendiger**. Du unterscheidest:
1. **Adjektiv:** *der hohe Turm*
2. **Nomen im Genitiv:** *der Turm einer Windkraftanlage*
3. **Relativsatz (Attributsatz):** *der Turm, der 60 bis 100 Meter hoch sein kann*
4. **Präpositionalausdruck:** *der Turm aus Beton*
5. **Apposition:** *der Turm, ein wesentlicher Bestandteil der Anlage, …*
6. **Adverb:** *der Turm dort*

dass-Sätze, Infinitivsätze – abwechslungsreich formulieren

Strom aus Biomasse

Holz, Stroh und Biogas sind Energieträger. Der Vorteil dieser Rohstoffe ist, <u>dass man sie immer wieder neu produzieren kann</u>. Durch Verbrennen von Stroh oder Holz kann man Wasser erhitzen. Der entstehende Wasserdampf kann eine Dampfturbine antreiben, die
5 mithilfe eines Generators Strom erzeugt. Außerdem ist es möglich, dass man mit dem heißen Wasserdampf Wohnungen beheizt oder Duschwasser erwärmt. Als Brennholz verwendet man oft Abfallholz, das in den Sägewerken als Holzspäne anfällt. Diese eignen sich für die Energieerzeugung hervorragend. Es muss also nicht sein,
10 dass man extra Wälder abholzt. Für Biogas ist Voraussetzung, dass Mist oder Gülle in einem großen luftdichten Tank vergoren wird. Mithilfe von Bakterien gelingt es, dass daraus Methangas und Dünger erzeugt werden. Das Methangas treibt einen Motor an, der Strom produziert. Wenn es gelingt, dass man auch die dabei erzeugte Wärme verwenden kann, dann haben Biogasanla-
15 gen eine große Wirkung. Für Landwirte, die Biogasanlagen betreiben, ist es naheliegend, dass sie den entstandenen Dünger auf die Felder bringen.

1 Die Umwelt-AG informiert in der Schülerzeitung über Biomasse als Energielieferant. Erkläre, welche Vorteile Strom hat, der aus Biomasse gewonnen wurde.

2 In dem Text wurden viele *dass*-Sätze verwendet. Gestalte ihn abwechslungsreicher. Lies die **LERNBOX** und gehe dann so vor:
a) Unterstreiche alle *dass*-Sätze.
b) Schreibe die Sätze in dein Heft und formuliere dabei die *dass*-Sätze in *Infinitivsätze* um. Beispiel: Zeile 1–2: Der Vorteil dieser Rohstoffe ist, sie immer wieder neu produzieren zu können.
c) Entscheide, an welchen Stellen du eher einen *dass*-Satz und wo du einen Infinitivsatz formulieren würdest. Schreibe den Text dann neu.

⚠ LERNBOX

Abwechslungsreich mit *dass*-Sätzen und Infinitivsätzen formulieren:
1. Die **Konjunktion *dass*** leitet einen Nebensatz ein und steht oft nach Verben wie *wissen, meinen, behaupten, vermuten, sich freuen, wollen, glauben*:
Ich meine, <u>dass das Stromangebot vielfältig ist</u>.
Oder: <u>Dass das Stromangebot vielfältig ist</u>, meine ich.
2. *Dass*-Sätze kannst du zumeist in **Infinitivsätze** umformulieren:
Durch Verbrennen von Stroh und Holz ist es möglich, <u>dass Wasser erhitzt wird</u>. (dass-Satz) / Durch Verbrennen von Stroh und Holz ist es möglich, <u>Wasser zu erhitzen</u>. (Infinitivsatz)
3. Wenn du dich **abwechslungsreich** ausdrücken möchtest, verwende **sowohl** *dass*-Sätze als auch Infinitivsätze.

Nebensätze als Satzglieder

Wann? Wo?
Warum? Wie?
Wer oder was?
Wem?
Wen oder was?

A Das Gedicht „Heimat" **schrieb** der in Hamburg lebende Sänger Johannes Oerding, <u>nachdem er zu Besuch in seinem Heimatort Geldern-Kapellen war</u>.
B Er stellte fest, <u>dass die Heimat einen überallhin begleitet</u>.
C <u>Wer das nicht versteht</u>, ist sicherlich noch nie umgezogen.
D <u>Weil Oerding mit jedem Ort besondere Erlebnisse und Gefühle verknüpft</u>, fühlt er sich sowohl in Geldern als auch in Hamburg wohl.

1 Mache dir klar, worum es in dem Gedicht „Heimat" (S. 201) geht. Mit wem spricht das lyrische Ich?

Folie

2 Ermittle, um welches Satzglied es sich bei den unterstrichenen Nebensätzen (A–D) handelt. Lies die **LERNBOX** und gehe so vor:
a) Markiere die Prädikate in den Hauptsätzen wie im Beispiel.
b) Erfrage mithilfe der Fragewörter am Rand und dem Prädikat des Hauptsatzes, um welches Satzglied es sich bei dem Nebensatz handelt. Schreibe so:
A: Wann schrieb Johannes Oerding das Gedicht „Heimat"?
→ ... nachdem er zu Besuch in ... war. = Adverbialsatz (Zeit)

E Bereits in der ersten Strophe wird deutlich, dass der Heimatbegriff für das lyrische Ich sehr wichtig ist.
F Weil es sich dort geborgen fühlt und Trost findet, trägt es die Heimat stets im Herzen.
G Wer eine Heimat hat, ist nicht einsam oder traurig.
H Hier wird deutlich, wem diese Botschaft gilt.
I Der Songwriter zweifelt nicht daran, dass viele Menschen die gleiche Sehnsucht nach der Heimat in sich tragen.

Folie Seite 281

3 Welchen Satzgliedern entsprechen diese Nebensätze? Gehe so vor wie in Aufgabe **2**. Unterstreiche zuvor die Nebensätze, die du bestimmen sollst.

⚠ LERNBOX

Welche Nebensätze sind Satzglieder?

1. **Adverbialsätze** (= Nebensätze) können adverbiale Bestimmungen (= Satzglieder) sein (vgl. **LERNBOX**, S. 271, Hinweis 5). Sie geben Antworten auf die Fragen *Wann?, Wo?, Warum?, Wie?*.
2. Nebensätze können im gesamten Satz auch die Rolle eines **Subjekts** (Subjektsatz) oder **Objekts** (Objektsatz) einnehmen:
    a) *Dass Heimat wichtig ist, wird schon zu Beginn deutlich.*
       → **Wer oder was** wird schon zu Beginn deutlich? = **Subjektsatz**
    b) *Das lyrische Ich schreibt, wem es will.*
       → **Wem** schreibt das lyrische Ich? = **Objektsatz im Dativ**
    c) *Dass die Heimat zu einem Gedicht anregt, kann ich mir vorstellen.*
       → **Wen oder was** kann ich mir vorstellen? = **Objektsatz im Akkusativ**
    d) *Er ärgert sich, dass er nicht mehr so oft seine Heimat sieht.*
       → **Über wen oder was** ärgert er sich? = **Objektsatz mit Präposition**

Prüfe dein Wissen zu Satzbau und Satzgliedern!

Bearbeite die Aufgaben und überprüfe deine Ergebnisse mit dem Lösungsheft.

1 Schreibe aus den folgenden Sätzen alle Objekte heraus und bestimme sie. [10]

(1) Der neue Mitschüler Spiros gefällt Denise. (2) Sie möchte ihn ins Kino einladen und fragt ihre Freundin. (3) Die Freundin rät Denise: „Schreib ihm einen Brief!" (4) Denise befolgt den Rat und gibt dem Jungen den Brief. (5) Spiros erfreut sich der Aufmerksamkeit, ist aber wegen des Kinoabends auch nervös.

2 a) Verbinde die Verben mit passenden Präpositionen. [4]
b) Bilde damit Sätze mit präpositionalen Objekten. Nutze dazu den Wortspeicher. [4]

warten	um
denken	über
sich kümmern	auf
sich beschweren	an

> bessere Wetterbedingungen – die neuen Mitschüler – den Müll im Klassenraum – den Geburtstag

3 Unterstreiche und bestimme in den Sätzen die adverbialen Bestimmungen. [7]

A Er ging, nachdem er seine Aufgaben erledigt hatte.
B Sie bekam rote Wangen, weil ihr das Missgeschick peinlich war.
C Viele Menschen reagieren zornig, wenn sie eine Ungerechtigkeit bemerken.
D Der Elefant hatte sich jetzt den Hut mit dem Rüssel auf den Kopf gesetzt.

4 Markiere die Attribute und kennzeichne das zugehörige Nomen mit einem Pfeil. [5]

A Die Romane dieser Schriftstellerin sind weltberühmt.
B Am Wochenende sahen wir den preisgekrönten Kinofilm.
C Das Spiel, das neu auf dem Markt ist, gefällt uns.
D Sie trägt lieber echten Schmuck aus Silber.

5 Formuliere die *dass*-Sätze zu Infinitivsätzen um. Notiere sie in deinem Heft. [2]

A Ich hoffe, dass ich meinen Freund heute treffe.
B Der Kellner bittet den Gast, dass er den Hund anleint.

6 Markiere die Nebensätze und bestimme, um welche Satzglieder es sich handelt. [4]

A Dass du hier bist, freut uns sehr.
B Wir laden ein, wen wir wollen.
C Uns ist wichtig, wem wir eine Freude machen.
D Sie zweifeln daran, dass alle pünktlich kommen.

Summe: 36

Textfunktionen unterscheiden

A Hier siehst du das Bild „Abend in Cape Cod" von Edward Hopper aus dem Jahr 1939. Dazu musst du wissen, dass das Ehepaar Hopper in South Turo auf Cape Cod ein Sommerhaus besaß ...

B Kommt zur Hopper-Ausstellung in die Aula, denn diesem Maler des amerikanischen Realismus ist unsere neue Ausstellung gewidmet. Erstmalig zeigt unser Kurs „Darstellen und Gestalten" die zahlreichen Bilder, die wir nach Hoppers Vorbild gemalt haben.
Wir freuen uns auf euren Besuch!

C Ich kam am Abend in Cape Cod an. Es war schon dunkel und ich hatte keine Zeit mehr, mich draußen umzusehen. Als ich meinen Koffer aus dem Auto holte, begann es zu regnen. „Es regnet hier zwar öfter, aber nie lange" – Ich hoffte, dass die Wirtin recht behielt, aber leider sollte sie sich ...

D – Jacken und Taschen sind vor Betreten der Ausstellung an der Garderobe abzugeben.
– Das Anfassen der Gemälde ist strikt untersagt!
– Fotografieren ist nur ohne Blitzlicht erlaubt.

Durch das Lösen der Eintrittskarte erkenne ich diese Verhaltensregeln an.

E Liebe Schüler der 8d),
auf diesem Wege möchten wir euch unsere Anerkennung für eure Ausstellung aussprechen. Die Bilder, die ihr nach dem Vorbild von Edward Hopper gemalt habt, sind euch wirklich fabelhaft gelungen. ...

1 Beurteile die Textanfänge, indem du die folgenden Fragen beantwortest:
   a) Um welche Textart handelt es sich und wo könnte der Text erschienen sein?
   b) Lies in der **LERNBOX** über die Funktionen eines Textes (Hinweis 1) und gib an, welche Funktion auf die Texte A–E zutrifft. Erkläre, woran du das erkennst.
   c) Welche Texte sind sachlich formuliert? Lies dazu Hinweis 2 in der **LERNBOX**.

> **! LERNBOX**
>
> **Textfunktionen**
> 1. Texte werden mit bestimmten Absichten verfasst und erfüllen daher jeweils verschiedene Aufgaben. Du kannst diese **Textfunktionen** unterscheiden:
>   a) **Information:** Es geht um die Vermittlung von Wissen, der Adressat erhält also Angaben zu einem Gegenstand/Ereignis (z. B. *Meldung, Lexikon* ...).
>   b) **Regulierung:** Der Leser ist dazu verpflichtet, bestimmte Handlungsweisen einzuhalten (z. B. *Verträge, Gesetze, Hausordnung* ...).
>   c) **Appell:** Der Leser soll dazu bewegt werden, eine bestimmte Haltung einzunehmen oder eine bestimmte Handlung auszuführen (z. B. *Werbung* ...).
>   d) **Kontakt:** Es soll eine persönliche Beziehung zum Adressaten hergestellt werden oder aufrecht erhalten bleiben (z. B. *Gratulationsschreiben* ...).
>   e) **Selbstdarstellung:** Der Verfasser stellt sich selbst und sein Handeln in den Mittelpunkt (z. B. *Tagebuch, Autobiografie* ...).
> 2. Je nach Textfunktion und Adressat musst du deine Sprache anpassen: Wenn du z. B. etwas **beschreibst**, über ein Ereignis **berichtest** oder einen Text **untersuchst**, willst du andere **informieren**. Du schreibst also **sachlich**.

Sich verständlich ausdrücken

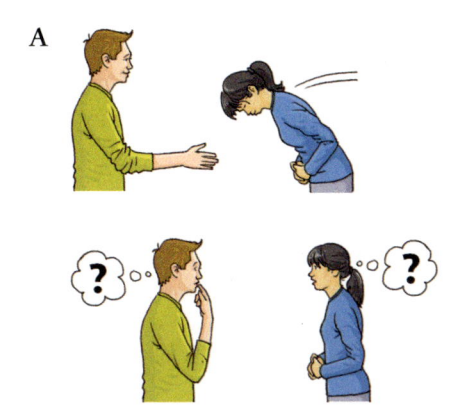

A

B Julian trifft im Supermarkt Meier auf Herrn Rosenstolz.
Herr Rosenstolz sagt: „Ich freue mich, dass du da bist. Komm am besten gleich mit, weil ich noch viel zu tun habe. Zuerst muss ich aber noch mit Frau Pfeffer sprechen."
Julian weiß nicht, ob er sofort oder später mitkommen soll.

1 a) Was sind die Gründe dafür, dass es in den Situationen A und B zu Missverständnissen kommt? Notiere sie.
b) Ergänze weitere Gründe, die zu Missverständnissen führen können.

2 a) Wie hätten sich die Personen in Situation A und B verhalten können, um Missverständnisse zu vermeiden? Erläutere deine Ideen mithilfe der **LERNBOX**.
b) Wähle eine der Situationen oben aus und löse das Missverständnis auf. Schreibe den Dialog weiter oder verfasse einen neuen zu A oder B.

💡 Seite 281

Ein englischer Autofahrer wird von zwei sächsischen Beamten angesprochen.
Polizist: „Baul, schreib uff: Dor Fohror hat soi Lengrod uff dor falschen Seide."
Autofahrer: „Pardon, did I do anything wrong?"
Polizist: „Schreib uff: Dor Fahrer red nur wirres Zeusch."
   Der Polizist geht um den Wagen herum und sieht auf dem Nummernschild einen Aufkleber mit „GB". Aufgeregt läuft er zum Kollegen.
Polizist: „Baul, streisch olles durch, dor Mann ist von dor Griminal Bolizei!"

3 Erkläre, worin der Witz besteht und was dieser mit Kommunikation zu tun hat.

⚠ LERNBOX

Erfolgreich Gespräche führen
1. Um erfolgreich Gespräche zu führen, muss der **Sender** (= derjenige, der etwas sagt) **eindeutig und verständlich formulieren** und der **Empfänger** (= Zuhörer) **aufmerksam zuhören**. Zudem müssen beide den gleichen **Code** verwenden. Zum Code gehören z. B. das Beherrschen derselben Sprache, das Wissen um kulturelle Sitten, der berufliche Hintergrund …
2. Ob sich Menschen in einem Gespräch verstehen, hängt auch von ihrer **Beziehung** untereinander sowie ihrer **Stimmlage**, **Mimik** und **Gestik** ab.
3. So **vermeidest** du **Missverständnisse**:
   – Begegne deinem Gesprächspartner **höflich, freundlich** und **offen**.
   – Gehe durch **Gestik** oder **Nachfragen** auf deinen Gesprächspartner ein.
   – Zeige dein Interesse auch durch eine **offene Körpersprache**.
   – Zeige **Bereitschaft**, andere Kulturen und Sitten kennenzulernen.

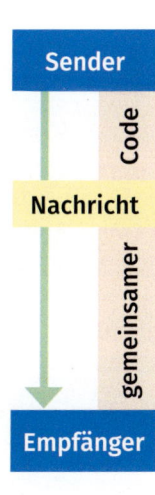

Sender → Code → Nachricht → gemeinsamer → Empfänger

Fachsprache verstehen und anwenden

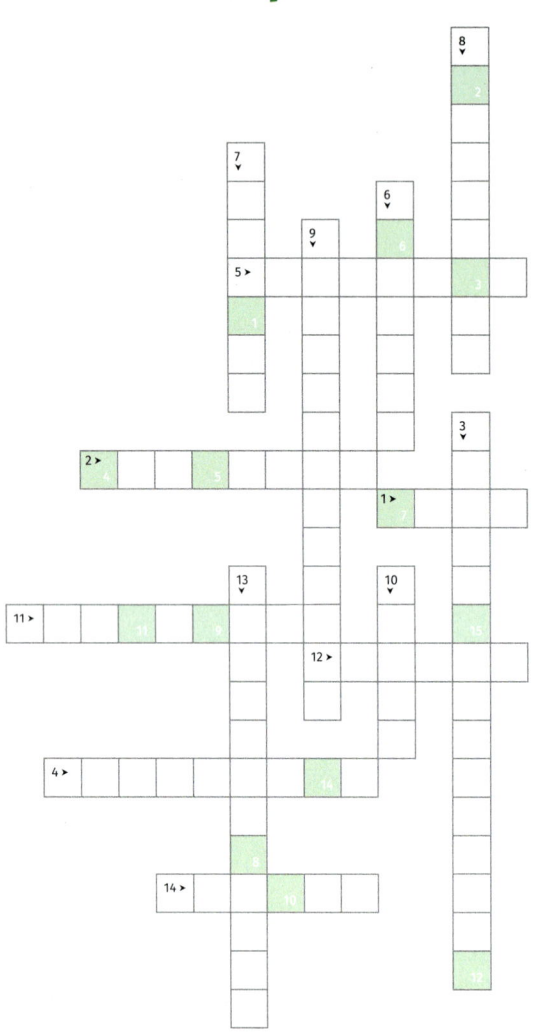

1. „Zeile" in einem Gedicht
2. bildhafter, übertragener Vergleich
3. Vermenschlichung
4. Das Ich im Gedicht heißt … Ich.
5. „aabb" ist ein …
6. die „Päckchen", in denen die Verse gebündelt sind
7. Wiederholung derselben Wortgruppen in Versanfängen
8. sprachlich etwas gleichsetzen (mit *wie* oder *als*)
9. Wiederholung des gleichen Satzbaus
10. Fachwort für (alle) Gedichte in der Literatur
11. „abab" ist ein …
12. Wenn der Endreim nur ähnlich klingt, ist er …
13. Der umarmende Reim und der Haufenreim sind weitere …
14. *Notiz*, *Delfin*, *Natur* haben dasselbe Metrum, nämlich einen …

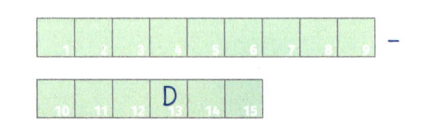

Folie
Seite 281

1 Wie fit bist du in der Fachsprache Deutsch? Löse das Kreuzworträtsel und finde das Lösungswort. Du kannst im Kapitel „Von Nähe und Ferne" (S. 190–211) die Fachbegriffe in den **LERNBOXEN** nachlesen oder im Internet recherchieren.

2 a) Lege dir eine Fachwortkartei an, in der du die Fachbegriffe mit eigenen Worten erklärst. Notiere auch ein passendes Beispiel und eine mögliche Wirkung.
b) Nutze die Kartei zum Lernen der Fachbegriffe.

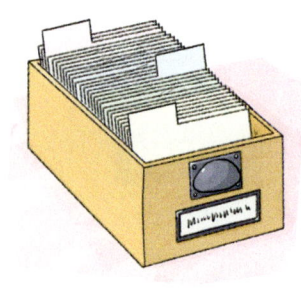

---

die Metapher

Sprachliches Mittel:
„Ich habe Schmetterlinge im Bauch."
Wirkung: Veranschaulichung

die Reimschemata

Paarreim: aabb
Kreuzreim: abab
Umarmender Reim: abba
Haufenreim: aaa bbb
Wirkung: harmonisch

Prüfe dein Wissen zum mündlichen und schriftlichen Sprachgebrauch!

Bearbeite die Aufgaben und überprüfe deine Ergebnisse mithilfe des Lösungshefts. **Folie**

1 a) Nenne die Texte, aus denen die folgenden Sätze stammen könnten. [4]
   b) Ordne den Beispielen die entsprechenden Textfunktionen zu. [4]

A Hallo Oma, hab vielen Dank für das schöne Geschenk. Ich habe mich sehr gefreut. Schade, dass du nicht zu meinem Geburtstag kommen konntest. …
B Vor Betreten des Labors sind die Hände zu waschen und zu desinfizieren.
C Am 24. September ist Wahltag. Entscheiden Sie mit und gehen Sie wählen.
D Düsseldorf. Gestern Vormittag verunglückte auf der Landstraße ein mit Gurken beladener LKW. Er kam aus ungeklärten Gründen von der Fahrbahn ab und fuhr in einen Hühnerstall. Der Schaden beläuft sich auf 10 000 Euro.

2 Erkläre, wie es zu dem folgenden Missverständnis kommt: [2]

In der Deutschstunde beim Diktat kurz vor Ende der Stunde:
Lehrer: Laura, kommst du mit?
Laura: Nee, ich muss in der Pause zu Frau Schäfer.

3 In jeder Kultur gibt es andere Rituale zur Begrüßung: Stell dir vor, du streckst jemandem die Hand entgegen, die Person verneigt sich aber vor dir. Beschreibe, wie du reagieren könntest, ohne die andere Person zu verletzen. [2]

4 Ordne die folgenden sprachlichen Mittel der passenden Erklärung bzw. Wirkung zu, indem du sie verbindest. [6]

Anapher	Vermenschlichung der Natur oder von Gegenständen
Vergleich	bildhafter Vergleich ohne *wie/als ob*
Personifikation	Wiederholung des gleichen Satzbaus
Metapher	Betonung von Wörtern/Intensivierung
Wiederholung	eine Handlung oder Gefühle werden mit *wie/als ob* verglichen
Parallelismus	Versanfänge beginnen gleich/Hervorhebung

5 a) Bestimme die Reimschemata in den Wörterreihen. [4]

A Applaus – Nikolaus – Vier – Tier
B Gefühl – Moment – kühl – konsequent
C tanzen – pflanzen – Schulranzen
D Blume – Hummel – Getummel – Krume

b) Wie bezeichnet man einen nur ähnlich klingenden Endreim? Notiere auch ein Beispiel für solch einen Reim. [2]

Summe [24]

Sprache betrachten | Wissen zum mündlichen und schriftlichen Sprachgebrauch testen

Lernbegleitbogen *Sprache betrachten*

Kompetenz / Inhalt Ich kann ...	Selbst- einschät- zung ☺ 😐 ☹	Fremd- einschät- zung ☺ 😐 ☹	Bemer- kungen	Hier kannst du weiter- üben:
die Kasus der Nomen richtig verwenden (S. 254)				AH, S. 45
Pronomen benennen und erkennen, worauf sie sich beziehen (S. 255)				AH, S. 46
Präpositionen bei Orts- und Richtungsangaben mit dem richtigen Kasus verwenden (S. 256)				AH, S. 47
Zeitformen unterscheiden und richtig nutzen (S. 257)				
Vorzeitigkeit bei Texten im Präteritum erkennen und durch die Zeitform korrekt ausdrücken (S. 258)				AH, S. 48
Aktiv und Passiv erkennen und bilden (S. 259–260)				AH, S. 49
den Konjunktiv I in der indirekten Rede anwenden (S. 261)				AH, S. 50
mit dem Konjunktiv II Wünsche und Vorstellungen äußern (S. 262)				
mit Adverbien Aussagen genauer formulieren (S. 263)				AH, S. 51
mit Konjunktionen und Adverbien Sätze aufeinander beziehen und komplexe Satzgefüge bilden (S. 264–265)				AH, S. 52
meinen Lernstand zu Wortarten testen (S. 266–267)				
Unterschiede und Gemeinsamkeiten bei der Verwendung von Subjekt und Prädikat in verschiedenen Sprachen ermitteln (S. 268)				AH, S. 55
Satzglieder ermitteln und benennen: – Objekte (S. 269) – präpositionale Objekte (S. 270) – adverbiale Bestimmungen (S. 271)				AH, S. 56 AH, S. 57
Attribute unterscheiden (S. 272)				AH, S. 58
dass-Sätze und Infinitivsätze korrekt bilden und mit ihnen abwechslungsreich formulieren (S. 273)				AH, S. 59
Subjekt-, Objekt- und Adverbialsätze erkennen (S. 274)				AH, S. 60
meinen Lernstand zu Satzbau/Satzgliedern testen (S. 275)				
Textfunktionen erkennen und unterscheiden (S. 276)				
Voraussetzungen für erfolgreiche Gespräche benennen und Missverständnisse vermeiden (S. 277)				
Fachsprache verstehen und anwenden (S. 278)				AH, S. 61
meinen Lernstand zu schriftlichem und mündlichem Sprachgebrauch testen (S. 279)				

AH = Arbeitsheft

Tipps 💡

Seite 254 2

Finde 7x den Nominativ, 2x den Genitiv, 8x den Dativ und 4x den Akkusativ.

Seite 255 2 a)

Im Text musst du insgesamt 12 Personal-, 3 Possessiv-, 5 Demonstrativ-, 4 Relativ- und 3 Indefinitpronomen aufspüren.

Seite 256 2 c)

Du musst 7x *Wo?* und 5x *Wohin?* fragen.

Seite 256 2 d)

Beginne so: *Den Dativ verwende ich, wenn …* / *Den Akkusativ verwende ich, wenn …*

Seite 257 2 b)

Beachte zusammengesetzte Zeitformen: *war … gelandet*. Du kannst diese Zeitformen einsetzen: 4x Präsens, 7x Präteritum, 1x Perfekt, 3x Plusquamperfekt. Im letzten Satz setzt du Präsens oder Futur ein.

Seite 259 2 c)

Diese Wörter musst du in den Text einfügen:
erste, von, Passiv, Akkusativobjekt, Aktiv, Sache, werden.

Seite 262 3 c)

Du musst 10x den Indikativ, 6x den Konjunktiv II und 2x die Umschreibung mit *würden* zuordnen.

Seite 263 1 c)

Markiere im Text insgesamt 17 Adverbien.

Seite 263 1 d)

Du findest: 5 Lokaladverbien, 4 Temporaladverbien, 2 Modaladverbien, 2 Kausaladverbien und 4 Kommentaradverbien.

Seite 265 4 c)

Jede Funktion aus der **LERNBOX** kannst du einmal zuordnen.

Seite 265 5

Beispiel zu Satz A): *Meine Großeltern finden soziales Engagement toll. Daher sponsern sie mich.* Wähle aus folgenden Adverbien aus: *sofort, so, deshalb, daher, seitdem, folglich, trotzdem, darum.*

Seite 269 2 b)

In Teil A findest du 1 Genitiv-, 3 Dativ- und 8 Akkusativobjekte.

Seite 269 2 c)

In Teil B sind 2 Genitivobjekte, 1 Dativobjekt und 7 Akkusativobjekte verborgen.

Seite 272 1 c)

Teil B enthält 9 weitere Attribute: 1 Relativsatz, 2 Präpositionalausdrücke, 1 Apposition, 1 Nomen im Genitiv und 4 Adjektive.

Seite 274 3

Erfrage die gesuchten Satzglieder mit: *Wer oder was?, Warum?, Wer oder was? Wer oder was? An wem?*

Seite 277 2 b)

Situation A: Denke daran, dass beide Personen peinlich berührt sind. Nutze den 3. Hinweis (**LERNBOX**), um die Situation aufzulösen. / Situation B: Die Punkte 1 und 3 (**LERNBOX**) helfen, das Missverständnis zu verhindern.

Sprache betrachten | Tipps

Richtig schreiben

Großschreibung

Nomen und Nominalisierungen erkennen

Essen, 12.3. 20..

Sehr geehrter Herr Aydin,

R1, R2
R3
R4, R5
R6
R7, …

bald findet für die Schüler meines jahrgangs am Gymnasium ein praktikum statt. Dieses möchte ich in Ihrem betrieb absolvieren. Ich bin begeisterter Computernutzer und besitze kenntnisse im Bereich des programmierens. Deshalb würde ich mich freuen, wenn ich von Ihnen als jüngster angenommen würde.
Ich liebe das spielen am PC, aber ich interessiere mich im Besonderen für Programme, mit denen das übermitteln von Daten vorgenommen wird. Meine Mutter kann Ihnen bestätigen, dass ich mich besonders geschickt anstelle, wenn es um e-mailverkehr und auch das scannen geht. In der Schule nehme ich an der Computer-AG teil, sodass auch mein Lehrer Ihnen auskunft geben kann, wie geschwind ich im finden von Fehlern bin. Darüber hinaus habe ich am letzten rechtschreibwettbewerb mit erfolg teilgenommen.
Ich bedanke mich für Ihre aufmerksamkeit und freue mich auf Ihre Antwort.

Mit freundlichen Grüßen
Nils Wender

1 Überprüfe, ob in Nils' Anschreiben alle wichtigen Informationen enthalten sind.

Folie

2 Nils hat in seinem Brief oft die Großschreibung nicht beachtet:
   a) Untersuche die markierten Wörter im ersten Abschnitt und erkläre mithilfe der **LERNBOX**, warum sie großgeschrieben werden müssen.

Seite 307

   b) Markiere im Brief weitere Fehler und korrigiere sie. Notiere auch den entsprechenden Hinweis aus der **LERNBOX**: R7: das Spielen (3a).

> **⚠ LERNBOX**
>
> **So erkennst du Nomen und Nominalisierungen:**
> 1. **Nomen** und **Nominalisierungen** werden großgeschrieben.
> 2. Viele Nomen werden mit **Suffixen** gebildet (-heit, -keit, -ung, -schaft, …).
> 3. **Signalwörter** für Nomen und nominalisierte Verben und Adjektive sind:
>   a) **Artikel:** _ein_ Treffen, _das_ Außergewöhnliche
>   b) **Possessiv- und Demonstrativpronomen:** _mein_ Zögern, _dieser_ Tag
>   c) **Adjektive:** das _nächste_ Treffen, das _rechtzeitige_ Ankommen
>   d) **Präposition + Artikel:** _im_ (in + dem) Allgemeinen, zum, ins, am, beim …
>   e) **Numerale** wie _alles, etwas, nichts_: _nichts_ Großes, _etwas_ Gutes …
> 4. Falls kein Signalwort vorhanden ist, mache die **Artikelprobe**: Durch Üben (das Üben) und Probieren (das Probieren) hat Nils viel (~~das Viel~~) gelernt.

Nomen oder Adjektiv? – Groß- und Kleinschreibung von Farbbezeichnungen

Infotafel
- Edward Hopper
- „The Bootleggers",
  dt. „Die Schmuggler"
- entstanden 1925

Das Bild „The Bootleggers" malte Edward Hopper im Jahre 1925. Es ist fast vollständig in (1) *BLAU* gehalten. Nur das Boot mit den drei Männern im Vordergrund des Bildes ist (2) *WEIß*. Das (3) *ZIEGELROT* und das (4) *DUNKELGRÜN* der Positionslampen auf dem Schiff sind die einzigen Farbtupfer. Die Bugwelle[1] schäumt (5) *SCHNEEWEIß*, das bedeutet, dass das Boot schnell fährt. Ein Mann mit einem (6) *KAFFEEBRAUNEN* Hemd sitzt auf der Reling. Neben ihm ist ein weiterer Mann zu sehen, und ein dritter steht neben der Kajütentür. Die Kleidung der beiden ist (7) *TIEFSCHWARZ*. Die drei Männer schauen zu einem Haus am nahen Ufer, das (8) *TAUBENBLAU* gestrichen ist, die Fensterläden und das Dach sind (9) *DUNKELBLAU*. Das Haus hebt sich deutlich von dem Hintergrund in (10) *GRAUSCHWARZ* ab, der ein Bergmassiv sein könnte. Am (11) *BLAUGRAUEN* Himmel befinden sich Wolken mit (12) *BEIGEGELBEN* Streifen, die schon den kommenden Morgen ankündigen. Offensichtlich wird das Boot erwartet. Denn das fahle[2] (13) *GELB* der Fenster zeigt, dass im Haus Licht brennt. Auch ein Mann, ganz in (14) *RABENSCHWARZ*, wartet vor dem Haus auf das Boot.

Das Bild macht einen düsteren, kalten und unheimlichen Eindruck. Vielleicht liefern die Schmuggler gerade Ware oder wollen neue von dem (15) *HELLBLAUEN* Haus abholen. Auf jeden Fall scheuen sie das Licht des Tages.

[1] die Bugwelle: Welle an der Spitze des Bootes

[2] fahl: blass, hell

1 Markiere die Signalwörter für Nomen. Schreibe dann die Farbbezeichnungen mit ihren Signalwörtern (falls vorhanden) in der richtigen Schreibweise auf.

Folie Seite 307

⚠ LERNBOX

Schreibweisen von Farbangaben

1. **Groß** schreibst du **Farbangaben**, die **Nomen** sind. Achte auf vorausgehende **Signalwörter** (siehe **LERNBOX**, Seite 282):
   das Dunkelgrün, *helles* Weiß, *in* Rot, *im hellen* Grün …
2. **Klein** schreibst du Farbbezeichnungen, die **Adjektive** sind. Sie stehen **vor einem Nomen** (*das rote* Haus) oder **beziehen sich auf ein Verb**:
   Das Haus leuchtet gelb. // Es ist sonnengelb. (Wie leuchtet es? / Wie ist es?)

Getrennt oder zusammen?
Verbindungen aus Nomen und Verb

Zweimal Glück gehabt

Münster. Gestern musste ein Privatflugzeug wegen Benzinmangels auf einer Wiese landen. Die (1) *Not/landende* Maschine kam vor einem Bauernhof zum Stehen. Der Pilot stand (2) *Hilfe/rufend* vor seinem Flugzeug, als ein (3) *Zähne/fletschender* Rottweiler auf ihn zukam. Der (4) *Kampf/erprobte* Hund ließ keinen Zweifel an seinen Absichten, sodass der Pilot sich (5) *Schutz/suchend* in sein Flugzeug zurückzog. Erst als der Bauer erschien und den (6) *Respekt/einflößenden* Hund an die Leine nahm, wagte sich der Pilot wieder heraus.

Gymnasium sucht den Superstar

Dortmund. Auf eine (7) *Erfolg/versprechende* Idee kam eine 10. Klasse für die Finanzierung ihrer Abschlussfahrt: Zunächst dachte man an die Aufführung eines (8) *Herz/zerreißenden* Theaterstückes. Doch dann entstand die (9) *Bahn/brechende* Idee, den Wettbewerb „Heine-Gymnasium sucht den Superstar" zu veranstalten. Zunächst hatten viele die (10) *Irre/führende* Vorstellung, dass sich nur Gesangskünstler bewerben sollten. Als sich aber Schüler mit anderen Fähigkeiten (11) *Rat/suchend* an die Initiatoren wandten, wurde entschieden, diesen Wettstreit für alle zu öffnen. Die erste Vorstellung wird am Freitag (12) *Statt/finden*. Für jeden (13) *Teil/nehmenden* Schüler gibt es einen Preis.

Seite 36

1 Lies die Zeitungstexte. Begründe, zu welchem **Ressort** sie gehören.

Seite 307

2 Wie werden die Verbindungen aus Nomen und Verb geschrieben? Lies dazu die **LERNBOX**. Schreibe die Verbindungen richtig auf und notiere, welchen Hinweis du angewendet hast: (1) notlandend = 4. Hinweis.

3 Formuliere Sätze mit folgenden Verbindungen: *Glück?bringend, Karten?spielend, Freude?strahlend, Welt?bewegend, Wut?schnaubend, Feuer?speiend.*

LERNBOX

Getrennt- und Zusammenschreibung von Nomen und Verb

1. Die meisten **Verbindungen aus Nomen und Verb** schreibst du getrennt:
   Rad fahren, Fußball spielen, Zeitung lesen …
2. Steht das Verb in der **Partizipform** *(fahrend, gefahren)*, kannst du die Verbindung mit Nomen getrennt oder zusammenschreiben: *das Rad fahrende oder radfahrende Kind.*
3. Verbindungen aus **Nomen** und **nominalisiertem Verb** schreibst du **zusammen**.
   Du erkennst die Nominalisierung des Verbs am **Signalwort** (s. **LERNBOX**, S. 282):
   Lia liebt das Skilaufen.
4. Wird in der Verbindung mit Partizip ein Wort (Artikel oder Präposition) eingespart, schreibst du zusammen. Mache die Umformungsprobe: *Angst?erfüllt → ~~mit~~ Angst erfüllen → angsterfüllt // Zähne?fletschend → ~~die~~ Zähne fletschen → zähnefletschend.*
5. a) **Immer klein und zusammen** schreibst du: *eislaufen, heimgehen, leidtun, nottun, preisgeben, standhalten, stattfinden, teilhaben, teilnehmen.*
   b) Das gilt auch für die **Partizipform**: *eislaufend, stattfindend, teilnehmend.*

Verbindungen aus Adjektiv und Verb

A1 Wetterballons können <u>hoch</u> <u>fliegen</u>.

A2 Gemeinderat stoppt <u>hochfliegende</u> Pläne.

B1 Die Preise sind im Sommer <u>leicht</u> <u>gefallen</u>.

B2 Kerber ist das Match in Wimbledon nicht <u>leichtgefallen</u>.

1 Überlegt, worum es in den dazugehörigen Zeitungsartikeln gehen könnte.

2 a) Weshalb werden in den Überschriften oben die gleichen Verbindungen aus Adjektiv und Verb jeweils unterschiedlich geschrieben? Tausche deine Vermutungen dazu mit einem Partner aus.
b) Vergleicht eure Überlegungen mit dem dritten Hinweis in der **LERNBOX**.

Wellensittich löst Großeinsatz aus

In Minden musste gestern die Polizei zu einem (1) *groß?angelegten* Einsatz ausrücken. Ein Bewegungsmelder hatte die Alarmanlage in einer Villa ausgelöst. Zunächst konnten die Beamten von außen nichts (2) *fest?stellen*. Da die Bewohner nicht anwesend waren, stürmten die Polizisten (3) *kurz?entschlossen* die Villa. Allerdings konnten sie nur einen Wellensittich (4) *fest?nehmen*, der auf seinem Käfig saß und sich offensichtlich (5) *lang?weilte*. Gerade als die (6) *schrill?tönende* Alarmanlage von der Polizei (7) *kurz?geschlossen* worden war, kamen die Bewohner von einem Einkauf zurück. Auf die (8) *nahe?liegende* Idee, die Alarmanlage auszuschalten, waren sie nicht gekommen. Der Vogel wurde von jeder Schuld (9) *frei?gesprochen*. Den Besitzern wird nichts anderes (10) *möglich?sein*, als die Kosten des Einsatzes zu übernehmen. Den Wellensittich werden sie sicherlich trotzdem noch lange (11) *lieb?haben* und seinen Gesang (12) *wert?schätzen*.

3 Schreibe die Verbindungen aus Adjektiv und Verb in der richtigen Schreibweise auf und begründe deine Entscheidung mithilfe der **LERNBOX**:
(1) groß angelegten/großangelegten Einsatz = 2. Hinweis.

⚠ LERNBOX

Verbindungen aus Adjektiv und Verb
1. **Verbindungen** aus **Adjektiv** und **Verb** schreibst du meist **getrennt**:
   laut lachen, viel lesen: Er hat laut gelacht. Sie hat viel gelesen.
2. Verbindungen aus Adjektiv und Verb kannst du in **Partizipform getrennt** oder **zusammenschreiben**, wenn die Verbindung als Adjektiv gebraucht wird: *ein <u>viel gelesenes</u> Buch oder ein <u>vielgelesenes</u> Buch.*
3. Du musst eine Verbindung aus Adjektiv und Verb zusammenschreiben, wenn sich eine **neue Bedeutung** ergibt: *Er ist gestern <u>schwer gefallen</u>.* (= Er ist schwer gestürzt.) Aber: *Die Aufgabe ist ihm <u>schwergefallen</u>.* (= Die Aufgabe hat ihm Probleme bereitet.)
   Das gilt auch für **Verbindungen aus Adjektiv und Partizip**:
   die ihm <u>schwerfallende</u> Aufgabe.

Verbindungen aus „anderen Wortarten" und Verb

> A ist in Rihannon verliebt, kann aber nicht <u>vorhersagen</u>, wann sie sich treffen.

> A überlegt, was er ihr <u>vorher sagen</u> soll.

1 a) Aus welchen Wörtern bestehen die unterstrichenen Ausdrücke?
b) Wie erklärst du dir die unterschiedlichen Schreibweisen? Stelle Vermutungen an, indem du auf die Bedeutungen, aber auch auf die Betonung achtest.
c) Tausche dich mit einem Lernpartner über die Erklärungen aus.
d) Vergleicht eure Vermutungen mit der **LERNBOX**.

A kann morgens den Ablauf seines Tages nicht *vorher?sagen* (1). Erst muss er sich seine neue Umgebung *an?schauen* (2) und *heraus?finden* (3), ob er an diesem Tag ein Junge oder ein Mädchen ist. Die Leute, die er am Vortag getroffen hat, wird er nicht *wieder?sehen* (4). Morgens sind seine Aufgaben nicht leicht: die Lebensgewohnheiten *durch?dringen* (5), Beziehungen *aus?forschen* (6) oder Aufgaben *weiter?machen* (7). Manchmal möchte er am liebsten *weg?laufen* (8) und wieder mit Rihannon *zusammen?sein* (9). Eigentlich wollte er ihr schon *vorher?sagen* (10), was mit ihm los ist. Wird er sie im Café *wieder?sehen* (11)? Er kann sie einfach nicht *los?lassen* (12).

Seite 307

2 a) Schreibe den Text ab und entscheide dabei, ob du die Verbindungen aus „anderen Wortarten" und Verb getrennt oder zusammenschreiben musst.
b) Vergleiche deine Lösungen mit denen eines Lernpartners.
c) Setze den Text weiter fort. Nutze dazu die folgenden Ausdrücke: *fort/fahren, wieder/geben, zurück/holen, zusammen/schreiben*.
d) Formuliere Sätze, in denen die unterschiedliche Bedeutung der Verben deutlich wird. Verwende: *fort/fahren, wieder/geben, zusammen/schreiben*.

! LERNBOX

Verbindungen aus „anderen Wortarten" und Verb

1. **Adverbien** und **Präpositionen** wie *fort, her, heran, hin, los, um, weg, weiter, wider, wieder, zurück, zusammen, ab, auf, aus, durch, mit, nach, über, vor, zu* können mit vielen Verben Verbindungen eingehen: *aufgehen, auftauchen, aufwischen* ...
Sie werden meist **zusammengeschrieben**.
2. a) Einige dieser Ausdrücke treten aber **getrennt und/oder zusammengeschrieben** auf. Je nach Schreibweise ergibt sich **eine andere Bedeutung**:
etwas vorhersagen (= weissagen) – *etwas vorher sagen* (= davor sagen).
b) Achte auf die **Betonung**! Bei **getrennter Schreibweise** werden beide Wörter **gleich betont**: *etwas <u>vorher</u> <u>sagen</u>*. Bei der **Zusammenschreibung** liegt die **Betonung auf dem ersten Wort**: *ein Unglück <u>vorher</u>sagen*.
3. Wende die **Erweiterungsprobe** an. Ergänze zwischen Adverb und Verb ein weiteres Satzglied: *etwas <u>vorher (mit Überzeugung) sagen</u>*. Dies geht nur bei der Getrenntschreibung.

Fachwörter lernen (Rechtschreibkartei)

1. Einige Jungen und Mädchen möchten ein Tagespraktikum in einer Autowerkstatt machen, um einen Einblick in den Beruf „Kfz-Mechatroniker/-in" zu bekommen. Was weißt du über diesen Beruf?

2. a) Lies den folgenden Text. Was ist für dich neu?
   b) Unterstreiche auf einer Folie alle Fachbegriffe und schlage ihre Bedeutung in einem Lexikon nach oder recherchiere im Internet.

Ausbildung zum/zur Kfz-Mechatroniker/-in

Früher nannte sich das Berufsbild Kfz-Mechaniker. Auch heute noch verbinden viele Menschen damit die Vorstellung von Tätigkeiten wie Reifen wechseln, Öl nachgießen, Batterien austauschen oder Karosserieschäden beseitigen. Doch das Berufsbild ist vielfältiger geworden, denn die Elektronik eines Autos ist durch die vielen Steuerungssysteme umfangreicher und bedeutsamer geworden. Daher hat man ein Kunstwort geschaffen, das die Gegenstandsbereiche von Mechanik und Elektronik verbindet: die Mechatronik.

Wer heute in eine Autowerkstatt geht, sieht sofort, dass hier ohne computergesteuerte Mess- und Diagnosegeräte nichts mehr geht. Mit einer besonderen Software kann die Funktionsfähigkeit von Motor, Antrieb, Fahrwerk und Fahrzeugelektronik überprüft werden. Daher muss ein Kfz-Mechatroniker in der Lage sein, die entsprechende Hardware und Software einzurichten, um z. B. elektrische und hydraulische Steuerungen kontrollieren zu können. Ein Vergleich der Ist- mit den Soll-Werten ist der Ausgangspunkt für die Diagnose von Mängeln und liefert dadurch Hinweise auf notwendige Reparaturen.

3. a) Markiere alle Fachbegriffe aus dem Bereich Mechatronik, deren Rechtschreibung du schwierig findest. Präge dir mithilfe der **LERNBOX** die Schreibweise ein.
   b) Diktiert euch gegenseitig den Text und überprüft dann eure Ergebnisse.

   ▸ Folie

4. a) In welchem Beruf willst du dein Tagespraktikum durchführen? Suche in „Beruf aktuell" oder unter www.planet-beruf.de nach Berufsbeschreibungen.
   b) Kläre die Bedeutung der Fachbegriffe und präge dir ihre Schreibweise ein.

⚠ LERNBOX

So prägst du dir die Schreibung von Fachwörtern ein:

1. Nimm ein **DIN-A4-Blatt** und knicke es im **Querformat** zweimal. Es entstehen drei **Spalten**.
2. Zuerst schreibst du die **Wörter mit Artikel** in die **erste Spalte**, sprichst sie aus und unterstreichst **Rechtschreibbesonderheiten**.
3. Präge dir nun das erste Wort ein.
4. Klappe die erste Spalte um und schreibe das Wort in die **dritte Spalte**.
5. Stellst du Fehler fest, schreibst du das Wort richtig in die **zweite Spalte**.

(hier knicken)	(hier knicken)	
der Karosserieschaden →	der Karosserieschaden	← der ~~Karoserischaden~~

Fachwörter richtig schreiben | 3.4.12 Wortbezogene Regeln kennen: Fachwörter

Die Konjunktion *dass* richtig schreiben

Treibhausgase vermeiden und etwas für den Klimaschutz tun

Es empfiehlt sich, den Fernseher, Computer oder die Konsole beim Verlassen des Zimmers richtig auszuschalten. Es ist also wichtig, das Gerät nicht im Standby-Modus zu belassen. Weiterhin sollte man berücksichtigen, alle Glühbirnen in der Wohnung durch LED-Lampen oder Energiesparlampen auszutauschen. Darüber hinaus kann beim Lüften jeder CO_2 einsparen. Es reicht, die Fenster nur kurz für fünf Minuten zu öffnen, um frische Luft reinzulassen. Man sollte auf jeden Fall vermeiden, die Fenster für längere Zeit zu kippen. Schließlich wird vorgeschlagen, Milch, Gemüse und Fleisch auf einem Bauernhof oder in einem Markt in der Region einzukaufen. Wenn man Produkte aus der Heimat kauft, wird die Umwelt geschont. Am einfachsten ist es, weniger Abfall und Müll zu produzieren. Viele Produkte wie Äpfel müssen nicht in Plastikfolie verpackt sein. Außerdem ist es umweltschädlich, von den Eltern mit dem Auto zur Schule gefahren zu werden. Es ist empfehlenswert, zu Fuß zu gehen, mit dem Rad zu fahren oder den Bus zu benutzen.

1 a) Besprich mit einem Partner, welche Ratschläge ihr leicht umsetzen könntet.
b) Formuliere mithilfe der Tipps einen Ratgeber für deine Klasse. Sprich deine Leser direkt an und verwende *dass*-Sätze mit Verben wie *empfehlen, behaupten, vorschlagen, berücksichtigen* ... Achte auf die Schreibung der Konjunktion *dass* und die Zeichensetzung zwischen Haupt- und Nebensatz (**LERNBOX**):
Ich empfehle euch, dass ihr den Fernseher, Computer ... ausschaltet.

Die Behauptung, ? Autofahren, ? zu unserem Alltag gehört, die Umwelt schädigt, ist bekannt. ? auch Tiere für die Zunahme des CO_2 Gehalts verantwortlich sind, ? wusste ich nicht. Ich finde daher, ? wir unseren Lebensstil ändern müssen.

Seite 307

2 Ersetze die Fragezeichen durch *dass* oder *das*. Vergleiche dein Ergebnis mit einem Partner und begründe deine Wahl mithilfe der **LERNBOX** (Hinweis 5).

> ### ⚠ LERNBOX
>
> **Die Konjunktion *dass***
> 1. Die Konjunktion *dass* leitet einen Nebensatz ein, in dem **Meinungen, Gedanken** oder **Wünsche** ausgedrückt werden.
> 2. Deshalb stehen *dass*-Sätze häufig **nach Verben des Sagens, Denkens und Meinens**: *wissen, denken, vermuten, glauben, empfehlen, ...*
> 3. Den *dass*-Nebensatz trennst du mit einem **Komma** vom Hauptsatz ab. Der Nebensatz kann vorangestellt oder nachgestellt sein:
> *Ich meine, dass das Ersetzen einer Glühbirne nicht schwer ist.*
> *Dass das Ersetzen einer Glühbirne nicht schwer ist, meine ich.*
> 4. *Dass*-Sätze können auch **von einem Nomen** des Sagens, Denkens oder Meinens **abhängig** sein: *Die Vermutung liegt nahe, dass ...*
> 5. So prüfst du, ob du *dass* oder *das* schreibst: Wenn du das Wort nicht durch *dies, dieses, jenes, welches* ersetzen kannst, ist es die Konjunktion *dass*.

Mit der Rechtschreibprüfung am PC kontrollieren

Ratgeber: Auch kleine Schritte helfen

Jeder kann beim Klimaschutz mit helfen, denn auch schon kleinen Dinge haben eine grosse Wirkung, wenn viele sich daran beteiligen. Wir können Stromm sparen, wen wir alle Geräte ausschalten. Dass geht ganz einfach, wenn du sie an einer Steckdosenleiste mit Schalter an schließt. Dann musst du nur einen Schalter betätigen und schon fliesst kein Strom mehr. Im Winter ist lüften unabdingbar, dass weiß jeder. Es reicht aber, wenn du fünf Minuten den Fenster öffnest. Möchtest du länger frische Luft in dein Zimmer laßen, solltest du vorher die Heizung ausschalten. Sonst geht Wörme verloren und Energy wird unnötig Verbrauch. Aber auch bei Lebensmitteln ist Klimaschutz möglich. Kaufe Lebensmittel aus deiner Region, denn sind die Transportwege kürzer und es werden weniger CO_2 ausgestoßen. Obst und Gemüse kauft man am Besten ohne Plastickfolie. Die hat um Äpfel und Bananen nichts verlohren! Bist du auch ein Bewegungsmufel und lässt dich von den Eltern überall mit dem Auto hinbringen? Gehe mehr zufuß, fahre mit den Rad oder nutze den Bus. Das spart Energie und du bleibst fitt.

1 **a)** Welche Fehler zeigen die roten und blauen Wellenlinien? Schreibe diese so hervorgehobenen Wörter mithilfe der **LERNBOX** richtig auf.
b) Untersuche die unterstrichenen Fehler. Sie werden von der Rechtschreibprüfung des PCs nicht erkannt. Um welche Fehlerarten handelt es sich?
c) Korrigiere auch diese Fehler mithilfe des dritten Hinweises in der **LERNBOX**.

> ### ⚠ LERNBOX
>
> **So nutzt du die Rechtschreibhilfe am PC:**
> 1. Achte darauf, dass die **automatische Rechtschreib- und Grammatiküberprüfung aktiviert** ist. **Rechtschreibfehler** erkennst du an einer roten und **Grammatikfehler** an einer blauen Wellenlinie.
> 2. Klicke mit der **rechten Maustaste** auf die **gekennzeichneten Wörter** (Beispiel: *Plastickfolie*): Das Programm macht dir dann **Korrekturvorschläge**. Prüfe sie und wähle einen aus, indem du ihn anklickst. Wurde ein Wort als fehlerhaft gekennzeichnet, obwohl es richtig geschrieben ist (z. B. Namen), klicke auf „Ignorieren" oder auf „Hinzufügen zum Wörterbuch".
> 3. Diese **Fehlerarten** erkennt das **Rechtschreibprogramm oft nicht**, z. B.:
>   – **Großschreibung von Verben und Adjektiven**, die nominalisiert sind: *das Lachen, im Folgenden* (→ **LERNBOX** auf **Seite 282**).
>   – **Zusammenschreibung von Adjektiven und Verben**, die eine neue Gesamtbedeutung ergeben: *einen Angeklagten freisprechen* (→ **LERNBOX** auf **Seite 285**).
>   – **Zusammenschreibung von Verbindungen aus „anderen Wortarten" und Verben** (→ **LERNBOX** auf **Seite 286**).
>   – *das* im Gegensatz zu *dass* (→ **LERNBOX** auf **Seite 288**).
>   **Prüfe** deine Texte daher **selbst** noch einmal genau (Fehlerschwerpunkte).

Prüfe dein Wissen zur Rechtschreibung!

Bearbeite die Aufgaben und überprüfe deine Ergebnisse anhand der Lösungen im Lösungsheft.

1 Schreibe die groß geschriebenen Wörter in der richtigen Groß- und Kleinschreibung auf. Achte auf die Signalwörter.

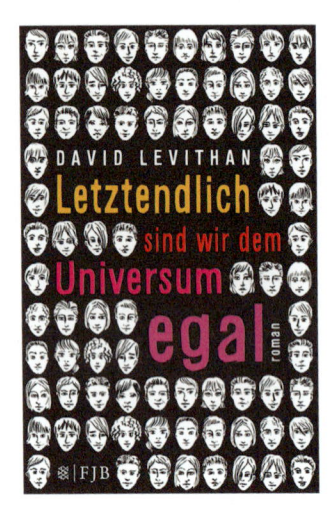

„Letztendlich sind wir dem Universum egal" ist ein AUẞERGEWÖHNLICHES (1) Buch. Das BESONDERE (2) daran ist, dass sich die Story von anderen Jugendbüchern deutlich abhebt, denn das Buch stellt viele FRAGEN (3), persönliche und grundsätzliche, die EINEM (4) unter die Haut gehen. Das Thema LIEBE (5) steht dabei im ZENTRUM (6), und es geht vor allem darum, ob man jemanden, egal in welchem Körper er/sie steckt, LIEBEN (7) kann. Doch David Levithans Roman ist deutlich mehr als eine Romanze, die ihre Leser ROT (8) werden lässt. A ist eine tragische Figur, die zum MITFÜHLEN (9) einlädt und der man sich nicht entziehen kann. Entsprechend steigt die Spannung im Buch von Seite zu Seite. Das BRAVOURÖSE (10) ist auch, wie David Levithan das Buch zu ENDE (11) bringt, nämlich ohne KITSCH (12) und eher traurig. „Letztendlich sind wir dem Universum egal" ist ein ganz BESONDERES (13) Buch, bei dem sich das LESEN (14) mehrmals lohnt.

2 Schreibe fünf Wortarten auf, die Signalwörter für die Großschreibung sein können, und nenne je ein Beispiel.

3 Schreibe die folgenden Verbindungen aus Nomen und Verb, Adjektiv und Verb sowie „anderen Wortarten" und Verb auf und entscheide, ob sie getrennt oder zusammengeschrieben werden müssen.

Mithilfe eines Schlüssels entfloh in Tokio ein (1) GUT?BEWACHTER Schimpanse aus einem Forschungszentrum. Die Jacke eines Tierwärters war im Käfig (2) HÄNGEN?GEBLIEBEN. (3) KURZ?ENTSCHLOSSEN untersuchte das Tier die Jacke und fand darin den (4) ZURÜCK?GELASSENEN Schlüsselbund. Bis der Wärter seine (5) VERLOREN?GEGANGENEN Schlüssel vermisste, hatte das (6) FREIHEITS?LIEBENDE Tier die Tür schon geöffnet. Der Wärter wandte sich (7) HILFE?RUFEND an seine Kollegen, die seine Signale aber nicht (8) WAHR?NAHMEN. Der so lange (9) GEFANGEN?GEHALTENE Schimpanse wollte nicht in den Käfig (10) ZURÜCK?KEHREN. Es war daher (11) NAHE?LIEGEND, das Tier im (12) NAHE?GELEGENEN Park zu suchen. Man entdeckte das Tier auf einem Baum und lockte es in den Käfig. Der Wärter verschloss (13) FREUDE?STRAHLEND die Tür. Den Vorschlag, das Tier mit einem Narkosegewehr zu betäuben, konnte man damit (14) FALLEN?LASSEN. Ein solcher Fehler wird der Wärter nicht (15) WIEDER?HOLEN.

4 Überprüfe die Schreibweise der folgenden Fachwörter. Schreibe sie richtig auf.

Batteri – Karoserie – Steuerungssistem – Hartware – Softwer – hidraulisch

Zeichensetzung

Das Komma in Satzreihen

Verführung durch Werbung

[Werbung gibt es überall], [wir können uns ihrem Einfluss nicht entziehen] und [keiner kann ihr entkommen]. Doch an wen richtet sie sich? Sie ist nicht nur für Erwachsene gedacht sondern sie zielt auch auf Kinder. Neue Produkte werden vorgestellt der Konsument möchte sie unbedingt haben jedoch hat man vorher ohne sie auch ganz gut gelebt. Der Wunsch ist geweckt worden daher möchte man ihn auch erfüllen und man gibt dem Kaufdrang nach. Kinder können noch nicht selber einkaufen sie verdienen kein eigenes Geld aber sie können zu Kaufberatern ihrer Eltern werden. Die Werbung spricht Kinder gezielt an denn sie sind besonders empfänglich für die dargestellten Traumwelten. Viele Kinder und Jugendliche bekommen Taschengeld das war auch früher so. Der Betrag ist allerdings deutlich gestiegen Experten sprechen von 23 Milliarden Euro im Jahr. Dieses Geld wird von den Kindern und Jugendlichen selbstbestimmt ausgegeben. Die Eltern halten sich zumeist zurück doch dieses Verhalten unterstützt die Ziele der Werbung. Werbeleute berücksichtigen die Vorlieben und Gewohnheiten der Jugendlichen so können sie sicher ihr Interesse wecken oder es werden neue Bedürfnisse geweckt. Jugendliche müssen deshalb beim Einkauf aufmerksam sein sie sollten ihre Wünsche und nicht die der Werbung erfüllen.

1 Tauscht euch darüber aus, welche Informationen zur Werbung ihr wichtig findet.

2 a) Untersuche den ersten Satz: Um welche Satzart handelt es sich? Warum wird nur einmal ein Komma gesetzt? Vergleiche deine Ergebnisse mit der **LERNBOX**.
b) Schreibe den Text ab und ermittle die weiteren Satzreihen. Ergänze dann die fehlenden Kommas. Gehe vor, wie in der **LERNBOX** (Hinweis 4) beschrieben.

⚠ LERNBOX

Das Komma zwischen Hauptsätzen (Satzreihen)

1. Satzreihen sind **aneinandergereihte Hauptsätze**, die inhaltlich eng zusammengehören. Sie werden **durch ein Komma voneinander getrennt**:
   Werbung beeinflusst Kinder, sie wollen die Produkte gerne haben.
2. Häufig wird der zweite Hauptsatz mit einer **Konjunktion** *(und, oder, aber, denn ...)* oder einem **Adverb** *(daher, deshalb, darum, jedoch, ...)* eingeleitet:
   Man möchte das Produkt haben, denn Wünsche wurden geweckt.
   Wünsche wurden geweckt, deshalb kauft man das Produkt.
3. Steht zwischen den Hauptsätzen ein *und* bzw. *oder* musst du **kein Komma** setzen: *Produkte sind oft überflüssig(,) und trotzdem will man sie haben.*
4. So ermittelst du **Satzreihen**:
   a) **Markiere** die **Prädikate** und **klammere** die zugehörigen Wörter (**Sinneinheiten**) **ein**. Beachte, dass Prädikate auch mehrteilig sein können.
   b) Setze nach dem ersten Hauptsatz ein **Komma**.

Das Komma in Satzgefügen

A Werbung ist eine Macht die wir unterstützen indem wir kaufen was wir nicht wollen obwohl uns dies bewusst ist.

B Ohne Werbung wäre unser Leben in dem der Konsum eine wichtige Rolle spielt farblos sodass wir unser schwer verdientes Geld aus dem Fenster werfen weil wir im Grunde gerne Opfer von vorgegaukelten Traumwelten werden.

1 Tauscht euch darüber aus, welcher Aussage über Werbung ihr eher zustimmt.

Folie Seite 307

2 Untersuche den Aufbau der beiden Satzgefüge (**LERNBOX**, Hinweis 1):
a) Markiere die Konjunktionen und Relativpronomen mit unterschiedlichen Farben und unterstreiche dann die Nebensätze. Orientiere dich dazu an der **LERNBOX**, Hinweise 2 bis 4.
b) Ergänze die fehlenden Kommas, die Nebensatz und Hauptsatz, aber auch Nebensatz und Nebensatz trennen.

Der Simsor ist unsere neueste technische Entwicklung. Die Menschheit hat schon lange auf sie gewartet. Mit dem Simsor ändert sich Ihr Leben. Nichts bleibt mehr unerforscht. Der Simsor dringt in die kleinste Ritze ein. Vertrauen Sie unserer Technologie. Sie ist die neueste auf dem Markt. Ein neues Strahlen wird Ihr Heim durchfluten. Alles andere können Sie nun getrost vergessen. Finden Sie einen neuen Freund in Ihrem Simsor.

3 a) Tauscht euch aus, für welches Produkt hier geworben wird und was es kann.
b) Wie könnte der Simsor aussehen? Fertige eine Skizze an.
c) Überarbeite den Werbetext, indem du Satzgefüge bildest und mithilfe von Konjunktionen und Relativpronomen Bezüge herstellst.

Seite 307

> **⚠ LERNBOX**
>
> **Das Komma in Satzgefügen**
> 1. Ein **Satzgefüge** besteht mindestens aus einem **Haupt-** und einem **Nebensatz**. Der Hauptsatz (HS) ist in sich abgeschlossen.
> 2. Den **Nebensatz** (NS) erkennst du an der einleitenden **Konjunktion** *(als, dass, obwohl, sodass, wenn, weil ...)* und der Stellung des **Prädikats am Satzende**. Der Nebensatz kann nicht für sich alleine stehen.
> 3. Der **Relativsatz** ist ein **Nebensatz**, der sich auf ein Nomen bezieht und durch ein **Relativpronomen** eingeleitet wird *(der, die, das / welcher, welche, welches)*. Vor dem Relativpronomen kann auch eine Präposition *(für, in, an, unter ...)* stehen: *Das Produkt, für das geworben wird, ist neu.*
> 4. Haupt- und Nebensätze werden immer durch ein **Komma** voneinander getrennt. Der Nebensatz kann **vor** oder **nach** dem **Hauptsatz** stehen sowie in diesen **eingeschoben** sein.
> 5. Ein Satzgefüge kann auch **mehrere Nebensätze** enthalten. Sie können sich auf den Hauptsatz oder auf einen anderen Nebensatz beziehen.

Seite 264/265

Immer dem neuesten Trend auf der Spur

Jugendliche suchen ihren eigenen Stil der den Eltern meist nicht gefällt obwohl er gerade genau der Zeit entspricht. Viele Jugendliche sind aber auch unsicher ob sie einem Trend folgen sollen. Muss man wirklich jede Mode wenn sie gerade angesagt ist mitmachen obwohl sie vielleicht gar nicht zu einem passt?
5 Die Suche nach dem eigenen Stil kann eine Weile dauern was den Nerven der Eltern manchmal schwer zu schaffen macht. Die Kleidung der Erwachsenen gilt häufig als spießig und das was beispielsweise Popstars tragen als in. Auch Gruppenzwang spielt eine große Rolle weil Jugendliche erst ihren Platz in der Gesellschaft finden müssen. Sie wollen natürlich im Vordergrund stehen da ihnen die
10 Anerkennung durch die Gruppe wichtig ist.
Aber trendige Kleidung die heutzutage so schnell wechselt dass man kaum noch hinterherkommt kann teuer werden. So hat eine Studie ergeben dass Jugendliche für ihre Kleidung im Jahr über 4 Millionen Euro ausgeben. Denn es geht meist nicht darum was zu einem passt sondern darum ob z. B. der aktuelle Star
15 auf YouTube es gerade für unverzichtbar hält. Häufig muss es eine teure Markenjacke sein. Eine Hose vom Trödelmarkt auch wenn sie noch so schön ist geht gar nicht. Und wer nicht ein bestimmtes Zeichen auf seinen Schuhen trägt, ist ohnehin total out. Schon in der Grundschule bekommen Schüler teilweise zu spüren dass es nur um die Produkte in der Werbung geht. Dem Kind dann zu
20 erklären dass es nicht auf die Marke ankommt ist nicht einfach, vor allem dann nicht wenn Mobbing und Ausgegrenztwerden die Folge der „falschen" Kleidung und Butterbrotdose sind.

4 a) Tauscht euch darüber aus, welchen Einfluss Werbung durch Vorbilder wie Stars oder Influencer (z. B. über YouTube) auf Jugendliche hat.
b) Welche Konsequenzen könnte es nach sich ziehen, wenn man jedem Trend folgt oder nicht? Unterstreicht sie im Text.

5 a) Setze die fehlenden Kommas ein. Orientiere dich an der **LERNBOX**.
b) Vergleiche dein Ergebnis mit einem Partner und sprecht über unterschiedliche Lösungsmöglichkeiten.

LERNBOX

Strategien zur Kommasetzung bei Satzgefügen
1. Lies den Satz mit Murmelstimme und achte dabei auf **Sprechpausen**. Sie deuten oft auf die Stelle hin, an der du ein Komma setzen musst.
2. Unterscheide Haupt- und Nebensätze. Achte dazu auf **Konjunktionen** *(wenn, dass, obwohl, weil ...)* oder **Relativpronomen** *(der, die, das, was ...)*, die einen Nebensatz einleiten, und unterstreiche sie.
3. Ermittle die **Sinneinheiten** des Satzes:
    a) **Markiere** die **Prädikate** und **klammere** die **zugehörigen Wörter ein**. Achte darauf, ob das Prädikat mehrteilig ist.
    b) Setze zwischen diesen Sinneinheiten ein **Komma**.
    c) Wenn der Nebensatz in den Hauptsatz eingeschoben ist, mache mit einem **Pfeil** deutlich, **wo** der **Hauptsatz weitergeht**.

Kommasetzung in Nebensätzen mit *das* und *dass*

Rettet die Meere

Im Juni 2017 fand in New York eine UN Konferenz mit dem Ziel statt da(1) die Ozeane unserer Welt geschützt werden. Dem Meer da(2) als gemeinsames Erbe der Menschheit definiert wird geht es nicht gut. Es wird beklagt da(3) die Ozeane in einem schlechteren Zustand als je zuvor seien. Da(4) Lebensräume und damit die Artenvielfalt zerstört werden ist eine der Konsequenzen der Belastung durch Mikroplastik da(5) sich z. B. in vielen Kosmetika findet. Es besteht die Befürchtung da(6) bald mehr Plastik als Tierplankton in den Meeren zu finden sein wird. Das Meer da(7) auch als Lunge der Erde bezeichnet wird ist bis zu 30 Prozent saurer als vor der Industrialisierung. Zusammen mit der Erwärmung des Meeres da(8) Lebensraum für viele Organismen ist ändern sich auch die Lebensbedingungen rasant. Es ist nicht so da(9) es an Schutzmaßnahmen mangelt. Sie gründen auf dem Prinzip der Freiwilligkeit auf da(10) sich die Staaten geeinigt haben. Damit sollte erreicht werden da(11) der Anteil an Mikroplastik gesenkt wird, aber die Umsetzung scheiterte. Da(12) sich für die Ozeane niemand verantwortlich fühlt wird deutlich kritisiert. Neben dem Problem des Plastikmülls da(13) auf dem Land deutlich sichtbarer wäre als im Wasser geht es auch um die Rolle der Ozeane in Bezug auf den Klimawandel. Die Einrichtung eines Meeresschutzgebietes in Gabun da(14) das größte in Afrika wird soll das klimaschädliche CO_2 binden. Ziel ist da(15) das Tempo des Klimawandels gedrosselt wird. Die Notwendigkeit eines solchen Projekts da(16) jetzt in Angriff genommen wird zeigt sich allein dadurch da(17) zurzeit nur 3,5 % der Ozeane als Schutzgebiete ausgewiesen sind.

1 a) Erkläre, warum der Schutz der Meere so wichtig ist.
  b) Recherchiere weitere Schutzmaßnahmen für das Meer.

2 a) Stelle durch die Ersatzprobe fest, um welche Wortart es sich jeweils handelt, und notiere dein Ergebnis: (1) *dass* (K). Orientiere dich an der **LERNBOX**.
  b) Unterstreiche das Prädikat und klammere die Sinneinheiten ein.
  c) Schreibe den Text ab: Ergänze *das*/*dass* und setze die fehlenden Kommas.

Folie
Seite 307

⚠ LERNBOX

Kommasetzung in Nebensätzen mit *das* und *dass*
Achte auf die Rechtschreibung (s oder ss) und auf die Kommasetzung:
1. Das **Relativpronomen (RP)** *das* leitet einen **Relativsatz** ein und bezieht sich auf ein **vorausgehendes sächliches Nomen**:
   Ich kaufe ein Kleid, das mir gefällt.
2. Die **Konjunktion (K)** *dass*, leitet einen **Nebensatz** ein:
   Es ist schön, dass das Kleid nicht teuer ist.
3. Setze **zwei Kommas** bei einem **eingeschobenen Nebensatz**:
   Das Kleid, das ich gekauft habe, hat schöne Farben.
   Der Gedanke, dass man alles kaufen kann, ist ein Irrtum.
4. Ob du *das* oder *dass* schreiben musst, ermittelst du mit der **Ersatzprobe**.

Kommasetzung bei Infinitivgruppen

Beim *Fair Play* geht es nicht nur darum, Spielregeln einzuhalten. *Fair Play* beschreibt vielmehr eine Haltung des Sportlers.

1. **a)** Sprecht darüber, wie das Internationale Fair Play Komitee *Fair Play* definiert.
   b) Tauscht euch dann aus, was Fairness für euch bedeutet.

2. Klärt mithilfe der **LERNBOX**, warum in dem Zitat ein Komma steht.

Fair Play im Sport

A Mir ist daran gelegen auf die geschriebenen und ungeschriebenen Regeln der Sportart zu achten. ( )
B Ich will in jedem Spiel alles dafür geben um mit Anstand zu gewinnen oder zu verlieren. ( )
C Auch wenn die Entscheidungen des Schiedsrichters nicht richtig erscheinen, versuche ich sie zu akzeptieren. ( )
D Anstatt meine Gegner als Feinde zu betrachten sehe ich sie als Partner. ( )
E Mich um verletzte Gegner zu kümmern das ist mir wichtig. ( )
F Damit wir alle miteinander auskommen, bemühe ich mich anderen gegenüber tolerant zu sein. ( )
G Chancengleichheit zu erreichen das ist mein Ziel. ( )

3. **a)** Finde in den Sätzen die Grenze zwischen Hauptsatz und Infinitivgruppe. Unterstreiche dazu den Hauptsatz.
   b) Entscheide, ob du ein Komma setzen musst oder nicht. Orientiere dich dazu an den Hinweisen in der **LERNBOX**. Schreibe die Regel, nach der du dich gerichtet hast, in die Klammer hinter den Satz.

🖊 Folie

💡 Seite 307

⚠ LERNBOX

Kommasetzung bei Infinitivgruppen

1. **Infinitive mit *zu*** bezeichnet man als **Infinitivgruppen**.
2. Diese **können** durch ein Komma abgetrennt werden, um die Gliederung des Satzes zu verdeutlichen oder um Missverständnisse auszuschließen:
   Er bat mich(,) nicht mehr zu foulen. / Er bat mich nicht mehr(,) zu foulen.
3. Infinitivgruppen, die mit **um, ohne, statt, anstatt, außer** eingeleitet werden, musst du durch Komma abtrennen:
   Wir helfen einander, __um__ auch Schwächeren den Spaß am Sport zu erhalten.
4. Infinitivgruppen, die von einem **hinweisenden Wort** oder einem **Nomen** abhängen *(daran, dafür ...)*, musst du auch mit einem Komma abgrenzen:
   Mir ist __daran__ gelegen, zu mehr Aufrichtigkeit im Sport zu sensibilisieren.
   Fair zu sein, __das__ ist unser Ziel.
   Meine __Idee__, einen Fair-Play-Vertrag abzuschließen, kam gut an.

Kommasetzung bei Partizipgruppen

A   <u>Die Ausübung von Gewalt betreffend</u> weisen Sport und Gesellschaft Parallelen auf. Emotionen und Aggressionen werden nämlich auch im Sport ausgelebt.

B   Es entsteht bei Sportlern und Zuschauern starke Gefühle freisetzend oftmals eine spannungsgeladene Atmosphäre.

C   Das Spektrum breit gefächert reicht von intensiven Glücksmomenten bis zur Niedergeschlagenheit.

D   Leidenschaften, Wut und körperliche Gewalt im Sport auf sozial akzeptierte Weise ausgelebt sind jedoch einem speziellen Regelwerk untergeordnet.

E   Dieses ist den Willen zum Fair Play voraussetzend größtenteils der Selbstkontrolle der Sportler unterworfen.

F   Der Schiedsrichter immer auf Fairness und Sicherheit bedacht muss körperliche Attacken oder brutale Fouls immer wieder durch Sanktionen ahnden, weil die Sportler sich selbst nicht ausreichend kontrollieren.

1 Tauscht euch darüber aus, ob ihr beim Sport Ähnliches erlebt habt.

2 **a)** Untersuche Satz A genauer. Welches Satzglied ist unterstrichen? Lies hierzu die ersten beiden Hinweise der **LERNBOX**.
b) Markiere in den weiteren Sätzen ebenfalls die Partizipgruppen und entscheide, ob du ein Komma setzen musst oder nicht (**LERNBOX**, Hinweise 3–5).
c) Formuliere einige Sätze so um, dass der Text sich besser liest, z. B. *Sport und Gesellschaft weisen in Bezug auf Gewalt Parallelen auf, denn ...*

Seite 307   Folie

⚠ LERNBOX

Kommasetzung bei Partizipgruppen

1. Das **Partizip Präsens** *(laufend, tanzend)* wird verwendet, um etwas genauer zu beschreiben. Das **Partizip Perfekt** *(gesagt, verletzt)* bezeichnet hingegen oft den Abschluss einer Tätigkeit, eines Vorgangs oder Zustands.

2. Hängen von dieser Form des Verbs noch weitere Wörter ab, spricht man von einer **Partizipgruppe**: *Fairness meint, knapp formuliert, das ehrliche und anständige Verhalten vor allem im Sport.*

3. Partizipgruppen kannst du durch Kommas abtrennen, um die **Gliederung des Satzes** deutlich zu machen oder um **Missverständnisse auszuschließen**: *Den Wettkampf betreffend(,) stelle ich fest, dass oft mit harten Bandagen gekämpft wird.*

4. Du musst ein Komma setzen, wenn Partizipgruppen mit einem **hinweisenden Wort** oder einer **Wortgruppe** angekündigt werden:
Wenn wir auf diese Weise, jede Fairnessregel einhaltend, vorgehen, kommt es seltener zu Fouls.

5. Du musst auch ein Komma setzen, wenn die Partizipgruppen ein **Nomen** oder **Pronomen** näher erläutern: *Der Schiedsrichter, stets mit einer Pfeife ausgerüstet, will seinem Job gerecht werden.*

Richtig zitieren

A In dem Text behaupten zwei Frauen gleichzeitig, die Mutter eines Kindes zu sein. Der Richter stellt daher fest, dass die „rechte Mutter" noch identifiziert werden muss. Tatsächlich ist Frau Zingli die leibliche Mutter. Sie ist vor ein paar Jahren weggelaufen („überstürzt vor den feindlichen Truppen" (2)), da
⁵ sie Angst um ihr Leben hatte. Dabei hat sie ihr Kind zurückgelassen (Z. 3). Daran kann man erkennen, dass sie eine schlechte Mutter ist. Ihr scheint das eigene Leben wichtiger gewesen zu sein als das ihres Kindes.
B Die fehlende Mutterliebe zeigt sich auch in der Gerichtsverhandlung. Frau Zingli glaubt den Worten des Richters Die von euch die stärkste Liebe hat,
¹⁰ wird auch mit der größten Kraft ziehen und meint, dass sie ihr Kind mit Gewalt zurückbekommen kann. Deshalb zerrt sie an dem Arm des verängstigten Kindes und zieht es so aus dem Kreis heraus. Damit hat sie aber nur wieder bewiesen, wie wenig ihr das Kind bedeutet. Anna hingegen lässt es sofort los, um ihm keinen Schmerz zu bereiten. Das Kind jedoch möchte lieber bei Anna
¹⁵ bleiben, weil es ihr verstört und ungläubig hinterherschaut. Aber Frau Zingli denkt nicht daran, was das Beste für ihr Kind ist. Deshalb meine ich, dass der Richter der richtigen Frau das Kind gegeben hat. Anna hat das Kind unter Lebensgefahr gerettet und großgezogen. Im Gerichtssaal hat sie ihre Liebe ein weiteres Mal bewiesen: Aus Furcht, das Kind könne Schaden erleiden, lässt sie
²⁰ es sofort los, auch auf die Gefahr hin, es dadurch zu verlieren.

1 a) Eine Schülerin hat zu Aufgabe **5 a)** von Seite 167 einen Text geschrieben. Vergleiche ihre Lösung mit deiner und ergänze deine Notizen, wenn nötig.
b) Untersuche Teil A des Textes genauer: Markiere die Zitate und überprüfe mithilfe der **LERNBOX** die Zitiertechnik.
c) In Teil B fehlen noch Zitate oder sie wurden nicht gekennzeichnet. Finde sie im Text auf Seite 165/166. Schreibe dann den Text ab und ergänze dabei Zitate, die fehlende Zeichensetzung und richtige Zeilenangaben.

💡 Seite 307   ✎ Folie

❗ LERNBOX

Richtig zitieren
1. In **Textuntersuchungen** (Analysen) musst du **Textstellen angeben**, die deine Ergebnisse **belegen** oder **veranschaulichen**.
2. Dazu hast du verschiedene Möglichkeiten:
   a) Du gibst Textstellen **indirekt** wieder, indem du den Inhalt mit einem *dass*-Satz umschreibst: *Es steht fest, dass Anna die Mutter ist (Z. 50)*.
   b) Du kannst Textstellen **direkt wiedergeben**, indem du sie wörtlich zitierst. Du übernimmst dazu den **genauen Wortlaut** der Textstelle und setzt diesen in **Anführungszeichen**. Wenn du das Zitat verkürzt wiedergibst, musst du die ausgelassene Stelle mit eckigen Klammern kennzeichen. *„Und somit wissen wir, […] wer die rechte Mutter ist.", Z. 50* oder *(Z. 50)*.
3. Du notierst die **Seiten-** und/oder **Zeilenangabe** (oder **Versangabe**) aus dem Text, damit der Leser die Zitate nachlesen kann. Du ergänzt diese Angaben in **Klammern** oder trennst sie mit einem **Komma** ab (vgl. 2).

Prüfe dein Wissen zur Zeichensetzung!

Bearbeite die Aufgaben und überprüfe deine Ergebnisse anhand der Lösungen im Lösungsheft.

1 Schreibe den folgenden Text ab und setze die fehlenden Kommas ein.

(1) Bertolt Brecht verfasste den „Augsburger Kreidekreis" aus dem der Auszug stammt 1940. (2) Es geht darum dass zwei Frauen behaupten dass sie die rechtmäßige Mutter eines Kindes sind. (3) Als der Richter das Verhör einstellt wird es im Zuschauerraum sehr still. (4) Alle warten darauf zu hören wem der Richter das Kind zuspricht. (5) Aber der Richter kommt noch nicht zu einem Urteil er lässt Kreide holen was keiner begreift. (6) Nachdem ein Kreis auf den Boden gemalt worden ist wird das Kind das vor Schreck zu weinen aufgehört hat in den Kreis gestellt. (7) Beide Frauen die von dem Richter darum gebeten worden sind ihre Liebe zu beweisen stellen sich dazu.

2 a) Untersuche den Aufbau des folgenden Satzes und kreuze das richtige Satzbauschema an.
  b) Ergänze die fehlenden Kommas an den richtigen Stellen.

Folie

Nachdem Frau Zingli den Arm angefasst hat zieht sie so stark daran dass das Kind verletzt werden könnte sodass Anna loslässt was alle erleichtert.

A HS – NS – NS – NS – NS ☐   HS = Hauptsatz
B NS – HS – NS – NS – NS ☐   NS = Nebensatz
C NS – NS – HS – NS – NS ☐

3 Schreibe den folgenden Text ab und setze die fehlenden Kommas.

Das Urteil des Richters dass nur die Frau das Kind bekommt der das Wohl des Kindes wichtig ist und die entsprechend handelt um ihm nicht zu schaden ist sehr weise denn es verdeutlicht die Lieblosigkeit der leiblichen Mutter.

4 Schreibe den folgenden Text ab, ergänze *das* oder *dass* und setze die Kommas.

(1) Anna das Kind zugesprochen bekommt ist gerecht. Frau Zingli erkennt vielleicht (2) sie falsch gehandelt hat. Aber das Kind (3) wieder bei Anna ist ist der eigentliche Gewinner.

5 a) Schreibe den folgenden Text ab und ergänze die notwendigen Kommas.
  b) Unterstreiche die Partizipgruppen.

Das Urteil begrüßend gehen alle wieder. Wenn jeder Richter die Gerechtigkeit im Blick behaltend so urteilte wäre allen geholfen. Richter sollten die Ausübung der Rechtsprechung betreffend die Menschlichkeit nie vergessen.

40 **Summe**

Rechtschreibstrategien und -training

Fachwörter rund um Rechtschreibung und Grammatik richtig schreiben

N	Z	E	W	T	N	A	N	O	S	N	O	K
O	E	I	J	U	N	E	M	O	N	O	R	P
M	O	B	T	P	U	K	U	P	L	Ö	P	F
I	S	E	E	A	C	O	M	U	X	K	V	R
N	E	M	O	N	T	M	L	N	I	O	M	E
A	R	T	U	L	S	M	A	K	F	N	L	M
L	A	K	O	V	G	A	U	T	F	J	Q	D
I	W	Y	V	E	S	C	T	H	U	U	K	W
S	Z	G	R	R	E	O	B	Z	S	N	M	O
I	T	H	E	B	R	E	V	D	A	K	R	R
E	V	E	L	O	T	I	P	W	A	T	I	T
R	A	C	H	G	U	I	K	L	I	I	Ö	X
U	D	G	E	L	A	U	T	K	U	O	Ä	V
N	S	U	F	E	N	T	E	U	Z	N	I	O
G	H	A	U	P	T	S	A	T	Z	U	Z	N

1 Fachbegriffe (vgl. Seite 287) werden häufig falsch geschrieben. Darum musst du sie dir als Lernwörter einprägen.
a) In dem Rätselgitter sind 17 Fachbegriffe waagerecht, senkrecht und diagonal sowie vorwärts und rückwärts verborgen. Markiere sie.
b) Scheibe die Satzanfänge unten ab und ordne die gefundenen Fachbegriffe den richtigen Lücken zu.

A Aus diesen Satzformen kann sich ein Satz zusammensetzen: ... und ...

B Wortarten sind z. B. ... , ... , ... oder ...

C Zu den Satzzeichen gehören das ... oder der ...

D Buchstaben unterteilt man in ... , ... und ...

E Nomen erkennt man u. a. an einem ... Liegt eine ... vor, werden auch Adjektive und Verben als Nomen gebraucht.

F Wörter, die aus anderen Sprachen übernommen wurden, nennt man ...

G Beim ... ist es wichtig, dieses durch Satzzeichen zu kennzeichnen.

H Wenn man die Rechtschreibregeln nicht befolgt, macht man ...

Fehlerschwerpunkte ermitteln

Hannah hat zu dem Gedicht „Auf diesem Hügel überseh ich meine Welt!" (S. 199) eine Gedichtuntersuchung verfasst:

R1	Das lyrische ich steht auf einem Hügel, der sich in seiner Heimat befindet.
R2	Von dort aus schaut es auf die Gegent, die für es vertraut ist. Die Begeg-
R3, Z4, R5	nung mit dem Bekanten das stets gleich bleibend ist, ist für dieses sehr
R6, R7	bedeutent. Heimat bedeutet Nähe, weil man sich geborgen fült und sich
R8	vor nichts fürchten muss. Bei der Betrachtung der nahen umgebung er-
	kennt das lyrische Ich Einzelheiten („[...] mit Rasen sanft begleitet", V. 2),
	die ein Fremder sicherlich nicht gesehen hätte. Daraus kann man schlie-
R9	ßen, das das lyrische Ich sich sehr gut dort auskennt. Auch scheint ein
	besonderer Mensch dort zu leben, da zweimal ein Haus („Das weiße Haus",
Z10, Z11	V. 4) bzw. dessen Dach (Deines Daches Zinne, V. 14) genannt wird.
R12, R13	Die Ferne wird nur sehr algemein beschrieben („[...] der Länder steilste
	Höhen" (V. 7), „Schiffe" (V. 8), „[...] Städte [...] von Bergen stolz umstellt"
R14	(V. 9)). Dadurch entsteht eine Distans. Dies wird auch durch den Konjunk-
R15	tiv („Erstieg", V. 7) verdeutlicht, da dass lyrische Ich sich ja nur vorstelt
R16, Z17	dort zu sein. Es verläßt seine Heimat nicht weil es keinen anderen Ort so
	sehr mag.
Z18	Wie groß diese Liebe ist wird in der letzten Strophe deutlich. Das lyrische
	Ich würde selbst „Paradiese" (V. 12) nicht gegen seine Heimat eintau-
R19	schen. Da das „Paradies" eigentlich der mytische Sehnsuchtsort aller
Z20	Menschen ist zeigt es die tiefe Verbundenheit des lyrischen Ichs zu seiner
	Heimat.
Z21	Abschließend kann man sagen dass das Verhältnis zur Nähe deutlich
R22	positiver geprägt ist als das zur ferne.
	Auch im formalen Aufbau und in der sprachlichen Gestaltung wird die
R23	Harmoni zwischen dem lyrischen Ich und seiner Heimat deutlich.
R24, Z25	Das Gedicht ist regelmäßig aufgebaut es besteht aus drei Strophen mit
	jeweils fünf Versen. Die Wiederholung des ersten Verses („Auf diesem
Z26	Hügel überseh ich meine Welt) bedingt die ungerade Anzahl der Verse.
R27	Dadurch wird auch der Parreim durch einen vorangestellten Vers ergänzt
R28, R29, R30	(abbaa). Als Metrumm wählte die Dichterin einen durchgengigen Jamm-
	bus. Im ersten Vers einer jeden Strophe gibt es sechs Hebungen, in den
R31, R32	restlichen Versen jedoch nur fünf. Diese formale Auffelligkeit betont
Z33	den ersten Vers jeder Strophe, und unterstreicht die Einzigartigkeit der
	Welt des lyrischen Ichs.
R34	Eine weitere Regelmässigkeit zeigt sich im Satzbau. Der erste Vers einer
R35	jeden Strophe ist ein Ausruff, die weiteren vier Verse bilden jeweils eine
	Einheit. Dabei endet die erste Strophe mit einer Frage („Was ist's, worin
Z36, R37	sich hier der Sinn gefällt?" V. 5), sodass deutlich wird, das die Liebe zur
	Heimat nicht an einem einzelnen Punkt festzumachen ist. Es ist ein
R38	Gefühl, dass das lyrische Ich empfindet, wenn es seine Welt betrachtet.
Z39	Die Sätze sind sehr lang da die Dichterin viele Aspekte aufzählt, die zur
R40	Nehe und zur Ferne gehören („Hinab ins Tal [...]", Strophe 1; „Erstieg ich

auch [...]", Strophe 2). Die Aufzählungen erleichtern es dem Leser sich die | Z41
Lantschaft bildlich vorzustellen. Auch die Adjektive unterstützen die | R42
45 positive Darstellung der Nähe. Der Weg durchs Tal wird „sanft" (V. 2)
begleittet. Hingegen sind die Berge in der Ferne die „steilste[n]" (V. 7) und | R43
„stolz" (V. 9). Durch diese Beschreibung wird die Ablenung der Ferne noch | R44
einmal betont.
Zusammenfassend kann man sagen dass Bettina von Arnim in ihrem | Z45
50 Gedicht die Gefühle des lyrischen Ichs besonders gut beschrieben hat,
sodas dessen Welt dem Leser vertraut wird und er die positive Stimung | R46, R47
sehr gut nachvollziehen kann.

1 Hannah hat Aufgabe **3** von Seite 200 bearbeitet. Tauscht euch über ihr Ergebnis aus und besprecht, was ihr inhaltlich gut gelungen ist.

2 Hannah hat in ihrem Text mehrere Rechtschreib- (R) und Zeichensetzungsfehler (Z) gemacht:
a) Markiere die am Rand angezeigten Fehler im Text. ✓ Folie
b) Führe eine Fehlerschwerpunktanalyse ✓ Folie
zu Hannahs Text durch, indem du die Fehlerarten in die Tabelle einordnest. Welche Fehlerarten kommen häufig vor?

Fehlerart		Fehlerart	
Großschreibung		das/dass	
Schreibung der s-Laute		Komma/Punkt in Satzreihen	
Doppelkonsonanten (außer ss)		Komma in Satzgefügen	
b/p, d/t, g/k		Komma in Relativsätzen	
Schreibung von ä/äu		Komma in Aufzählungen	
Wörter mit Dehnungszeichen		Komma bei Infinitivgruppen	
Getrennt- und Zusammenschreibung		Komma bei Partizipgruppen	
Lernwörter, Fach- und Fremdwörter		Das muss außerdem geübt werden:	

3 Berichtige Hannahs Fehler. Schreibe so:
R1: das lyrische Ich → Signalwort für Nomen/Fachwort
R2: die Gegend → Verlängerung (die Gegenden)
Orientiere dich an den Strategien von Seite 302.

4 a) Suche aus den Übungen von Seite 303 bis 305 passende Übungen für Hannah heraus.
b) Führe eine Fehlerschwerpunktanalyse mit deinen Texten durch und wähle danach passende Übungsaufgaben für dich aus.

Rechtschreibstrategien und -training | 3.4.14 Fehlerschwerpunkte ermitteln

Strategien für Rechtschreibung und Zeichensetzung

A Artikelprobe und Signalwörter

Wenn du unsicher bist, ob ein Wort **groß- oder kleingeschrieben** wird, überprüfe, ob du einen **Artikel** vor das Wort setzen kannst.
Beachte auch, ob ein **Signalwort** davorsteht:
- **Artikel:** *die* Betreuerin, *eine* Mitarbeiterin,
- **Possessiv- oder Demonstrativpronomen:** *deine* Aufgabe, *dieses* Produkt,
- **Adjektiv:** die *schwierige* Situation,
- **Präposition + Artikel:** *beim* Nachfragen,
- **Numerale:** *viele* Unbekannte.

B Silbenprobe

Wenn du unsicher bist, ob ein Wort mit **Doppelkonsonant**, mit **ck, tz, ss** geschrieben wird oder mit **ß, ie**, dann überprüfe, ob der Vokal kurz oder lang gesprochen wird:
das Was ser, die Grö ße, die Lie be.

Einsilbige Wörter musst du verlängern (siehe **C**):
Adjektiv: dürr → der dür re Ast,

Verb: er sitzt → wir sit zen,

Verb: sie saß → wir sa ßen,

Verb: Lass das! → wir las sen.

Nomen: das Maß → die Ma ße

C Verlängerungsprobe und Wörter zerlegen

Wenn du unsicher bist bei Wörtern mit **b, d, g im Auslaut** oder bei **Adjektiven auf -isch, -ig** oder **-lich**, **verlängere** diese Wörter, um die Buchstaben zum Klingen zu bringen.
- **Nomen** → Plural: *das Feld → die Felder,*
- **Verben** → Wir-Form: *ich fing → wir fingen,*
- **Adjektive** → vor ein Nomen setzen:
  flüssig → die flüssige Seife.

Zusammengesetzte Wörter musst du zuerst **zerlegen**: *der Handball → die Hand + der Ball → die Hände.*

D Ableitungsprobe

Wenn du unsicher bist, ob du ein Wort mit **ä/äu** oder **e/eu**, **Dehnungs-h** oder **silbentrennendem h** schreiben musst, suche ein verwandtes Wort aus der **Wortfamilie** mit gleichem **Wortstamm**.
- *die Häuser → das Haus, hausieren,*
- *lehnen → die Lehne, ablehnen,*
- *sehen → der Fernseher, ansehen.*

E Nachschlagen, Wörterliste, Rechtschreibkartei

Wenn du ein Wort nicht kennst, z. B. weil es ein **Fremdwort** ist, oder wenn du nicht ermitteln kannst, wie es geschrieben wird, schlage es im **Wörterbuch** nach: *die Euphorie, der Delfin, das Praktikum, der Kandidat.*

Sammle Wörter, die du häufig falsch schreibst, in einer **Wörterliste** oder in deiner **Rechtschreibkartei**. So hast du einen schnellen Zugriff und kannst mit ihnen lernen: *außerdem, ihn, sodass, demzufolge, gar nicht, vor allem, im Allgemeinen, zum einen, zum anderen, die beiden.*

F Zeichensetzung

→ Lies dir deinen Text leise durch. Überprüfe, ob du dort ein Komma gesetzt hast, wo du eine Lesepause machst.

→ So überprüfst du die **Zeichensetzung in Sätzen**: Unterstreiche die Prädikate und klammere die dazugehörigen Wörter ein. Setze zwischen die **Sinneinheiten** einen Punkt / ein Komma.

→ Achte bei **Satzreihen** auf einleitende Signalwörter wie *aber, daher, deshalb, denn* …

→ Achte bei **Satzgefügen** auf den Nebensatz einleitende Konjunktionen wie *als, da, dass, weil, obwohl* … oder Relativpronomen wie *der, die, welcher* …

→ Achte bei **Infinitivgruppen** auf
  - Wörter wie *als, anstatt, außer, ohne, um, statt*, die die Infinitivgruppe einleiten,
  - hinweisende Wörter wie *es, daran, damit* …,
  - ein Nomen, von dem die Infinitivgruppe abhängt.

Selbstständig mit Texten üben

1 Auch mit Texten aus Büchern oder Zeitungen kannst du Rechtschreibung und Zeichensetzung üben. Beachte jedoch, dass du nicht mit jedem Text alle Übungen durchführen kannst. Wähle jene Übungen aus, die dir helfen, deine Fehlerschwerpunkte zu verbessern (vgl. Seite 301). In welcher Abfolge du die Übungen bearbeitest, kannst du dir aussuchen.

Kostenlos online surfen?

Spätestens mit 12 oder 13 Jahren können sich viele Jugendliche selbstständig in den Online-Medien bewegen. Sie genießen es, miteinander zu kommunizieren, sie tauschen sich über ihre aktuellen Vorlieben für Musik, Mode und andere Themen aus und haben viel Spaß beim Spielen. Die meisten Angebote im Social Web[1] sind kostenlos, aber sie haben dennoch ihren Preis, denn die Anbieter nutzen diese Seiten, um in vielfältiger Weise für bestimmte Produkte zu werben. Dies geschieht teilweise auf klar erkennbaren Flächen, teilweise aber sind sie auch raffiniert in Informations- oder Unterhaltungsangeboten versteckt oder wie Nachrichten geschrieben. Kein Wunder, dass nach einer neuen amerikanischen Untersuchung 80 % der Jugendlichen Nachrichten nicht von Werbebeiträgen unterscheiden können.

Aber das ist nur eine Ebene[2], auf der die Online-Medien auf die Jugendlichen als Konsumenten zugreifen. Die andere Ebene bezieht sich darauf, dass jeder Nutzer im Internet Spuren hinterlässt. Da ist es naheliegend, diese personenbezogenen Daten zu verkaufen und viel Geld damit zu verdienen. Denn diese Informationen erlauben es, Produkte genau auf die potentiellen Bedürfnisse und Interessen der Nutzer abzustimmen.

Den Jugendlichen sollte klar sein, dass sie sich auf Seiten wie Facebook oder Youtube nie nur als Nutzer bewegen, sondern immer auch als Verbraucher und Verbraucherinnen gesehen werden. Ihre Gewohnheiten, Wünsche und Sehnsüchte sind im Besonderen für die Vermarktung jugendspezifischer Produkte von größtem Interesse.

[1] das social Web: Angebote im Internet, in denen sich die Nutzer austauschen können

[2] die Ebene: hier: Form; Art und Weise

A Großschreibung
(→ S. 302 A Artikelprobe und Signalwörter)
Schreibe Beispiele für unterschiedliche Signalwörter, die vor Nomen stehen, heraus:
viele Jugendliche, in den Online-Medien ...

B Nominalisierung
(→ LERNBOX, S. 282)
1. Schreibe aus dem Text nominalisierte Verben heraus: *beim Spielen ...*
2. Wähle Verben aus, die in der Grundform stehen, und verwende sie in Sätzen als Nomen: *kommunizieren – Zum Kommunizieren verwenden viele Jugendliche ein Handy.*
3. Schreibe aus dem Text nominalisierte Adjektive heraus.
4. Suche Adjektive heraus und verwende sie in kurzen Sätzen als Nomen: *aktuell – In meinen Mails steht nichts Aktuelles.*

C Wörter mit s-Lauten
(→ S. 302 **B Silbenprobe**)
1. Schreibe Wörter mit *ss* in Silben auf. Kennzeichne den kurzen Vokal mit einem Punkt: *lässt → las sen*.
2. Bilde zusammengesetzte Wörter (derselben Wortart), in denen das Übungswort vorkommt: *vorlassen, hinterlassen, niederlassen …*
3. Untersuche bei Verben mit *ss*, ob sich der Wortstamm und damit auch die Schreibweise ändern kann, z. B.: *lassen*. Bilde dazu das Präteritum und das Perfekt in der *wir*-Form. Erkläre durch die Silbenprobe die Schreibung des s-Lauts: *wir lie ßen, wir haben ge las sen*.
4. Schreibe alle Wörter mit *ß* in Silben auf und kennzeichne den langen Vokal. Eventuell musst du das Wort verlängern: *ge nie ßen, der Spaß → die Spä ße*.
5. Schreibe mit allen Wörtern mit *ß* einen (Unsinns-)Satz auf:
Nachdem der Praktikant maßgeblich die Maße genommen hatte, bemaß sein Chef die Maße noch einmal mit Augenmaß.

D Wörter mit Doppelkonsonanten
(ff, ll, mm, nn …)
(→ S. 302 **B Silbenprobe**)
1. Schreibe alle Wörter mit Doppelkonsonanten in Silben zerlegt heraus. Kennzeichne den kurzen Vokal mit einem Punkt: *ken nen*.
2. Bilde mit einem kurzen Beispielwort ein Akrostichon, das wiederum Wörter mit Doppelkonsonanten enthält:
K anne
E bbe
N effe
N izza
E lle
N ippes

E Wörter mit *tz* und *ck*
(→ S. 302 **B Silbenprobe**)
1. Schreibe Wörter mit *tz* und *ck* in Silben auf. Kennzeichne den kurzen Vokal mit einem Punkt: *der Nut zen, versteckt → (gesprochen: verstek-ken);* geschrieben: *ver ste cken*.
2. Notiere weitere Beispiele aus der gleichen Wortfamilie: *benutzen, der Nutzer …*

F Wörter mit *b, d, g* im Auslaut
(→ S. 302 **C Verlängerungsprobe**)
Schreibe Wörter auf, die mit *b, d, g* enden, und mache die Verlängerungsprobe:
das Geld – die Gel der.

G Wörter mit *ä/äu*
(→ S. 302 **D Ableitungsprobe**)
1. Schreibe Wörter heraus, die mit *ä* oder *äu* geschrieben werden. Ergänze verwandte Wörter, die mit *a* oder *au* geschrieben werden: *vielfältig → die Vielfalt, die Falte*.
2. Suche zu drei Wörtern Reimwörter, die sich ebenfalls mit *ä/äu* schreiben und zu denen es verwandte Wörter mit *a/au* gibt: *die Träume → der Traum, die Räume → der Raum …*

H Wörter mit *h*
(→ S. 302 **D Ableitungsprobe**)
1. Schreibe alle Wörter mit Dehnungs-*h* auf und unterstreiche den Vokal und das *h*: *die Gewohnheit …*
2. Schreibe ein Nomen, ein Verb und ein Adjektiv aus derselben Wortfamilie auf: *die Gewöhnung, sich gewöhnen, gewöhnlich …*

I Wörter mit *ie*
(→ S. 302 **B Silbenprobe**)
1. Schreibe alle Wörter mit dem Dehnungszeichen *ie* in Silben auf: *die Spie le …*
2. Schreibe mit weiteren Beispielen aus derselben Wortfamilie einen (Unsinns-)Satz auf: *Die Spieler spielten spielerisch ein Spiel.*

J Getrennt- und Zusammenschreibung – Nomen + Verb
(→ **LERNBOX**, S. 284)
1. Schreibe alle Beispiele für Zusammenschreibungen auf: *personenbezogen*.
2. Erkläre die Zusammenschreibung mithilfe der **LERNBOX**.
3. Finde selbst Zusammenschreibungen aus Nomen + Verb und bilde damit Sätze, z. B. *Eis essen: Das Eis essende / eisessende Kind sieht glücklich aus.*

K Getrennt- und Zusammenschreibung – Adjektiv + Verb
(→ **LERNBOX**, S. 285)
1. Schreibe Beispiele für Zusammenschreibungen auf: *naheliegend*.
2. Erkläre die Zusammenschreibung mithilfe der **LERNBOX**.
3. Finde selbst Zusammenschreibungen aus Adjektiv + Verb und bilde damit Sätze. Beispiele:
laut lachen: Der laut lachende / lautlachende Junge wirkt sympathisch.
leichtfallen: Der Junge ist glücklich, weil ihm die Klassenarbeit leichtgefallen ist (= ihm keine Schwierigkeiten bereitet hat).

L Getrennt- und Zusammenschreibung – „andere Wortarten + Verb"
(→ **LERNBOX**, S. 286)
1. Schreibe Beispiele für Zusammenschreibungen auf: *(sich) austauschen, unterscheiden …*
2. Erkläre die Zusammenschreibung mithilfe der **LERNBOX**.
3. Finde selbst Zusammenschreibungen aus „anderen Wortarten" + Verb und bilde damit Sätze, z. B.:
durch: Ich möchte das Buch endlich durchlesen.
zusammen: Dieses Wort musst du zusammenschreiben (= als ein Wort schreiben). / Ben und Jelena haben diesen Text zusammen geschrieben (= gemeinsam geschrieben).

M Fremdwörter
(→ **LERNBOX**, S. 287)
1. Schreibe Fremdwörter heraus und schlage ihre Bedeutung nach: *kommunizieren = sich verständigen*.
2. Unterstreiche Stellen, die Rechtschreibbesonderheiten aufweisen: *kommunizieren*.
3. Bilde mit den Fremdwörtern Sätze und schreibe sie auf: *Ich nutze mein Smartphone, um mit meiner Freundin zu kommunizieren.*

N Kommasetzung
(→ **LERNBOXEN**, S. 292–295)
1. Untersuche, in welchen **Satzgefügen** ein Nebensatz nachgestellt, vorangestellt oder eingeschoben ist. Schreibe (wenn vorhanden) je ein Beispiel heraus, unterstreiche den Nebensatz und markiere die Kommas:
Den Jugendlichen sollte klar sein, dass sie sich in sozialen Netzwerken nie nur als Nutzer bewegen. (nachgestellter Nebensatz)
2. Untersuche, in welchen Sätzen ein **Relativsatz** nachgestellt oder eingeschoben ist. Schreibe (wenn vorhanden) je ein Beispiel heraus, unterstreiche den Relativsatz und markiere die Kommas.
3. Zeichne einen Pfeil vom Relativpronomen (und gegebenenfalls einer begleitenden Präposition) zum Nomen, das durch den Relativsatz näher erläutert wird:
Das ist nur eine Ebene, auf der die Online-Medien auf die Jugendlichen als Konsumenten zugreifen.
4. Untersuche, welche Sätze eine Infinitivgruppe enthalten. Schreibe Beispiele heraus, unterstreiche die Infinitivgruppe und markiere die Kommas.
5. Markiere mit einer zweiten Farbe das Wort, das das Komma erfordert:
Sie genießen es, miteinander zu kommunizieren.

Lernbegleitbogen *Richtig schreiben*

Kompetenz / Inhalt Ich kann …	Selbstein- schätzung ☺ 😐 ☹	Fremdein- schätzung ☺ 😐 ☹	Bemer- kungen	Hier kannst du weiterüben:
im Bereich der Großschreibung: – Nomen mithilfe von Signalwörtern oder der Artikelprobe erkennen (S. 282) – nominalisierte Adjektive und Verben erkennen (S. 282) – Groß- und Kleinschreibung bei Farbbezeichnungen anwenden (S. 283)				AH, S. 62 AH, S. 63
im Bereich der Getrennt- und Zusammenschreibung: – Verbindungen aus Nomen und Verb richtig schreiben (S. 284) – Verbindungen aus Adjektiv und Verb richtig schreiben (S. 285) – Verbindungen aus „anderen Wortarten" und Verb richtig schreiben (S. 286)				AH, S. 64 AH, S. 65 AH, S. 66
Fachwörter richtig schreiben (S. 287)				AH, S. 67-68
die Konjunktion *dass* richtig schreiben (S. 288)				AH, S. 69
die Rechtschreibhilfe am PC richtig nutzen (S. 289)				AH, S. 70
Rechtschreibregeln sicher anwenden (S. 290)				Wiederhole die Seiten im Kapitel!
Zeichen richtig setzen: – Kommasetzung in Satzreihen (S. 291) – Kommasetzung in Satzgefügen (S. 292–293) – Kommasetzung in Nebensätzen mit *das* und *dass* (S. 294) – Kommasetzung bei Infinitivgruppen (S. 295) – Kommasetzung bei Partizipgruppen (S. 296) – richtig zitieren (S. 297)				AH, S. 72 AH, S. 73 AH, S. 75 AH, S. 76 AH, S. 77
Zeichensetzungsregeln sicher anwenden (S. 298)				Wiederhole die Seiten im Kapitel!
Rechtschreibung trainieren: – Fehlerschwerpunkte ermitteln und korrigieren (S. 299–300) – Fachwörter rund um Rechtschreibung und Grammatik korrekt schreiben und verwenden (S. 301) – Strategien für Rechtschreibung und Zeichensetzung anwenden (S. 302) – selbstständig mit Texten üben (S. 303–305), um meine Fehlerschwerpunkte zu verbessern				AH, S. 71, 78-79

AH = Arbeitsheft, SB = Schülerband

Tipps 💡

Seite 282 2 b)

Du musst noch 11 Fehler finden: Hinweis 3 a) = 4 x, 3 b) = 1 x, 3 d) = 2 x, 4 = 4 x.

Seite 283 1

Von den 15 Farbbezeichnungen sind 9 Adjektive und 6 Nomen.

Seite 284 2

Im Text links musst du 4 Verbindungen zusammenschreiben. Im rechten Text schreibst du 5 Verbindungen zusammen, bei einer weiteren Verbindung kannst du selbst entscheiden (vgl. Hinweis 2 in der LERNBOX).

Seite 286 2 a)

Achte auf die unterschiedliche Bedeutung der Wörter und wähle eine sinnvolle Schreibweise aus. Zwei Verben musst du getrennt schreiben.

Seite 288 2

Du musst 3 x *dass* und 2 x *das* einsetzen.

Seite 292 2

Satz A besteht aus einem Hauptsatz und vier Nebensätzen. Hier fehlen vier Kommas.
Satz B enthält einen Hauptsatz und drei Nebensätze. Achtung: In den Hauptsatz ist ein Nebensatz eingeschoben! Hier fehlen auch vier Kommas.

Seite 292 3 c)

So kannst du beginnen: *Der Simsor ist unsere neueste technische Entwicklung, auf welche die Menschheit schon lange gewartet hat, weil ...*

Seite 293 5 a)

Du musst 24 Kommas einfügen.

Seite 294 2 c)

Dass musst du 9 x und *das* 8 x einsetzen. Denke daran, am Ende von eingeschobenen Nebensätzen auch ein Komma einzufügen. Du musst insgesamt 23 Kommas setzen.

Seite 295 3 b)

In fünf Sätzen muss ein Komma eingesetzt werden. Achte dazu auf hinweisende Wörter. Bei den anderen Sätzen **kannst** du ein Komma einfügen, um den Satz zu gliedern oder um Missverständnisse zu vermeiden.

Seite 296 2 b)

Die Partizipgruppen sind alle eingeschoben.

Seite 297 1 b)

Suche nach diesen Zitaten: „Die von euch die stärkste Liebe hat, wird auch mit der größten Kraft ziehen", „keinen Schmerz zu bereiten", „verstört und ungläubig", „unter Lebensgefahr", „es könne Schaden erleiden".

Computer in der Freizeit

Fachbegriffe rund ums Internet kennen

1 a) In welchen Lebensbereichen bist du online? Sammle Nutzungsmöglichkeiten des Internets in einem Cluster.
b) Tausche dich mit einem Partner aus und ergänze deine Sammlung, wenn nötig.
c) Beschreibt die Illustration: Wofür stehen die Symbole? Klärt in Partnerarbeit möglichst viele der Bedeutungen oder recherchiert im Internet.

2 Wer sich im Internet aufhält, muss viele Fachbegriffe kennen. Erarbeitet in Partnerarbeit ein Internet-ABC:

Folie

a) Findet und markiert im Rätselgitter 26 Fachbegriffe rund um das Internet.

S	T	R	E	A	M	E	N	X	A	C	C	O	U	N	T	G	V	B	L	O	G	Q
U	L	I	K	E	N	H	T	K	G	J	A	Q	F	R	E	M	O	T	I	C	O	N
Q	S	U	R	F	E	N	L	Z	D	O	W	N	L	O	A	D	Y	J	U	S	E	R
C	O	O	K	I	E	S	I	D	E	T	T	K	X	T	E	Z	H	V	F	K	H	X
L	X	M	A	I	L	E	N	X	B	R	O	W	S	E	R	R	E	I	T	T	W	O
O	E	Y	Z	U	O	H	K	A	G	Z	S	I	S	P	A	M	I	R	X	Z	L	H
U	F	I	R	E	W	A	L	L	V	F	P	U	D	Z	L	A	J	U	Y	T	A	B
D	J	S	F	S	C	R	O	L	L	E	N	Y	A	P	P	U	E	S	B	F	N	X
M	A	I	L	B	O	X	A	X	O	N	L	I	N	E	K	S	I	S	H	G	P	J
H	P	A	S	S	W	O	R	T	Y	X	P	O	S	T	E	I	N	G	A	N	G	A
V	E	X	I	U	B	Q	E	J	Z	I	D	K	G	Z	A	Q	U	V	U	H	G	Q

b) Legt eine Fachwörterliste an und erklärt, was die Begriffe bedeuten. Wenn ihr euch unsicher seid, schlagt im Wörterbuch nach oder recherchiert im Internet:

– der Account   Ein Account ist ein Nutzerkonto im Internet. Es wird zum Beispiel angelegt, wenn man...

c) Welche weiteren Fachwörter rund ums Internet kennt und nutzt ihr? Ergänzt diese Begriffe in eurem Internet-ABC.
d) Der englische Begriff „downloaden" ist in die deutsche Sprache übergegangen. Recherchiert, wie die richtige Form im Perfekt lautet: „Ich habe die Datei gedownloadet" oder „Ich habe die Datei downgeloadet."
e) Begriffe wie „Downlod" oder „Mailbox" werden im Englischen klein-, im Deutschen jedoch großgeschrieben. Erklärt, wie dieser Unterschied zustande kommt und welche Regel im Umgang mit Fremdwörtern sich ableiten lässt.

Digitale Medien sinnvoll nutzen: E-Learning

1 a) Die Illustration trägt die Überschirft „E-Learning" (electronical learning). Übersetzt das Wort und erklärt mithilfe des Bildes seine Bedeutung.
b) Tauscht euch darüber aus, wie Computerprogramme oder das Internet beim Lernen helfen können.
c) Lernt ihr mithilfe von digitalen Medien? Wenn ja, berichtet von euren Erfahrungen, die ihr damit in der Schule oder zu Hause gemacht habt.

2 a) Sprecht in Partnerarbeit über folgende Fragen:
  – Welche der unten dargestellten Möglichkeiten, mithilfe digitaler Medien zu lernen, kennt ihr schon?
  – Was kann man mit solchen Programmen und Internetseiten machen?
  – Welche zusätzlichen Programme oder Internetseiten nutzt ihr zum Lernen?
  – Welche Vor- bzw. Nachteile bietet das Lernen mithilfe digitaler Medien?
  – Für welche Unterrichtsfächer würdet ihr euch Programme zum Lernen wünschen?

b) Recherchiert zu zweit, welche Programme oder Internetseiten ihr für den Unterricht nutzen könntet. Ordnet ihnen Fächer zu und stellt sie in der Klasse vor.

Sich über Werbung im Internet informieren

Seite 58–87

1 Tauscht euch darüber aus, welche Erfahrungen ihr mit Werbung im Internet gemacht habt. Nennt auch Beispiele.

Seite 329

2 Erschließe den Text mithilfe der Lesemethode für Sachtexte. Nutze dazu auch deine Wörterliste von Seite 308.

Werbung im Internet

Werbung begegnet uns zunehmend im Internet. Dabei tritt sie in unterschiedlichen Formen in Erscheinung. Wie das geschieht und wie sich der Internetnutzer vor massenhafter Werbung schützen kann, soll nun erklärt
5 werden.

Werbung im Internet erscheint schon lange nicht mehr nur in Form von Werbe-E-Mails oder leuchtenden Bannern, die die Nutzer dazu animieren, ein Angebot anzuklicken. Soziale Netzwerke verwenden zum Beispiel
10 personalisierte Werbung. Das heißt, sie verbreiten Werbung, die den Interessen der Nutzer angepasst ist. Dazu bedienen sie sich der persönlichen Daten ihrer Nutzer, die diese freiwillig angeben. Für die sozialen Netzwerke spielt es dabei keine Rolle, ob oder für wen ihre Nutzer diese Daten in den Privatsphäre-Einstellungen als sichtbar einge-
15 stellt haben. Wird ein Artikel angeklickt, so bekommt der Nutzer automatisch im Laufe der Zeit ähnliche Produkte angezeigt. Entgegen den Forderungen des Datenschutzes werden also viele Informationen vom Netzwerk verwendet, ohne dass die Nutzer eingewilligt haben. Auch Suchmaschinen verwenden personalisierte Werbung: Sie zeigen Werbung, die den Suchworten entspricht, neben oder
20 sogar in der Ergebnisliste an. Dabei besteht die Gefahr, dass die Nutzer auf irreführende Angebote treffen. Daher sind Filter- und Blockier-Softwares ratsam – und generell eine sparsame Weitergabe seiner Daten.

Cookies – mehr als nur ein Keks

Internetseiten erkennen ihre Nutzer durch sogenannte Cookies. Das sind kleine
25 Textdateien, die eine Internetseite beim Besuch eines Nutzers auf dessen Computer hinterlegt. Ein Cookie erleichtert dem Nutzer zum Beispiel die Anmeldung auf einer verschlüsselten Seite, indem er die Anmeldedaten speichert. Allerdings merken sich Cookies auch Informationen über das Surfverhalten des Nutzers und geben diese ohne Erlaubnis an einen Empfänger weiter. So können
30 beispielsweise Firmen detaillierte Nutzerprofile erstellen. Um dies zu verhindern, sollte man beim Surfen in den Browser-Einstellungen (meist unter „Internetoptionen") das *automatische* Akzeptieren von Cookies deaktivieren. Das Speichern von Cookies ganz zu verbieten ist nicht immer sinnvoll, da manche Internetseiten ohne Cookies gar nicht funktionieren. Experten raten, das Zulas-
35 sen von Cookies gezielt nur für bestimmte Seiten zu erlauben. Außerdem kann man seinen Browser so einstellen, dass beim Schließen des Browsers die Cookies gelöscht werden, und regelmäßig den Browserverlauf löschen.

Hilfe, ich werde verfolgt!

Internet-Nutzer sollten im Netz möglichst wenig Spuren hinterlassen. So lautet eine Empfehlung von Datenschützern. Allerdings ist das nicht immer einfach, denn Daten werden zum Beispiel dann zusammengeführt, wenn man sich mit seinem sozialen Netzwerk bei einem anderen Portal einloggt. Das Netzwerk ist dann sofort darüber informiert, wo man sich angemeldet hat.

Andere Käufer kauften auch …

Onlineshops versuchen mit ausgeklügelten Mitteln, den Konsum ihrer Nutzer zu steigern. Dafür verwenden sie zum Beispiel Empfehlungen wie: „Käufer von Artikel A kauften sich auch Artikel B und C". So werden Kunden dazu verleitet, etwas spontan oder zusätzlich zu kaufen, was sie eigentlich gar nicht kaufen wollten. Als besonders erfolgreich für Onlineshops erweisen sich Rezensionen von anderen Käufern, zum Beispiel auf Preisvergleichs-Seiten. Hier muss der Nutzer jedoch aufpassen, denn solche guten Bewertungen sind nicht immer „echt": Sie können von Mitarbeitern der Herstellerfirma oder von Personen geschrieben worden sein, die dafür Geld bekommen haben. Für die Hersteller ist das sehr lohnenswert, da sich immer mehr Menschen mithilfe des Internets über Produkte informieren bzw. sich entscheiden, ein bestimmtes Produkt zu kaufen.

Werbung in Computerspielen

Werbung wird mittlerweile auch in Computerspiele integriert, um vor allem junge Menschen anzusprechen. Bei der sogenannten In-Game-Werbung werden Werbeanzeigen Teil der Spielwelt: Sportspiele verwenden echte Bandenwerbung und Strategiespiele beziehen reale Produkte in den Spielverlauf mit ein. Besonders häufig ist diese Form von Werbung in Onlinespielen anzutreffen, da Onlinespiele sich nicht durch Downloads oder Verkäufe finanzieren.

Fazit

In Zukunft wird Werbung im Internet immer stärker personalisiert sein. Deswegen wird Datenschutz immer wichtiger. Bevor man seine Daten preisgibt, sollte man genau prüfen, wer diese Daten haben will und wozu sie verwendet werden sollen. Wenn man sich nicht sicher ist, ob man einer Internetseite trauen kann, sollte man keine persönlichen Angaben machen. Filter- und Blockier-Softwares können zwar konventionelle Werbung, wie Banner und E-Mail-Werbung, einschränken – dennoch ist man vor Werbung im Internet nie ganz sicher.

3 a) Erkläre mithilfe des Textes die markierten Fachbegriffe.
b) Ergänze sie in deiner Fachwörterliste von Seite 308.

4 a) Nenne alle im Text vorhandenen Formen und Möglichkeiten, im Internet auf Werbung zu treffen. Welche sind neu für dich? Tauscht euch zu zweit darüber aus.
b) Notiere, wie man sich vor Werbung im Internet schützen kann.
c) Gestalte mit deinen Ergebnissen aus Aufgabe **4 b)** einen Flyer, in dem du deine Mitschüler darüber informierst, wie sie sich vor Werbung im Internet schützen können.

5 Recherchiere, wie du bei dem von dir verwendeten Browser Cookies löschen kannst. Stellt euch eure Ergebnisse gegenseitig vor.

Gefahren im Netz kennen

1 Viele Leute nutzen soziale Netzwerke, um sich mit anderen auszutauschen. Hast du auch einen Account bei einem Netzwerk? Berichte von deinen Erfahrungen.

Mia Hendricks Seite (Gymnasium am Wald, Birkenhausen)

Wohnt in: Im Wald 7, Birkenhausen
Babysitter bei: My Neighbors, Im Wald 6
Mias Fotos (1422) anschauen
Mia ist auf 457 Fotos verlinkt
Mia hat 846 Freunde
Kommentare: 189

Ich bin gerade …
@home, sturmfreie Bude, komm doch vorbei: im wald 7

Gefällt mir:
- Mathe ist der Horror!!! und unser Lehrer auch!!!!!!
- Abschreiben? Wir nennen das Teamwork
- Wer von euch Assis hat gesagt ich bin oberflächlich?!
- Girlpower :-)
- How to: blog your life!
- Reichwein-Sekundarschule

Veranstaltungen:
- 23.7.: Saufen bei Aleeeex
- 28.7.: U-16 Abschlussparty!!!!
- 6.8.: Sommerfest am Wald

Account
Name: Mia Hendricks

Allgemeines: [bearbeiten]
Schule: Gymnasium am Wald
Status: Schülerin
Jahrgangsstufe: 8 b
Geburtstag: 12.05.20??

Schule [bearbeiten]
Ich bin: so kluk
Lieblingsfach: kunst, sportt
Hassfach: mathe, physik etc.
Nebenjob: abschreiber
Was ich da mache: abschreiben?

Kontakt: [bearbeiten]
Mail: mia-mobil@internet.de
Telefon: 02332/2322333
Ort: Im Wald 7, Birkenhausen
Land: Deutschland

Persönliches: [bearbeiten]
Auf der Suche nach: was sich so ergibt
Beziehungsstatus: kompliziert
Politische Richtung: no plan!
Hobbys: Hockey, Fotografieren, zeichnen, music hören, tanzen, shoppen
Clubs, Vereine: Dance-friends Birkenhausen
Lieblingsmusik: Justin Bieber, was sonst!
Lieblingsfilme: Phantastische Tierwesen, Jumanji
Was ich mag: meine BFFs Kimmi Siebert und Ina N.
Was ich nicht mag: leute, die ständig rumnörgeln, aber selber nich besser sind; Isabelle aus der c
Über sich selbst: guckt mal auf meinen blog! Da erfahrt ihr noch viel mehr über mich ;-)

Die ist nett! Aber wer auf dem Foto ist Mia überhaupt?

Das würde ich nie von mir veröffentlichen! Sie wird bestimmt von allen angeschrieben.

Wow! So viele Hobbys hätte ich auch gerne!

Gästebuch:
Tim2: Hi Mia, dein Geburtstag war der Hammer! Haben deine Eltern schon den kaputten Stuhl entdeckt ☺?
XoX: Lösch endlich die Fotos von mir!!! Sofort!!!!!!!!!!!!!!!

Oh! Da ist einer sauer auf sie. Das wäre ich aber auch…

2 Auch Mia hat in einem sozialen Netzwerk ein Profil von sich angelegt:
   a) Beurteile zusammen mit einem Lernpartner die Kommentare in den Sprechblasen zu Mias Profil.
   b) Untersucht zu zweit das Profil genauer:
   – Welchen Eindruck macht Mia?
   – Was gefällt euch an dem Profil?
   – Was gefällt euch nicht an ihrer persönlichen Seite?

3 Erklärt die Überschrift des folgenden Textes:

Ich bin öffentlich ganz privat

Viele junge Internetnutzer greifen auf soziale Netzwerke zurück, um sich im Internet zu präsentieren und sich mit anderen auszutauschen. Denn wo, wenn nicht hier, kann man mal unter sich sein und offen über Dinge sprechen, die einen bewegen oder über die man sich ärgert? Irrtum! Kein Ort kann von so vielen Menschen gleichzeitig eingesehen werden wie das Netz, und kein Ort hat ein längeres Gedächtnis. Gib daher immer nur so viel von dir in sozialen Netzwerken preis, wie du einer beliebigen Person auf der Straße mitteilen würdest. Persönliche Daten zum Beispiel solltest du immer für dich behalten. Dazu gehören dein Foto, dein Nachname, deine Privatanschrift, deine Telefonnummer, E-Mail-Adressen und Passwörter. Es könnten sonst z. B. Personen, die dir nicht wohlgesonnen sind, deine Identität annehmen und unter deinem Namen Dinge tun, die dich in Schwierigkeiten bringen. Beispielsweise könnte jemand unter deinem Namen im Internet etwas veröffentlichen und darin Meinungen vertreten, die du nicht teilst, oder in deinem Namen eine Bestellung tätigen.

Durch genaue Kontaktdaten machst du dich zudem nicht nur für Freunde auffindbar. Auch Erwachsene können sich hier recht einfach einschleusen, um Kontakt mit Minderjährigen aufzunehmen. Diese können dadurch Opfer von sexueller Belästigung oder sogar sexuellem Missbrauch werden.

Genauso sorgfältig wie mit deinen eigenen Daten solltest du auch mit Daten und Fotos anderer Personen umgehen. Darüber hinaus solltest du gut überlegen, welche Informationen du zu persönlichen Einstellungen veröffentlichst: Durch die Angabe politischer Sichtweisen, exzessiver Hobbys („chillen und saufen") oder Haltungen („denken is zu hoch für mich") könnte sich ein Außenstehender ein Bild von dir machen, das er im wirklichen Leben sonst nicht von dir erhalten hätte. Das gilt auch für die Mitgliedschaft in Gruppen, die mehr über dich aussagen, als du glaubst. Hassgruppen („Hass auf Mathelehrer") oder Gruppen, die Rückschlüsse auf ein problematisches Verhalten zulassen („Wer tanzt, hat nur kein Geld zum Saufen"), können dich beim künftigen Personalchef schnell in ein schlechtes Licht setzen.

Nutze auch die Privatsphäre-Einstellungen, um deine Daten vor Fremden zu schützen, also um festzulegen, wer dein Profil sehen darf.

4 a) Tauscht euch darüber aus, ob eure Vermutungen zur Überschrift des Textes auch nach dem Lesen noch passen.
   b) Unterstreiche die Informationen und Empfehlungen, die der Text über das Veröffentlichen von persönlichen Daten im Internet gibt.

5 Prüfe mithilfe der Informationen aus dem Text noch einmal Mias Profil.
   a) Markiere darin Stellen, die sie deiner Meinung nach ändern sollte.
   b) Gib Mia in ihrem Gästebuch Hinweise, was sie an ihrem Profil ändern sollte, und begründe deine Vorschläge.

Methoden und Arbeitstechniken
Schaubilder und Diagramme auswerten

1 Besprecht gemeinsam, wodurch der Treibhauseffekt hervorgerufen wird. Greift dazu auf die Beschreibung des Schaubildes von Seite 94 zurück.

Die Mitglieder der AG *Think Green* wollen herausfinden, welche Länder auf der Erde für den Treibhauseffekt mitverantwortlich sind. Sie haben dazu das folgende Diagramm recherchiert:

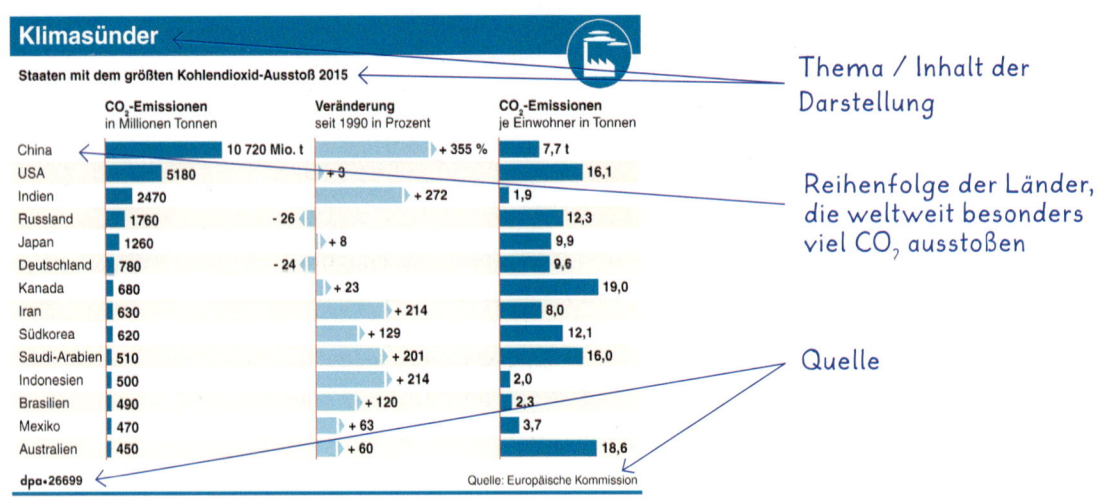

Klimasünder
Staaten mit dem größten Kohlendioxid-Ausstoß 2015 ← *Thema / Inhalt der Darstellung*

Land	CO_2-Emissionen in Millionen Tonnen	Veränderung seit 1990 in Prozent	CO_2-Emissionen je Einwohner in Tonnen
China	10 720 Mio. t	+ 355 %	7,7 t
USA	5180	+ 3	16,1
Indien	2470	+ 272	1,9
Russland	1760	− 26	12,3
Japan	1260	+ 8	9,9
Deutschland	780	− 24	9,6
Kanada	680	+ 23	19,0
Iran	630	+ 214	8,0
Südkorea	620	+ 129	12,1
Saudi-Arabien	510	+ 201	16,0
Indonesien	500	+ 214	2,0
Brasilien	490	+ 120	2,3
Mexiko	470	+ 63	3,7
Australien	450	+ 60	18,6

dpa•26699 — Quelle: Europäische Kommission

Reihenfolge der Länder, die weltweit besonders viel CO_2 ausstoßen

Quelle

2 Betrachte das Diagramm und erschließe es. Nutze dazu die **LERNBOX** (S. 315) und ergänze die Notizen am Rand (Folie).

3 a) Lies die Äußerung eines Schülers rechts zu den einzelnen Zahlen. Überlege dir passende Erklärungen zu seiner Aussage.
b) Vergleicht eure Erklärungen miteinander.

4 Überprüfe dein Verständnis, indem du die folgenden Sätze vollständig notierst:
 A Bei dem Diagramm handelt es sich um eine Kombination aus … (Säulen- / Kreis- / Balken- / Fluss- / Kurvendiagrammen)
 B In der linken Spalte wird die Verteilung des Kohlendioxid-Ausstoßes weltweit in … dargestellt. (Prozentangaben/ Millionen Tonnen/ Euro)
 C In der mittleren Spalte wird deutlich, um wie viel Prozent sich dieser Ausstoß in … Jahren verändert hat. (10 / 25 / 28 / 50)
 D Rechts wird aufgeschlüsselt, wie viele CO_2-Emissionen in Tonnen … diese Länder durchschnittlich verursachen. (die Industrie / jeder Einwohner)
 E Daraus ergibt sich, dass die CO_2-Emissionen pro Kopf in …, … und … besonders hoch sind. (Kanada/ China/ Japan/ Australien/ Russland/ Saudi-Arabien / USA/ Indonesien)

> Mir ist nicht klar, warum bei Kanada in der rechten Spalte der höchste Wert steht, während das Land bei den CO_2-Emissionen insgesamt weltweit nur den siebten Rang einnimmt. Bei China dagegen steht ein viel geringerer Wert …

5 Nicht nur durch hohen CO_2-Ausstoß, sondern auch durch anderes unbedachtes Verhalten gefährdet der Mensch die Umwelt. Sammelt gemeinsam in einer Liste, welche „Umweltsünden" gemeint sein könnten. Ihr könnt auch ein Ranking bezüglich der Schwere der Auswirkungen erstellen, z. B. 1. CO_2-Ausstoß, 2. Müllberge …

6 Vergleiche deine Ideen mit den Informationen aus dem Kreisdiagramm rechts. Gehe so vor:
a) Erschließe das Diagramm mithilfe der **LERNBOX**. Schreibe deine Notizen dazu stichwortartig auf ein extra Blatt.
b) Fasse deine Ergebnisse in einem kurzen beschreibenden Text zusammen. Beginne so:
Das Schaubild „Was bedroht die Umwelt?" ist ein Kreisdiagramm, durch das … dargestellt werden. Als Quelle ist … angegeben. …

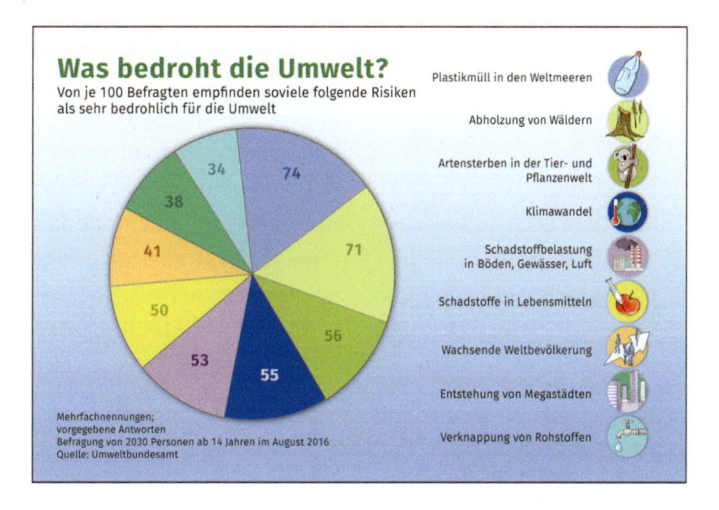

Was bedroht die Umwelt?
Von je 100 Befragten empfinden soviele folgende Risiken als sehr bedrohlich für die Umwelt

- Plastikmüll in den Weltmeeren — 74
- Abholzung von Wäldern — 71
- Artensterben in der Tier- und Pflanzenwelt — 56
- Klimawandel — 55
- Schadstoffbelastung in Böden, Gewässer, Luft — 53
- Schadstoffe in Lebensmitteln — 50
- Wachsende Weltbevölkerung — 41
- Entstehung von Megastädten — 38
- Verknappung von Rohstoffen — 34

Mehrfachnennungen; vorgegebene Antworten
Befragung von 2030 Personen ab 14 Jahren im August 2016
Quelle: Umweltbundesamt

c) Stelle deinen Text einem Lernpartner vor. Dieser gibt dir Rückmeldungen dazu, ob du Thema, Jahr, Quelle, Verteilung/ Zahlen erfasst und die Abbildungen richtig beschrieben hast.
d) Erläutert gemeinsam in einem weiteren Text, welche Gemeinsamkeiten und Unterschiede es zwischen den Angaben aus dem Kreisdiagramm und den Nennungen in eurer Klasse gibt. Nutzt dazu die folgenden Formulierungen:
Während die Schüler in unserer Klasse eher … als Ursache für eine bedrohte Umwelt genannt haben, zeigt das Kreisdiagramm, dass … / Ein weiterer Unterschied besteht in …/ In beiden Umfragen wurden … genannt. / Außerdem entsprechen sich …

⚠ LERNBOX

So wertest du Schaubilder und Diagramme aus:
1. Ermittle, welche **Art von Schaubild oder Diagramm** vorliegt, z. B. Fluss-, Balken-, Säulen-, Kreis-, Kurvendiagramm oder Landkarte.
2. Finde heraus, aus welchem **Jahr** die Daten stammen (z. B. *CO_2-Ausstoß 2015*) und aus welcher **Quelle** (meist Fußzeile: *dpa = Deutsche Presseagentur, Umweltbundesamt …*).
3. Benenne das **Thema**: Lies die Überschrift bzw. die Überschriften. Wenn mehrere Aspekte dargestellt werden, hängen die Aspekte oft eng zusammen und ergänzen sich.
4. Betrachte die **Abbildungen**. Sie veranschaulichen oftmals das Thema und den Inhalt.
5. Schau dir die **Zahlen** und die **Einheiten** (*%, t, Jahreszahlen …*) an: Ermittle die höchsten und die niedrigsten Werte und stelle Tendenzen und Entwicklungen fest. In einem **Kreisdiagramm** geht es um eine Gesamtmenge. Um festzustellen, wie groß die einzelnen Anteile sind, musst du dir die Zahl oder den Prozentwert genauer ansehen.
6. Stelle fest, ob es eine **Fußzeile** gibt. Sie enthält Hinweise zu den Zahlen oder zur Quelle.
7. Die unterschiedlichen **Farben** werden manchmal in der **Legende** erklärt, die sich häufig neben oder unter dem Diagramm befindet. Sie helfen dir, die Werte zu unterscheiden.

Eine Mitschrift zu einem Interview anfertigen

1 Lara hat ihr Praktikum in einer Molkerei absolviert. Sie soll nach der Praktikumszeit den Beruf der Milchtechnologin vorstellen. Dazu hat sie die Angestellte Frau Berg interviewt, um konkrete Informationen zur Ausbildung und zum Beruf zu erhalten.
a) Lies das Interview und besprich mit einem Partner, ob Lara das Gespräch höflich und ergebnisorientiert geführt hat. Nennt dazu Beispielaussagen.
b) Überlegt, wann ihr noch genauer nachgefragt hättet, z. B. bei bestimmten Tätigkeiten oder unbekannten Begriffen. Schlagt diese nach.

Hintergrundinfos:
– jeder Deutsche konsumiert im Jahr im Schnitt 90 kg Frischmilcherzeugnisse
– aus 22 Litern Frischmilch (Tagesgemelk) werden verarbeitet: 22 l Trinkmilch, 22 l Joghurt, 5 Päckchen Butter, 2,5 kg Schnittkäse, 2 kg Magermilchpulver

Zentrifuge: Gerät zur Trennung von Gemischen/Flüssigkeiten

Interview mit der Milchtechnologin Frau Berg

Lara: Erst einmal möchte ich mich bei Ihnen bedanken, dass Sie sich Zeit nehmen. Ich habe zwar einen Einblick in den Beruf bekommen, benötige aber genauere Informationen, um für die Schule ein Berufsprofil zu erstellen.
Frau Berg: Dann schieß mal los ...
5 **Lara:** Okay, wie lautet denn die genaue Bezeichnung Ihres Berufes?
Frau Berg: Ich bin Milchtechnologin. Als solche arbeite ich in den Produktions- und Abfüllhallen und in den Laborräumen Milch verarbeitender Betriebe. Ich muss auch die Kühl- und Lagerräume kontrollieren.
Lara: Und welchen Schulabschluss benötigt man für diese Ausbildung?
10 **Frau Berg:** Etwa 64 % der Auszubildenden haben einen mittleren Schulabschluss, also den FOR, ca. 21 % aber auch die Hochschulreife. Sie müssen dann eine duale Ausbildung absolvieren, das heißt in einem Ausbildungsbetrieb und in der Berufsschule. Die Ausbildung dauert drei Jahre.
Lara: Welche Tätigkeiten und Aufgaben müssen Sie denn ausführen?
15 **Frau Berg:** Grundsätzlich stellen wir hier Milcherzeugnisse wie Trinkmilch, Joghurt, Butter, Käse oder Milchpulver her. Die hast du ja schon probiert. Zuerst überprüfen wir die Menge und Qualität der gelieferten Rohmilch und lagern sie. Vor der Weiterverarbeitung zentrifugieren wir die Milch, um sie zu reinigen und um den Rahm von der Magermilch zu trennen. Durch die Zugabe von Rahm zur
20 Magermilch stellen wir dann Milch mit definiertem Fettgehalt her. Milchtechnologen bedienen und überwachen außerdem Kühl-, Butterungs- und Käsereimaschinen und kontrollieren während der Herstellungsprozesse die Qualität der Zwischen- und Endprodukte. Das heißt auch, dass wir die Arbeitsprozesse der Maschinen und Anlagen überwachen, diese reinigen und umrüsten. Beson-
25 ders achten wir aber auf die Einhaltung der Hygienevorschriften.
Lara: Braucht man für den Job besondere Kenntnisse?
Frau Berg: Man sollte gute Kenntnisse in Mathe und Chemie haben, um Rohstoffeinsätze und deren Mischungsverhältnisse berechnen zu können. Außerdem sollte man sich für Werken und Technik interessieren, denn man muss auch
30 Maschinen bedienen, warten und prüfen. Es ist nicht immer so ganz einfach, Gründe für die Störungen zu ermitteln.
Lara: Was muss man außerdem mitbringen?
Frau Berg: Ich glaube, man muss ein sorgfältiger Mensch sein, denn Rezepturen, Temperaturen und Prozessschritte müssen genau eingehalten werden. Von Vor-

teil ist auch, wenn man schnell reagieren kann, wenn Störungen in den Produktionsanlagen auftreten. Für mich ist allerdings ein gewisses Verantwortungsbewusstsein am wichtigsten, da man lebensmittelrechtliche Vorschriften einhalten muss, denn die Produkte werden ja verzehrt.
Lara: Gibt es auch etwas, das Sie anstrengend finden?
Frau Berg: Na klar! Bezüglich der Arbeitszeiten muss ich flexibel sein, denn wir arbeiten auch in Schichtarbeit. Außerdem ist die Arbeit manchmal körperlich anstrengend, wenn ich zum Beispiel größere Käsestapel aus dem Kühlraum holen muss.
Lara: Vielen Dank erst einmal für die Informationen!

2 Fertige zu dem Interview eine Mitschrift an, auf deren Grundlage du ein Berufsprofil erstellen kannst. Gehe dazu so vor:
  a) Lies die **LERNBOX** und mache dir klar, wie du vorgehen musst.
  b) Notiere dir die Leitfragen als Kategorien in einer Tabelle (vgl. S. 216-217): *Berufsbezeichnung? Schulabschluss? Art/ Dauer der Ausbildung? Tätigkeiten und Aufgaben? Besondere Kenntnisse? …*
  Notiere auch weitere Kategorien mit Zusatzinformationen, die sich aus dem Interview ergeben, z. B. *Orte der Ausbildung …*
  c) Lest das Gespräch zu zweit. Wenn du Laras Rolle übernommen hast, ergänzt du stichwortartig Informationen zu den Leitfragen. Orientiere dich an den Hinweisen der **LERNBOX**. Danach tauscht ihr die Rollen und geht ebenso vor.
  d) Vergleicht eure Notizen miteinander: *Habt ihr die wesentlichen Antworten auf die Leitfragen richtig erfasst? Kann Überflüssiges gestrichen werden?* Überlegt, welche Fachwörter ihr erklären müsst.
  e) Erstelle auf einem DIN A4-Blatt ein Berufsprofil zum Beruf des Milchtechnologen. Schreibe dazu die Kategorien in Fettdruck untereinander auf und ergänze die Stichworte aus der Mitschrift. Ihr könnt das Profil in der Klasse aushängen.

> **Berufsprofil Milchtechnologe**
>
> – Voraussetzungen:
>   …
> – Ausbildung:
>   …

⚠ LERNBOX

So fertigst du eine Mitschrift an:
Eine **Mitschrift** hilft dir, dich an mündlich gegebene Informationen (Gespräch, Interview, Referat …) zu erinnern oder ein **Protokoll** anzufertigen. Gehe so vor:
1. Notiere, **worum es geht** (*Berufsinterview: Milchtechnologe*) und **mit wem du sprichst** (*Gesprächspartner: Frau Berg, Milchtechnologin*). Wenn du ein **Protokoll** anfertigen sollst, notierst du auch: Datum, Ort, Anwesende, entschuldigt Fehlende, einzelne Themen.
2. Notiere **Stichworte** und keine vollständigen Sätze. Du kannst dich bei einem Berufsinterview an der Reihenfolge deiner **vorbereiteten Fragen** orientieren: *1. Berufsbezeichnung, 2. Schulabschluss, 3. Ausbildung, 4. Tätigkeiten/ Aufgaben, 5. Besondere Kenntnisse, 6. Gründe für die Berufswahl …* Für ein Verlaufsprotokoll notierst du, wer etwas gesagt hat. Für ein Ergebnisprotokoll fasst du die Ergebnisse zu Abstimmungen, Versuchen … zusammen.
3. Verwende **Abkürzungen**: *z. B. = zum Beispiel, u. a. = unter anderem/ und andere(s), d. h. = das heißt, u. Ä. = und Ähnliches, allg. = allgemein, ggf. = gegebenenfalls, ca. = circa …*
4. Arbeite mit **Zeichen/Symbolen**: Sie können die Mitschrift beschleunigen und Bedeutungen und Zusammenhänge verdeutlichen, z. B. *! = wichtig, ? = nicht verstanden/ noch mal nachfragen oder recherchieren, + = gehört zusammen, → = darauf beziehe ich mich/ daraus folgt, – = Aufzählung …*

Ein Gruppenpuzzle durchführen

Die Schüler der 8d wollen in Gruppen kurze Steckbriefe zum Maler Edward Hopper erstellen. Dazu haben sie im Internet verschiedene Informationstexte recherchiert:

A Am 22.7.1882 wurde Hopper in Nyack (kleine Ortschaft im Bundesstaat New York) zur Welt gebracht. In den Jahren 1900–1906 besuchte er die „New York School of Art". Zum Abschluss seiner schulischen Laufbahn fuhr er 1906 nach Paris. In der „Armory Show" 1913 verkaufte er sein erstes Gemälde. 1918 gewann er dann seinen ersten Preis in dem USA-Wettbewerb „Citizien's class" mit dem Kriegspropaganda-Plakat „Smash the Hun" (Nieder mit den Hunnen/Vernichtet die Hunnen), der mit 300$ dotiert war. 1924 heiratete er Josephine Verstille Nivison. 1932 nahm er an einer berühmten Ausstellung im „Whitney Museum of American Art" teil. Auf Cape Cod baute er sich 1934 sein Wohnatelier.
Hopper führte verschiedene retroperspektivische Ausstellungen in den Jahren 1950–1964 durch. Er starb am 15.5.1967 in seinem Atelier.

C Insgesamt malte Hopper 724 Gemälde. 326 davon sind im Whitney Museum of American Art ausgestellt, dessen Gründerin – Gertrude Vanderbilt-Whitney – Hopper als erste förderte. 21 Gemälde sind bis heute verschollen, z.B. *The Race* 1893 (Whitney Museum of American Art), *A Policeman* 1906 (Whitney Museum of American Art), *From my Window* 1915–1918 (Philadelphia Museum of Art), *Automat* 1927 (Des Moines Art Center Permanent Collection), *Nighthawks* 1942 (The Art Institute of Chicago, Friends of American Art Collection). Hopper war das Bindeglied zwischen den Malern seiner Zeit – als Illustrator, Grafiker und Maler. Er beantwortet die Frage, was denn nun die amerikanische Kunst des 20. Jahrhunderts überhaupt ist. So lassen sich das Land Amerika und seine Menschen besser verstehen. In seinen Bildern wird immer wieder das Reisen zum Thema und das Hotelzimmer ein Ort zum Innehalten und Reflektieren.

B Hopper war der bedeutendste Vertreter der realistischen Malerei in den USA. Er stellt Gebäude und verlorene Menschen, die sich nicht mehr zu helfen wissen, mit harten Lichtkontrasten dar. Sein Stil ist geprägt von nationalen Charakteristika und einer sehr exakten Naturwiedergabe. Seine Hauptmotive stammen aus der urbanen Zivilisation. Ein weiteres zentrales Thema Hoppers war die Leere des modernen Lebens. Sein wohl berühmtestes Bild ist „Nighthawks" (Nachtschwärmer), er malte es im Jahre 1942. Es ist 76,2 cm x 152,4 cm groß. Zu diesem Bild ließ er sich von einem Restaurant in der Greenwich Avenue, wo sich zwei Straßen treffen, inspirieren. Auf diesem Bild kann man ein stark vergrößertes Restaurant in einer leeren Stadt sehen, vor welchem sich zwei Straßen treffen. Nicht nur in diesem Bild kann man erkennen, dass Hoppers Figuren zögernd und schüchtern dargestellt sind, gerne etwas tun möchten, aber nicht den Mut dazu aufbringen.

D Ein Vorbild für Hopper waren europäische Künstler. Deshalb reiste er dreimal nach Europa. In Paris lernte er Werke des Impressionisten Edgar Degas kennen und war davon beeindruckt. Dennoch schöpfte er die meisten Inspirationen aus sich selbst: *„Die amerikanische Natur ist in einem Maler – er muss nicht danach streben. Wer einfach sich selbst treu bleibt, offenbart seine Herkunft, seine heimische Kultur und all ihre Wesenszüge."* Nach Motiven für seine Werke suchte er oft sehr lange, denn er hatte genaue Vorstellungen davon, wie eine Szene aussehen sollte. Er schätzte die realistische Kunst, wobei es ihm nicht um die äußere Erscheinung ging. Hopper verknüpfte sein inneres Erleben mit dem, was er sah und wahrgenommen hat. So wird der Betrachter in seinen Bann gezogen: Beim Betrachter werden eigene Erinnerungen wach und alltägliche Momente lebendig.

1 Erstellt arbeitsteilig einen kurzen Steckbrief zu Edward Hopper mit der Methode des **Gruppenpuzzles**:
  a) Setzt euch zu viert zusammen (Stammgruppe) und macht euch mithilfe der **LERNBOX** die einzelnen Schritte dieser Methode klar.
  b) Legt euch zuerst auf einem DIN A3-Bogen ein **Placemat** an.
  c) Teilt danach die Informationstexte zum Maler Edward Hopper (A – D von Seite 318) unter den Mitgliedern der Stammgruppe auf und erschließt sie mit der **Lesemethode für Sachtexte**. Dazu ist es wichtig, dass jeder die Oberbegriffe notiert, zu denen er Informationen gefunden hat, z. B. *Lebenslauf, Stil, …* Jeder hält seine Ergebnisse auf seinem Teil in der Placemat stichwortartig fest.
  d) Setzt euch in Expertengruppen zusammen. Vergleicht die Stichworte (2. Schritt **LERNBOX**). Klärt gemeinsam unbekannte Begriffe oder Aussagen.
  e) Trefft euch wieder in der Stammgruppe: Schüler A beginnt, seine Oberbegriffe und Stichworte vorzustellen. In diesem Fall müssen die anderen nicht mitschreiben, denn die Notizen stehen schon auf den einzelnen Placemat-Blättern.
  f) Besprecht, welche Oberbegriffe und Informationen ihr in den Steckbrief aufnehmen wollt, und legt eine sinnvolle Reihenfolge fest. Beachtet, dass ihr Informationen in Kategorien zusammenfasst und Wiederholungen vermeidet.
  g) Schreibt den fertigen Steckbrief hochkant in die Mitte der Placemat.

2 a) Vergleicht eure Steckbriefe in der Klasse und ergänzt oder korrigiert sie, wenn nötig.
  b) Bestimmt eine Gruppe, die die Informationen sauber aufschreibt, und hängt den Steckbrief im Klassenzimmer auf.

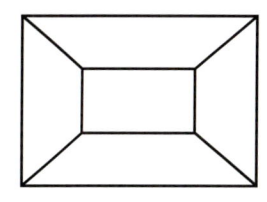

Seite 329   Folie

EDWARD HOPPER (1882 – 1967)
Lebenslauf:
geb. 22.7.1882 in Nyack/New York
1900–1906 New York School of Art …

⚠ LERNBOX

So arbeitet ihr arbeitsteilig im Gruppenpuzzle:
Ein **Gruppenpuzzle** könnt ihr ab einer Gruppe von drei Schülern durchführen. Die Zahl der Schüler hängt davon ab, wie viele verschiedene Materialien oder Aufgaben ihr bearbeiten sollt. Wenn ihr zu viert arbeitet, orientiert euch an folgender Reihenfolge:
1. **Schritt:** Setzt euch zu viert in einer **Stammgruppe** zusammen. Teilt die Materialien A – D unter euch auf. Bearbeite die Aufgaben zu deinem Material in **Einzelarbeit** und notiere deine Ergebnisse stichwortartig wie in der Aufgabe angegeben, z. B. *in der Tabelle, in der Ecke deiner Placemat* etc.
2. **Schritt:** Setzt euch nun in einer **Expertengruppe** zusammen. Das sind Schüler, die das gleiche Material bearbeitet haben. Vergleicht eure Ergebnisse untereinander, ergänzt oder verändert sie. Jeder muss gut informiert sein, damit die Mitglieder der Stammgruppe später richtige Ergebnisse erfahren.
3. **Schritt:** Danach trefft ihr euch in der **Stammgruppe**. Stellt euch die Ergebnisse vor. Wenn Schüler A vorstellt, notieren sich die Gruppenmitglieder stichwortartig seine Aussagen als **Mitschrift**. Wichtig dabei ist, dass die anderen die Ergebnisse nicht einfach abschreiben, sondern gut zuhören, damit sie nachfragen können. Danach ist der Nächste an der Reihe.
4. **Schritt:** Meist sollt ihr auf der Grundlage eurer Ergebnisse eine weiterführende Aufgabe bearbeiten, z. B. hier *einen Steckbrief schreiben*. Dazu sind die Ergebnisse jedes Einzelnen wichtig.

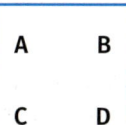

| A | B |
| C | D |

| A | A |
| A | A |

| A | B |
| C | D |

Texte auswerten | 3.3.2 Informationen ordnen und festhalten

Untersuchungsergebnisse belegen: Zitieren

1 Überprüfe, ob du den Beginn der Untersuchung zum Gedicht „Schweizerheimweh" von J. R. Wyß (Seite 196) nachvollziehen kannst, indem du ihn mit den Ergebnissen aus deiner Tabelle vergleichst (Seite 197, Aufgabe 4).

Der Dichter Johann Rudolf Wyß vermittelt das Gefühl von Heimat sehr emotional. In der ersten Strophe scheint das lyrische Ich sein eigenes Herz direkt zu befragen (Herz, mein Herz, warum so traurig [...], V. ____), denn es sucht nach einer Begründung für das gefühlte Ach und Weh (V. ____). Die Wiederholung (Herz, mein Herz, V. ____ und V. ____) rahmt die erste Strophe ein und verstärkt die vermittelte Traurigkeit. Das Herz scheint zu antworten, denn es wiederholt die Frage, was ihm fehlt (V. ____), gibt direkt darauf die Antwort (Es fehlt mir alles [...], V. ____) und verstärkt durch einen Vergleich (Bin ja wie verloren hier!, V. ____) seine Verzweiflung. Zwar ist es schön in der Fremde (V. ____), doch wird diese nie zur eigentlichen Heimat (V. ____). In der dritten Strophe äußert das Herz den Wunsch, wieder in die Heimat zurückzukehren. ...

2 a) Erläutere mithilfe der **LERNBOX**, warum du in Textuntersuchungen deine Ergebnisse belegen und was du dabei beachten musst.

Folie **b)** Unterstreiche im Text die Zitate, die der Schüler wörtlich aus dem Gedicht übernommen hat. Setze dann die fehlenden Anführungsstriche und ergänze in den Klammern die Versangaben als Belege.

Folie **c)** An drei Stellen hat der Schüler indirekt zitiert. Unterstreiche diese Zitate mit einer anderen Farbe und erkläre mithilfe der **LERNBOX**, welche Verben in diesen Aussagen verändert werden müssen. Notiere die Korrekturen am Rand.

⚠ LERNBOX

So belegst du Ergebnisse deiner Textuntersuchung richtig:
Mit Zitaten kannst du deine Ergebnisse belegen und veranschaulichen:
1. **So zitierst du wörtlich:** Wenn du eine **Textstelle** (Wörter, Satzteile, ganze Sätze) **wörtlich** wiedergibst, musst du sie **buchstabengetreu** übernehmen. Setze das **Zitat in Anführungszeichen** und gib die **Verse/ Zeilen** an:
a) Wenn das **Zitat am Ende deines Satzes** steht, setzt du das Zitat und die Vers-/Zeilenangaben **in Klammern**. Der Schlusspunkt deines Satzes steht hinter der Klammer: *Das lyrische Ich sucht nach einer Begründung für sein Heimweh („Ach und Weh", V. 2)*.
b) Wenn du das **Zitat in einen Satz einfügst**, steht nur die Vers-/Zeilenangabe in Klammern: *... denn es sucht nach einer Begründung für das gefühlte „Ach und Weh" (V. 2)*.
c) Auslassungen im Zitat kennzeichnest du so: *[...]*.
2. **So zitierst du indirekt:**
Wenn du nur den **ungefähren Wortlaut** oder den **Sinn einer Aussage** wiedergeben willst, musst du die **indirekte Rede** verwenden (Konjunktiv I, vgl. Seite 261). Ergänze auch hier die **Vers-/Zeilenangabe in Klammern**: *Das lyrische Ich gibt an, fremde Länder würden nie seine Heimat werden, sei es auch dort noch so schön (V. 7–8)*.

Texte mit Textlupen überarbeiten

1 a) Lies in der **LERNBOX** nach, was man unter einer Textlupe versteht.

b) Ein Schüler hat nach der Untersuchung der Werbeanzeige von Seite 74 die Stellungnahme unten geschrieben. Setzt euch in einer Vierergruppe zusammen und überarbeitet den Schülertext mithilfe der folgenden Textlupen:

1. Ist der Standpunkt verständlich und die Darstellung logisch?
2. Gelingt die Gliederung strukturiert (Einführung in die Aufgabe, Erläuterungen zur Zielgruppe und Botschaft, Entfaltung der Argumente, Fazit)?
3. Sind Rechtschreibung, Zeichensetzung und Grammatik richtig umgesetzt?
4. Werden konkrete Textbelege verwendet?

Geht so vor, wie in den Hinweisen 2–4 der **LERNBOX** beschrieben.

c) Vergleicht eure Anmerkungen mit denen einer anderen Vierergruppe.

d) Schreibt danach die überarbeitete Stellungnahme noch einmal richtig ab und führt sie fort.

(Spricht die Anzeige die beabsichtigte Zielgruppe an?)

Meiner Ansicht nach ist die Anzeige der Post nicht gut geeignet, die beabsichtigte Zielgrupe also Jugendliche und junge Erwachsene anzusprechen, denn das Layout ist zu einfach und farblich nicht ansprechend, also eher langweilig. Zwar wird klar, wofür geworben wird doch ich glaube, das die
5 meisten Jugendlichen den Fließtext gar nicht erst lesen werden obwohl er in einer Sprache verfasst ist, die Jugendliche anspricht. Er ist zu klein gedruckt und fällt nicht auf. Die Idee, die dahinter steckt ist gut, doch…

Z

⚠ LERNBOX

So überarbeitet ihr Texte mithilfe von Textlupen:

Die **Textüberarbeitung mit „Textlupen"** gelingt oftmals detaillierter, weil sich jeder Schüler der Gruppe auf einen Schwerpunkt konzentrieren kann:

1. Besprecht in der Klasse, nach welchen **Kriterien** (= **Textlupen**) ihr eure Texte überarbeiten wollt. Orientiert euch an den **Checklisten zu den Aufgabentypen**, wenn in den Aufgaben nichts anderes angegeben ist.
2. Setzt euch in **Kleingruppen** zusammen und teilt die Überarbeitungskriterien untereinander auf. Ihr benötigt so viele Kriterien, wie Mitglieder in der Gruppe sind. **Jeder Textlupe wird eine Farbe zugewiesen,** mit der der betreffende Schüler dann korrigiert, damit bei Unklarheiten am Ende der Überarbeitende konkret angesprochen werden kann, z. B. *Blau für die Korrektur der Zeichensetzung und Grammatik.*
3. Verteilt die Texte und führt den ersten Korrekturgang durch. Nutzt dazu die bekannten **Korrekturzeichen**: Streichen = ⊢⊣ ; Einfügen = ⌈ ; Austauschen = ⌊⌋ ; R = Rechtschreibung ; Z = Zeichensetzung
4. Danach **gebt** ihr die Texte **im Uhrzeigersinn weiter. Deinen eigenen Text überarbeitest du als Letztes,** da du dann die Eindrücke der anderen Texte im Kopf hast.
5. Zum Abschluss überarbeitest du deinen Text **mithilfe der Anmerkungen** und schreibst ihn neu.

- Darstellung verständlich?
- Gliederung strukturiert?
- Rechtschreibung und Zeichensetzung
- Textbelege vorhanden

Basiswissen

Fettgedruckte Wörter findest du ebenfalls im Basiswissen.

Adjektiv   68, 123, 223, 254, 283, 285
Wortart. Mit Adjektiven beschreibst du Eigenschaften von Lebewesen, Dingen oder Tätigkeiten. *Wir hatten schreckliche Angst.*
Viele Adjektive lassen sich steigern, daher kannst du mit ihnen Eigenschaften vergleichen:
(so) groß (wie) – größer (als) – am größten
Positiv – Komparativ – Superlativ
Eine Reihe von Wörtern werden zu Adjektiven, wenn sie eine Adjektivendung erhalten:
-lich = freundlich; -isch = tierisch;
-ig = windig; -bar = wunderbar.

Adverb   263-264, 267, 272
Wortart. Mit Adverbien beschreibst du die genaueren Umstände eines Geschehens. Es gibt
Temporaladverbien (Zeit): *Wann? Seit wann? Wie lange? – dann, mittags, bald, immer, später …*
Lokaladverbien (Ort): *Wo? Woher? Wohin? – dort, draußen, links, heimwärts, nirgends …*
Modaladverbien (Art und Weise): *Wie? Auf welche Weise? – kaum, genauso, sogar …*
Kausaladverbien (Grund): *Warum? Wozu? – somit, deshalb …*
Kommentaradverbien (kommentieren, bewerten): *leider, zweifelsohne, natürlich, vielleicht.*

Adverbiale Bestimmungen   271, 274-275
Satzglied. Adverbiale Bestimmungen können aus mehreren Wörtern bestehen. Du verwendest sie, um genaue Angaben zu machen. Es gibt vier Arten von adverbialen Bestimmungen:
adverbiale Bestimmung
der Zeit: *Wann? Wie lange? Wie oft?*
Sie spielen heute Basketball.
des Ortes: *Wo? Woher? Wohin?*
Der Ball fliegt in den Korb.
der Art und Weise: *Wie? Auf welche Weise?*
Sie spielen mit großer Begeisterung.
des Grundes: *Warum? Wieso?*
Wegen des Regens hören sie auf.

Akkusativ   254, 256
4. **Fall** (**Kasus**) des **Nomens**. Du kannst ihn mit *wen?* oder *was?* erfragen.

Akkusativobjekt   269
Satzglied. Das Akkusativobjekt ermittelst du mit den Fragen *Wen?* oder *Was?*
Felix rempelt den gegnerischen Spieler an.
Wen rempelt Felix an?

Aktiv   96, 259-260
Wenn du einen Satz im Aktiv formulierst, betonst du, wer etwas tut: *Inga und ich haben einen Erste-Hilfe-Kurs besucht.* Die Aktivform wirkt daher meistens persönlicher als eine **Passiv**form.

Anglizismus   71
Als Anglizismus (Plural: Anglizismen) bezeichnet man Wörter, die aus der englischen Sprache ins Deutsche übernommen wurden, wie zum Beispiel *Fans, Chips* oder *Piercing.*

Anführungszeichen   178, 297, 320
Durch Anführungszeichen kennzeichnest du die **wörtliche Rede** in einem Text. Sie werden am Anfang unten und am Ende oben gesetzt:
„*Rette sich, wer kann!*", ruft jemand. Auch bei Zitaten sind richtige Anführungszeichen wichtig.

Anredepronomen
Wortart. Anredepronomen können **Personalpronomen** oder **Possessivpronomen** sein. Wenn du in einem Brief jemanden mit *Sie* ansprichst, werden die entsprechenden Anredepronomen großgeschrieben: *Sie, Ihr, Ihnen, Ihre, Ihren, Ihrem.* Beispiel: *Leihen Sie mir Ihr Buch?*
Die Anredepronomen *du/Du, dein/Dein, euch/Euch* kannst du groß- oder kleinschreiben.

Apposition   51, 272
Eine Apposition (nachgestellte Erläuterung) erklärt ein vorausgehendes **Nomen** näher. Sie wird zu Beginn und am Ende durch ein Komma vom Satz abgetrennt:

Meeressäuger, auch Buckelwale und Tümmler, müssen zum Atmen an die Oberfläche.

Argument, argumentieren 14, 18, 20-22, 24-28
Wenn du zu einem Thema **Stellung nimmst**, solltest du überzeugende Argumente finden. Mit Argumenten stützt du deine Meinung. Ein Argument besteht aus einem Aspekt, den du begründest, mit einem Beispiel veranschaulichst und stärkst, indem du positive Folgen nennst: *Ich möchte beim Handyfasten teilnehmen* (Meinung). *Ohne Handy kann man Hausaufgaben schneller erledigen* (Aspekt), *weil man nicht abgelenkt wird* (Begründung). *Beispielsweise lernt man Vokabeln schneller* (Beispiel), *wodurch man insgesamt weniger Zeit für die Schularbeiten braucht* (Folge).

Artikel 102, 223, 254
Wortart. Der Artikel ist der Begleiter des **Nomens**. Du unterscheidest den bestimmten Artikel (*der, die, das*) und den unbestimmten Artikel (*ein, eine, ein*). Die Artikel geben das grammatische Geschlecht des Nomens an, also ob es Maskulinum (*der/ein Wald*), Femininum (*die/eine Katze*) oder **Neutrum** (*das/ein Haus*) ist. Der Artikel wird mit dem Nomen in den **Singular** (Einzahl) oder **Plural** (Mehrzahl) und in die einzelnen Fälle gesetzt.

Attribut 272, 275
Attribute machen genauere Angaben zu einem **Nomen**. Attribute können sein
– ein Adjektiv (Adjektivattribut): *der breite Weg*
– ein Nomen im Genitiv (Genitivattribut): *die Breite des Weges*
– ein Relativsatz (Attributsatz): *Der Weg, der breit war, führte uns zum Camp.*

Ballade, Balladenmerkmale
Eine Ballade vereint Merkmale verschiedener Textarten: von **Gedichten** (**Verse, Strophen, Reime**; Vermittlung einer besonderen Atmosphäre), von Theaterstücken (**Dialoge**) und von **Erzählungen** (außergewöhnliche Ereignisse werden spannend als Geschichte erzählt, Höhepunkt, überraschende Wendung). Um eine Ballade anschaulich und lebendig zu gestalten, verwenden die Autoren **sprachliche Gestaltungsmittel** wie Metaphern, Vergleiche und Personifikationen.

Bericht, berichten 38-42, 45-46, 49-54, 276
In einem Bericht schilderst du Tatsachen, Ereignisse, Vorgänge und deren Verlauf. Er ist ein sachlicher Text, mit dem du informieren willst. Dabei musst du die richtige zeitliche Abfolge einhalten. Die Zeitform ist die Vergangenheit (das **Präteritum**). In einem Bericht beantwortest du die wichtigsten W-Fragen (*Wer? Was? Wann? Wo?*). Manchmal sind aber auch die Ursachen (*Warum/Weshalb?*), die Folgen (*Welche Folgen?*) und der Ablauf (*Wie?*) des Geschehens wichtig. Die Darstellung des Berichts ist sachlich.

Beschreibung, beschreiben 76, 124-127, 129, 257
Beim Beschreiben stellst du Personen, Gegenstände oder Vorgänge eindeutig und anschaulich dar, sodass man sich eine genaue Vorstellung davon machen kann. Wichtig ist eine sinnvolle Reihenfolge der Informationen. Formuliere sachlich, vermeide also persönliche Äußerungen. Verwende als Zeitform das **Präsens**.

Blitzlichtrunde 213
In einer Blitzlichtrunde könnt ihr in einer Gruppe oder mit der ganzen Klasse einen schnellen Überblick über eure Meinungen, Gedanken, Gefühle und Ideen bekommen. Dabei kann sich jeder kurz äußern (=Blitzlicht). Entweder sprecht ihr der Reihe nach oder ihr werft einen "Redestein" (z.B. ein kleiner Ball) von einem zum anderen.

Chorisches Sprechen
Mehrere Personen sprechen gemeinsam und gleichzeitig denselben Text.

Cluster 59, 65, 68, 85, 89, 308
Ein Cluster hilft dir, Einfälle zu sammeln, z. B. für ein Referat.

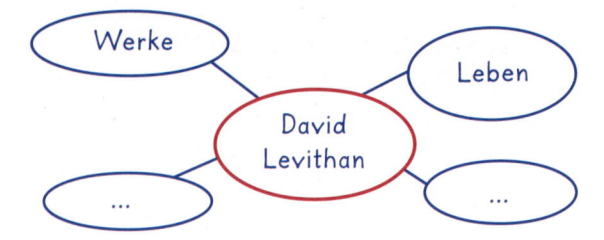

Cover 136
Als Cover bezeichnet man die Titelseite eines Buches. Darauf stehen meist der Titel (z. B. *Letztendlich sind wir dem Universum egal*), der Autor oder die Autorin (z. B. *David Levithan*) und der Verlag, der das Buch vertreibt (z. B. *FJB = Fischer Verlag*).

Dativ 256
3. Fall (**Kasus**) des **Nomens**. Du kannst ihn mit *wem?* erfragen.

Dativobjekt 269
Satzglied. Das Dativobjekt ermittelst du mit der Frage *Wem?*: *Der Basketball gehört Mia. Wem gehört der Basketball?*

Dehnungs-h 302, 304
Das Dehnungs-*h* hebt einen langen betonten **Vokal** besonders hervor. Es steht nur vor den **Konsonanten** *l, m, n, r*: *fehlen, nehmen, gähnen, fahren*.

Demonstrativpronomen 102, 223, 255
Wortart. Mit Demonstrativpronomen kannst du auf etwas zurück- oder vorausweisen. Demonstrativpronomen sind *der, die, das / dieser, diese, dieses / jener, jene, jenes / solcher, solche, solches / derselbe, dieselbe, dasselbe*.

Dialog (Zwiegespräch, Unterredung) 246-249
Damit wird das abwechselnd in Rede und Gegenrede geführte Gespräch zwischen zwei oder mehr Personen (z. B. auf der Bühne) bezeichnet.

Diktat
Diktate sind eine gute Möglichkeit, die Rechtschreibung zu üben. Du kannst dazu aus verschiedenen Möglichkeiten auswählen: Eigendiktat, Klopfdiktat, Laufdiktat, Partnerdiktat.

Diphthong (Doppellaut, Zwielaut)
Diphthonge gehören zu den **Vokalen**: *Kaiser, Bauer, träumen, beißen, keuchen*.

Drama / dramatische Texte 236-253
Dramen sind Theaterstücke, die gelesen oder von Schauspielern aufgeführt werden. Die größeren inhaltlichen Einheiten in einem Drama nennt man Akte, die nochmals in Szenen unterteilt werden. Besondere Kennzeichen von Dramen sind Dialoge und Monologe (=Selbstgespräche). Außerdem enthalten dramatische Texte häufig Regieanweisungen, die Hinweise für die Aufführung geben.

Ersatzprobe 102, 294
Die Ersatzprobe wendest du bei der Überarbeitung eines Textes an. Du überprüfst damit, ob du ein Wort oder einen Ausdruck ersetzen willst. Außerdem kannst du überprüfen, ob du *dass* oder *das* schreiben musst.

Erweiterte Fishbowl-Diskussion 11-12
Findet euch zunächst in Stammgruppen mit je vier Personen zusammen. Jeder erhält eine Rolle oder einen Standpunkt, den er vertreten muss, und fertigt dazu eine Rollenkarte an. Danach tauscht ihr euch in Expertengruppen (Schüler, die denselben Standpunkt vertreten) aus. Nun kann die **Fishbowl-Diskussion** beginnen, indem sich zwei Stammgruppen zusammenfinden: Eine Stammgruppe nimmt im inneren Stuhlkreis Platz und diskutiert, die andere Stammgruppe setzt sich in den äußeren Stuhlkreis und beobachtet die Diskussion. Jeder Beobachter gibt dem Diskussionsteilnehmer, der jeweils denselben Standpunkt vertritt wie er selbst, eine Rückmeldung.

Erzähler 174
Der Erzähler ist die Instanz, die dem Leser das Geschehen vermittelt. Er darf nicht mit dem Autor gleichgesetzt werden, da seine Meinungen und Urteile nicht mit denen des Autors übereinstimmen müssen.

Erzählform und Erzählhaltung 173-174, 177, 186
Eine Erzählung kann in der Ich-Form oder der Er-/ Sie-Form erzählt werden.
Ich-Erzählform: Der Erzähler erzählt das Geschehen aus der Perspektive einer Figur.
Er-/Sie-Erzählform: Der Erzähler tritt in den Hintergrund und ist nicht am Geschehen beteiligt, sondern erzählt über die Figuren.
In beiden Fällen kann der Erzähler eine neutrale Erzählhaltung einnehmen: Er erzählt nur, was von außen sichtbar ist. Bei der personalen Er-

zählhaltung beschreibt der Erzähler auch die Gedanken und Gefühle einer Figur. Bei der auktorialen Erzählhaltung ist der Erzähler allwissend und kennt die Außen- und Innensichten aller Figuren.

Erzählung, erzählen   168-172, 185-186
In einer Erzählung stellst du mündlich oder schriftlich den Verlauf von Geschehnissen dar, die tatsächlich passiert oder aber erdacht sind. Dabei kannst du dich an den W-Fragen orientieren: Wo ist das Ereignis passiert? Wann geschah es? Wer war beteiligt? Was ist passiert? Wie und warum kam es dazu? Beim Erzählen musst du die Einzelheiten in eine sinnvolle Reihenfolge bringen, die der Leser nachvollziehen kann. Die erzählte Handlung führst du spannend und abwechslungsreich über mehrere Schritte zum Höhepunkt. Dabei musst du Wichtiges von Unwichtigem trennen. Als Zeitform verwendest du die Vergangenheit: für das mündliche Erzählen meistens das **Perfekt**, für das schriftliche Erzählen das **Präteritum**.

ESAU-Verfahren   228
Mit dem ESAU-Verfahren kannst du deine eigenen Texte oder die deiner Mitschüler überarbeiten. Folgende Zeichen kannst du dafür verwenden: E steht für Einfügen (⌐), S für Streichen (⊢), A für Austauschen (└⤫┘), U für Umstellen (→).

Fabel, Fabelmerkmale
Eine Fabel ist eine kurze Erzählung, in der Tiere und Pflanzen wie Menschen denken, fühlen, reden und handeln können. Häufig stehen sich Tiere / Pflanzen mit gegensätzlichen Eigenschaften gegenüber. Die Fabel zeigt am Beispiel der Tiere, wie sich Menschen oft verhalten. Viele Fabeln enden mit einer Lehre, die allgemeingültig ist.

Fachsprache   10, 36, 71, 92-93, 105, 198, 217, 226, 230, 266, 278, 287
Fachsprache wird u. a. für wissenschaftliche Themen verwendet, z.B. in der Klimaforschung: *fossiler Rohstoff, Treibhausgas...* Fachsprache kann Begriffe enthalten, die in der Alltagssprache eine andere Bedeutung haben oder die in der Alltagssprache nicht gebraucht werden. Fachbegriffe sind kürzer und genauer als Erklärungen. Wichtig ist, dass alle Gesprächsteilnehmer die Fachbegriffe kennen.

Fishbowl-Diskussion   11-12
Eine Fishbowl-Diskussion ist eine Methode, um in der Klasse über ein Thema zu diskutieren. Dazu teilt ihr euch in zwei Gruppen. Während Gruppe 1 über die gestellte Frage diskutiert, fertigt Gruppe 2 dazu eine Mitschrift an. Danach werden die Rollen getauscht.

Fremdwort   301-302, 305, 308
Fremdwörter sind Wörter, die aus einer anderen Sprache ins Deutsche übernommen wurden. Sie haben oft eine besondere Schreibung und / oder Aussprache: *die Courage, der Brokkoli*.

Futur   257, 260, 266
Zeitform des Verbs. Das Futur benutzt du, wenn du eindeutig ausdrücken willst, dass etwas in der Zukunft geschieht.

Gedichte   64, 85, 190-207, 209, 278
Ein Gedicht ist ein Text, in dem der Dichter seine Gefühle, aber auch seine Erlebnisse und Gedanken in einer besonderen Sprache und Form ausdrückt. Merkmale eines Gedichts können **Vers**, **Reim**, **Strophe** und **sprachliche Mittel** wie Personifikationen, Vergleiche und Metaphern sein.

Gegentext   191
Bei einem Gegentext behältst du die Form des Ausgangstextes bei (z.B. **Strophen** und **Verse** bei einem **Gedicht**), wählst aber ein inhaltlich gegensätzliches Thema (z.B. gegensätzliche Gefühle oder eine gegensätzliche Situation).

Genitiv   254
2. Fall (**Kasus**) des **Nomens**. Frage: *wessen?*

Genitivobjekt   269
Satzglied. Das Genitivobjekt ermittelst du mit der Frage *Wessen?*: *Sie rühmt sich ihres Sieges. Wessen rühmt sie sich?*

Geschlossene Silbe
Das Wort *tan-zen* besteht aus zwei **Silben**, wobei die erste betonte Silbe mit einem

Konsonanten endet. Die Silbe wird durch den Konsonanten geschlossen und der **Vokal** *a* daher kurz gesprochen.

Gestik (Körperhaltung) 243

Getrennt- und Zusammenschreibung 284–286
Meistens werden Verbindungen aus zwei Wörtern getrennt geschrieben:
Verb + Verb: *Bald werde ich tauchen lernen.*
Adjektiv + Verb: *Ich kann gut schwimmen.*
Nomen + Verb: *Im Winter möchte ich Ski laufen.*
Nominalisierte Ausdrücke aus Verb + Verb und Nomen + Verb schreibst du zusammen: *zum Tauchenlernen, beim Skilaufen.*
Adjektiv + Verb schreibst du zusammen, wenn sich eine neue Bedeutung ergibt: *schwerfallen, offenlassen, krankschreiben.*

Grafik (Bild, Schaubild, Illustration) 314–315
Bei der Gestaltung deiner Texte am Computer hast du die Möglichkeit, eigene oder vorgefertigte grafische Elemente einzufügen.

Großschreibung 123, 223, 282
Namen, **Nomen** und das erste Wort in einem Satz sowie **Anredepronomen** (*Sie, Ihr*) in einem Brief schreibst du groß.

Gruppenlesen 138, 140
Beim Gruppenlesen (auch reziprokes Lesen genannt) erschließen vier Schüler gemeinsam aktiv einen Text, der zuvor in sinnvolle Abschnitte gegliedert worden ist. Jeder Schüler bekommt eine Aufgabenkarte, die per Zufall verteilt wird: 1. Vorlesen des Textabschnitts, 2. Zusammenfassung des Inhalts in eigenen Worten, 3. Stellen von Fragen zum Inhalt, die in der Gruppe geklärt werden, 4. Vermutungen, wie der Text weitergehen könnte.
Nach der Bearbeitung aller Schritte an einem Leseabschnitt, werden die Karten im Uhrzeigersinn weitergegeben und die Schritte mit den neuen Rollen am nächsten Leseabschnitt durchgeführt. Wichtig ist, dass in den Schritten 2., 3. und 4. genügend Zeit vorhanden ist, damit sich alle Gruppenmitglieder selbstständig Gedanken machen und sich darüber austauschen können.

Gruppenpuzzle 16–18, 129, 237, 318–319
Ein Gruppenpuzzle eignet sich dazu, arbeitsteilig vier verschiedene Texte oder Standpunkte zu erschließen. Dazu bildet ihr zunächst Vierergruppen (Stammgruppen), teilt die vier Texte (A-B-C-D) untereinander auf und bearbeitet sie einzeln. Im zweiten Schritt findet ihr euch mit Mitschülern aus anderen Stammgruppen zusammen, die den gleichen Text bearbeitet haben (Expertengruppe), vergleicht eure Ergebnisse und ergänzt sie gegebenenfalls. Danach findet ihr euch wieder in eurer Stammgruppe zusammen und präsentiert eure Ergebnisse.

Hauptsatz / Nebensatz 264–265, 271, 274, 292
Ein Hauptsatz enthält immer **Subjekt** und **Prädikat**. Im Aussagesatz steht das Prädikat an der zweiten Satzgliedstelle: *Ich gehe nach Hause.*
Ein Nebensatz kann nicht ohne einen Hauptsatz stehen. Nebensätze beginnen meist mit einer unterordnenden **Konjunktion**. Die gebeugte Form des Verbs steht am Ende.
Obwohl es regnet, will ich Fußball spielen.

Improvisationstheater 180
Beim Improvisationstheater spielen die Darsteller Szenen ohne vorher festgelegte Dialoge. Meist gibt das Publikum ein Thema für die Szene vor, auf das die Darsteller spontan eingehen.

Indefinitpronomen 255
Wortart. Indefinitpronomen stehen für Gegenstände und Personen, die nicht näher bestimmt sind: *alle, einige, keiner, niemand, sämtliche …*

Indirekte Rede / Wiedergabe 39, 45, 50, 175, 261
Mit der indirekten Rede gibst du in einem Text wieder, was jemand gesagt oder geschrieben hat. Dabei gehst du so vor:
1. Mache in einem einleitenden Satz deutlich, von wem die Äußerung stammt: *Ira meint, …*
2. Passe bei der Redewiedergabe die Pronomen an: *ich → sie/er; mein → ihr/sein.*
3. Setze das Verb in den Konjunktiv I. Zur Bildung hängst du diese Endungen an den Wortstamm des Infinitivs an: *ich geb-e, du geb-est, er/sie/es geb-e, wir geb-en, ihr geb-et, sie geb-en. Nic sagt: „Dein Text klingt gut."*
→ *Nic sagt, Ninas Text klinge gut.*

Infinitiv 23
Grundform des **Verbs**. Der Infinitiv eines Verbs endet auf *-en* oder *-n*: *lachen, rodeln*.

Infinitivgruppe, Infinitivsatz 23, 273, 275, 295
Die Grundform eines **Verbs** (**Infinitiv**) mit *zu* bezeichnet man als Infinitivgruppe. Sie werden auch Infinitivsätze genannt. Du kannst diese durch ein Komma abtrennen, musst es aber nicht: *Plötzlich fing er an(,) zu rennen.*
Du musst ein Komma setzen, wenn eine Infinitivgruppe mit *um, ohne, statt, anstatt, außer* eingeleitet wird: *Der Vereinsvorsitzende lädt die AG ein, um sich näher zu informieren.*
In folgenden Fällen wird kein Komma gesetzt:
- wenn der Infinitiv mit den Hilfsverben *sein, haben, werden* das Prädikat bildet: *Sie sind nicht kleinzukriegen. Sie werden daran zu knabbern haben.*
- wenn die Infinitivgruppe von *brauchen, pflegen* oder *scheinen* abhängig ist: *Die Chancen scheinen heute nicht besser zu sein als gestern*

Inhalte zusammenfassen 193
Du fasst Texte zusammen, um dir den Inhalt klarzumachen, oder um aus einer Reihe von Texten die wichtigsten Informationen zu einem bestimmten Thema zu sammeln. Dazu teilst du den jeweiligen Text in **Sinnabschnitte** ein. Aus den Überschriften und Stichpunkten, die du im nächsten Schritt zu den Sinnabschnitten notiert hast, bildest du vollständige Sätze. Sie sind die Grundlage für deine Zusammenfassung. In der Einleitung deiner Zusammenfassung nennst du den Titel des Textes, den Autor, die Textart, das Thema und das Entstehungsjahr. Als Zeitform verwendest du das **Präsens**.

Innerer Monolog
Beim inneren Monolog gibt der Erzähler die Gedanken und Gefühle einer Figur aus der Sicht der Figur wieder. Er verwendet dabei die Ich-Form und schreibt im **Präsens**.

Kalendergeschichte 164-165, 174-175, 185-186
Bei der Kalendergeschichte handelt es sich um eine kürzere Erzählung, deren Name daher kommt, dass sie bis ins 19. Jahrhundert häufig auf den Rückseiten von Kalenderblättern abgedruckt wurde. Kalendergeschichten wurden in unterhaltsamer, besinnlicher oder belehrender Absicht erzählt. Themen sind häufig das Leben generell, aber auch Tod, Liebe oder das Altern. Die Sprache ist einfach und an die mündliche Überlieferung angelehnt.

Kasus 254, 256, 266
So nennt man die vier Fälle (**Nominativ, Genitiv, Dativ, Akkusativ**) des **Nomens**. Durch Fragen kann man den jeweiligen Fall bestimmen. Nach dem Kasus richten sich die Form des **Artikels** und die Endung des Nomens.

Klappentext 136
Als Klappentext bezeichnet man einen Text, der auf der Rückseite eines Buches oder auf der Rückseite des Schutzumschlags eines Buches gedruckt ist. Ein Klappentext enthält meist eine kurze Zusammenfassung des Inhalts.

Kommentar 48
Ein Kommentar gibt die persönliche Meinung eines Autors zu Ereignissen oder politischen und kulturellen Entwicklungen wieder: Oft wird ein Missstand aufgezeigt und Verantwortliche werden aufgefordert, zu handeln.

Konjunktion 102, 258, 264-265, 288
Wortart. Mit Konjunktionen werden Wörter, Wortgruppen oder Sätze miteinander verbunden: *Laura und Max schreiben einen Brief an den Direktor, weil sie ihn um Erlaubnis bitten wollen.* Mit Konjunktionen kannst du in deinen Texten Zusammenhänge deutlich machen.
Du unterscheidest zwischen unterordnenden Konjunktionen (*weil, wenn, da, obwohl, als, nachdem, bevor ...*) und nebenordnenden Konjunktionen (*und, oder, aber, denn, doch*).

Konjunktiv (I und II) 39, 175, 222, 261-262, 267
Du verwendest den Konjunktiv I, um wörtliche Rede indirekt wiederzugeben, z. B. in der Inhaltszusammenfassung. Im Konjunktivsatz musst du die **Pronomen** aus der wörtlichen Rede anpassen und das **Verb** verändern: *Nic sagt: „Dein Text hört sich gut an." → Nic sagt, ihr Text höre sich gut an.*

Auch beim indirekten Zitieren verwendest du den Konjunktiv I: *Das lyrische Ich behauptet, es habe keine Angst (V. 3).*
Du verwendest den Konjunktiv II, um Wünsche oder Vorstellungen zu äußern: *Tobias wäre am liebsten schon zuhause.*

Konsonant (Mitlaut)
Buchstaben, die noch andere Buchstaben brauchen, damit man sie aussprechen kann, heißen Konsonanten. Sie bilden den Gegensatz zu den **Vokalen**. Konsonanten sind z. B. *b, c, d, f, g ...*

Korrekturzeichen 26, 46, 78, 130-131, 183-184
205-206, 228-232
Einfügen = ⌐; Streichen = ⊢; Austauschen = ⌊⌄⌋;
Umstellen = →; Absatz einfügen = ⌐;
R = Rechtschreibfehler; Z = Zeichensetzungsfehler; T = Tempusfehler; G = Grammatikfehler (siehe auch **ESAU-Verfahren**)

Kurzgeschichte 166-167, 180-181
Die Kurzgeschichte ist eine knappe **Erzählung**, die eine Momentaufnahme oder eine wichtige Episode aus dem Alltagsleben eines oder mehrerer Menschen zeigt. Die Handlung konzentriert sich dabei auf das Wesentliche. Kurzgeschichten beginnen mit einem unmittelbaren Einstieg und haben einen offenen Schluss.

Lerntempoduett
In einem Lerntempoduett erarbeitet zunächst jeder Schüler in Einzelarbeit seine Aufgabe. Wenn er fertig ist, meldet er sich so lange, bis ein anderer auch fertig ist. Danach setzen sich diese beiden Partner zusammen und vergleichen ihre Lösungen miteinander. Sie überprüfen, ob die Lösung richtig ist, und geben sich gegenseitig Korrekturhilfen, wenn die Lösungen voneinander abweichen.

Lesemethode für dramatische Texte 244, 250
Versuche, zunehmend alle Schritte auf einmal abschnittsweise zu erledigen.
1. Schritt: sich orientieren
– „Überfliege" den Dramentext: In welchem Akt ist die Szene zu finden? Ist die Szene vollständig abgebildet?
– Lies die Regieanweisungen zu Beginn: Wo spielt die Szene? Welche Figuren sind anwesend? Welche Besonderheiten werden bezüglich der Handlung oder der Bühne hervorgehoben?
– Lies die angegebenen Namen oder Bezeichnungen der Figuren (= Sprecher): Welche Figuren sprechen in der Szene, welche nicht? Worum könnte es im Verlauf der Szene gehen?
– Gibt es zum Text ein Bild? Was zeigt es?
2. Schritt: unbekannte Begriffe klären
– Überprüfe, ob deine Vermutungen stimmen: Lies den Text „mit dem Stift" und markiere beim ersten Lesen mit einer Wellenlinie Begriffe und Ausdrücke, die du nicht kennst.
– Erschließe ihre Bedeutung aus dem Sinnzusammenhang, mithilfe der Worterklärungen am Rand oder am Ende des Textauszuges oder durch Nachschlagen im Wörterbuch. Notiere deine Erklärungen am Rand. Achtung: Wörter aus Dialekten findest du nicht im Wörterbuch; du musst sie aus dem Zusammenhang erschließen oder verwandte Wörter suchen. Nicht jedes Wort ist für dein Textverständnis wichtig.
3. Schritt: **Schlüsselstellen** markieren
– Markiere beim zweiten gründlichen Lesen **Schlüsselstellen**. Das sind Stellen, die Antworten auf folgende Fragen geben: Welche Figuren treten auf, welche sprechen und handeln? In welcher Beziehung stehen sie zueinander? Welche Stimmung und welche Gefühle werden deutlich? Welche Informationen liefern die Regieanweisungen? Wo und wann spielt die Szene? Wie wird die Handlung des Dramas in dieser Szene weitergeführt? Worum geht es? Welche Sprache verwenden die Figuren?
– Orientiere dich bei deinen Markierungen an den Aufgaben zum Text, wenn du sie vorher kennst, und halte deine Ergebnisse als Randnotizen fest.
– Beachte, dass viele Informationen in dramatischen Texten nicht direkt gegeben werden, sondern aus der Interaktion der Figuren erschlossen werden müssen.
4. Schritt: Wichtiges herausschreiben
– Bilde **Sinnabschnitte**. Das sind Absätze, die inhaltlich eng zusammengehören. Ein neuer

Sinnabschnitt beginnt, wenn z. B. eine neue Figur auftritt oder ein wichtiges Ereignis geschieht.
- Formuliere zu jedem Sinnabschnitt eine Überschrift (Stichwort oder kurzen Satz) und halte sie am Rand oder auf einem Notizzettel fest.
- Schreibe unter jede Überschrift wichtige Angaben (Schlüsselstellen) in Stichworten.

Lesemethode für erzählende Texte   142, 152, 158, 164, 166, 170, 176, 180, 186

Versuche, zunehmend alle Schritte auf einmal abschnittsweise zu erledigen.
1. Schritt: sich orientieren
- „Überfliege" den Text: Lies die Überschrift des Textes und die Anfänge der einzelnen Abschnitte. Worum könnte es gehen?
- Gibt es zum Text ein Bild? Was zeigt es?
2. Schritt: unbekannte Begriffe klären
- Überprüfe, ob deine Vermutungen stimmen: Lies den Text „mit dem Stift" und markiere beim ersten gründlichen Lesen mit einer Wellenlinie Begriffe und Ausdrücke, die du nicht kennst.
- Erschließe ihre Bedeutung aus dem Sinnzusammenhang oder durch Nachschlagen im Wörterbuch und schreibe sie an den Rand.
3. Schritt: **Schlüsselstellen** markieren
- Markiere beim zweiten gründlichen Lesen Schlüsselstellen. Das sind Stellen, die Antworten auf folgende Fragen geben:
    - Welche Personen handeln?
    - Wo und wann spielt die Erzählung?
    - Worum geht es?
    - Was findest du außerdem wichtig?
- Halte am Rand weitere Beobachtungen fest: Welche Stimmung vermittelt der Text (*lustig, ernst, spannend*)? Wer erzählt die Geschichte? (Ich-Erzähler, Er-/Sie-Erzähler)
4. Schritt: Wichtiges herausschreiben
- Bilde **Sinnabschnitte**. Das sind Absätze, die inhaltlich eng zusammengehören. Ein neuer Sinnabschnitt beginnt, wenn z. B. eine neue Person auftritt oder ein wichtiges Ereignis geschieht.
- Formuliere zu jedem Sinnabschnitt eine Überschrift (Stichwort oder kurzen Satz) und halte sie auf einem Notizzettel fest.
- Schreibe unter jede Überschrift wichtige Angaben (Schlüsselstellen) in Stichworten.

Lesemethode für Gedichte   193, 204, 207

Versuche, zunehmend alle Schritte auf einmal abschnittsweise zu erledigen.
1. Schritt: sich orientieren
- „Überfliege" das Gedicht: Lies die Überschrift und die Anfänge der einzelnen **Strophen**. Worum könnte es gehen?
- Gibt es zum Text ein Bild? Was zeigt es?
2. Schritt: unbekannte Begriffe klären
- Überprüfe, ob deine Vermutungen stimmen: Lies nun den Text „mit dem Stift". Markiere mit einer Wellenlinie Begriffe und Ausdrücke, die du nicht kennst.
- Erschließe ihre Bedeutung aus dem Sinnzusammenhang oder durch Nachschlagen im Wörterbuch und schreibe sie an den Rand.
3. Schritt: **Schlüsselstellen** markieren
- Markiere Schlüsselstellen. Das sind Stellen, die Antworten auf folgende Fragen geben:
    - Was wird dargestellt (*Gefühle …*)?
    - Gibt es handelnde Personen?
    - Was findest du außerdem wichtig?
- Halte am Rand weitere Beobachtungen fest:
    - In wie viele Strophen und **Verse** ist das Gedicht eingeteilt?
    - Kannst du ein **Reimschema** erkennen? Markiere die Reimwörter.
    - Welche **sprachlichen Bilder** kannst du entdecken (*Metaphern, Personifikationen, Vergleiche …*)?
- Mache dir Notizen zur Wirkung des Gedichts:
    - Wie wirkt das Gedicht (*lustig, traurig …*)?
    - In welcher Verbindung stehen Überschrift und Text?
4. Schritt: Wichtiges herausschreiben
- Formuliere auf einem Notizzettel zu jeder Strophe eine Überschrift.
- Schreibe unter jede Überschrift wichtige Angaben (Schlüsselstellen) in Stichworten.
- Notiere auch deine Beobachtungen zum Aufbau, zur Form, zur Sprache und zur Wirkung.

Lesemethode für Sachtexte   10, 42, 93, 103, 110, 116

Versuche, zunehmend alle Schritte auf einmal abschnittsweise zu erledigen.

1. Schritt: sich orientieren
- „Überfliege" den Text. Lies die Überschrift, die Zwischenüberschriften, die Einleitung (fett gedruckt) und schau dir die Bilder an. Worum könnte es in dem Text gehen?
- Stelle W-Fragen an den Text (*Was ...? Wer ...? Warum ...? Wo ...?* ...) und schreibe sie auf.

2. Schritt: unbekannte Begriffe klären
- Lies den Text „mit dem Stift". Markiere beim ersten gründlichen Lesen mit einer Wellenlinie Begriffe und Ausdrücke, die du nicht kennst.
- Erschließe ihre Bedeutung aus dem Sinnzusammenhang oder durch Nachschlagen im Wörterbuch und schreibe sie an den Rand.

3. Schritt: **Schlüsselstellen** markieren
- Achte beim zweiten Lesen auf Antworten zu deinen Fragen oder andere interessante Angaben. Markiere diese Schlüsselstellen.

4. Schritt: Wichtiges herausschreiben
- Schreibe auf einen Notizzettel zu jedem **Sinnabschnitt** eine Überschrift (kurzer Satz oder Stichwort). Ein Sinnabschnitt enthält Informationen, die inhaltlich eng zusammengehören, und kann im Text einen oder mehrere Absätze umfassen.
- Schreibe unter jede Überschrift wichtige Informationen (Schlüsselstellen) in Stichworten auf.

Meldung 39
Die Kurzform einer Nachricht nennt man Meldung. Sie gibt in knapper Form Antworten auf die wichtigsten W-Fragen (Wer? Was? Wann? Wo?)

Metrum 197
Bei Gedichten findet sich häufig ein gleichmäßiger Rhythmus (Metrum): Jambus (x x́), Trochäus (x́ x), Anapäst (x x x́), Daktylus (x́ x x)

Mimik (Gesichtsausdruck) 237, 243, 277

Mindmap 122, 132, 141, 216, 237
Mit einer Mindmap stellst du deine Ideen zu einem Thema geordnet dar: Oberbegriffe (also deine Hauptgedanken) stehen auf „Ästen", von denen kleinere „Zweige" für Unterbegriffe (deine Nebengedanken) abgehen.

Eine Mindmap eignet sich, um Themen und Textinhalte zu gliedern und als Gedächtnisstütze für Vorträge und zum Wiederholen von bereits Gelerntem.

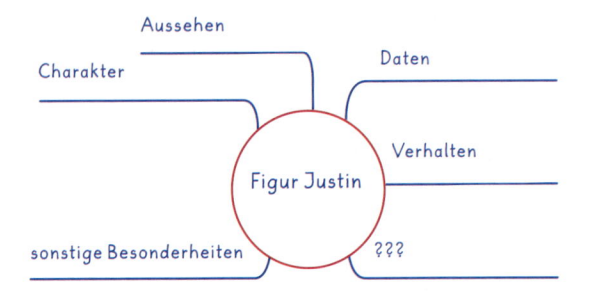

Aussehen — Charakter — Daten — Figur Justin — Verhalten — sonstige Besonderheiten — ???

Mitschrift 11-12, 316-317
Mitschriften helfen, Gehörtes z.B. während einer Diskussion festzuhalten. Beim Mitschreiben geht es darum, die wichtigsten Aussagen zu notieren. Formuliere deine Notizen dafür in Stichworten und lasse Platz für spätere Ergänzungen.

Museumsgang 129, 141, 218
In einem Museumsgang präsentiert ihr eure Arbeitsergebnisse in der Klasse: Hängt eure Plakate, Bilder oder Ähnliches im Klassenraum auf. Neben jedem Arbeitsergebnis hängt ein Rückmeldebogen mit festgelegten Kriterien (z.B. Auswahl der Informationen, Reihenfolge der Informationen, Übersichtlichkeit, Lesbarkeit...). Geht durch den Raum und betrachtet die Arbeitsergebnisse eurer Mitschüler, füllt anschließend zu jedem Produkt den Rückmeldebogen aus.

Neutrum (sächlich)
Grammatisches Geschlecht des **Nomens**: *das Tier, ein Ziel, das Gefühl.*

Nomen 51, 68, 123, 254, 272, 282-284
Wortart. Mit Nomen bezeichnet man Lebewesen, Gegenstände sowie Gedachtes und Gefühle: *Mädchen, Hund, Baum, Urlaub, Ferien.* Die meisten Nomen kommen im **Singular** und im **Plural** vor. Nomen können mit einem **Artikel** stehen: *der Schuh, das Haus, die Langeweile.* Jedes Nomen hat ein grammatisches Geschlecht: Maskulinum (*der Hammer*), Femininum (*die Nuss*), **Neutrum** (*das Buch*). Wenn du ein No-

men im Satz verwendest, steht es immer in einem der vier Fälle (**Nominativ, Genitiv, Dativ, Akkusativ**). Nomen werden großgeschrieben. Nomen erkennst du an folgenden Begleitern: **Artikel** (_das_ Glück), **Präposition** + Artikel (_zum_ = zu dem Glück); **Adjektive** (_großes_ Glück), **Pronomen** (_dein_ Glück, _diese_ Frau) und an bestimmten Endungen (Gesund_heit_, Freund_schaft_, Zeich_nung_). Auch Verben und Adjektive können zu Nomen werden (**Nominalisierung**), dann schreibst du sie groß (beim _Lernen_).

Nominalisierung 223, 282
Adjektive und Verben schreibst du groß, wenn sie als Nomen verwendet werden. Häufig steht ein Signalwort für die Großschreibung davor, z. B. Artikel (_das, ein_), Possessivpronomen (_mein, dein_), Präposition mit verstecktem Artikel (_im, beim_), Mengenangabe (_viel, alles_):
- Ich wünsche dir alles _Gute_ (nominalisiertes Adjektiv).
- Das _Lernen_ fällt ihr leicht (nominalisiertes Verb).

Nominativ
1. Fall (**Kasus**) des **Nomens**. Du kannst ihn mit _Wer?_ oder _Was?_ erfragen.

Notizen machen 220
siehe **Stichwortzettel anlegen**

Novelle
Eine Novelle ist eine kürzere Erzählung, bei der eine „unerhörte Begebenheit" (Johann Wolfgang von Goethe) im Mittelpunkt steht. Die Haupthandlung steuert direkt auf einen Höhepunkt zu. Es gibt keine Nebenhandlung und nur wenige Hauptfiguren.

Numerale 223, 282
Das Numerale ist ein bestimmtes oder unbestimmtes Zahlwort, z.B. _zwei, fünf, viele, wenige, manches, einige, einmal..._

Offene Silbe
Das Wort _Pu-del_ besteht aus zwei **Silben**, wobei die erste betonte Silbe mit einem **Vokal** (hier: _u_) endet, sie ist also offen. den Vokal sprichst du deshalb lang.

Objekt (Ergänzung) 269-270, 275
Satzglied. Objekte sind im Satz eng mit dem **Verb** verbunden. Es legt fest, in welchem Fall ein Objekt steht (**Genitiv, Dativ** oder **Akkusativ**). Objekte können aus einem oder mehreren Wörtern bestehen:
Die Fans feuerten _die Spieler_ lautstark an.
Der Sieg gehörte _der roten Mannschaft_.

Pantomime 242-247
Wenn die Darsteller beim Theaterspiel auf Worte verzichten und nur mit dem Gesicht (**Mimik**) sowie durch Körperhaltung und -bewegung (**Gestik**) Gefühle und Stimmungen ausdrücken, nennt man das Pantomime. Normalerweise werden keine Requisiten dafür benutzt. Manchmal werden aber Gegenstände als Symbole benutzt, damit der Zuschauer die Bedeutung erschließen kann.

Partnerlesemethode 148, 171, 239
Mit dem Partnerlesen könnt ihr zu zweit einen Text erschließen. Dabei lesen beide zunächst den ersten Abschnitt des Textes still. Anschließend liest der Jüngere den ersten Abschnitt noch einmal laut vor und stellt Fragen zum Inhalt und / oder zu Begriffen. Der andere beantwortet sie. Nach jedem Abschnitt werden die Rollen getauscht. Notiert Begriffe, die ihr nicht klären könnt, und schlagt sie zum Schluss nach oder klärt es gemeinsam in der Klasse.

Partnerpuzzle 73, 97, 127, 195, 241
Mit einem Partnerpuzzle könnt ihr arbeitsteilig Texte erschließen. Dabei arbeitet ihr zu viert. Im ersten Schritt bearbeiten je zwei Schüler in Einzelarbeit Text A bzw. Text B (A – A – B – B). Im zweiten Schritt werden die Ergebnisse mit denen des Schülers verglichen, der denselben Text bearbeitet hat (A + A, B + B). Im dritten Schritt bildet ihr neue Paare und stellt die Inhalte paarweise den Schülern vor, die den jeweils anderen Text bearbeitet haben (A + B, A + B).

Passiv 96, 259-260
Wenn du einen Satz im Passiv formulierst, betonst du, mit wem oder was etwas getan wird:
Das Ferienprogramm der Stadt _wurde_ den Jugendlichen _ausgehändigt_. Das Passiv wird mit

331

einer Form von *werden* und dem Partizip Perfekt des Verbs gebildet.

Perfekt 260, 266, 257-258
Zeitform des Verbs. Mit dem Perfekt drückst du die Vergangenheit aus. Du verwendest es vor allem, wenn du etwas mündlich erzählst. In Texten, die im Präsens geschrieben sind (z. B. Inhaltsangabe), verwendest du das Perfekt, um Vorzeitigkeit auszudrücken. *bekommen – sie hat bekommen; fahren – er ist gefahren.*

Personalpronomen 255
Wortart. Personalpronomen bezeichnen die sprechende oder angesprochene Person. Personalpronomen sind: *ich, du, er, sie, es, wir, ihr, sie* und die entsprechenden Formen im **Dativ** (*mir, dir, ihm, ihr, uns, euch, ihnen*) und **Akkusativ** (*mich, dich, ihn, sie, uns, euch, sie*).

Placemat 137, 212
Mit der Placemat-Methode könnt ihr in Vierergruppen gemeinsam Ergebnisse sammeln, z. B. **Argumente** für oder gegen etwas. Zunächst notiert jedes Gruppenmitglied in Einzelarbeit auf seinem Feld der Placemat seine Ergebnisse. Danach tauschen sich die Gruppenmitglieder aus und einigen sich auf die gelungensten Formulierungen und Ergebnisse, die anschließend in der Mitte des Placemats festgehalten werden. Diese Ergebnisse werden dem Rest der Klasse vorgestellt.

Plural (Mehrzahl) 255, 257
die Hunde; wir fahren

Plusquamperfekt 50, 257-258
Zeitform des Verbs. Wenn in der Vergangenheit zwei Handlungen aufeinanderfolgen, verwendest du für die frühere der beiden Handlungen das Plusquamperfekt: *Nachdem wir die Ergebnisse präsentiert hatten, setzten wir uns hin.*

Possessivpronomen 223, 255
Wortart. Possessivpronomen geben an, wem etwas gehört: *ich → mein, du → dein, er → sein, sie → ihr, es → sein, wir → unser, ihr → euer, sie → ihr.*

Prädikat (Satzaussage) 268-270
Satzglied. Das Prädikat ist der Kern eines Satzes und wird immer durch ein **Verb** gebildet. Es benennt eine Tätigkeit oder einen Zustand. Das Prädikat kann aus mehreren Teilen bestehen: *Die Kinder regen sich auf (aufregen). Felix hat den Ball bekommen (zusammengesetzte Zeitform).* Das Prädikat steht im Hauptsatz an der zweiten Satzgliedstelle: *Felix bekommt den Ball. Felix hat den Ball bekommen.* Im Fragesatz ohne Fragewort steht es an erster Stelle: *Trifft er den Korb?*

Präfix (Vorsilbe)
Vorangestellter Wortbaustein. Das Präfix bestimmt die Bedeutung des Wortes: *ver-folgen, be-folgen.*

Präposition 223, 254, 256, 270, 275, 282, 286
Wortart. Mit einer Präposition gibst du räumliche oder zeitliche Verhältnisse an: *Wir stellen die Schilder entlang der Straße auf.* Präpositionen bestimmen den Fall des darauffolgenden **Nomens** und seiner Begleiter: *Während der Aktion sind alle still* (**Genitiv**). *Auch bei Tageslicht kann es schummrig sein* (**Dativ**). *Wir stapfen durch den Wald* (**Akkusativ**).
Nach manchen Präpositionen kann der **Dativ** oder der **Akkusativ** stehen, je nachdem, was du ausdrücken möchtest: *Ich stehe im* (in dem) *Wald* (Wo? → Dativ). *Ich fahre in den Wald* (Wohin? → Akkusativ).
In manchen Fällen kann die Präposition mit dem **Artikel** verschmelzen: *ans* (an + das), *ins* (in + das), *im* (in + dem), *zum* (zu + dem) …

Präpositionalobjekt 270
Einige Verben werden immer mit einer Präposition verwendet, z. B. *sich kümmern um, denken an, lachen über.* Das darauf folgende Objekt heißt daher präpositionales Objekt. Es lässt sich nur zusammen mit der Präposition erfragen: *Die Frau kümmert sich um das Kind.* → *Um wen oder was kümmert sich die Frau?*

Präsens 105, 170, 182, 193, 227, 257-258, 260
Zeitform des Verbs. Das Präsens benutzt du, wenn du über etwas berichtest, das gerade passiert. Auch wenn du etwas beschreibst,

deine Meinung begründest oder einen Text zusammenfasst, verwendest du diese Zeitform: *gehen – du gehst.*
Manchmal wird das Präsens, zusammen mit einem **Adverb** der Zeit, verwendet, um auszudrücken, dass etwas in der Zukunft geschieht: *Morgen gehen wir schwimmen.*

Präteritum 227, 257-258, 260
Zeitform des Verbs. Du verwendest das Präteritum, wenn du schriftlich von einem Ereignis in der Vergangenheit erzählst oder berichtest: *kochen – wir kochten, laufen – wir liefen.*

Pronomen 123, 254-255, 266
Wortart. Pronomen sind Wörter, die für ein **Nomen** stehen. Mit Pronomen gestaltest du deine Texte abwechslungsreicher. Du kennst bereits Personal-, Possessiv-, Demonstrativ-, Relativ-, Indefinit- und Anredepronomen.

Reim 70, 197, 279
Durch Reime erhalten **Gedichte** eine bestimmte Klangwirkung. Durch den Gleichklang der Reimwörter am Ende eines **Verses** (*springt – singt; Wand – Land*) werden zwei oder mehr Verszeilen miteinander verbunden.
Oft verwendete Reimformen sind:

– Paarreim
  blau a
  grau a
  Laub b
  Staub b

– Kreuzreim
  klopft a
  lang b
  tropft a
  bang b

– Umarmender Reim
  Wald a
  gehen b
  stehen b
  bald a

Wenn der Reim nur ungefähr stimmt, nennt man das einen unreinen Reim: *hervor – Ohr; fern – hör'n.*

Relativpronomen 102, 255, 266, 294
Wortart. Das Relativpronomen (*der, die, das / dieser, diese, dieses / welcher, welche, welches*) leitet einen Relativsatz ein. Es bezieht sich auf ein vorausgehendes Nomen: *Der rote Pullover, der dort im Schaufenster liegt, gefällt mir.*

Relativsatz 272
Ein Relativsatz ist ein Nebensatz, der durch ein **Relativpronomen** eingeleitet wird. Der Relativsatz erläutert ein vorausgehendes Nomen genauer: *David Levithan ist ein Autor, den ich sehr interessant finde.*
Der Relativsatz kann nach dem Hauptsatz stehen oder in ihn eingeschoben sein. Er wird immer durch ein Komma vom Hauptsatz abgetrennt: *Das Fußballtraining, das zweimal wöchentlich stattfindet, macht mir viel Spaß* (eingeschobener Relativsatz).
Manchmal ist das Relativpronomen auch mit einer **Präposition** verbunden: *Ich suche eine Beschäftigung, bei der ich Neues lernen kann.*

Reportage 42-45
In einer Reportage stellt ein Journalist die Ereignisse informativ, aber zugleich aus seiner Sicht lebendig und anschaulich dar. Eine Reportage beginnt mit einem ungewöhnlichen Einstieg. Sie enthält erzählende, beschreibende und berichtende Textteile, aber auch Schilderungen persönlicher Eindrücke und endet häufig mit einer Pointe. Die Zeitformen wechseln zwischen Präsens und Perfekt.

Rollenkarte 141, 144, 239-241
Eine Rollenkarte beschreibt stichwortartig eine Figur, die eine Rolle in einer Theaterszene einnehmen wird. Auf einer Rollenkarte sind folgende Punkte enthalten: Angaben zur Figur und ihrem Aussehen; Charaktereigenschaften; Notizen zum Handeln der Figur und ihre Gedanken; Einstellungen und Stimmungen; Besonderheiten, die die Figur auszeichnen und anhand derer man sie erkennen kann…

Roter Faden
Wenn du eine Geschichte erzählst, ist es wichtig, dabei den „roten Faden" nicht zu verlieren. Dies bedeutet, dass die erzählte Handlung in

der richtigen Reihenfolge und ohne Nebensächlichkeiten zum Höhepunkt führt.

Sachtext   10-11, 90-93, 98-99, 104, 108-109, 116-119, 214

Unter Sachtexten versteht man informierende Texte (z. B. Lexikonartikel, Zeitungsberichte). Sie sind meistens in einer sachlichen Sprache geschrieben. Sachtexte enthalten häufig auch Abbildungen oder Schaubilder, um etwas anschaulich zu machen. Außerdem können auch Tabellen enthalten sein, um Informationen kurz darzustellen und z.B. Zahlen übersichtlich zu präsentieren.

Sage, Sagenmerkmale

Sagen sind erzählende Texte, die erklären, wie auffällige Naturerscheinungen (*Berge*) oder besondere Bauwerke entstanden sind. Daher werden manchmal konkrete Orte (*die Stadt Hameln*) und / oder konkrete Zeiten (*im Jahre 1284*) genannt. Manchmal handeln Sagen auch von Menschen, die wirklich gelebt haben. Oft kommen in Sagen übernatürliche Wesen mit besonderen Kräften (*Riesen*) vor. Sagen haben oft einen wahren Kern, das heißt, sie erklären etwas, das es noch gibt oder früher gab.

Satzarten

Sätze werden vier verschiedenen Satzarten zugeordnet, die in der gesprochenen Sprache durch die Stimmführung und in der geschriebenen Sprache durch **Satzschlusszeichen** gekennzeichnet werden:
– Aussagesätze: *Ich habe Hunger.*
– Fragesätze: *Was machst du in den Ferien?*
– Aufforderungssätze: *Schreib mir bitte!*
– Ausrufesätze: *Hätte ich doch jetzt auch schon Ferien!*

Satzgefüge   264-265, 267, 292-293

Ein Satzgefüge besteht aus einem **Hauptsatz** und mindestens einem **Nebensatz**. Haupt- und Nebensatz werden durch ein Komma voneinander getrennt. Der Nebensatz wird häufig durch unterordnende **Konjunktionen** wie *weil, wenn, dass, damit, obwohl* … eingeleitet:
Wir fahren ans Meer, weil wir ab morgen Ferien haben.

Satzglied   259, 269-271, 274-275

Sätze bestehen aus verschiedenen Satzgliedern. Diese kannst du durch die **Umstellprobe** ermitteln. Ein Satzglied kann aus einem Wort oder einer Gruppe von Wörtern bestehen. Die meisten Sätze im Deutschen bestehen mindestens aus einem **Subjekt** und aus einem **Prädikat**. Weitere Satzglieder sind **Objekte** und **adverbiale Bestimmungen**.

Satzreihe   291

Eine Satzreihe besteht aus mindestens zwei **Hauptsätzen**. Oft sind die Hauptsätze einer Satzreihe durch die nebenordnenden **Konjunktionen** *und, oder, aber, denn* oder *doch* verbunden oder durch **Adverbien** wie *daher, darum, deshalb, trotzdem* …: *Wir fahren ins Camp, denn wir haben Ferien. Wir haben Ferien, daher fahren wir ins Camp.*
Zwischen den Hauptsätzen steht ein Komma; nur vor *und* und *oder* muss kein Komma stehen.

Satzzeichen

Satzzeichen helfen, einen Satz bzw. einen Text übersichtlich zu gestalten und lesbarer zu machen. Dazu werden Sinneinheiten durch Punkte oder Kommas getrennt. Das Satzende kennzeichnest du je nach **Satzart** durch einen Punkt, ein Ausrufe- oder durch ein Fragezeichen.

Schaubilder und Diagramme auswerten   103, 105, 109-110, 314-315

Um Schaubilder und Diagramme auszuwerten, ermittlest du zunächst, welche Art von Schaubild oder Diagramm dargestellt wird (Fluss-, Balken-, Säulen-, Kreis-, Kurvendiagramm oder Landkarte). Finde heraus, aus welchem Jahr und aus welcher Quelle die Daten stammen. Achte außerdem auf das Thema, die Abbildungen sowie die Zahlen und Einheiten.

Schlüsselstellen, Schlüsselwörter   75, 177

Wenn du einen Text verstehen und ihn wiedergeben oder zusammenfassen willst, suchst du zunächst nach den Textstellen, die die wichtigsten Informationen enthalten. Das sind meistens Sätze oder Wörter, die Antworten auf die W-Fragen (*Wo?, Wer?, Was?, Wie?, Warum?*) geben. Mithilfe dieser Stellen erschließt du den Text.

Schreibkonferenz   21, 41, 63, 95, 106, 125, 170, 222

Bei einer Schreibkonferenz arbeitet ihr in Kleingruppen (4–5 Personen) zusammen: Jeder gibt seinen Text mit einem Rückmeldebogen dem linken Nachbarn. Dann liest jeder den ihm vorliegenden Text und notiert seine Rückmeldung mithilfe der jeweiligen Checkliste (z. B. zur *Textuntersuchung*). Gebt eure Texte so oft nach links weiter, bis alle Texte von jedem beurteilt wurden. Nun liest jeder die Rückmeldungen zu seinem eigenen Text und fragt nach, wenn er etwas nicht verstanden hat. Zum Schluss überarbeitet jeder seinen Text.

Schreibplan   14, 20-21, 25, 28, 41, 50, 75, 82, 132, 182, 186, 204, 207

Ein Schreibplan hilft dir dabei, die Arbeitsschritte zu deinen schriftlichen Texten (z. B. Briefe, Berichte, Beschreibungen, Textuntersuchungen) zu organisieren. So behältst du passend zur Aufgabenstellung (z. B. eine Textuntersuchung schreiben) die Übersicht und vergisst keinen Arbeitsschritt.

Signatur (Zeichen)

Um in einer Bücherei ein Buch zu finden, enthält jedes Buch auf dem Buchrücken eine Signatur. Dies ist eine Abfolge von Abkürzungen und Zeichen, die den Standort genau beschreiben.

Silbe

Wörter setzen sich aus einer (*groß, Haus*) oder mehreren (*ein-sam, Ba-na-ne*) Silben zusammen. Jede Silbe besteht aus mindestens einem **Vokal**, der von einem oder mehreren **Konsonanten** eingerahmt wird. Du unterscheidest **offene** und **geschlossene** Silben. Die Silben eines Wortes kannst du durch langsames Sprechen oder Klatschen beim Sprechen ermitteln. Auf die Silben achtest du besonders, wenn du das **Metrum** eines Gedichts bestimmen möchtest.

Silbentrennung

Beim Trennen von mehrsilbigen Wörtern am Zeilenende setzt du nach einer **Silbe** einen Trennstrich. Silben, die aus nur einem **Vokal** am Wortanfang oder -ende bestehen, werden nicht getrennt: *Igel, Haie*.

Singular (Einzahl)   255, 257
ein Hund; er fährt

Sinnabschnitt   91-93

Ein inhaltlich abgeschlossener Teil eines Textes bildet einen Sinnabschnitt. Meistens besteht er aus einem oder mehreren Absätzen. In Sachtexten enthalten Sinnabschnitte jeweils einen neuen Sachverhalt. In erzählenden Texten beginnt ein neuer Sinnabschnitt dann, wenn eine neue Figur eingeführt wird, der Ort wechselt oder sich die Handlung ändert. Das Bilden von Sinnabschnitten hilft dir beim Verstehen und Wiedergeben von Texten.

Slogan   59-60, 65, 67, 69-72

Slogans werden vor allem in der Werbung verwendet. Ein Slogan ist ein kurzer einprägsamer Satz oder Spruch, der häufig besondere sprachliche Mittel aufweist. Dadurch soll das Interesse auf ein Produkt gelenkt werden (z. B. *Haribo macht Kinder froh und Erwachsene ebenso*).

Sprachliche Bilder / Gestaltungsmittel   70, 72, 174, 197

– Alliteration: Mehrere Wörter hintereinander beginnen mit demselben **Konsonanten** *(mit Kind und Kegel)*.
– Anapher: Satzanfänge werden wiederholt.
– Anglizismus: Verwendung eines Wortes aus der englischen Sprache *(Chips, cool)*.
– Dreier-Figur: Aneinanderreihung von drei **Nomen**, **Adjektiven**, Sätzen *(Er kam, sah, siegte)*.
– Ellipse: unvollständiger Satz
– Hyperbel: starke Über- oder Untertreibung
– Hypotaxe: Längere Satzgefüge, die oft durch Konjunktionen miteinander verbunden sind.
– Lautmalerei: Geräusche werden durch Wörter hörbar gemacht *(zischen, knistern)*.
– Metapher: Das sind bildhafte Vergleiche ohne *wie* oder *als ob*. Die Bedeutung musst du übertragen (*Das ist die unselige Spinnerin.* bedeutet *Sieht aus wie eine Spukgestalt.*).
– Neologismus: neu geschaffenes Wort *(unkaputtbar)*
– Parallelismus: Zwei oder mehr Sätze werden parallel aufgebaut *(Das Leben ist schön und manchmal auch traurig, das Leben ist schön und manchmal auch lustig.)*.

- Parataxe: Kurze, aneinandergereihte Hauptsätze
- Personifikation: Menschliche Eigenschaften oder Tätigkeiten werden auf die Natur oder auf Gegenstände übertragen (*Und die Ranke häkelt am Strauche*).
- Reim: Wörter klingen gleich (bald – Wald)
- Suggestivfrage: Frage, bei der eine zu erwartende Antwort gleich mitgenannt wird.
- Vergleich: Damit wird ein Gefühl oder eine Handlung bildlich veranschaulicht (*Sich wie Phantome die Dünste drehn*).
- Wiederholung: Wörter oder Ausdrücke werden wiederholt, um sie zu betonen.

s-Schreibung

Nach kurzen **Vokalen** und wenn die betonte **Silbe** geschlossen ist, schreibst du den stimmlosen *s*-Laut als *ss*: *Klas-se, has-sen*.
Nach langen Vokalen, wenn die betonte Silbe offen ist und du einen scharfen, gezischten *s*-Laut hörst, schreibst du *ß*: *flie-ßen; Stö-ße*. Wenn du aber nach einer offenen Silbe einen weichen *s*-Laut hörst, den du summen kannst, schreibst du *s*: *Wie-se, rei-sen*.

Standardsprache

Standardsprache wird teilweise auch als Hochsprache bezeichnet. Diese Sprachebene verwendet man vor allem in der öffentlichen und schriftlichen Kommunikation, z. B. in offiziellen Briefen, E-Mails oder anderen Texten, die sich an Erwachsene richten, die man nicht näher kennt. Dabei verzichtet man auf Umgangs- oder Jugendsprache sowie auf Dialekt und andere Formen des mündlichen Sprachgebrauchs.

Stellung nehmen 22, 101, 179, 201-202

In einer Stellungnahme äußerst du deine Meinung mündlich oder schriftlich zu einem bestimmten Thema (z. B. *Öffnung des Schüler-Shops auch nach dem Unterricht*) oder zu einem Text. Dabei nennst du in einer sinnvollen Reihenfolge möglichst viele überzeugende **Argumente**. So gehst du vor:
- das Thema nennen und kurz die Situation beschreiben,
- deine Meinung äußern und mit Argumenten stützen,
- abschließend zusammengefasst deinen Standpunkt nennen und nachvollziehbar begründen.

Stichwortzettel anlegen 220

Nicht alles kann man sich merken. Damit du nichts vergisst, solltest du dir Notizen machen. Auch zum Auswerten von Texten, bei Vorträgen, Diskussionen und Telefongesprächen sind Stichwortzettel nützlich. Gliedere die Stichworte mit Spiegelstrichen (–) und zeige mit Pfeilen (→) Zusammenhänge auf.

Storyboard 243

Mithilfe eines Storyboards könnt ihr eine szenische Umsetzung planen. In einem Storyboard wird Folgendes in Stichworten notiert: Überschriften zu den einzelnen Szenen, Ort, Figuren, Handlung, Mimik und Gestik, benötigte Requisiten.

Strophe 193, 197

Als Strophe bezeichnet man die einzelnen Absätze eines **Gedichts** oder einer **Ballade**. Mindestens zwei **Verszeilen** werden in einer Strophe zusammengefasst. Oft beginnt mit einer neuen Strophe auch inhaltlich ein neuer Gedanke.

Subjekt (Satzgegenstand) 260, 268

Satzglied. Das Subjekt bezeichnet jemanden oder etwas, von dem eine Tätigkeit ausgeht oder das in einem bestimmten Zustand ist. Es kann aus mehreren Wörtern bestehen und steht häufig am Satzanfang. Du kannst das Subjekt mit den Fragen *Wer?* oder *Was?* ermitteln:
Der Sportler gewinnt eine Medaille.
Wer gewinnt eine Medaille?

Suffix (Nachsilbe) 282

Nachgestellter Wortbaustein: *Heiterkeit*.
Das Suffix bestimmt die Wortart eines Wortes:
Ärgernis – Nomen, *ärgerlich* – Adjektiv, *ärgern* – Verb.

Synonym

Wörter, die eine gleiche oder eine ähnliche Bedeutung haben, nennt man Synonyme: *mutig, tapfer; waghalsig, leichtsinnig …*

Szene 238-253
So wie einzelne Kapitel zusammen ein Buch ergeben, ist die Szene ein kurzer abgeschlossener Teil in einem Theaterstück. Eine Szene ist begrenzt durch das Auftreten neuer Figuren oder das Abtreten bislang anwesender Figuren. Meistens erlischt am Ende einer Szene auch die Bühnenbeleuchtung.

Tagesbericht 226-232
In einem Tagesbericht hältst du deine Tätigkeiten am Praktikumstag chronologisch, also in der richtigen zeitlichen Reihenfolge, fest. Du beginnst mit einem Einleitungssatz, in dem du das Datum, den Beruf und den Betrieb / die Firma nennst. Du berichtest sachlich, ohne persönliche Wertungen und verwendest Fachsprache. Die Zeitform ist das **Präteritum**.

Textverarbeitung
Wenn du einen Text mit dem Computer schreibst, kannst du ihn mithilfe des Textverarbeitungsprogramms sprachlich und gestalterisch bearbeiten: Du kannst beispielsweise den Text mit der Rechtschreibhilfe überprüfen, mithilfe des **Thesaurus** abwechslungsreiche Wörter finden, die Schrift gestalten, Bilder einfügen …

Thesaurus
So heißt das Wörterbuch des **Textverarbeitungsprogramms** im Computer.

Titel
Ein Titel bezeichnet den Werktitel eines Buches, der meistens auf der Vorderseite des Buches steht, z. B. *Harry Potter*. Auch Gedichte, Erzählungen und Sachtexte haben meistens einen Titel (= die Überschrift).

Überfliegendes Lesen
Das überfliegende Lesen wendest du an, wenn du dir einen Überblick über einen Text verschaffen willst, z. B. wenn du für ein Referat viele Texte gefunden hast und dich entscheiden musst, welche du tatsächlich gebrauchen kannst. Beim überfliegenden Lesen liest du zuerst die Überschrift, eventuelle Zwischenüberschriften und Fettgedrucktes. Außerdem schaust du dir die Bilder an. Anschließend liest du den Text quer, das heißt, du liest immer nur wenige Wörter aus jeder Zeile.

Umlaut
Umlaute gehören zu den **Vokalen**: *ä, ö, ü*.

Umstellprobe
Mithilfe der Umstellprobe kannst du bestimmen, wie viele **Satzglieder** ein Satz hat. Die Wörter, die beim Umstellen im Satz immer zusammenbleiben, bilden ein Satzglied:
Das blaue Team / ergatterte / gestern / den Sieg.
Gestern / ergatterte / das blaue Team / den Sieg.
Die Umstellprobe kannst du auch für die Textüberarbeitung verwenden: Mit ihr kannst du Satzanfänge und somit Texte abwechslungsreicher gestalten.

Venn-Diagramm 97-98, 100, 110
Mit einem Venn-Diagramm kannst du Informationen aus verschiedenen Texten oder Schaubildern zusammenfassen und vergleichen. In den Feldern links und rechts notierst du die Informationen aus den einzelnen Materialien und in der Schnittmenge die Gemeinsamkeiten zwischen den beiden Materialien.

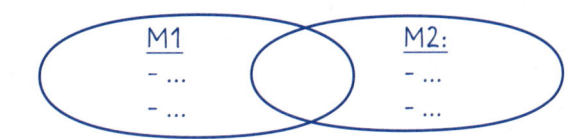

M1
- …
- …

M2:
- …
- …

Verb 223, 257, 260, 268, 284-286
Wortart. Mit Verben bezeichnest du Tätigkeiten (*halten, schreiben, singen*) oder Zustände (*sein, werden*). Im Wörterbuch findest du ein Verb im **Infinitiv** (Grundform). In Sätzen wird das Verb in der gebeugten Form verwendet.

Es informiert dich so über die
– Person (Personalform):
 ich, du, er/sie/es, wir, ihr, sie,
– Zahl: **Singular** (Einzahl), **Plural** (Mehrzahl),
– **Zeitform:** Präteritum, Perfekt, Plusquamperfekt, Präsens, Futur I.

Vers 197
Die Zeile eines **Gedichts** nennt man Vers.

Vokal (Selbstlaut)
Buchstaben, die allein ausgesprochen werden können, heißen Vokale: *a, e, i, o, u*. Auch die **Umlaute** *ä, ö, ü* und die **Diphthonge** (Zwielaute, Doppellaute) *ai, ei, äu, eu* gehören dazu. Vokale können lang oder kurz ausgesprochen werden: *Hüte – Hütte*. Danach richtet sich auch die Schreibung des auf den Vokal folgenden **Konsonanten**.

Vortragszeichen 246
Mit den Vortragszeichen wird ein Text für den Vortrag oder eine szenische Lesung vorbereitet. Mithilfe der Zeichen markierst du Sprechpausen, Betonungen, die Sprechgeschwindigkeit und die Lautstärke, mit der du in der Szene spielen möchtest. Nutze folgende Zeichen: / = kurze Pause, // = lange Pause, (...) = schnell, (. . .) = langsam, (⌒) = lauter, (⌒) = leiser, ___ = Wort, das betont werden soll.

Wandzeitung 141
Mithilfe einer Wandzeitung können verschiedene Informationen oder Arbeitsergebnisse zu einem Thema in der Klasse präsentiert werden. Dazu werden beispielsweise Plakate oder Schaubilder gestaltet und an die Wand gehängt.

Weglassprobe
Die Weglassprobe wendest du an, um deine Texte zu straffen. Das heißt, du prüfst, was du streichen kannst.

Wortableitungen
Durch Anfügen von **Präfixen** und **Suffixen** an den Wortstamm lassen sich verschiedene Wörter bilden: *ge-fahr-los, be-fahr-en, Er-fahr-ung*.

Wortart 266-267
Die Wörter der deutschen Sprache lassen sich verschiedenen Wortarten zuordnen, z. B. **Nomen, Artikel, Pronomen, Verben, Adjektive** und **Konjunktionen** (Satzverknüpfungswörter).

Wortfeld
Wörter der gleichen **Wortart**, die etwas Ähnliches bedeuten, bilden ein Wortfeld: *gehen, laufen, rennen, stapfen, rasen, marschieren ...* Wortfelder können dir beim abwechslungsreichen Schreiben deiner Texte helfen.

Wörtliche Rede 50, 175
Mit der wörtlichen Rede gibst du in einem Text wieder, wenn jemand spricht. Damit der Leser das erkennt, setzt du diese Textteile in **Anführungszeichen**. Der Begleitsatz zur wörtlichen Rede kann an unterschiedlichen Stellen stehen:
– vorangestellter Begleitsatz:
   Tim sagt: „Ich lese gerne."
– nachgestellter Begleitsatz:
   „Liest du nur Comics?", *fragt Anne*.
– eingeschobener Begleitsatz: „Früher", *meint Sascha*, „habe ich nie gelesen."

Wortzusammensetzungen 68, 123
Indem du Wörter, z. B. zwei **Nomen**, zusammensetzt, entsteht ein neues Wort mit einer neuen Bedeutung: *Das Spiel + der Platz = der Spielplatz*. Dabei erläutert das Bestimmungswort (*das Spiel*) das Grundwort (*der Platz*) näher. Das Grundwort bestimmt die **Wortart** und bei Nomen auch den **Artikel**. Wortzusammensetzungen können dir bei deinen eigenen Texten helfen, genauer zu formulieren (*Das Wasser war eiskalt.*).

Zeitungsbericht 38-41, 49-50, 52-54
Ein Zeitungsbericht (oder nur Bericht) stellt eine Nachricht ausführlicher dar und liefert z. T. auch Hintergrundinformationen. Die verwendete Zeitform ist das **Präteritum**. Ein Bericht gibt meist Antworten auf alle W-Fragen (Wer? Was? Wann? Wo? Warum? Mit welchen Folgen?). Die Darstellung ist sachlich und sollte keine Wertungen enthalten.

Zitieren 45, 50, 178, 261, 297, 320
In Textuntersuchungen (Analysen) musst du Textstellen als Beleg angeben. Hier hast du zwei Möglichkeiten: Du kannst Textstellen *direkt* wiedergeben, dann zitierst du wörtlich und übernimmst den genauen Wortlaut der Textstelle in Anführungsstrichen.
Oder du gibst eine Textstelle *indirekt* wieder, dann umschreibst du den Inhalt zum Beispiel mit *dass*-Sätzen.

Stichwortverzeichnis

Adressat	127
Aktiv und Passiv	96, 259-260
Anredepronomen	222
Apposition	51, 272
Argument	13-14, 18, 22, 25
Attribut	272
Bericht für die Zeitung	38-41, 49-50, 52-54
Beschreibung	124-126
Bewerbung	221-222
Cluster	65, 68
Cover	136
Diagramme auswerten	314-315
Dialog	
– gestaltend vortragen	144-145, 250-251, 253
– schreiben	151, 156, 248-249, 253
Erzähler, Erzählform	173-174
Erzählung	168-170
Fachsprache	36, 92, 198, 226, 278, 287
Fishbowl-Diskussion	11-12
Gedichte	
– Gestaltung und Wirkung ermitteln	196-197
– Gedichte untersuchen	204, 207
– Reim, Strophe, Vers	197
Gegentext	191
Gestik	243
Getrennt- und Zusammenschreibung	284-286, 305
Grafik	94-95, 314-315
Groß- und Kleinschreibung	223, 282-283
Gruppenpuzzle	318-319
Inhalte zusammenfassen	193
Internet	308-313
Kasus	254, 256
Klappentext	136
Kommasetzung	291-296
Kommentar	48
Konjunktiv I und II	222, 261-262
Korrekturzeichen	26
Lesemethode	
– für dramatische Texte	328
– für erzählende Texte	329
– für Gedichte	329
– für Sachtexte	329
Meldung	39
Mindmap	122, 216, 237, 330
Mitschrift	316-317
Motiv	194-195
Museumsgang	218
Nominalisierung	223
Partnerpuzzle	97
Persönlichkeitsprofil	214-215
Protokoll	224-225
Reportage	45
Rollenkarte	16, 144, 241
Sachgerecht formulieren	125
– Beobachtungen vortragen	126
– sachlich beschreiben	125-126
– Arbeitsergebnisse vortragen	218
Sachtext	125
– zusammenfassen	90-93, 108-110
– vergleichen und bewerten	97-100, 108-110
– Schlussfolgerungen ziehen	103-105, 108-110
Satz	
– Haupt- und Nebensatz	264
– Satzgefüge	292
– Satzreihe	291
– Relativsatz	272
Satzglied	269-275
Schaubilder auswerten	94-95, 314-315
Schreibkonferenz	106, 335
Schreibplan	20-21, 25, 28, 41, 50, 75, 182
Slogan	60, 67, 69-71
Sprachliche Bilder	70-72, 174, 197
Stellung nehmen	101, 179, 201-202
Szene	238, 253
Tagesbericht	227-230
Textlupe	95, 321
Venn-Diagramm	53-54, 97-98, 100, 110
Wortart	
– Adjektiv	68, 223, 285
– Adverb	263-264
– Konjunktion	102, 264-265
– Nomen	254, 282-284
– Pronomen	255
– Präposition	256, 270, 286
Zeichensetzung	291-298
Zitieren	175, 178, 261, 297, 320

Textsortenverzeichnis

Berichte
Entscheidung Schulkonferenz Boxturnier 23
A. Linner, Boxspektakel in Wembley 30-31
Seelöwe Charlie 38-39
„Selfie" und „Delfie" in der Ostsee 51
J. Ihle, Beim Job-Speed-Dating gibt's den Traumberuf in acht Minuten 214

Bewerbung
Anschreiben 221

Brief
Lena an Frau Steiner 26

Dialogische Texte
Schülerkonferenz Boxturnier 19
J. Nestroy, Der Talisman 238-252

Erzählende Texte
E. Krause-Gebauer, Kennt ihr die Leute? 62
J. P. Hebel, Der kluge Richter 164-165
H. Kranz, Vor Gericht 166
J. Reding, Generalvertreter Ellebracht begeht Fahrerflucht 168-170
B. Brecht, Der Augsburger Kreidekreis 171-172
Th. Bernhard, Der Diktator 176
G. Schneller, Das Wiedersehen 180-181
J. P. Hebel, Eine sonderbare Wirtszeche 185-186
B. Brecht, Der hilflose Knabe 188
J. P. Hebel, Ein Wort gibt das andere 254

Gedichte
K. Allert-Wybranietz, Mein Einkaufsnetz muss Löcher haben 64
I. Bachmann, Reklame 85
U. Hahn, Fast 190
F. Wittkamp, Ohne Titel 191
J. W. von Goethe, Mignons Lied 192
F. Schmitter, Gegen Abend gerieten wir 194
J. R. Wyß, Schweizerheimweh 196
B. von Arnim, Auf diesem Hügel übersch ich meine Welt 199
J. Oerding, Heimat 201
J. W. von Goethe, Nähe des Geliebten 204
U. Hahn, Besonderer Tag 207

Graphic Novel
Der Talisman 242

Informationstexte / Sachtexte
American Football 10
L. Richter, Der Erde zuliebe 90
D. Bock, Der Mensch heizt der Erde ein 91-92
Werbung im Internet 310-311
Ich bin öffentlich ganz privat 313
Informationen zu Edward Hopper 318

Jugendbuchauszüge
D. Levithan, Letztendlich sind wir dem Universum egal 138-139, 142-143, 147, 148-149, 152-153, 157

Kommentar
R. Niehoff, Im Rollenspiel für das Leben lernen 48

Nicht lineare Texte
Entstehung einer Zeitung 34-35
Der Treibhauseffekt 94
CO_2-Emissionen in der Schule 96
Müllkippe Meer 105
Das virtuelle Wasser 109
Auszubildende 212
Die beliebtesten Studienfächer 213
Klimasünder 314
Was bedroht die Umwelt 315

Protokoll
Marians Tagesprotokoll 224
Peters Tagesprotokoll 228-230
Taynaras Tagesprotokoll 231-232

Reportage
C. Cadenbach, Spiel des Lebens 42-44
Rollenspiele statt Büffeln und Pauken 46

Telefongespräch / Interview
Julian und Frau Pfeffer 220
Interview mit der Milchtechnologin Frau Berg 316-317

Werbeanzeigen
Leistung: Glatte Eins 63
Für stets frischen Milchgenuss 66
Videowettbewerb 74
Ins Netz gehen 78
Für jede Nase den richtigen Riecher 81

Zeitungsartikel (Print und Internet)
Verschiedene Zeitungstexte 37
J.-C. Lehmaier, Selbstbestimmtes Lernen 47
G. Herbert, Die Kraft der Sonne im Klassenzimmer 98
B. Hasel, Energie sparen mal anders 99
Think Green, Wasserverbrauch 108
F. Melcher, So viel Müll wie noch nie – Deutschland versinkt im Verpackungsmüll 104

Textquellen

8 f. Zitate B, C, F, G aus: Til Biermann, Holger Kreitling: Höher, weiter und extremer, aus: https://www.welt.de/print/wams/sport/article123543498/Hoeher-weiter-und-extremer.html (28.2.2018).

10 f. American Football – ein Sport für jedermann? (Originalbeitrag).

30 f. Albert Linner: So lief das Box-Spektakel in Wembley, aus: http://www.focus.de/sport/boxen/klitschko-vs-joshua-so-lief-das-box-spektakel-in-wembley_id_7053178.html (28.2.2018; Auszug).

31 Zitate zum Kampf zwischen Klitschko und Joshua, aus: http://www.spox.com/de/sport/mehrsport/boxen/1704/Artikel/reaktionen-stimmen-zu-klitschko-joshua.html (28.2.2018, Auszüge).

32 Mord im Skigebiet: ein Rätselkrimi, aus: http://www.raetseldino.de/detektivraetsel-mord-im-skigebiet.html (28.2.2018).

37 *Text A*: Berlinerin fordert Kopftuch-Emoji, aus: Westfalen-Blatt vom 17./18.09.2016.
Text B: Arbeitgeber buhlen um Bewerber (Originalbeitrag).
Text C: Tausende Manga-Fans in Kassel, aus: Westfalen-Blatt vom 17./18.09.2016.
Text D: Weißhelme und Cumhuriyet erhalten Alternativen Nobelpreis, aus: http://www.rp-online.de/panorama/ausland/stockholm-weisshelme-und-cumhuriyet-erhalten-alternativen-nobelpreis-aid-1.6422918 (28.2.2018, Auszug).
Text E: Tückische Handyspiele, aus: Westfalen-Blatt vom 15.3.2017.
Text F: Großer Sport, kleines Geld, aus: Westfalen-Blatt vom 22.9.2016.

38 f. Trainerin nach Seelöwen-Ausflug: „Charlie hat keine Angst", aus: https://www.merkur.de/bayern/seeloewe-charlie-vom-circus-krone-auf-spaziergang-in-coburg-6763595.html (28.2.2018).

42 ff. Christoph Cadenbach: Spiel des Lebens, aus: Süddeutsche Magazin, Heft 2/2016; online unter: http://sz-magazin.sueddeutsche.de/texte/anzeigen/44095/Spiel-des-Lebens (28.2.2018, Auszüge).

47 Selbstbestimmtes Lernen, Jetzt mitdiskutieren, Bildungsblogdog (Originalbeiträge).

48 Im Rollenspiel… (Originalbeitrag).

51 „Selfie" und „Delfie" (Originalbeitrag).

52 Zitate von Selma Vilhunen, Venla-Maria Uutela und Ada Filppa, aus: Neue Sportart aus Finnland: „Was ist Hobby Horsing"?, zu finden unter: https://www.noz.de/deutschland-welt/vermischtes/artikel/891323/neue-sportart-aus-finnland-was-ist-hobby-horsing#gallery&0&0&891323 (28.2.2018, Auszüge).

54 Zitate von Joe Isidori, Brittany Stark, aus: Instagram macht Mega-Milchshakes zum Food-Trend, zu finden unter: https://www.welt.de/vermischtes/article154685899/Instagram-macht-Mega-Milchshakes-zum-Food-Trend.html (28.2.2018, Auszüge).

60 *Text A*: Funkspot „Rentnerin" von Katharina Kowalski; *Text B*: Funkspot „Taxifahrerin" von Simon Blomeier; *Text C*: Funkspot „Anabolika" von Norman Scholl alle drei Texte aus: http://www.radiozentrale.de/aktuell/kampagne-pro-radio/radio-geht-ins-ohr-bleibt-im-kopf/funkspot-texte/ (28.2.18, Text A verändert).

62 Erika Krause-Gebauer: Kennt ihr die Leute?, aus: Der fliegende Robert. 4. Jahrbuch der Weltliteratur, hrsg. von Hans-Joachim Gelberg, Beltz Verlag, Weinheim 1977.

64 Kristiane Allert-Wybranietz: Mein Einkaufsnetz muss Löcher haben, aus: Kristiane Allert-Wybranietz, Liebe Grüße, Lucy Körner Verlag, Fellbach 1990.

85 Ingeborg Bachmann: Reklame, aus: Jahresring 56/57. Ein Querschnitt durch die deutsche Literatur und Kunst der Gegenwart, Band 3, Stuttgart 1956, S. 229.

86 Matthias Kaufmann: Sprechen Sie werbisch?, aus: http://www.spiegel.de/karriere/fachjargon-quiz-sprechen-sie-werbisch-a-762085.html (28.2.2018, Auszug).

90 Der Erde zuliebe! (Originalbeitrag).

91 f. Mensch heizt die Erde auf (Originalbeitrag).

98 f. Die Kraft der Sonne im Klassenzimmer, Energie sparen mal anders (Originalbeiträge).

104 So viel Müll wie noch nie (Originalbeitrag).

108 f. Wasserverbrauch (Originalbeitrag).

116 ff. Edward Hopper (Originalbeiträge).

121 f. „Abend in Cape Cod" (Originalbeitrag).
136-157 David Levithan: Letztendlich sind wir dem Universum egal, übersetzt v. Martina Tichy, Fischer FJB, Frankfurt a. M. 2014 (Auszüge).
147 engl. Text: David Levithan: every day, Alfred A. Knopf (Random House), New York 2012.
160 David Levithan: So you probably think this page is about me…, aus: http://www.davidlevithan.com/about/ (1.3.2018, Auszug).
164 f. Johann Peter Hebel: Der kluge Richter, aus: Schatzkästlein des rheinischen Hausfreundes, Cotta, Tübingen 1811.
166 Herbert Kranz: Vor Gericht, aus: Weert Glemming, Hans May, Hans Heinrich Stube (Hrsg.): Nur keinen Streit vermeiden, Gütersloher Verlagshaus Gerd Mohn 1974.
168 ff. Josef Reding: Generalvertreter Ellebracht begeht Fahrerflucht, aus: Josef Reding: Nennt mich nicht Nigger © Georg Bitter Verlag, Recklinghausen 1978.
171 f. Der Augsburger Kreidekreis, aus: Bertolt Brecht: Große kommentierte Berliner und Frankfurter Ausgabe, Band 18, Prosa 3. © Suhrkamp Verlag, Frankfurt am Main (nach alter Rechtschreibung).
176 Thomas Bernhard: Der Diktator, aus: Thomas Bernhard: Ereignisse. Berlin: Literarisches Colloquium 1969 (LCB-Editionen 12).
180 f. Gertrud Schneller: Das Wiedersehen. © Gertrud Schneller, Zürich.
185 f. Johann Peter Hebel: Eine sonderbare Wirtszeche, aus: Schatzkästlein des rheinischen Hausfreundes, Cotta, Tübingen 1811.
188 Bertolt Brecht: Der hilflose Knabe, aus: Bertolt Brecht: Geschichten vom Herrn Keuner, Suhrkamp, Frankfurt a. M. 2003 (Text in alter Rechtschreibung).
190 Ulla Hahn: Fast, aus: Ulla Hahn: Unerhörte Nähe. Gedichte. Deutsche Verlags-Anstalt, Stuttgart 1988.
191 Frantz Wittkamp: Ohne Titel, aus: Michel Augustin u. a. (Hrsg.): Das Gedicht. Zeitschrift/Jahrbuch für Lyrik, Essay und Kritik. Bd. 21: Pegasus & Rosinante, 2013.
192 Johann Wolfgang von Goethe: Mignons Lied, aus: J. W. v. Goethe: Wilhelm Meisters Lehrjahre. Goethes Werke. Hamburger Ausgabe in 14 Bänden, Band 7. dtv, München 1999.
194 Frank Schmitter: Gegen Abend gerieten wir, aus: Michel Augustin u. a. (Hrsg.): Das Gedicht. Zeitschrift/Jahrbuch für Lyrik, Essay und Kritik. Bd. 21: Pegasus & Rosinante, 2013.
196 Johann Rudolf Wyß: Schweizerheimweh, aus: Liederbuch für Schweizer Schulen, 1894.
201 Johannes Oerding: Heimat, Text: Johannes Oerding, Ina Müller © Johannes Oerding Edition/EMI Music Publishing Germany GmbH Berlin.
207 Ulla Hahn: Besonderer Tag, aus: Ulla Hahn: Unerhörte Nähe. Gedichte. Deutsche Verlags-Anstalt, Stuttgart 1988.
210 Alice Bota: Heimat ist ein sehnsuchtsvolles Ding, aus: http://www.zeit.de/2012/36/Deutsche-Migranten-Heimat-Identitaet.
214 Johannes Ihle: Beim Job-Speed-Dating gibt's den Traumberuf in acht Minuten, aus: http://www.swp.de/crailsheim/lokales/crailsheim/beim-job-speed-dating-in-crailsheim-gibt_s-den-traumberuf-in-acht-minuten-14115039.html (Text verändert).
219 *Text A*: Frischespezialist/-in (IHK), aus: https://ausbildung.edeka/beruf/frischespezialist_-in__ihk_.jsp?gclid=EAIaIQobChMI48Px15LL2QIVBLcbCh3VbwZ-FEAAYASAAEgIUevD_BwE (1.3.2018, Auszug). *Text B*: Kaufmann/-frau im Einzelhandel, aus: https://berufenet.arbeitsagentur.de/berufenet/bkb/6580.pdf (1.3.18, Auszug).
237-252 Johann Nestroy: Der Talisman, Reclam, Stuttgart 2003 (Auszüge).
257 Flaschenpost in Neuseeland nach 21 Jahren angeschwemmt, aus: http://www.moz.de/landkreise/oberhavel/oranienburg/oranienburg-artikel/dg/0/1/1511019/ (8.12.2017, Auszug, Text verändert).
263 LOS-Reisen (Originalbeitrag).
269 Eier wachsen nicht im Supermarkt, aus: http://www.zeit.de/news/2016-08/29/tiere-miethennen-klaeren-auf-eier-wachsen-nicht-im-supermarkt-29093807 (1.3.2018).
270 Papagei als Temposünder, aus: www.welt.de/vermischtes/kurioses/article155301266/Papagei-als-Temposuender-in-30er-Zone-unterwegs (1.3.2018, Text verändert).
273 Strom aus Biomasse (Originalbeitrag).
310 f. Werbung im Internet (Originalbeitrag).
318 Text A und B: Edward Hopper – Maler des Amerikanischen Realismus, aus: http://www.abipur.de/referate/stat/669402598.html (1.3.2018, Auszüge, Text verändert).

Bildquellen

Abbildungen

|Anders ARTig Werbung + Verlag GmbH, Braunschweig: 58. |Artothek, Weilheim: Edward Hopper. Self Portrait (1925-1930)/The Whitney Museum of American Art 116. |Bridgeman Images, Berlin: 123, 132. |Bundeszentrale für gesundheitliche Aufklärung (BZgA), Köln: Der Druck der Abbildung erfolgt mit freundlicher Genehmigung durch die BZgA 78. |Caro Fotoagentur, Berlin: Kaiser 92. |Colourbox.com, Odense: 92. |Cranz, Katharina, Frankfurt: 58. |ddp images GmbH, Hamburg: CAMERA PRESS 16; Detroit Free Press/TN 10 4; USA TODAY Network 9. |Deutsche Post DHL Group, Bonn: 63. |EDEKA, Hamburg: 81, 219. |F1online digitale Bildagentur GmbH, Frankfurt/M.: Juice Images 263; Maskot 303. |Fabian, Michael, Hannover: 6, 17, 19, 212 unten, Ü darauf platzieren, 213 oben rechts, 213 unten links, 225, 230, 236, 250, 252, 253. |Fotofinder GmbH, Berlin: ©Saba Laudanna/sabalaudanna.de 59. |fotolia.com, New York: 76; cirquedesprit 47; demidoff 60; Gina Sanders 103; ILYA GENKIN 108; kranidi 103; Marco Bonan 134; Martin Fally 162; Martina Berg 99; Peter Atkins 64; ras-slava 317; WoGi 288 oben; © N-Media-Images 134. |Getty Images, München: Ohio, Columbus Museum of Art. Museum Purchase, Howald Fund, 128. |Greenpeace Deutschland e.V., Hamburg: 112. |Güttler, Peter - Freier Redaktions-Dienst GmbH, Berlin: 117. |Imago, Berlin: Manfred Segerer 274; Xinhua 8; ZUMA Press 10 3, 10 5, 160. |Interfoto, München: 162; SuperStock 134; SuperStock / Fine Art Images 124. |iStockphoto.com, Calgary: AzmanL 232; DGLimages 312; OfirPeretz 3, 58. |Kölner Stadt-Anzeiger, Köln: Kölnische Rundschau 56. |Mainostoimisto Lento Oy, Lahti: Varpu Juntunen 52. |mauritius images GmbH, Mittenwald: Clynt Garnham Renewable Energy / Alamy 98; mage Source 10 1, 33. |MERANER STADTTHEATER- UND KURHAUSVEREIN, Lana (BZ): 236. |Molkerei Weihenstephan GmbH & Co.KG, Freising: 66. |Neue Werkbühne München GmbH, Bergkirchen: 236. |P-Eleven Photoverwertungs GmbH, Hamburg: 134. |Panther Media GmbH (panthermedia.net), München: Pauliene Wessel 117. |phothek.net GbR, Radevormwald: 291. |Picture-Alliance GmbH, Frankfurt/M.: 256, 296; (c) dpa-infografik GmbH 314; Arco Images GmbH 56; bild pressehaus 10 2; Christopher Neundorf, augenklick/firo Sportphoto 59; dpa 27, 27, 34, 34, 37, 38, 49, 49, 51, 54, 54; dpa-Zentralbild 213; dpa/Carsten Rehder 59, 310; dpa/R. Haid 294; Edward Hopper: Cape Cod Evening (1939)/National Gallery of Art 120, 121; empics 34; Fine Art Images/Heritage-Image/Edward Hopper: Room in New York, 1932 128; HB-Verlag 288 unten; Heikki Saukko 52; Jens Büttner 273; Johanna Rinta 52; Paul Mayall 58; Rolf Kosecki 58; TT NEWS AGENCY 34; ZB 50. |Raiffeisenbank Timelkam-Lenzing-Puchkirchen eGen, Timelkam: Paul Andorfer / St.-Josefs-Bühne Timelkam 236. |S. Fischer Verlag GmbH, Frankfurt/Main: 136, 290. |Scala Archives, Bagno a Ripoli/Firenze: Edward Hopper: House by the railroad (1925)/Museum of Modern Art, New York 117, 128. |Shutterstock.com, New York: 62, 257, 272; Andrey Burmakin 163; Dmytro Vietrov 8; Svitlana Sokolova 293; Wavebreak Premium 287. |stock.adobe.com, Dublin: ©ArtmannWitte 8; ©Christian Schwier 24; ©DreamEmotion 295; ©EpicStockMedia 9; ©nmann77 57; ©PhotoSG 316; ©Rawpixel.com 7, 308; ©sindret 2, 9; ©Zerbor 56. |The Currier Museum of Art, Manchester/New Hampshire: Edward Hopper: The bootleggers, 1925/Currier Funds 283. |The Right Livelihood Award, Enskede: 37. |Thinkstock, Sandyford/Dublin: Stockbyte Titel. |toonpool.com, Berlin, Castrop-Rauxel: Rabe 234. |Tuffi Films, Helsinki: Shawket Alzare 52. |ullstein bild, Berlin: Edward Hopper: Nighthawks (1942)/Art Institute of Chicago 118, 128, 271; Granger, NYC 318, 319. |VRM GmbH & Co. KG, Mainz: www.vrm.de 56. |wikimedia.commons: 238. |WWF Deutschland, Berlin: 3, 90, 112. |Zeichenverkehr GbR, Meerbusch: 74. |Zuivelstichting/Nerderlandse Zuivel Organisatier(NZO): 59. |Østerskov Efterskole, Hobro: Mads Lunau 43, 44.

Illustrationen

Matthias Berghahn, Bielefeld: 88-113, 212-235, 254-281, 309 (unten); Konrad Eyferth, Berlin: 34-57; Evelyn Neuss, Hannover: 236-253, 309 (oben), 315, 320; Yaroslav Schwarzstein, Hannover: 8-33, 58-87, 114-135, 136-161, 162-189, 190-211, 282-307; Tobias Thies, Hamburg: 63, 125.

Klartext 8
Sprach-Lesebuch Deutsch Gymnasium

Erarbeitet von: Fabian Dilks, Hiltrud Fox, Christiane Heiber, Christian Kass, Ulrich Niebuhr, Martin Urra, Martina Wolff

Zum Schülerband erscheinen:
Materialien für Lehrerinnen und Lehrer, ISBN 978-3-14-125278-1
Arbeitsheft, ISBN 978-3-14-125273-6
Lösungen, ISBN 978-3-14-125268-2

BiBox – Digitale Unterrichtsmaterialien
Lehrer-Einzellizenz, WEB-14-125288
Lehrer-Einzellizenz (auf DVD-ROM), ISBN 978-3-14-125283-5
Lehrer-Kollegiumslizenz, WEB-14-125293
Nähere Informationen unter www.bibox.schule

westermann GRUPPE

© 2018 Bildungshaus Schulbuchverlage
Westermann Schroedel Diesterweg Schöningh Winklers GmbH, Braunschweig
www.westermann.de

Das Werk und seine Teile sind urheberrechtlich geschützt. Jede Nutzung in anderen als den gesetzlich zugelassenen Fällen bedarf der vorherigen schriftlichen Einwilligung des Verlages. Hinweis zu § 52a UrhG: Weder das Werk noch seine Teile dürfen ohne Einwilligung gescannt und in ein Netzwerk eingestellt werden. Dies gilt auch für Intranets von Schulen und sonstigen Bildungseinrichtungen. Für Verweise (Links) auf Internet-Adressen gilt folgender Haftungshinweis: Trotz sorgfältiger inhaltlicher Kontrolle wird die Haftung für die Inhalte der externen Seiten ausgeschlossen. Für den Inhalt dieser externen Seiten sind ausschließlich deren Betreiber verantwortlich. Sollten Sie daher auf kostenpflichtige, illegale oder anstößige Inhalte treffen, so bedauern wir dies ausdrücklich und bitten Sie, uns umgehend per E-Mail davon in Kenntnis zu setzen, damit beim Nachdruck der Verweis gelöscht wird.

Druck A[1] / Jahr 2018
Alle Drucke der Serie A sind im Unterricht parallel verwendbar.

Redaktion: Sonja Heinlein, Barbara Holzwarth (Gröbenzell), Nicole Rösingh (Jemgum-Holtgaste)
Illustrationen: Matthias Berghahn, Konrad Eyferth, Evelyn Neuss, Yaroslav Schwarzstein, Tobias Thies
Umschlaggestaltung: LIO Design GmbH, Braunschweig; Titelbild: Thinkstock, Sandyford/Dublin: Stockbyte
Typografisches Konzept: designbüro Arndt + Seelig, Bielefeld
Satz: punktgenau GmbH, Bühl
Druck und Bindung: westermann druck GmbH, Braunschweig

ISBN 978-3-14-**125258**-3